Literalität als milieuspezifische Praxis

Alphabetisierung und Grundbildung

herausgegeben vom
Bundesverband Alphabetisierung
und Grundbildung e. V.

Band 13

Natalie Pape

Literalität als milieuspezifische Praxis

Eine qualitative Untersuchung aus
einer Habitus- und Milieuperspektive zu
Teilnehmenden an Alphabetisierungskursen

Waxmann 2018
Münster • New York

Bibliografische Informationen der Deutschen Nationalbibliothek
Die Deutsche Nationalbibliothek verzeichnet diese Publikation in
der Deutschen Nationalbibliografie; detaillierte bibliografische
Daten sind im Internet über http://dnb.dnb.de abrufbar.

Alphabetisierung und Grundbildung, Band 13

ISSN 1865-1623
Print-ISBN 978-3-8309-3768-5
E-Book-ISBN 978-3-8309-8768-0

© Waxmann Verlag GmbH, Münster 2018
Steinfurter Straße 555, 48159 Münster

www.waxmann.com
info@waxmann.com

Umschlaggestaltung: Christian Averbeck, Münster
Satz: Sven Solterbeck, Münster

Gedruckt auf alterungsbeständigem Papier,
säurefrei gemäß ISO 9706

Danksagung

Diese Dissertation ist mit Unterstützung vieler Menschen entstanden, die mich während meiner Promotionszeit begleitet haben. Ihnen allen möchte ich an dieser Stelle meinen Dank aussprechen.

Zunächst bedanke ich mich bei Helmut Bremer, der mich im Studium für die habitus-hermeneutische Interviewinterpretation begeistert hat. Als Betreuer dieser Arbeit hatte er immer ein offenes Ohr für mich; er hat mein Vorhaben in jeglicher Hinsicht unterstützt. Ebenso gilt mein Dank Christine Zeuner, die als Zweitbetreuerin dieser Arbeit und mit dem Ansatz der New Literacy Studies eine wichtige Inspirationsquelle für mich war.

Ich danke außerdem den verschiedenen Dissertations- und Forschungskolloquien, in denen ich Interviewmaterial und Zwischenergebnisse dieser Arbeit diskutieren konnte und immer wieder konstruktives Feedback erhielt. Namentlich nennen möchte ich Andrea Lange-Vester, Christel Teiwes-Kügler sowie Heidrun Schneider aus dem überregionalen bzw. regionalen Kolloquium „Habitus- und Milieuforschung". Christel Teiwes-Kügler und Heidrun Schneider haben Teile dieser Arbeit gelesen und mir wertvolle Hinweise im Arbeitsprozess gegeben.

Nicht zuletzt gilt mein Dank Sandra Deneke und Ingeborg Reese, durch die ich Zugang zu der Thematik des Schriftspracherwerbs im Erwachsenenalter erhielt. Ich danke ihnen sowie Denise Horch für eine tolle Zusammenarbeit im Rahmen der Interdependenzstudie. Außerdem danke ich allen beteiligten Kursleitenden und Teilnehmenden der Alphabetisierungskurse, deren Offenheit für das Gelingen dieser Untersuchung unerlässlich war.

Meinen Freundinnen und Freunden, die mich auf unterschiedlichste Weise unterstützt und auch mal für Ablenkung gesorgt haben, sei an dieser Stelle ebenfalls herzlich gedankt. Namentlich nennen möchte ich Tanja Kücking, die mir wie die anderen Frauen aus meiner Transaktionsanalysefortbildung eine wichtige Beraterin war und darüber hinaus diese Veröffentlichung durch finanzielle Leihgaben ermöglichte.

Für ihre fortwährende Unterstützung danke ich auch meinen Eltern Jürgen und Margitta Pape sowie meiner Großmutter Ruth Artmann, die meinen Werdegang immer interessiert verfolgt hat, dieses Buch aber leider nicht mehr in den Händen halten kann.

Ohne meinen Lebenspartner Lennart Balke, der mir im Alltag stets den Rücken freigehalten hat, damit ich mich dieser Arbeit zuwenden konnte, der alle Höhen und Tiefen im Arbeitsprozess mit mir durchlebt und mir darüber hinaus mit seiner fachlichen Expertise immer zur Seite gestanden hat, wäre diese Arbeit nicht möglich gewesen.

Hannover, im Oktober 2017
Natalie Pape

Inhalt

1   Einleitung

Die Arbeit wirft auf neuartige Weise einen Blick auf das Phänomen geringer Schrift-sprachkompetenzen großer Bevölkerungsgruppen bzw. des funktionalen Analphabetismus[1] in Deutschland. Erstmals wird diese Thematik mit dem Konzept der „sozialen Milieus" (Vester et al. 2001; Bremer/Lange-Vester 2014a), das auf Bourdieus (1982; 1987) Theorie von Habitus und Feld aufbaut, empirisch-qualitativ untersucht. Damit wird ein Beitrag zu der Frage geleistet, wie funktionaler Analphabetismus in den alltäglichen Gebrauch von Schriftsprache eingebunden ist und dabei zugleich einer sozialen Logik folgt.

Besondere Relevanz erhält die Thematik durch die Befunde zur Größenordnung des funktionalen Analphabetismus bzw. geringer Lesekompetenzen in Deutschland. Diese haben erhebliche Resonanz in Wissenschaft, Politik und Wirtschaft gefunden. Die leo. – Level-One Studie (kurz: leo.-Studie) weist eine Zahl von 7,5 Millionen Menschen nach, die „zwar einzelne Sätze lesen oder schreiben" können, „nicht jedoch zusammenhängende – auch kürzere – Texte" (Grotlüschen et al. 2012, S. 20). Kumuliert können demnach 14,5% der erwerbsfähigen Bevölkerung zwischen 18 und 64 Jahren als funktionale Analphabetinnen und Analphabeten bezeichnet werden (ebd., S. 19 f.). Der PIAAC-Studie (Programme for the International Assessment of Adult Competencies, Rammstedt 2013a) zufolge sind sogar 17,5% der erwerbsfähigen Bevölkerung zwischen 16 und 65 Jahren in Deutschland „maximal in der Lage, kurze Texte mit einfachem Vokabular zu lesen und ihnen in stark begrenztem Maße Informationen zu entnehmen" (OECD 2013). Schriftsprachkompetenz ist somit auch in einer Industrie- und „Wissensgesellschaft" (Bittlingmayer/Bauer 2006) wie Deutschland keine Selbstverständlichkeit. Es stellt sich die Frage, wie es trotz Schulpflicht zu solch hohen Zahlen von Erwachsenen mit geringen Lese- und Schreibkompetenzen kommen kann.

Die PIAAC-Studie macht deutlich, dass eine geringe Lesekompetenz im Erwachsenenalter „stark vom elterlichen Bildungshintergrund geprägt ist" (Rammstedt 2013b, S. 15). Zu ähnlichen Schlussfolgerungen kommt die leo.-Studie, die speziell die Gruppe der funktionalen Analphabetinnen und Analphabeten in den Blick nimmt. Das Risiko, von funktionalem Analphabetismus betroffen zu sein, ist demnach deutlich höher, wenn die Eltern über geringe schulische und berufliche Formalbildung verfügen (Riekmann 2012, S. 169 ff.). 18%[2] der Mütter funktionaler Analphabetinnen und Analphabeten haben keinen Schulabschluss, 60% einen Volks- bzw. Hauptschulabschluss erreicht (ebd., S. 171). Was die Berufsausbildung betrifft, so haben 54% der Mütter keine berufliche Ausbildung abgeschlossen, 35% konnten eine Berufsausbildung absolvieren (ebd.). Die Situation bei den Vätern ist ähnlich, wenn auch prozentual mehr Väter funktionaler Analphabetinnen und Analphabeten eine

---

[1] Der Begriff funktionaler Analphabetismus und mit ihm transportierte Stereotype werden zunehmend kritisch diskutiert (Steuten 2014; Grotlüschen et al. 2014; Grotlüschen 2016a; Riekmann 2016a, S. 36 ff.; Bittlingmayer 2016) (siehe auch Kapitel 2.1).

[2] Die Zahlen sind auf ganze Prozentwerte gerundet.

Berufsausbildung absolviert haben (55%) (ebd., S. 172). In der Gruppe der funktionalen Analphabetinnen und Analphabeten selbst haben 19% keinen Schulabschluss, 48% verfügen über eine formale Qualifikation in Form eines Hauptschulabschlusses oder darunter (Grotlüschen et al. 2012, S. 29). Eine berufliche Ausbildung konnten 56% erreichen (ebd., S. 32). Funktionale Analphabetinnen und Analphabeten sind vorwiegend in gering qualifizierten Berufen tätig und besonders von Arbeitslosigkeit bedroht (Grotlüschen 2012, S. 143 ff.).

Es zeigt sich also, dass geringe Bildungs- und Berufschancen in dieser Gruppe bestehen, die zudem sozial vererbt werden. Die Daten weisen auf einen Zusammenhang von Schichtmerkmalen im weiteren Sinne und geringerer Schriftsprachkompetenz hin. Sie lassen sich als strukturelle Benachteiligung funktionaler Analphabetinnen und Analphabeten interpretieren. Unklar bleibt allerdings, wie genau es dazu kommt und was dies für die sozialen Subjekte bedeutet. So kritisieren Hein und Koval (2014, S. 389 f.) mit Blick auf die leo.-Studie, dass diese – „z. T. bedingt durch ihre vordergründig technischen und sozioökonomischen Kriterien – nur wenig und zumeist nur indirekt über die Lebenssituationen der im Fokus stehenden Personen Auskunft [gibt]".

Nichtsdestotrotz werden vielerorts eingeschränkte Teilhabeoptionen für die Gruppe der Erwachsenen mit geringen Lese- und Schreibkompetenzen betont. Grotlüschen et al. (2012, S. 20) schlussfolgern etwa, dass funktionale Analphabetinnen und Analphabeten „aufgrund ihrer begrenzten schriftsprachlichen Kompetenzen nicht in der Lage [sind], am gesellschaftlichen Leben in angemessener Form teilzuhaben". Rammstedt (2013b, S. 12) hält Lesekompetenz für eine „Voraussetzung, um das eigene Wissen und Potenzial weiterzuentwickeln und am gesellschaftlichen Leben teilzunehmen" (hierzu auch Gauly et al. 2016). Aus Untersuchungen wie leo. oder PIAAC wird oft ein pädagogischer, politischer, auch ökonomischer Handlungsbedarf abgeleitet, der letztlich von einem Zusammenhang von Schriftspracherwerb und gesellschaftlicher, einschließlich ökonomischer Teilhabe ausgeht. Dabei lässt sich dies durch die Studien selbst längst nicht immer eindeutig belegen (Rosenbladt 2012; Riekmann 2012; Heisig/Solga 2014; Nienkemper 2016; Nienkemper/Grotlüschen 2016; Grotlüschen 2017).

Die oben genannten sozialen Merkmale, die quantitativ erhoben sind, legen zwar eine gravierende Benachteiligung in Bezug auf die Verwirklichung von Lebenschancen nahe. Allerdings zeigt die leo.-Studie auch: Immerhin 80% der zu den funktionalen Analphabetinnen und Analphabeten gerechneten Menschen haben einen Schulabschluss (knapp ein Drittel sogar einen mittleren oder hohen), 57% sind berufstätig (Grotlüschen et al. 2012, S. 29 ff.), 50% haben Familie und Kinder (Riekmann 2012, S. 178) und die meisten regeln auch die Dinge des täglichen Lebens weitgehend selbstständig (ebd., S. 183).

Darüber hinaus veranschaulichen insbesondere qualitative Studien, die eher den individuellen Umgang mit Schriftsprache in den Blick nehmen, dass Erwachsene mit geringen Lese- und Schreibkompetenzen über erhebliche Lebensbewältigungskompetenzen verfügen und auch nicht zwangsläufig von Exklusion betroffen sind

(z. B. Zeuner/Pabst 2011a). Qualitative Studien können stärker subjektive Einstellungen, Motivlagen und Bedürfnisse berücksichtigen. In der deutschen Alphabetisierungsforschung dominieren hier subjekt- und biografieorientierte Ansätze (z. B. Ludwig 2012a; Egloff 2011; 2016). Sie verweisen mit ihren Befunden auf eine besondere Vielfalt in der Gruppe der Erwachsenen mit geringen Lese- und Schreibkompetenzen sowie eigensinnige Zugänge zu Schriftsprache und Lernen, die alltäglichen Gegebenheiten und subjektiven Ansprüchen durchaus genügen und pädagogischen Maßnahmen zuwider laufen können. Die Situation ist also keineswegs klar.

Das gilt auch für die Frage der Teilnahme an Alphabetisierungskursen. Hier ist festzustellen, dass nur ein sehr geringer Teil der 7,5 Millionen funktionalen Analphabetinnen und Analphabeten – Steuten (2016, S. 14) spricht von weniger als 1 % der (potenziellen) Adressatinnen und Adressaten – einen Alphabetisierungskurs besucht. Es besteht also eine hohe Diskrepanz zwischen ‚objektiv gemessenen‘ Defiziten und dem subjektiven Bedürfnis, dieses vermeintliche Manko durch eine Kursteilnahme zu bearbeiten. Die leo.-Studie, die einen Wendepunkt von der Teilnehmenden- zur Adressatenforschung markiert, hat hier zu erheblichen neuen Erkenntnissen beigetragen: (Potenzielle) Adressatinnen und Adressaten schätzen ihre Handlungsmöglichkeiten im Alltag oft besser ein als (tatsächliche) Teilnehmende an Alphabetisierungskursen, die demgegenüber als besonders benachteiligte Gruppe gelten können (Rosenbladt 2012; Grotlüschen et al. 2014). Rosenbladt kommt daher zu dem Schluss: „Die Mehrzahl der Schriftschwachen – bis hin zu […] den sogenannten funktionalen Analphabeten – scheint trotz ihres Handicaps mit Selbstbewusstsein durchs Leben zu gehen" (Rosenbladt 2012, S. 82). Es ergibt sich das Bild, wonach viele Menschen mit geringen Schriftsprachkompetenzen, die als Adressatinnen und Adressaten für Alphabetisierungskurse gelten können, trotz geringer Schriftsprachkompetenzen ein relativ geordnetes Leben führen (Steuten 2014). Daraus lässt sich ableiten, dass erstens der lineare Zusammenhang zwischen Schriftsprachbeherrschung und gesellschaftlicher Teilhabe deutlich relativiert werden muss, dass zweitens „der schnelle Schluss, dass funktionale Analphabet/inn/en per se Schwierigkeiten hätten, ihren Alltag zu bewältigen, nicht legitim zu ziehen ist" (Riekmann 2012, S. 183) und dass drittens die „gängigen Vorstellungen vom ungebildeten, erwerbs- und hilflosen, sozial isolierten und randständigen Analphabeten" (Steuten 2016, 13) nicht haltbar sind. Wie diese Erwachsenen im Alltag zurechtkommen und welche Bedeutung Schriftsprache hier für sie hat, darüber ist jedoch kaum etwas bekannt.

Es ist also lohnenswert, den Blick stärker auf die Alltagspraxis von Erwachsenen mit Lese- und Schreibschwierigkeiten zu richten. Dieses Ziel verfolgen auch Umfeldstudien, die einen weiteren Wendepunkt in der Alphabetisierungsforschung markieren (Ehmig et al. 2015; Riekmann et al. 2016). Umfeldstudien wollen Genaueres über ‚Mitwissende‘[3] und Unterstützende von Erwachsenen mit geringen

---

3 Der Begriff der ‚Mitwisserschaft‘ wird aufgrund seiner möglicherweise kriminalisierenden Konnotation ebenfalls kritisch diskutiert (Riekmann 2016a, S. 36 ff.; Bittlingmayer 2016; Grotlüschen 2017).

Lese- und Schreibkompetenzen erfahren, um so auch geringe Kursteilnahmen mit erklären zu können. Die Studien verdeutlichen, dass geringe Lese- und Schreibkompetenzen im beruflichen wie privaten Umfeld entgegen der gängigen Annahme einer Tabuisierung häufig bekannt sind. Im Fall der Hamburger Umfeldstudie kennen rund 40% der Befragten eine oder mehrere Personen, bei der sie sicher von Lese- und Schreibschwierigkeiten wissen oder diese vermuten (Buddeberg 2016, S. 62). Die Hamburger Umfeldstudie zeigt: „Wissen über geringe Literalität unter Erwachsenen gibt es in allen Segmenten der Bevölkerung, weitgehend unabhängig von Alter, Geschlecht, Bildungsniveau, Erwerbssituation oder Erstsprache" (ebd., S. 62 f.). Allerdings nimmt mit zunehmender Bildung unter den ‚Mitwissenden' auch der Anteil derer ab, die Personen mit „gravierenden Schwierigkeiten" (ebd., S. 63) kennen. Umfeldstudien geben zwar mehr Einblick in die Alltagswelten von Betroffenen, sie können jedoch nur wenig über den konkreten Umgang mit Schriftsprache und deren alltagspraktische Eingebundenheit aussagen.

Sekundäranalysen aus PIAAC (Gauly et al. 2016; Nienkemper/Grotlüschen 2016) verfolgen ebenfalls das Ziel, die Lebensumstände und die Kompetenz*nutzung* von Erwachsenen mit geringen Lesekompetenzen näher zu beleuchten. Nienkemper und Grotlüschen (2016) legen dar, dass Erwachsene trotz geringer ‚gemessener' Kompetenzen von diesen Gebrauch machen und dabei über sehr unterschiedliche Profile bei der Kompetenznutzung verfügen. Die Rede ist hier von drei Gruppen von Kompetenznutzenden: Die „außerberuflich Kompetenznutzenden" (z. B. Arbeitslose, Frühverrentete) zeigen eine vielfältige Kompetenznutzung im Alltag, etwa bezogen auf das Lesen von Büchern, das Schreiben von privaten Briefen oder E-Mails (ebd., S. 15). Die Gruppe der „kollegial Anweisungslesenden" (vor allem Berufstätige) ist insbesondere am Arbeitsplatz mit dem Lesen schriftlicher Anweisungen befasst, während sich im Privatleben weniger Lese- und/oder Schreibanlässe ergeben als in der zuvor genannten Gruppe (ebd.). Die Gruppe der „ubiquitär Schreibenden" – eine jüngere und höher gebildete, einkommensstärkere Gruppe – nutzt beruflich wie privat häufiger als die beiden anderen Gruppen schriftbezogene (digitale) Medien und Kommunikationsformen und liest regelmäßig Bücher (ebd., S. 15 f.).

Nienkemper und Grotlüschen gehen in ihrer Studie in Anlehnung an die New Literacy Studies von einem „praxeologischen Verständnis von Literalität" (ebd., S. 7) aus, indem sie auf subjektiv sinnvolle Gebrauchsformen bzw. individuelle Gewohnheiten bei der Schriftsprachverwendung abzielen (hierzu auch Nienkemper 2017). Durch die Untersuchung lässt sich die Heterogenität der Schriftsprachverwendung aufzeigen, zumal Erwachsene mit niedriger Lesekompetenz in allen drei Gruppen – wenn auch zu unterschiedlichen Anteilen – vertreten sind (Nienkemper/Grotlüschen 2016, S. 16). Obwohl PIAAC sicher nicht als praxeologische Studie angelegt ist, lässt sich ansatzweise die Schriftsprachverwendung so auch mit strukturellen Merkmalen in Verbindung bringen. Allerdings geht es in der Sekundäranalyse vor allem um die Häufigkeit der Nutzung einzelner Praktiken und weniger um den alltagsweltlichen Zusammenhang.

Es lässt sich also resümieren, dass trotz intensiver Forschungsaktivitäten in den letzten Jahren (überblickshaft Projektträger im DLR e. V. 2011a; 2011b; 2012; Grotlüschen/Riekmann 2012; Grotlüschen/Zimper 2015; Riekmann et al. 2016; Gauly et al. 2016; Nienkemper/Grotlüschen 2016), durch die auch viele Lücken geschlossen werden konnten, nach wie vor ein erheblicher Forschungsbedarf besteht. Kurz gefasst kann für den bisherigen Forschungsstand festgehalten werden, dass *quantitative Studien* hier eine Makroperspektive einnehmen und auf strukturelle Begebenheiten und Benachteiligungen verweisen, dabei auch wesentlich zu neuen Erkenntnissen über Adressatinnen und Adressaten sowie Teilnehmende von Alphabetisierungskursen beigetragen haben. Objektiv betrachtet weisen Studien wie leo. oder PIAAC auf einen Zusammenhang von geringen ‚gemessenen‘ Kompetenzen und schichtspezifischen Merkmalen sozialer Benachteiligung hin. Zu Grunde gelegt wird zumeist, dass Schriftsprache Voraussetzung für gesellschaftliche Teilhabe ist und dass funktionale Analphabetinnen und Analphabeten davon ausgeschlossen sind. Quantitative Studien können aus ihren Befunden aber nur sehr bedingt Aussagen über die Subjekte und ihre Alltagspraxis ableiten. *Qualitative Studien* hingegen sehen vor allem die Heterogenität der Subjekte, binden ihre Befunde aber nur wenig an strukturelle Bedingungen zurück, so dass schnell der Eindruck einer beliebigen Vielfalt entstehen kann. Offen bleibt, wie der offensichtlich individuelle Umgang mit Schriftsprache mit sozialen Logiken verknüpft ist, ohne dafür lediglich auf Schichtmerkmale im weiteren Sinne zurückzugreifen.

Eine vielversprechende neue Perspektive bietet hier der Ansatz Bourdieus (1982; 1987), insbesondere das Habituskonzept. Der Kerngedanke dabei ist, dass das Individuelle der Subjekte auf der einen und strukturelle gesellschaftliche Bedingungen auf der anderen Seite keinen Gegensatz bilden. Vielmehr handelt es sich um zwei Seiten einer Medaille, die – zusammen betrachtet – zu einem umfassenden Verstehen der sozialen Welt führen. Die Verknüpfung von subjektiven Praktiken der Schriftsprache und gesellschaftlichen Strukturen lässt sich folglich durch das Habituskonzept herstellen und gewinnbringend einsetzen, um zu neuartigen Befunden auf dem Gebiet der Alphabetisierungsforschung zu gelangen.

Der Habitus wird im Herkunftsmilieu unter bestimmten strukturellen Bedingungen erworben, die ihm eine bestimmte Sicht auf die Welt nahelegen und ihn formen, insofern weisen die Weltsichten des Habitus auch immer auf ein bestimmtes soziales Milieu hin. Er kann unzählige Praktiken – auch literale – hervorbringen, ist hier also nicht direkt begrenzt; er zeigt sich jedoch stets in der *Art und Weise* ihrer Ausführung. Bourdieu geht es vor allem um das Erzeugungsprinzip des Habitus. Es ist nicht primär sein Ziel, einzelne Praktiken zu beschreiben, sondern aufzuzeigen, nach welchem Muster diese hervorgebracht werden.

Im Bereich der Alphabetisierung hat Linde (2008) bereits mit dem Habituskonzept gearbeitet. Sie legt es ihrer Arbeit zum Lesen- und Schreibenlernen im Erwachsenenalter zu Grunde, um die Subjekte im gesellschaftlichen Kontext verorten und (Lern-)Barrieren sichtbar machen zu können (ebd., S. 100). Mit der „Kernkategorie Habitus“ (ebd., S. 118) verdeutlicht sie, wie sich Ängste in Lernprozessen des

Schriftspracherwerbs über die Lebensgeschichte verfestigen, aber durch Prozesse der Bewusstwerdung und eine Steigerung des Selbstvertrauens im Verlauf eines Kursbesuchs gemildert werden können. Literalitätspraxen stellen für die Befragten Möglichkeiten dar, ihre Handlungsspielräume zu erweitern, wodurch die Eingebundenheit der literalen Praxis in ihre Alltagswelt deutlich wird. Allerdings hat Linde weniger im Blick, wie diese Eingebundenheit mit der Konfiguration sozialer Milieus im Zusammenhang steht.

Bezugnahmen auf Bourdieus Konzept finden sich auch bei Grotlüschen et al. (2009). Sie problematisieren Machtverhältnisse, die Literalitätspraxen durchziehen. Ausgehend von Bourdieus Begriff der legitimen Kultur entwickeln sie den Begriff der legitimen Literalität. Der Umgang mit Schriftsprache variiert demzufolge nach klassenspezifischem Habitus, wobei die oberen Klassen tonangebend sind, wenn es um die Frage geht, was diesbezüglich als legitim zu gelten hat. Die legitime Literalität lässt sich als Teil des Distinktionsinteresses der oberen Klassen verstehen (Grotlüschen 2011b, S. 27). Dieses Phänomen hat Bourdieu bereits für die legitime Sprache eingehend herausgearbeitet (Bourdieu 1990; Grotlüschen 2011a). Die legitime Literalität zeichnet sich durch einen Abstand zum ‚normalen' Schriftsprachgebrauch aus, so dass andere Formen von Literalität abgewertet werden. Bei den mittleren Klassen führt dies zu einer „aufstiegs- und anpassungsorientierten Verwendung von Schrift" (Mainstreamliteralität) (Grotlüschen 2011b, S. 32). Die unteren Klassen grenzen sich hingegen von höheren Ansprüchen an Schriftsprache mit einer basalen Literalität ab (ebd., S. 30). Die Arbeiten machen deutlich, dass Schriftsprachkompetenzen in eine Konfiguration sozialer Klassen bzw. Milieus eingebunden sind (Nienkemper 2015, S. 83 ff.). Allerdings bleibt das auf einer eher konzeptionellen Ebene, ohne dass das Hervorbringen literaler Praxis durch den Habitus empirisch eingeholt wird. Das Modell des sozialen Raums ist zwar mehrdimensional angelegt, Grotlüschen et al. entwerfen jedoch ein hierarchisches Modell der Literalität.

Es wird also bereits deutlich, dass literale Praxen ‚umkämpft' sind und sich strukturell unterscheiden. Das ist auch ein zentraler Befund der New Literacy Studies (z. B. Barton/Hamilton 1998; Zeuner/Pabst 2011a), die herausstellen, dass Literalität plural zu verstehen ist und Machtverhältnissen unterliegt. Vielversprechend erscheint es vor diesem Hintergrund, mit einem Konzept sozialer Milieus zu arbeiten, das auf Bourdieus Ansatz aufbaut und diesen weiterentwickelt (Vester et al. 2001; Bremer/Lange-Vester 2014a). Milieukonzepte ermöglichen, die Alltagspraxis der Subjekte in den Blick zu nehmen. Gleichwohl gelingt es, ihre Praxis an die soziale Ordnung rückzubinden und soziale Ungleichheiten sichtbar zu machen.

Milieukonzepte haben seit den 1990er Jahren Eingang in die Erwachsenenbildung gefunden und konnten hier bereits wichtige Impulse setzen (z. B. Flaig et al. 1997; Bremer 1999; 2007; Barz 2000, Barz/Tippelt 2004a; 2004b; Tippelt et al. 2008; Zeuner/Faulstich 2009, S. 118 ff.). Sie geben Aufschluss darüber, wie Weiterbildungsinteressen und -praxis mit der sozialen Lage und dem Habitus verbunden sind. Vor diesem Hintergrund wird auch die Erreichbarkeit von Zielgruppen mit geringen Bildungsabschlüssen bzw. aus unteren Schichten für die Erwachsenenbildung problematisiert. Das Weiterbildungsverhalten ist in die milieuspezifische Lebensführung eingebunden und führt zu unterschiedlichen Grundmustern der Bildungspraxis (Bremer 2010a, S. 96). Es ist also naheliegend, dass es sich bei sozialen Milieus auch um Orte handelt, an denen bestimmte Vorlieben und Gebrauchsformen von Schriftsprache, also Grundmuster der Literalität, eingeübt werden und dass sich ein Phänomen wie funktionaler Analphabetismus darin eingebettet betrachten lässt. Anzunehmen ist, dass Literalität „milieuspezifisch gefärbt" ist (ebd., S. 101).

Obwohl also die Relevanz der Milieuzugehörigkeit für die Erwachsenenbildung vielfach aufgezeigt wurde, ist der Ansatz bisher noch nicht auf den alltagspraktischen Umgang mit Schriftsprache bezogen worden. Zeuner und Pabst (2011b, S. 113) halten gleichwohl neben weiteren Faktoren die „Milieuzugehörigkeit" für ein wichtiges Kriterium, wenn es um Anwendung und Kompetenzen auf dem Gebiet der Schriftsprache geht. Mittlerweile wird hier vielerorts ein Forschungsdesiderat konstatiert (Nickel 2007; Sahrai et al. 2011; Rosenbladt 2012; Nienkemper 2015; Nienkemper/ Grotlüschen 2016). Im Bereich der Alphabetisierung lassen sich jedoch lediglich erste Bezugnahmen auf Milieukonzepte feststellen. Krenn (2013) verbindet den Ansatz der New Literacy Studies mit dem Konzept sozialer Milieus nach Vester et al. (2001). Er ordnet die Befragten zwar sozialen Milieus zu, dies erfolgt aber nicht auf Basis einer Analyse der milieuspezifischen Alltagspraxis, sondern vor dem Hintergrund „sozialstrukturelle[r] Positionierung" (ebd., S. 66). Eine Studie zum beruflichen Umfeld funktionaler Analphabetinnen und Analphabeten der Stiftung Lesen (Ehmig et al. 2015) erhebt eher einzelne Einstellungen zu Schriftsprache und gibt ebenfalls keine Auskunft über deren alltagspraktischen Gebrauch in verschiedenen Milieus (ähnlich H. Wagner 2011; Riekmann/Stammer 2016). Letzterer soll mit dieser Arbeit erstmals erforscht werden. Dabei wird vor dem Hintergrund der erwähnten Diskrepanz zwischen (potenziellen) Adressatinnen und Adressaten und (tatsächlichen) Kursteilnehmenden auch in den Blick genommen, wie die Teilnahme an einem Alphabetisierungskurs in die milieuspezifische Alltagspraxis eingebettet ist. Es ergeben sich daraus die leitenden Forschungsfragen dieser Arbeit:

- Aus welchen sozialen Milieus kommen Teilnehmende an Alphabetisierungskursen?
- Über welche habitus- und milieuspezifischen Zugänge zu Schriftsprache verfügen sie?
- Wie ist die Teilnahme an einem Alphabetisierungskurs in die milieuspezifische Alltagspraxis eingebettet?

Um diesen Fragen nachzugehen, konnte auf empirisches Material zurückgegriffen werden, das im Rahmen eines vom Bundesministerium für Bildung und Forschung geförderten Forschungsprojekts[4] erhoben wurde, an dem die Autorin der

---

4   Das Forschungsprojekt „Interdependenzen von Schriftsprachkompetenz und Aspekten der Lebensbewältigung" (kurz: Interdependenzstudie) wurde von Juli 2008 bis August 2011 unter der Leitung von Prof. Dr. Sandra Deneke an der Leibniz Universität Han-

Arbeit selbst mitgewirkt hat. Es liegen der Arbeit insgesamt 36 leitfadengestützte Interviews mit 19 Teilnehmenden an Alphabetisierungskursen zu Grunde, die an einer Basis- und Folgebefragung im Abstand rund eines Jahres teilnahmen (Basisbefragung: n=19, Folgebefragung: n=17). Für die Dissertation wurde das Material mit dem methodisch-methodologischen Ansatz der Habitus-Hermeneutik (Bremer 2004; Bremer/Teiwes-Kügler 2010; 2013; Lange-Vester/Teiwes-Kügler 2013a) ausgewertet, der damit erstmals auf die Frage des alltäglichen Gebrauchs von Schriftsprache angewendet wurde. Die Habitus-Hermeneutik ermöglicht es, Praktiken zur Schriftsprache als Muster des Habitus zu analysieren, die einer i. d. R. wenig reflektierten sozialen Logik folgen. Durch den Ansatz der Habitus-Hermeneutik gelingt es, diesen latenten Mustern und Einstellungen auf die Spur zu kommen und sie mit ihrem sozialen Ort in Verbindung zu bringen. Dem Brückenschlag zwischen der Subjektebene und der Strukturebene wird somit auch im methodischen Vorgehen Rechnung getragen.

Bislang liegen kaum Anhaltspunkte zu der Frage vor, wie sich der Umgang mit Schriftsprache milieuspezifisch unterscheidet und wie ein Phänomen wie funktionaler Analphabetismus darin eingebettet ist. Die vorliegende Arbeit unternimmt einen Anfang, milieuspezifische Literalitätskonzepte in der Gruppe der Teilnehmenden an Alphabetisierungskursen zu analysieren.

Aufbau der Arbeit

In Kapitel 2 wird zunächst ein Überblick über den bisherigen Forschungsstand gegeben. Es wird näher erläutert, welche Informationen bereits zur sozialen Zusammensetzung von Teilnehmenden bzw. Adressatinnen und Adressaten von Alphabetisierungskursen vorliegen und wie diese mit ‚Schriftsprachdefiziten' umgehen. Der Fokus liegt darauf, inwiefern dabei bereits heterogene und ungleichheitsbezogene Umgangsweisen mit Schriftsprache im Blick waren.

Kapitel 3 bezieht sich auf das theoretische Fundament dieser Arbeit. Zentral ist hier Bourdieus Habitus-Feld-Konzept (1982; 1987) und seine Ausführungen zur symbolischen Gewalt, die er insbesondere auf (Schrift-)Sprache bezogen hat (Bourdieu 1990). Im Anschluss wird das an Bourdieu anschließende Konzept der „sozialen Milieus" (Vester et al. 2001; Bremer/Lange-Vester 2014a) vorgestellt und auf den Untersuchungsgegenstand der Arbeit angewandt. Relevant für die Arbeit ist auch die Unterscheidung von Street (1984) bezüglich eines autonomen und ideologischen Modells von Literalität. Es wurde von Street (1993, S. 8) u. a. mit Bezugnahme auf

---

nover durchgeführt. Die Interdependenzstudie wurde im Rahmen des ersten Förderschwerpunkts des Bundesministeriums für Bildung und Forschung „Forschung und Entwicklung zur Alphabetisierung und Grundbildung Erwachsener" gefördert (Förderkennzeichen: 01AB074203) und war ein Teilprojekt des Verbundes „Verbleibsstudie zur biografischen Entwicklung ehemaliger Teilnehmer/innen an Alphabetisierungskursen" (kurz: Verbleibsstudie, Egloff/Grotlüschen 2011).

Bourdieu entwickelt. Die Perspektiven werden für die vorliegende Arbeit miteinander verschränkt.

In Kapitel 4 wird das Forschungsdesign beschrieben. Das Kapitel beginnt mit einer Darstellung des Forschungsrahmens, in dem die Dissertation entstanden ist (Interdependenzstudie). Es wird das forschungspraktische Vorgehen der Interdependenzstudie näher erläutert. Im Anschluss wird dargelegt, inwiefern sich Projekt und Dissertation unterscheiden, aber auch für den Forschungsprozess sinnvoll miteinander verbunden werden konnten. Die forschungspraktische Umsetzung der Dissertation bildet den Abschluss des Kapitels.

Das Herzstück der Arbeit sind die Kapitel 5 bis 7. Hier werden die Ergebnisse der Dissertation dargestellt. Den Forschungsfragen wird zunächst anhand von vier Eckfällen nachgegangen, die habitus-hermeneutisch ausgewertet wurden (Kapitel 5). So lässt sich die Einbettung literaler Praxen in milieuspezifische Habitusmuster zeigen. Es konnten auf diese Weise vier Grundmuster der Literalität herausgearbeitet werden, die sich mit geringen Abweichungen auch unter den übrigen Fällen wiederfanden. In Kapitel 6 folgt eine milieuspezifische Differenzierung aller Fälle und vor diesem Hintergrund eine Systematisierung des Umgangs mit Schriftsprache. Die mit Schriftsprache in Verbindung stehenden Vorlieben und Gebrauchsformen werden in Kapitel 7 näher erläutert und in ihrer Bedeutung für Alphabetisierungskurse erfasst.

Im Schlusskapitel 8 werden die zentralen Ergebnisse der Arbeit noch einmal aufgegriffen, an den Diskurs der Alphabetisierungsforschung rückgebunden und Perspektiven für die Alphabetisierungspraxis und -forschung abgeleitet.

2 Forschungsstand

Im Folgenden wird auf den aktuellen Forschungsstand Bezug genommen, der in den nachstehenden Abschnitten unter diesen Fragen genauer betrachtet wird:

1) Welche Informationen liegen bereits über die soziale Zusammensetzung von Adressatinnen und Adressaten sowie Teilnehmenden von Alphabetisierungskursen vor? Wie gehen diese Gruppen mit ‚Schriftsprachdefiziten' um? (siehe insbesondere Kapitel 2.2)
2) Welche Zugänge zu Schriftsprache zeichnen sich für diese Gruppen in bisherigen Arbeiten ab und inwiefern wird hier bereits ein Zusammenhang hergestellt zu Habitus und Milieu? (siehe insbesondere Kapitel 2.3, 2.4 und 2.5)

Um die unterschiedlichen Ansätze und Perspektiven in der bisherigen Forschung zu verdeutlichen, wird eine *konzeptionell-theoretische Ordnung* bisheriger Studien angestrebt. Vorab wird auf die verschiedenen, für das Phänomen schriftsprachlicher Schwierigkeiten im Erwachsenenalter verwendeten Begriffe geblickt, mit denen jeweils schon bestimmte Perspektiven auf die Thematik verbunden sind (Kapitel 2.1). Es werden sodann aktuelle Befunde der *Alphabetisierungsforschung* diskutiert (Kapitel 2.2). Alphabetisierungsforschung stellt vorrangig Fragen zur Entwicklung von Schriftsprachkompetenzen in den Fokus (Zeuner/Pabst 2011a, S. 12). Die *Lesesozialisationsforschung* (Kapitel 2.3) betrachtet deutlicher den sozialen und biografischen Erwerb von Lesekompetenz und bindet literale Praxis stärker an sozialstrukturelle Einflüsse zurück. Daher ist sie besonders interessant für die vorliegende Arbeit. Die Forschungen im Anschluss an das Konzept *Literalität als soziale Praxis* (Kapitel 2.4) liefern vor allem Informationen über die Heterogenität von Literalität im Alltag und die Einbettung literaler Praxen in Machtstrukturen. Sie weisen damit eine Affinität zum Habitus- und Milieuansatz auf. Zu guter Letzt wird Bezug genommen auf bisherige Ansätze, die die *Milieubezogenheit von Literalität* untersuchen (Kapitel 2.5). Hier besteht aktuell noch Forschungsbedarf zu oben genannten Fragen, es können aber mitunter Studien herangezogen werden, die allgemeiner etwas zu Geringqualifizierten und ‚Bildungsfernen'[5] aussagen und Hinweise auf die Forschungsfragen liefern.[6]

---

5   ‚Bildungsfern' meint für die vorliegende Arbeit, dass seitens der Adressatinnen und Adressaten eine Distanz zu Bildung und Bildungsinstitutionen besteht, dass sich in dieser subjektiven Distanzierung aber nicht alles erschöpft. Auch seitens der Bildungsinstitutionen besteht eine Distanz zu den bildungsbenachteiligten Gruppen (Bremer et al. 2015a, S. 17).

6   Geringqualifizierte werden häufig für Vergleiche mit funktionalen Analphabetinnen und Analphabeten herangezogen. Rosenbladt (2012, S. 76) zufolge hat im unteren Bildungsbereich (Personen mit Hauptschulabschluss oder darunter) fast jede/jeder Dritte eine „ausgeprägte Schriftschwäche".

2.1 Umkämpfte Begriffe: Funktionaler Analphabetismus, Grundbildung und Literalität

In Deutschland haben sich seit Ende der 1970er Jahre drei Begriffe etabliert. Gemeint sind die Begriffe *funktionaler Analphabetismus*, *Grundbildung* und *Literalität* (Linde 2008, S. 50). Sie stehen für grundlegend andere Blickwinkel auf das hier zu betrachtende Phänomen und gehen mit unterschiedlichen pädagogischen und politischen Implikationen einher.

Der Begriff funktionaler Analphabetismus[7] bezieht sich vor allem auf das Nichtbeherrschen des Lesens und Schreibens. Es dominieren Definitionen, die die Relativität des Begriffes zur jeweiligen Gesellschaft betonen (Drecoll 1981, S. 31; Hubertus 1991, S. 5; Egloff et al. 2011, S. 14 ff.; BMBF 2012a, S. 1 f.). Eine zuletzt entwickelte Definition sieht funktionalen Analphabetismus als gegeben, „wenn die schriftsprachlichen Kompetenzen von Erwachsenen niedriger sind als diejenigen, die minimal erforderlich sind und als selbstverständlich vorausgesetzt werden, um den jeweiligen gesellschaftlichen Anforderungen gerecht zu werden. Diese schriftsprachlichen Kompetenzen werden als notwendig erachtet, um gesellschaftliche Teilhabe und die Realisierung individueller Verwirklichungschancen zu eröffnen" (Egloff et al. 2011, S. 14).

Die Definition, von der hier lediglich die Kernaussage zitiert werden soll, folgt einem Baukastenprinzip, wobei für die gesellschaftlichen Mindestanforderungen definitorisch an das Kompetenzlevel I der PISA-Studie (Programme for International Student Assessment, Deutsches PISA-Konsortium 2001)[8] angeschlossen wird, das der Kompetenzstufe I des Leseverständnisses bei Prosa-Texten in der IALS-Studie (International Adult Literacy Survey, OECD/Statistics Canada 1995) entspricht (Egloff et al. 2011, S. 18) (siehe auch Kapitel 2.2.1). Wenn diese unterschritten werden, liegt funktionaler Analphabetismus vor. Schriftsprache wird in ihrer Eigenschaft als Kommunikationsmittel und ihrer Bedeutung für Teilhabe fokussiert: „Erst anhand der Kommunikation durch Lesen und Schreiben ist die gesellschaftliche Teilhabe von Individuen und deren Weiterentwicklung möglich" (ebd., S. 16).

So wird deutlich, dass sich die Definition, die zuletzt um berufliche Anforderungen ergänzt wurde (BMBF 2012a; Tröster/Schrader 2016), eng an Studien orientiert,

---

7   Es werden in der Literatur vier Formen von Analphabetismus unterschieden, die sich auf der Zeitebene (primärer und sekundärer Analphabetismus) und auf der Kenntnisebene (totaler und funktionaler Analphabetismus) verorten lassen (Egloff et al. 2011, S. 13 ff.; Linde 2008, S. 50 ff.). Auf eine Erläuterung wird zu Gunsten einer Darstellung des funktionalen Analphabetismus verzichtet.

8   Für die Subskala „Informationen ermitteln", die hier zu Grunde gelegt wurde, bedeutet dies, „eine oder mehrere unabhängige, aber ausdrücklich angegebene Informationen zu lokalisieren. Üblicherweise gibt es eine einzige Voraussetzung, die von der betreffenden Information erfüllt sein muss, und es gibt, wenn überhaupt, nur wenig konkurrierende Informationen im Text" (Artelt et al. 2001, S. 89). Für das Schreiben liegen keine vergleichbaren Referenzen vor (Egloff et al. 2011, S. 18).

die Kompetenzen in unterschiedlichen Abstufungen oder Levels messen. Wie Nienkemper (2015, S. 15) kritisch bemerkt, „entsteht als Ergebnis dieser Kategorisierung eine Rangordnung von Individuen oder Gruppen nach ihren Fähigkeiten". Kompetenzorientierte Studien legen so fest, „welche Personen nicht der Norm entsprechen, weil sie nicht über das Mindestmaß an Kompetenz verfügen" (ebd., S. 15 f.). Eine solche Trennlinie wird auch durch den Begriff funktionaler Analphabetismus gezogen. Es handelt sich um einen defizitorientierten und stigmatisierenden Begriff, da durch die vorgenommene Trennung in Alphabetisierte und Analphabetinnen bzw. Analphabeten ein Mangel bei letzteren bestimmt wird, der sie unter Handlungsdruck setzt (Steuten 2014; Bittlingmayer 2016). Mit dem Begriff transportierte Stereotype, die mitunter aus der frühen Teilnehmendenforschung oder Praxisberichten (z.B. Döbert/Hubertus 2000) resultieren, werden zunehmend kritisch diskutiert (Grotlüschen et al. 2014; Grotlüschen 2016a; Riekmann 2016a, S. 36 ff.).

Der Begriff Grundbildung ist definitorisch breiter angelegt als der Begriff funktionaler Analphabetismus, der sich vor allem auf das Lesen und Schreiben bezieht. Tröster (2000, S. 49) fasst darunter „Fähigkeiten zum Überleben im 21. Jahrhundert", zu denen Lesen und Schreiben, aber auch andere Grundbildungskompetenzen (z.B. Rechnen, PC-Grundkenntnisse, soziale Verhaltensweisen) gehören. Eine eindeutige Festlegung eines solchen Curriculums ist jedoch schwierig (Euringer 2016; Tröster/ Schrader 2016). Betont werden aktuell „Kompetenzen in den Grunddimensionen kultureller und gesellschaftlicher Teilhabe, wie: Rechenfähigkeit (Numeracy), Grundfähigkeiten im IT-Bereich (Computer Literacy), Gesundheitsbildung (Health Literacy), Finanzielle Grundbildung (Financial Literacy), Soziale Grundkompetenzen (Social Literacy). Grundbildung orientiert sich somit an der Anwendungspraxis von Schriftsprachlichkeit im beruflichen und gesellschaftlichen Alltag" (BMBF 2012a, S. 1). Der Begriff ist aber auch ‚umkämpft': Es zeigt sich eine Spannbreite von einem stärker auf Employability ausgerichteten Grundbildungsbegriff (BMBF 2012a; 2012b) und einem weiter gefassten emanzipatorischen Verständnis, in dem z.B. auch eine politische Grundbildung gefordert wird (Zeuner 2007; 2017; Pape 2011c; Korfkamp 2016; Bremer/Pape 2017).

Der Begriff Literalität, wie er von Vertreterinnen und Vertretern der New Literacy Studies stark gemacht wird, betont gegenüber dem Begriff funktionaler Analphabetismus oder dem Begriff Grundbildung, die letztlich beide relativ zur jeweiligen Gesellschaft zu verstehen und damit normativ eingefärbt sind, die subjektive Funktionalität von Schriftsprache. Es besteht die Annahme, dass alle Menschen bis zu einem gewissen Grad mit symbolisch verschlüsselter Information umgehen können und daher kein eindeutiger Mindeststandard gesetzt werden kann (Linde 2007, S. 94). Literalität wird von Barton und Hamilton (1998, S. 7) wie folgt näher bestimmt:

- „Literacy is best understood as a set of social practices; these can be inferred from events which are mediated by written texts.
- There are different literacies associated with different domains of life.

- Literacy practices are patterned by social institutions and power relationships, and some literacies become more dominant, visible and influential than others.
- Literacy practices are purposeful and embedded in broader social goals and cultural practices.
- Literacy is historically situated.
- Literacy practices change, and new ones are frequently acquired through process of informal learning and sense making."

Damit wird die Pluralität von Literalität sowie deren Einbettung in Machtverhältnisse betont. „Im einfachsten Sinn sind Literalitätspraxen das, was Menschen mit Literalität tun" (Linde 2008, S. 171). Der Begriff Literalität wird jedoch auch im Rahmen der Kompetenzforschung verwendet, um der Vielfältigkeit von Literalität oder Literacy Rechnung zu tragen, wenn auch hier letztlich wieder eine Trennlinie zwischen Alphabetisierten und Schriftunkundigen gezogen wird. Literacy, wie oben dargelegt, steht ferner dem deutschen Begriff Grundbildung nahe (computer literacy, political literacy etc.) und wird damit weitergefasst als der deutsche Begriff Literalität, der sich enger, wenn auch nicht ausschließlich, auf Lesen und Schreiben und den sinnstiftenden Umgang damit bezieht (Linde 2007, S. 94).

Die Begriffe geben so bereits einen ersten Überblick über die im Forschungsfeld vorhandenen Perspektiven und Zugänge. Während die New-Literacy-Forschung Literalität in ihrer Vielfalt anerkennt und damit Defizitperspektiven vermeiden will, geht es in der oben dargelegten ‚kompetenzbasierten' Definition des funktionalen Analphabetismus um eine eindeutige Grenzziehung und Defizitzuweisung. Der Begriff macht damit aber auch auf eine gravierende Benachteiligung im Verhältnis zur Gesamtgesellschaft aufmerksam. Der alleinige Verweis auf plurale Literalitäten würde an dieser Stelle eine Benachteiligung verschleiern (Grotlüschen 2011b; Nienkemper 2015, S. 26; Pabst/Zeuner 2016, S. 69). Die mit dem Begriff funktionaler Analphabetismus oft verbundenen Zuschreibungen (z. B. höhere Wertigkeit und positive Auswirkungen einer Normliteralität) sind jedoch kritisch zu hinterfragen, wie auch die folgenden Kapitel verdeutlichen.

2.2 Arbeiten zur Alphabetisierungsforschung

Auf dem Gebiet der Alphabetisierungsforschung ist in den letzten Jahren eine erhebliche Forschungsintensivierung zu verzeichnen. Während frühe Studien der 1980er und 1990er Jahre sich eher mit dem Problem konfrontiert sahen, bildungspolitischen Handlungsbedarf zu legitimieren und den Vorwurf abzuwehren, es handele sich bei funktionalen Analphabetinnen und Analphabeten um „bedauerliche Einzelschicksale" (Oswald/Müller 1982, S. 1), entwickelte sich das Thema Analphabetismus in den darauf folgenden Jahren zu einem unbestritten wichtigen Bestandteil der bildungspolitischen Agenda. Im Rahmen der Weltalphabetisierungsdekade (2003 bis 2012) engagierte sich Deutschland erstmals mit einem Förderschwerpunkt zur Alphabetisierung und Grundbildung Erwachsener[9], um die Forschungslage zu erweitern und wissenschaftlich fundierte Praxiskonzepte zu entwickeln (Projektträger im DLR e. V. 2011a; 2011b; 2012). Diese Forschungsintensivierung muss jedoch vor dem Hintergrund wirtschaftsliberaler und internationaler Entwicklungen gesehen werden, in deren Kontext vor allem die Organisation für wirtschaftliche Zusammenarbeit und Entwicklung (OECD) Bildungsvergleichsstudien wie z. B. IALS (International Adult Literacy Survey, OECD/Statistics Canada 1995), PISA (Programme for International Student Assessment, Deutsches PISA-Konsortium 2001) oder PIAAC (Programme for the International Assessment of Adult Competencies, Rammstedt 2013a) initiierte, die letztlich insbesondere bildungsökonomisch motiviert waren und sind. Geringe Schriftsprachkompetenz wird in diesem Zusammenhang als Bedrohung für die wirtschaftliche Wettbewerbsfähigkeit und den sozialen Zusammenhalt einer Gesellschaft angesehen (OECD/Statistics Canada 1995, S. 13). Damit geraten die Länder im internationalen Vergleich unter stärkeren Druck, Begabungsreserven auszuschöpfen und die Effizienz von Bildungsangeboten zu erhöhen, um die Subjekte ‚wettbewerbsfähig' zu machen. Besonders deutlich wird diese Entwicklung im verstärkten Aufkommen arbeitsplatzorientierter Konzepte im Rahmen der Nationalen Strategie für Alphabetisierung und Grundbildung des Bundesministeriums für Bildung und Forschung (2012 bis 2016), durch die die Grundbildungskompetenzen von Geringqualifizierten vor allem mit Blick auf die Sicherung des Arbeitsplatzes verbessert werden sollen (BMBF 2012a; 2012b; 2015).[10] Ziel ist es, diese Konzepte im Zuge der 2015 ausgerufenen Nationalen Dekade für Alphabetisierung (2016 bis 2026) weiter auszubauen.[11] Emanzipative Motive zu Grundbildung, z. B. zur politischen Partizipation[12] von Erwachsenen mit geringen Lese- und Schreibkenntnissen (Zeuner 2007; 2017; Pape 2011c; Korfkamp 2016; Bremer/Pape 2017), rücken damit in den Hintergrund.

Im Folgenden werden bisherige Arbeiten auf dem Gebiet der Alphabetisierungsforschung in drei Forschungsstränge unterteilt. Es wird schwerpunktmäßig auf Studien eingegangen, die im Zuge der beschriebenen Forschungsintensivierung auf dem Gebiet der Alphabetisierungsforschung entstanden sind. Diese lassen sich wie folgt unterteilen:

---

9   Genauer gesagt handelt es sich um den Förderschwerpunkt „Forschung und Entwicklung zur Alphabetisierung und Grundbildung Erwachsener" (2007 bis 2012) des Bundesministeriums für Bildung und Forschung.

10 Bestandteil der Nationalen Strategie war u. a. ein zweiter Förderschwerpunkt „Arbeitsplatzorientierte Alphabetisierung und Grundbildung Erwachsener" (2012 bis 2015).

11 Siehe https://www.bmbf.de/de/dekade-fuer-alphabetisierung-ausgerufen-1194.html (letzter Abruf: 01.11.2017).

12 Es gibt derzeit Bemühungen, auch politische Grundbildung verstärkt zu berücksichtigen (Grotlüschen 2016b; Menke/Riekmann 2017). Allerdings bleibt abzuwarten, inwiefern in dieser Debatte emanzipatorische und aufklärerische Elemente einer kritischen politischen (Grund-)Bildung tatsächlich Raum finden.

1) Kompetenzorientierte Studien,
2) Subjekt- und biografieorientierte Studien,
3) Praxisorientierte Studien.

In Kapitel 2.2.1 werden insbesondere quantitative Studien dargestellt, die Kompetenzen ‚messen‘ und als Ausgangspunkt für weitere Untersuchungen (z. B. zu Handlungsmöglichkeiten im Alltag) nehmen. Sie liefern Daten zum Zusammenhang von Schriftsprachkompetenz und Merkmalen sozialer Herkunft bzw. Zugehörigkeit und können Auskunft darüber geben, inwiefern sich Teilnehmende und Adressatinnen und Adressaten ‚objektiv‘ unterscheiden. Kapitel 2.2.2 greift demgegenüber insbesondere qualitative Studien auf, die die Subjekte stärker zum Forschungsgegenstand machen. Zentral sind unter den neueren Untersuchungen die aktuellen Lebensumstände insbesondere von Teilnehmenden, das Lernen im Kurs sowie Wechselwirkungen zwischen Lernen und Leben. Die hier zusammengefassten Arbeiten lassen erste Vermutungen über heterogene Zugänge zu Schriftsprache und Lernen zu. In Kapitel 2.2.3 werden Studien zusammengefasst, die sich stärker mit Fragen nach didaktischen Konzepten, der Professionalität von Lehrenden oder der Angebotsplanung in der Alphabetisierung befassen. Angesichts der Forschungsfragen dieser Arbeit wird ein Schwerpunkt auf Studien gelegt, die sich den ersten beiden Forschungssträngen auf dem Gebiet der Alphabetisierungsforschung zuordnen lassen.

2.2.1 Kompetenzorientierte Studien

Eine der ersten Studien, die international vergleichbare Daten zu literalen Kompetenzen von Erwachsenen liefert, ist der 1994 zum ersten Mal durchgeführte International Adult Literacy Survey (IALS) (OECD/Statistics Canada 1995; zur methodischen Kritik Zabal et al. 2013, S. 73 f.). Mit diesem wurde eine Forschungslinie mit begründet, mit der Literalität einerseits umfassend verstanden und neuartig empirisch eingeholt wurde. Andererseits wurde dabei jedoch die Bedeutung von Literalität und lebenslangem Lernen primär mit Bezug für die Profitabilität von Industriestaaten in den Vordergrund gestellt. Die Untersuchung bezieht sich dementsprechend vor allem auf Schriftsprachkompetenz in Verbindung mit Teilhabe am Arbeitsplatz. Es werden fünf Kompetenzstufen definiert, innerhalb derer die Lese- und mathematische Kompetenz der 16- bis 65-jährigen Bevölkerung in sieben Staaten, darunter Deutschland, untersucht wurde. In Deutschland befinden sich demnach 14,4% der befragten Personen auf der Kompetenzstufe I (Prosa-Literalität)[13] (OECD/Statistics Canada 1995, S. 57). Im IALS wurden jedoch Personen mit besonderen Schwierig-

---

13   Die Kompetenzstufe I im IALS wird bei Prosa-Literalität wie folgt definiert: „Most of the tasks at this level require the reader to locate one piece of information in the text that is identical or synonymous to the information given in the directive. If a plausible incorrect answer is present in the text, it tends not to be near the correct information" (OECD/Statistiscs Canada 1995, S. 29).

keiten im Bereich Schriftsprache aus der Erhebung ausgeschlossen, um sie nicht in Verlegenheit zu bringen (ebd., S. 16). Die Untersuchung verfolgt nicht ausdrücklich das Ziel, Aussagen über Analphabetismus zu treffen. Sie differenziert den untersten Kompetenzbereich nicht weiter, wodurch nur bedingt Vergleiche zur Gruppe der funktionalen Analphabetinnen und Analphabeten gezogen werden können. IALS zeigt aber anhand von belastbaren Zahlen, dass die Lesekompetenz besonders mit dem Bildungshintergrund der Befragten zusammenhängt (ebd., S. 72 ff.) und dass sich auch Befragte mit geringen ‚objektiv gemessenen‘ Kompetenzen ‚subjektiv‘ kompetent fühlen können (ebd., S. 101 ff.; Nienkemper 2016, S. 114).

Die international vergleichende PIAAC-Studie (Programme for the International Assessment of Adult Competencies, Rammstedt 2013a), an der Deutschland nach knapp 20 Jahren das erste Mal wieder teilnahm und die ebenso wirtschaftliche Teilhabe in den Fokus stellt, bestätigt diese Befunde weitgehend. Das PIAAC-Team konstruierte angesichts der mittlerweile bedeutsamer gewordenen Thematik von Kompetenzausprägungen im unteren Bereich zusätzlich ein Kompetenzlevel „Unter Stufe I" und erfasste neben der Lese- und der mathematischen Kompetenz auch Fähigkeiten zum technologiebasierten Problemlösen in mehr als 20 Ländern. Laut PIAAC sind sogar 17,5% der Bevölkerung zwischen 16 und 65 Jahren in Deutschland in ihrer Lesekompetenz stark eingeschränkt (Kompetenzlevels „Unter Stufe I" und „Stufe I") (Zabal et al. 2013, S. 42). Rammstedt (2013b, S. 15) konstatiert ferner, dass „besonders in Deutschland das Kompetenzniveau auch im Erwachsenenalter noch stark vom elterlichen Bildungshintergrund geprägt ist". Der Zusammenhang von Kompetenzausprägung und formaler Bildung ist ebenfalls nach wie vor hoch. Daraus lässt sich schließen, dass Merkmale sozialer Herkunft bzw. Zugehörigkeit eng mit der Anwendung von Schriftsprache in Verbindung stehen und im Herkunftsmilieu erworbene Kompetenzen auch im Erwachsenenalter von Bedeutung sind. IALS und PIAAC, die sich in ihrer Konzeption ähneln, können aber nur erste Anhaltspunkte liefern, da sie die Gruppe der funktionalen Analphabetinnen und Analphabeten nicht systematisch untersuchen.

Demgegenüber erhebt die leo. – Level-One Studie (kurz: leo.-Studie) für Deutschland explizit Daten zu funktionalen Analphabetinnen und Analphabeten (Grotlüschen/Riekmann 2012). Im Gegensatz zu IALS oder PIAAC wird in der leo.-Studie neben dem Lesen auch das Schreiben anhand von „Alpha-Levels" getestet.[14] So kommt die Untersuchung zu dem Ergebnis, dass kumuliert 14,5% der erwachse-

---

14 *Analphabetinnen und Analphabeten* im engeren Sinne liegen demnach auf den Alpha-Levels 1 und 2. Sie unterschreiten die Satzebene und können „zwar einzelne Wörter lesend verstehen bzw. schreiben [..], nicht jedoch ganze Sätze" (Grotlüschen et al. 2012, S. 19). *Funktionale Analphabetinnen und Analphabeten* liegen auf Alpha-Level 3 und unterschreiten die Textebene, „d.h., dass eine Person zwar einzelne Sätze lesen oder schreiben kann, nicht jedoch zusammenhängende – auch kürzere – Texte" (ebd., S. 19 f.). Zudem wurde mit Alpha-Level 4 das sogenannte *fehlerhafte Schreiben* in die Untersuchung einbezogen. Vom fehlerhaften Schreiben wird gesprochen, „wenn auf Satz- und Textebene auch bei gebräuchlichen Wörtern langsam und/oder fehlerhaft gelesen und

nen Bevölkerung zwischen 18 und 64 Jahren von funktionalem Analphabetismus betroffen sind (Grotlüschen et al. 2012, S. 20).[15] Die leo.-Studie liegt mit diesem Wert zwischen Ergebnissen ähnlicher Untersuchungen in Frankreich (9%) und England (14,9%) (ebd., S. 21). Da sie einen detaillierten Überblick über die soziale Zusammensetzung der (potenziellen) Adressatinnen und Adressaten von Alphabetisierungskursen gibt, soll sie an dieser Stelle etwas ausführlicher thematisiert werden. Die Daten werden zugleich in Beziehung gesetzt zu Befunden des AlphaPanels[16], das belastbare Zahlen zu (tatsächlichen) Teilnehmenden an Alphabetisierungskursen der Volkshochschulen[17] liefert (Rosenbladt/Bilger 2011).[18]

Die leo.-Studie zeigt zunächst einen recht deutlichen Zusammenhang zwischen funktionalem Analphabetismus und Geschlecht, demzufolge Männer häufiger unter den funktionalen Analphabetinnen und Analphabeten anzutreffen sind als Frauen (60% vs. 40%)[19] (Grotlüschen et al. 2012, S. 23 f.). Mit 56% besuchen Männer zwar auch leicht häufiger als Frauen (44%) einen Alphabetisierungskurs (Rosenbladt/Bilger 2011, S. 14). Sie sind, wie Bilger (2016, S. 179) anmerkt, angesichts ihres Anteils unter den funktionalen Analphabetinnen und Analphabeten insgesamt aber in Kursen unterrepräsentiert. Grotlüschen et al. (2012, S. 24 ff.) verweisen zudem darauf, dass das zunehmende Alter (leicht) negativ mit literaler Kompetenz korreliert. Ähnlich wie beim Geschlecht schlägt sich aber auch dieser Befund nicht entsprechend in einer Kursteilnahme nieder: Wie das AlphaPanel belegt, handelt es sich bei Teilnehmenden vor allem um Personen, die sich in ihrer Lebensmitte (45 bis 54 Jahre)

---

geschrieben wird. Die Rechtschreibung, wie sie zum Ende der Grundschule unterrichtet wird, wird nicht hinreichend beherrscht" (ebd., S. 20).

15   Dies entspricht hochgerechnet 7,5 Millionen funktionalen Analphabetinnen und Analphabeten in Deutschland (Grotlüschen et al. 2012, S. 19). In Rechnung gestellt werden muss jedoch der nicht unerhebliche Anteil an Personen, die nicht Deutsch als Erstsprache gelernt haben (42%) (ebd., S. 27). Es werden hier auch Personen einbezogen, die in anderen Herkunftssprachen literalisiert sind, sofern sie der Befragung und dem Literalitätstest mündlich folgen konnten. Unter den Befragten mit Deutsch als Zweitsprache zeigen sich deutlich geringere Schriftsprachkompetenzen (ebd., S. 26 ff.). Mit diesem Vorgehen operiert die Studie nur bedingt die unter 2.1 erläuterte Definition des funktionalen Analphabetismus von Egloff et al. (2011).

16   „AlphaPanel – Zum Beitrag elementarer Schriftsprachbeherrschung zur Entwicklung von Grundqualifikationen und erweiterten Chancen beruflicher und sozialer Teilhabe: eine Panel-Studie".

17   Die Untersuchungsgruppe ist wie folgt definiert: „Teilnehmer an Kursen zum Schriftspracherwerb für deutsche Muttersprachler im Herbst-/Wintersemester 2009/2010 der Volkshochschulen" (Rosenbladt/Bilger 2011, S. 9).

18   Es gibt durchaus auch Untersuchungen wie die LuTA-Studie zur Lebenssituation und Technik-Ausstattung funktionaler Analphabetinnen und Analphabeten (Fiebig et al. 2003), die die Befunde des AlphaPanels etwas (aber nicht wesentlich) relativieren. AlphaPanel und die leo.-Studie sind aufgrund der gemeinsamen Schnittmengen in den Befragungen (Rosenbladt 2012) aber besser miteinander vergleichbar, so dass hier nur auf AlphaPanel Bezug genommen wird.

19   Die Zahlen sind auf ganze Prozentwerte gerundet.

zu einem Alphabetisierungskurs entscheiden (Rosenbladt/Bilger 2011, S. 13 f.). Außerdem zeigt eine Verteilung nach Kompetenzgraden, dass sich Kursteilnehmende zu einem besonders großen Teil (46%) auf den Alpha-Levels 1 und 2 befinden und damit nach der Definition der leo.-Studie verstärkt von „Analphabetismus im engeren Sinne" betroffen sind (Lehmann et al. 2012, S. 129 f.).

Auffällig ist der wiederum hohe Zusammenhang von literaler Kompetenz und Merkmalen sozialer Herkunft bzw. Zugehörigkeit in der leo.-Studie. Die funktionalen Analphabetinnen und Analphabeten verfügen – wie auch ihre Eltern – zumeist über eine geringe schulische und berufliche Formalbildung (Riekmann 2012, S. 169 ff.). Funktionale Analphabetinnen und Analphabeten haben vorwiegend Schulabschlüsse im unteren Bildungsbereich (Hauptschulabschluss und darunter) erworben: 19% haben keinen Schulabschluss, 48% konnten untere Bildungsabschlüsse absolvieren (Grotlüschen et al. 2012, S. 29). Die Studie zeigt aber auch, dass mittlere (19%) und sogar höhere Bildungsabschlüsse[20] (12%) in der Gruppe der funktionalen Analphabetinnen und Analphabeten vorhanden sind (ebd.). Die Zusammensetzung der Teilnehmenden erscheint demgegenüber eher homogen: 80% der Kursteilnehmenden haben keinen Schulabschluss oder den Förderschulabschluss erworben, 19% haben den Volks- bzw. Hauptschulabschluss, 1% hat die mittlere Reife erreicht (Rosenbladt/Bilger 2011, S. 17).

Weitere bedeutsame Unterschiede zeigen sich in Bezug auf die beruflichen Abschlüsse und die Erwerbstätigkeit. Eine berufliche Ausbildung konnte im leo.-Sample von gut der Hälfte der befragten funktionalen Analphabetinnen und Analphabeten (56%) absolviert werden (Grotlüschen et al. 2012, S. 32). 57% der funktionalen Analphabetinnen und Analphabeten im leo.-Sample sind erwerbstätig (Grotlüschen 2012, S. 140 f.). Von dieser Gruppe sind 53% Arbeiterinnen und Arbeiter (davon 70% Un- und Angelernte, 30% Facharbeiterinnen und Facharbeiter), 34% Angestellte (davon 54% ausführende, 38% qualifizierte und 7% höhere Angestellte) sowie 11% Selbstständige (ebd., S. 143).

Demgegenüber ist von den Kursteilnehmenden lediglich knapp die Hälfte erwerbstätig (48%) (Rosenbladt/Bilger 2011, S. 37). 25% können auf eine berufliche Ausbildung zurückgreifen (häufig berufsvorbereitende Maßnahmen) (ebd., S. 20). Unter den größtenteils anzutreffenden Arbeiterinnen und Arbeitern (74%) sind fast alle als Un- und Angelernte (47% bzw. 25%) beschäftigt (ebd., S. 41). Angestellte gibt es unter den Teilnehmenden zu 23%, wobei es sich insbesondere um ausführende Angestellte (16%) handelt; Selbstständige sind zu 1% vertreten (ebd.).

Folglich kann festgehalten werden, dass die Gruppe der Teilnehmenden angesichts ihrer Schul- und Berufsabschlüsse sowie ihrer Chancen auf dem Arbeitsmarkt stärker Merkmale sozialer Benachteiligung aufweist als die Gruppe der funktiona-

---

20   „Höhere Bildung umfasst die Abschlüsse Abitur und Fachabitur, erworben an Gymnasien und übergreifenden Schulen, an der Erweiterten Oberschule (EOS) der DDR sowie Abitur und Fachabitur als nachgeholte Abschlüsse. Zudem schließt die Höhere Bildung Qualifikationen ein, die im Ausland erworben wurden, und die dem Abitur oder Fachabitur entsprechen" (Grotlüschen/Sondag 2012, S. 233).

len Analphabetinnen und Analphabeten (Adressatinnen und Adressaten) im leo.-Sample. Eine stärkere Benachteiligung der Teilnehmenden zeigt sich auch in der von Rosenbladt (2012) im Vergleich analysierten Handlungskompetenz im Alltag (z. B. Einkäufe machen, technische Geräte bedienen, Bankgeschäfte erledigen). Die empfundene Handlungskompetenz geht mit zunehmenden Schriftsprachschwierigkeiten unter den funktionalen Analphabetinnen und Analphabeten im leo.-Sample zurück, die Einschränkungen treffen aber wiederum in besonderem Maße auf die Teilnehmenden an Alphabetisierungskursen zu (ebd., S. 81 f.).

Dennoch verfügt die Mehrzahl der Personen mit Schriftsprachschwierigkeiten über ein vergleichsweise hohes Selbstbewusstsein (ebd., S. 82). Auch die Teilnehmenden fühlen sich relativ selbstbestimmt und zufrieden mit ihrer Lebenssituation, was sich mehrheitlich als Effekt des Alphabetisierungskurses erweist (ebd.). Das im Längsschnitt angelegte AlphaPanel zeigt jedoch, dass gemessene Schriftsprachkompetenzen in der Gruppe der Teilnehmenden auch bei längerer Kursbesuchszeit relativ konstant bleiben (Rosenbladt/Lehmann 2013a; 2013b). Dieser Befund verweist auf die Bedeutsamkeit des Habitus im Hinblick auf Literalität und Lernen. Der Habitus ist an die jeweilige Lebenswelt angepasst und steuert (unbewusst) die subjektive Sinnsetzung bei der Anwendung von Schriftsprache. Im AlphaPanel werden aber vor allem gesundheitliche Beeinträchtigungen, (Lern-)Behinderungen und psychische Barrieren als Ursachen für (langfristigen) Analphabetismus angesehen (Rosenbladt/Bilger 2011, S. 14 ff., S. 25 f., S. 30 ff.).

Zusammenfassend lässt sich über die kompetenzorientierten Studien sagen, dass die quantitativen Untersuchungen anhand von beeindruckenden Stichprobengrößen wichtige Befunde zu Adressatinnen und Adressaten sowie Teilnehmenden von Alphabetisierungskursen liefern. Sie zeigen einen deutlichen Zusammenhang zwischen literaler Kompetenz und Merkmalen sozialer Herkunft bzw. Zugehörigkeit auf. Deutlich werden aber auch Grenzen des Kompetenzparadigmas, denn die Kompetenzmessungen basieren auf Aufgaben- und Problemstellungen, deren Relevanz für die tatsächliche alltags- und lebensweltliche Bedeutsamkeit eher fiktiv ist (Hamilton/Barton 2000). Auch veranschaulichen die Studien, dass eine gering ausgeprägte Literalität nicht zwingend mit einem negativen Selbstbild einhergehen muss. Aus Untersuchungen wie der leo.-Studie wird oft ein pädagogischer und politischer, auch ökonomischer Handlungsbedarf abgeleitet, der letztlich von einem Zusammenhang von Schriftsprachkompetenz und gesellschaftlicher, einschließlich ökonomischer Teilhabe ausgeht. Einerseits scheinen die Kompetenzstufen dabei Zielgruppen im Sinne von Adressatinnen und Adressaten mit homogenen Lernvoraussetzungen und -zielen zu markieren. Andererseits wird das aber nicht oder nur sehr bedingt handlungsrelevant. Kritisch wird daher auch gefragt, ob Literalität als Voraussetzung für Teilhabe nicht überhöht wird (Steuten 2014). Zwar münden die differenziert gestuften Schriftsprachkompetenzen bei Teilen auch in eine ‚Bearbeitung‘ des ‚Defizits‘ in Form einer Kursteilnahme – bei den meisten aber (trotz ‚objektiver Defizite‘) nicht. Wie Rosenbladt darlegt, nehmen nur etwa 11.000 bis 12.000 Personen jährlich an Alphabetisierungskursen der Volkshochschulen für deutsche Muttersprachlerinnen und Muttersprachler teil (Rosenbladt 2012, S. 74; Rosenbladt/Bilger 2011; Bilger 2016). Die Gründe für das Fernbleiben bleiben unklar und es wird nicht deutlich, wie diese Menschen im Alltag mit Schriftsprache umgehen. Sekundäranalysen aus PIAAC zur Kompetenz*nutzung* greifen dies auf und verdeutlichen die heterogene Schriftsprachverwendung in verschiedenen Gruppen von Erwachsenen mit geringen Lesekompetenzen, die sich darüber hinaus mit Blick auf soziale Merkmale unterscheiden (Nienkemper/Grotlüschen 2016). Auch sie können aber kaum etwas über den alltagsweltlichen Zusammenhang der Schriftsprachverwendung aussagen.

2.2.2 Subjekt- und biografieorientierte Studien

Die hier zusammengefassten mehrheitlich qualitativen Studien lassen dagegen mehr Raum für die subjektiven Sichtweisen der Befragten, deren Lebenswelten und Motivlagen. Während frühe qualitative Studien der 1980er und 1990er Jahre eher die in der Vergangenheit liegenden Ursachen für funktionalen Analphabetismus anhand der Gruppe der Teilnehmenden beforschen (insbesondere Oswald/Müller 1982; Döbert-Nauert 1985; Namgalies 1990; Egloff 1997), nehmen die neueren Arbeiten vor allem aktuelle Lebensumstände von Teilnehmenden und zunehmend auch von Adressatinnen und Adressaten in den Blick (Projektträger im DLR e. V. 2011a; 2011b). Unter den neueren Studien, auf die hier schwerpunktmäßig eingegangen werden soll, lassen sich insbesondere *biografie- und lerntheoretisch fundierte Arbeiten* (z. B. Egloff et al. 2009; Egloff 2011; 2016; Klaus et al. 2011; Popp/Sanders 2011; Ludwig/Müller 2011; 2012a; Ludwig 2012a) sowie *sozialraumorientierte Untersuchungen* (z. B. Schneider et al. 2008; 2011; Meese/Schwarz 2010; Künzel et al. 2011) unterscheiden. Insgesamt geht es darum, die Subjekte und deren Handlungslogiken besser zu verstehen und Hinweise darauf zu bekommen, wie mögliche Barrieren beim Lernen und in den Lebenswelten überbrückt werden können.

Zunächst soll exemplarisch auf eine biografietheoretisch angelegte Studie – die Qualitative Biografie-Studie[21] – eingegangen werden. Diese Untersuchung von Egloff et al. knüpft inhaltlich an eine Untersuchung aus den 1990er Jahren an (Egloff 1997). Die Befunde aus qualitativen Interviews mit Teilnehmenden veranschaulichen, dass die subjektiven, biografisch eingebetteten Motive zur Kursteilnahme institutionellen bzw. professionellen und normativen Vorstellungen eines Kursbesuchs zuwider laufen können (Egloff et al. 2009; Egloff 2011; 2016). Egloff et al. sehen sich mit dem Phänomen der dauerhaften Kursteilnahme im Alphabetisierungsbereich konfrontiert, in dessen Rahmen nicht selten ,Abhängigkeitsverhältnisse' zu Kursleitenden entstehen können (Jochim/Schimpf 2010). Der Alphabetisierungskurs tritt vor allem als sozial bedeutsamer Ort für die Teilnehmenden in Erscheinung. Ist die pädagogische Situation generell von einem Autoritäts- und Machtgefälle geprägt,

---

21 „Qualitative Biografie-Studie zur Lebenssituation ehemaliger Teilnehmer/innen unter besonderer Berücksichtigung der subjektiven Deutungen".

so scheint diese asymmetrische Beziehung in Alphabetisierungskursen besonders stark zum Tragen zu kommen (Bremer 2010a, S. 102 f.).

Die folgenden Studien stehen exemplarisch für den lerntheoretischen Zugang.[22] Eine lerntheoretisch fundierte Forschungsperspektive wurde beispielsweise im Projekt SYLBE[23] entwickelt. Im Anschluss Holzkamp (1993) sehen Ludwig und Müller Ausgangspunkte für Lernen immer dann gegeben, wenn die eigene Handlungsfähigkeit als begrenzt erlebt wird. Auf dieser Basis werden aus qualitativen Interviews Lernbegründungstypen abgeleitet, die sich grundlegend in den Formen teilhabesicherndes und teilhabeerweiterndes Lernen unterscheiden lassen und Kursleitenden ein besseres Verständnis von der Lernsituation der Teilnehmenden vermitteln sollen (Ludwig/Müller 2011, S. 132 ff.). Laut Ludwig und Müller tauchen diese Typen aber nicht in ‚Reinform' auf, vielmehr werden Lernprozesse bzw. -widerstände so situativ begründet. Es handelt sich folglich nicht um eine Teilnehmendentypologie. Das Schema kann aber dennoch Hinweise auf heterogene Ausgangslagen in Bezug auf Teilhabe und Zugänge zu Schriftsprache und Lernen liefern.

Im Projekt „Orientieren – Lernen – Arbeiten" (OLA) wurden – ebenfalls unter Bezugnahme auf die subjektwissenschaftliche Perspektive Holzkamps (1993) – Zusammenhänge zwischen Lernbiografien und Lernmotiven von Teilnehmenden an Alphabetisierungskursen hergestellt, um daraus Empfehlungen für Förderprogramme abzuleiten (Klaus et al. 2011). Interessant ist, dass die Rolle des Elternhauses als bedeutsamste Sozialisationsinstanz betont und eine Verbindung von Lern- und Lebensgeschichte hergestellt wird. Diese führt Klaus et al. zufolge vor allem zur Herausbildung von Lernbarrieren, kann aber auch die Entwicklung von Lernmotiven nach sich ziehen. Für den Kursbesuch lassen sich „Eigenständigkeitsmotive", „Sicherheits- und Stabilitätsmotive", „Kontaktmotive" sowie eine „aufstrebende Adressabilität" (bewusstes Durchbrechen einer bisherigen Negativerfahrung) nennen (ebd., S. 155). Die Ergebnisse deuten auf eine untergeordnete Rolle von Bildung und Schriftsprache in den Herkunftsfamilien der Teilnehmenden. Auch ihr weiterer Lebensweg ist zumeist von Bildungsunsicherheit geprägt, was auf die hohe Bedeutung der Beharrungskräfte des Habitus verweist. Die Erfahrungen im Elternhaus werden in der Studie jedoch nahezu ausschließlich über die Unterstützungsleistungen der Eltern für die Schule erhoben (ebd. S. 150 ff.). Es wird nicht untersucht, wie in den Herkunftsfamilien der Teilnehmenden alltagspraktisch mit Schriftsprache umgegangen wurde. Außerdem handelt es sich um eine sehr geringe Datenbasis von

---

22 Ludwig und Müller unterscheiden für die bisherige Lernforschung auf dem Gebiet der Alphabetisierung und Grundbildung zwischen „Lernforschung im Bedingungsmodell" und „Lernforschung im Begründungsmodell" (Ludwig/Müller 2012b, S. 58 ff.). Eine so detaillierte Unterscheidung zwischen den lerntheoretischen Ansätzen wird hier nicht getroffen. Es wird ferner nicht auf die für diese Arbeit wenig relevant erscheinenden neurobiologischen Forschungsansätze eingegangen, die sich Ludwig und Müller zufolge dem Bedingungsmodell zuordnen lassen (z. B. Rüsseler et al. 2011).

23 „Systematische Perspektiven auf Lernberatung und Lernbarrieren in der Erwachsenenalphabetisierung".

lediglich fünf Interviews, so dass die auch auf frühere Untersuchungen bezogene Schlussfolgerung, Analphabetismus sei „tendenziell in sozial schwächeren Familien vorzufinden" (ebd., S. 158) unzulässig verallgemeinernd erscheint.

Neben diesen *biografie- bzw. lerntheoretisch fundierten Studien* gibt es weitere subjektorientierte Arbeiten, die stärker Wechselwirkungen zwischen den Subjekten und ihrer Lebenswelt in den Blick nehmen. Gemeint sind *sozialraumorientierte Ansätze*, die Barrieren im Sozialraum aus der Perspektive der Teilnehmenden für die Praxis und die Angebotsentwicklung untersuchen. Als Beispiel für eine sozialraumorientierte Untersuchung kann eine Teilstudie des Projekts PAGES[24] hervorgehoben werden. Hier wurden u. a. auf der Basis von 137 qualitativen Interviews acht Teilnehmendentypen mit ähnlichen Merkmalen entwickelt, die sich wie folgt unterscheiden: „Beeinträchtigtes Lernen" (6%), „Integration und Etablierung" (15%), „Lernen und Erwerbsleben" (14%), „Schnelllerner" (10%), „Späte Emanzipation" (14%), „Sprach- und interessenorientiertes Lernen" (14%), „Stärkendes Lernen" (23%) sowie „Teilnahme nach Aufforderung" (5%) (Künzel et al. 2011, S. 64ff.). Die umfassenden Daten veranschaulichen die Heterogenität der Zugänge unter den Teilnehmenden. Letztere konnten im Projekt zudem in Bezug auf ihre Grundhaltungen im Umgang mit dem Analphabetismus unterschieden werden. Es finden sich „Umgeher", „Stillschweiger und Aufrichtige", „Entwürdigte/Gedemütigte", „Durchfrager", „Botschafter" und „Deutsch als Fremd- bzw. Zweitsprachen-Lerner" (ebd., S. 51ff.). Die Spannbreite reicht von Menschen, die sich sehr offen über ihre geringen Schriftsprachkenntnisse äußern, bis hin zu solchen, die über ausgeprägte Schamgefühle verfügen und ihre Lese- und Schreibschwierigkeiten verheimlichen. Künzel et al. (ebd., S. 55) betonen aber auch, dass sich die Umgangsformen nach Situation und Feld bzw. Kontext unterscheiden können und keine „Verhaltensroutinen" darstellen. Die Umgangsformen lassen sich in ein Achsenkreuz einordnen, in dem sich zwei Dimensionen aufspannen. Die erste umfasst die Grundhaltung, die sich vom „aktiven Verleugnen" bis hin zum „aktiven Thematisieren" erstreckt (ebd., S. 51). Die zweite Dimension kennzeichnet die individuellen Strategien, die in der jeweiligen Situation zur Anwendung kommen. Darunter fallen „Gestaltung" und „Überwindung" sowie „Vermeidung" und „Abgrenzung" (ebd.).

Die hier zusammengefassten Studien erweisen sich dahingehend als sehr aussagekräftig, dass die Heterogenität der subjektiven Motive zu einem Kursbesuch und die Verbindung der subjektiven Lernbegründungen bzw. -barrieren in Verbindung mit dem Lebenskontext bzw. der Biografie deutlich werden. In früheren Arbeiten wurde zudem die Bedeutung der sozialen Herkunft der Teilnehmenden thematisiert. Vor allem bei Oswald und Müller (1982) sowie Namgalies (1990) finden sich Auseinandersetzungen mit der Thematik. Hier wurde allerdings zumeist von einer deterministischen und homogenisierenden Wirkung sozialer Faktoren auf die Subjekte ausgegangen, die dann oft nicht zur Empirie ‚passte', so dass soziale Einflüsse

---

24 Gemeint ist die Studie „Beteiligungsförderung und Sozialraumorientierung in der Grundbildung" im „Projekt Alphabetisierung und Grundbildung für Erwachsene im Sozialraum (PAGES)".

bisweilen bewusst ausgeblendet (etwa bei Oswald/Müller 1982, S. 56, 103) oder die Befragten pauschal zur „Unterschicht" (Namgalies 1990, S. 128) gezählt wurden. Demgegenüber fällt bei den heutigen Arbeiten auf, dass Bezüge zur Bedeutung der sozialen Zugehörigkeit nur wenig hergestellt werden, so dass das Bild einer beliebigen Vielfalt und insgesamt der Eindruck entstehen kann, dass Fragen zu sozialen Logiken als geklärt oder nicht relevant erachtet werden (Klaus et al. 2011, S. 158; Müller 2012, S. 56; Ludwig/Müller 2012b, S. 48).

Zusammenfassend lässt sich Folgendes festhalten: Während frühe qualitative Studien ihren Blick noch stärker auf die in der Vergangenheit liegenden Ursachen von funktionalem Analphabetismus richten und aufgrund der seinerzeit dominanten Konzepte von Klasse, Schicht und Sozialisation (Bremer 2012, S. 829) dazu neigen, soziale Einflüsse in ihrer deterministischen und homogenisierenden Wirkung zu verstehen (bzw. im Umkehrschluss auszublenden), werden in neueren Arbeiten vor allem die Subjekte und ihre Entwicklungsmöglichkeiten in den Blick genommen. Dies kann einerseits positiv gewertet werden; auch in dieser Arbeit wird einer deterministischen Betrachtung nicht zugestimmt. Andererseits lässt sich die vorgefundene subjektive Heterogenität so nicht hinreichend erklären. Die Hinwendung zu den Subjekten kann durchaus in Verbindung zum neoliberal geprägten Diskurs um das selbstgesteuerte Lernen (Bremer 2010b) gebracht werden. Biografische Ansätze haben zwar grundsätzlich auch die Genese z. B. von Einstellungen zu Schriftsprache im Blick und formulieren damit Bedingungen für das Lernen im Kurs. Ohne eine habitus- und milieuspezifische Kontextualisierung, die die Entwicklung der Subjekte stärker an ihren sozialen Ort rückbindet, besteht jedoch die Gefahr, die Verantwortung für die geringe Schriftsprachkompetenz und fortbestehende Lernschwierigkeiten allein an die Subjekte zu delegieren. Besonders deutlich zeigt sich dies in der aktuellen Kampagne „Mein Schlüssel zur Welt" des Bundesministeriums für Bildung und Forschung, im Zuge derer Erfolgsgeschichten von ehemaligen funktionalen Analphabetinnen und Analphabeten im Internet quasi zur Schau gestellt werden.[25] Diese Erfolgsgeschichten[26] geraten so zur Messlatte für alle, unabhängig ihrer individuellen Lernvoraussetzungen.

2.2.3 Praxisorientierte Studien

Ein weiterer Bereich der Alphabetisierungsforschung, auf den an dieser Stelle kurz eingegangen werden soll, ist die Forschung, die sich deutlicher auf die Praxis als Untersuchungsgegenstand bezieht. Sie befasst sich mit der Entwicklung und Wir-

---

25 Siehe https://www.mein-schlüssel-zur-welt.de/de/erfolgsgeschichten-1697.html (letzter Abruf: 01.11.2017).

26 Teils sind diese für die Mehrheit der Erwachsenen mit geringen Lese- und Schreibkompetenzen auch nicht repräsentativ, wie etwa das Beispiel von Tim-Thilo Fellmer veranschaulicht, der nach Verbesserung seiner Lese- und Schreibkenntnisse heute Kinder- und Jugendbuchautor, Verleger und gefragter Referent ist.

kung von didaktischen Konzepten, bezieht sich auf Lehrende und deren professionelles Handeln oder die Planung und Entwicklung von Angeboten einschließlich der Ansprache von Zielgruppen der Alphabetisierung und Grundbildung oder der Gewinnung von Multiplikatorinnen und Multiplikatoren (z. B. Schneider et al. 2011; Pachner/John 2011; Jütten/Mania 2011; Bonna/Nienkemper 2011; Nienkemper/Bonna 2015; D. Wagner 2011; Hüsing 2011; Brödel/Siefker 2011; Ludwig 2012b; Projektträger im DLR 2014; Gag et al. 2016; Euringer 2016).

Döbert und Hubertus (2000, S. 86) konstatieren Ende des 20. Jahrhunderts zunächst einen „Methodenpluralismus" in der Alphabetisierung, der vor allem auf der Annahme beruht, dass jeder Mensch anders lernt. Eine Nähe zum schulischen Lernen im ‚Gleichschritt' soll in der Alphabetisierung grundsätzlich vermieden werden. Die für die Teilnehmenden selbst relevanten Inhalte werden als bedeutsam für das Lernen angesehen (ebd., S. 88). Eine solche Orientierung an den Lebenswelten der Teilnehmenden kann auch im Zuge der Weiterentwicklung von pädagogischen Konzepten ausgemacht werden (etwa Pachner/John 2011; Teepker 2011; Löffler/Weis 2016). Neu ist allerdings das verstärkte Aufkommen von Diagnostik in der Alphabetisierung (z. B. Grotlüschen et al. 2011; Deneke/Horch 2011, Bonna/Nienkemper 2011; Nienkemper 2015; Rackwitz 2016), die Entwicklung verschiedener Rahmencurricula für die Alphabetisierung und Grundbildung (überblickshaft Rustemeyer 2016) und im Zuge dessen auch die Möglichkeit, durch Tests Zertifikate für diese Kurse zu erlangen. Es werden viele Bemühungen sichtbar, das Lernen im Kurs effektiver zu gestalten und lange Kursbesuchszeiten zu vermeiden (‚abschlussorientierte' Alphabetisierung und Grundbildung).[27] Auch neurowissenschaftliche Erkenntnisse erhalten vor diesem Hintergrund Einzug in die Alphabetisierungspraxis (z. B. Boltzmann et al. 2015).

Grundsätzlich ergeben sich daraus neue Impulse für die Alphabetisierungsarbeit. Diese Entwicklung muss jedoch ebenso im Kontext des vorwiegend bildungsökonomisch geprägten Diskurses um das Ausschöpfen von Humankapital gesehen werden. Sie gipfelt in einer stärkeren ‚Wirtschaftlichkeit' des Lernens im Konzept der arbeitsplatzorientierten Grundbildung (BMBF 2012a; 2012b; 2015), das eine Verknüpfung von Grundbildung und Anforderungen am Arbeitsplatz anstrebt. Einerseits kann dieses Denken weg vom klassischen Kurssetting als positiv eingestuft werden, da ein Zugang über andere Lebensbereiche erreicht werden kann und so das ‚Defizit' der geringen Schriftsprachkompetenz ggf. nicht so stark im Vordergrund steht (Hein/Koval 2014). Andererseits muss am Konzept der arbeitsplatzorientierten Alphabetisierung und Grundbildung kritisch angemerkt werden, dass hier im Zuge von Personalentwicklungsmaßnahmen der Unternehmen die Freiwilligkeit des Lernens – ein grundlegendes Prinzip in der Erwachsenenbildung – in Frage gestellt zu werden droht. Bedenklich erscheinen vor diesem Hintergrund auch die geplanten arbeitsmarktpolitischen Maßnahmen im Rahmen der „Vereinbarung über eine gemeinsame nationale Strategie für Alphabetisierung und Grundbildung Erwachse-

---

27 Siehe http://grundbildung.de/projekte/rahmencurriculum.html (letzter Abruf: 01.11.2017).

ner" (BMBF 2012a). Kompetenzdiagnostik und Alphabetisierungsangebote sollen „Bestandteil von Maßnahmen zur Aktivierung und beruflichen Eingliederung" von (Langzeit-)Arbeitslosen sein (ebd., S. 9). Alphabetisierung wird so potenziell zu einer Zwangsmaßnahme und Arbeitsmarktfähigkeit zur obersten Maxime erhoben.

An dieser Stelle soll noch kurz auf die soziale Zusammensetzung der Kursleitenden eingegangen werden, um diese Gruppe im Verhältnis zu den Teilnehmenden zu beleuchten. Dazu muss festgehalten werden, dass bislang kaum Forschungsergebnisse über Lehrende in der Alphabetisierung und Grundbildung vorliegen (Bremer/Pape 2016). Daten aus der Akzeptanzstudie[28] liefern hier erste Hinweise. Nienkemper und Bonna (2015, S. 199) konstatieren, dass es sich bei Kursleitenden zumeist um Personen mit einem abgeschlossenen Lehramtsstudium handelt. Kursleitende sind also häufig formal höher qualifizierte Personen als Teilnehmende und verfügen mutmaßlich auch über andere (eher schulbildungsnahe) Zugänge zu Schriftsprache. Es stellt sich daher die Frage, ob durch den schulpädagogischen Hintergrund der Kursleitenden nicht doch – wenn auch ungewollt – schulische Settings reproduziert und dadurch (negative) Schulerfahrungen der Teilnehmenden aktualisiert werden (Schneider/Wagner 2011, S. 29). Das Problem einer legitimen (Schrift-)Sprache (Bourdieu 1990) (siehe Kapitel 3.1.2) wird in den pädagogischen Ansätzen kaum reflektiert. Wist (2009) stellt in einer qualitativen Befragung von Kursleitenden der Alphabetisierung zudem heraus, dass die von ihm befragten Lehrenden von den persönlichen Interessen ihrer Teilnehmenden wenig wussten, so dass er zu der Schlussfolgerung kommt, dass „Grundbildungs- und Alphabetisierungsarbeit wenig an der Lebenswelt der Zielgruppe orientiert ist" (ebd., S. 8).

2.3   Lesesozialisationsforschung

Im Unterschied zu den oben skizzierten biografieanalytischen Arbeiten im Bereich der Alphabetisierungsforschung, die der Sache nach zumeist auch sozialisationstheoretisch einzuordnen sind und dabei durchaus die Genese von Einstellungen zu Schriftsprache im Blick haben, stehen beim Forschungsstrang der Lesesozialisationsforschung nicht die erwachsenen funktionalen Analphabetinnen und Analphabeten im Mittelpunkt. Hier wird die Familie als früheste und wirksamste Instanz der Lesesozialisation ausgewiesen und gezeigt, dass nach wie vor ein stabiler Zusammenhang zwischen Schichtzugehörigkeit und literaler Praxis bzw. Lesekompetenz besteht (z.B. Hurrelmann et al. 1993; Bonfadelli et al. 1993; Groeben/Hurrelmann 2004; Pieper et al. 2004; Hurrelmann et al. 2006; Groeben/Hurrelmann 2009; Bertschi-Kaufmann/Rosebrock 2009; Rosebrock/Bertschi-Kaufmann 2013; Skripuletz 2017). Lesekompetenz wird als Produkt von Enkulturation erachtet: „Es handelt sich bei der Lesefähigkeit um erworbene, nicht um irgendwie naturhafte Potenziale der Einzelnen, Potenziale, die in einem die ganze Kindheit und Jugend umfassenden Prozess der Sozialisation zur Schriftsprachlichkeit schrittweise angeeignet werden"

---

28   „Akzeptanzstudie im Hinblick auf eine erwachsenengerechte Diagnostik".

(Pieper et al. 2004, S. 9). Dabei wird expliziert, dass (Lese-)Sozialisation kein deterministischer Prozess ist, sondern dass es sich um eine „eigenaktive Auseinandersetzung der Person mit sozialkulturellen Vorgaben" handelt (Hurrelmann 2009, S. 124).

Die Sozialisationsinstanz Familie ist umso wirkungsvoller, da ihr Einfluss beständig, diffus und ungeplant ist (überblickshaft Groeben/Hurrelmann 2004). „Insgesamt erweist sich, dass es bei der familialen Lesesozialisation um einen Komplex von Anregungen und Unterstützungen geht, die sich nicht nur quantitativ, sondern vor allem qualitativ milieuspezifisch unterscheiden" (Hurrelmann 2009, S. 139). Während sich in unteren Schichten eine Schwerpunktsetzung auf Bild-Medien und eine auf Unterhaltung ausgerichtete Mediennutzung zeigt, lässt sich in höheren Schichten eine vielfältige mediale Ausstattung und eine breite interessenorientierte Nutzung derselben vorfinden, die zu einer ausgeprägten Lesemotivation führen kann.

Eine qualitative Studie von Pieper et al. (2004) fokussiert die Lesesozialisation und literale Praxis von Hauptschülerinnen und Hauptschülern und soll daher exemplarisch näher beschrieben werden. Pieper et al. (ebd., S. 14) analysieren, „welchen Platz Lesen im Lebensstil der jungen Erwachsenen mit niedrigem Bildungslevel tatsächlich hat, wie es zu dieser Positionierung lebensgeschichtlich kam und insbesondere, welchen Anteil die Schule mit ihrem Literatur- bzw. Leseunterricht daran hatte". Ein interessanter Befund ist, dass Lesen bei allen befragten Hauptschülerinnen und Hauptschülern als etwas gilt, das vorwiegend anderen sozialen Gruppen zugeschrieben wird. Es finden sich insbesondere Formen des instrumentellen Lesens, z. B. unter dem Motiv der Informationsbeschaffung, aber auch unter dem Motiv des Übens und Verbesserns von (schrift-)sprachlichen Kompetenzen, wobei auffällig ist, dass diese Praktiken für die Befragten selbst gar nicht als Lesen gelten. So wird deutlich, dass sich die Hauptschülerinnen und Hauptschüler an einem hochkulturell geprägten Lesebegriff abarbeiten, den auch die Hauptschullehrkräfte an sie herantragen. Die Schule kann so nicht an die Interessen der Hauptschülerinnen und Hauptschüler anknüpfen, auch nicht bei denjenigen, die über ein vergleichsweise hohes Leseinteresse verfügen (ebd., S. 21 f.).

Für die vorliegende Arbeit sind diese Untersuchungen deshalb hoch relevant, weil sie die Genese, die relative Stabilität und die soziale Kontextuierung von Einstellungen und Praktiken zur Schriftsprache zeigen. Damit erweist sich die Lesesozialisationsforschung als anschlussfähig zu biografischen Arbeiten, zum Konzept Literalität als soziale Praxis (siehe Kapitel 2.4) und zur Milieubezogenheit von Literalität (siehe Kapitel 2.5). Mit dem Family-Literacy-Konzept (Nickel 2007; 2011; 2016), das nicht Einzelne, sondern die Familie als einen zentralen Ort der Entstehung literaler Praxis adressiert, liegt auch ein Ansatz vor, der in der Erwachsenenbildung aufgenommen ist bzw. werden kann.

2.4   Literalität als soziale Praxis

Untersuchungen im Anschluss an das Konzept Literalität als soziale Praxis – die New Literacy Studies – sind grundsätzlich von der Alphabetisierungsforschung (siehe Kapitel 2.2) zu unterscheiden (Zeuner/Pabst 2011a, S. 12). Während letztere vor allem die Entwicklung von Schriftsprachkompetenzen fokussiert und Literalität dabei eher als Kulturtechnik betrachtet, betont das Konzept Literalität als soziale Praxis die subjektive Sinnsetzung bei der Anwendung von Schriftsprache, die Pluralität von Literalität sowie die Einbettung literaler Praxen in Machtstrukturen (Street 2003; 2013). Das Konzept wurde in den 1980er Jahren maßgeblich von Street (1984) entwickelt.[29] Es wird davon ausgegangen, dass alle Menschen in gewisser Weise mit verschlüsselter Information umgehen können, so dass nicht explizit zwischen Alphabetisierten und Schriftunkundigen unterschieden wird (z. B. Zeuner/Pabst 2011a). Teilweise wird das Konzept theoretisch mit der Habitustheorie Bourdieus (Bartlett/Holland 2002; Linde 2008) oder dem Milieuansatz von Vester et al. (Krenn 2013) verbunden, was schon Affinitäten dieser Forschungsstränge verdeutlicht. Auf einige Untersuchungen der *New Literacy Studies* wird im Folgenden exemplarisch eingegangen. Im Anschluss daran werden einige Studien vorgestellt, die sich zwar auf das Konzept Literalität als soziale Praxis beziehen, dabei allerdings stärker Fragen der Alphabetisierungsforschung aufgreifen und sich somit an einer *Schnittstelle zur Alphabetisierungsforschung* befinden.

Als eine bedeutsame Studie der *New Literacy Studies* kann die Untersuchung von Barton und Hamilton (1998) herangezogen werden, die den Umgang mit Lesen und Schreiben in einer Kommune in Lancaster ethnografisch untersucht hat. Barton und Hamilton schließen theoretisch an Street an und entwickeln seinen Ansatz weiter (ebd., S. 7 f.). Interessant erscheint hier vor allem, dass Barton und Hamilton nicht nur die individuellen Perspektiven der Menschen bei der Verwendung von Schriftsprache in den Blick nehmen, sondern den Umgang mit Schriftsprache in Gemeinschaften analysieren (ebd., S. 12). Literalität wird so als verbindendes Element in sozialen Gruppen bzw. Milieus deutlich. Da auch Erwachsene mit Schriftsprachschwierigkeiten in die Untersuchung einbezogen wurden, kann veranschaulicht werden, dass diese ebenso mit Schriftsprache umgehen bzw. über entsprechende Unterstützungssysteme verfügen, mit denen sie ihre Schwierigkeiten kompensieren können.

Barton und Hamilton differenzieren zwischen alltagsweltlichen Literalitäten[30] und dominanten Literalitäten. Zu den Alltagsweltlichen gehören: „Organising life", „Personal communication", „Private leisure", „Documenting life", „Sense making"

---

29   Eine Ausführung zum theoretischen Konzept Streets findet sich in Kapitel 3.4.

30   Nach Zeuner und Pabst lautet die direkte Übersetzung von ‚vernacular' zwar ‚umgangssprachlich', sie schlagen jedoch vor, dass der Begriff ‚alltagsweltlich' inhaltlich treffender ist: „Es geht um alltägliche, von den lebensweltlichen Umständen der Menschen bestimmte literale Praktiken. Sie können sich in der Anwendung natürlich der Umgangssprache bedienen" (Zeuner/Pabst 2011a, S. 57).

und „Social participation" (ebd., S. 247 ff.). Diese alltagsweltlichen Literalitäten werden von dominanten, gesellschaftlich höherwertigen Literalitäten – „associated with formal organisations, such as those of education, law, religion and the workplace" (ebd., S. 252) – abgegrenzt.

Barton und Hamilton schließen u. a. an die frühe Untersuchung von Hoggart „The uses of literacy" (1958) an, wodurch Verbindungslinien der New Literacy Studies zu den Cultural Studies deutlich werden (siehe auch Kapitel 3.4.2). Hoggart untersuchte die Lesepraxis der Arbeiterklasse in England und fand heraus, dass das, was gerne gelesen wird, besonders den Alltag als solchen zum Gegenstand von Erzählungen macht: „[D]as ganz gewöhnliche Leben ganz gewöhnlicher Menschen" (Hoggart 1999, S. 45). Diese Geschichten sind deswegen beliebt, da sie die Lebensumstände der Arbeiterklasse wiederspiegeln. Sie beruhen auf den einfachen, aber verbindlichen moralischen Werten und einer hier typischen direkten Sprache. Damit gerät Literalität als Teil ihrer gesamten Lebensführung in den Blick, die „milieuspezifisch gefärbt" ist (Bremer 2010a, 101).

Eine für Deutschland bedeutsame Studie, die sich konkret auf die Untersuchung von Barton und Hamilton bezieht und ebenfalls an Street anschließt, ist die ethnografische Studie von Zeuner und Pabst (2011a). Zeuner und Pabst untersuchten einerseits einen Stadtteil Hamburgs unter der Frage, welche Ausprägungen von Literalität sich im öffentlichen Raum finden lassen. Andererseits wurden (Spontan-)Interviews geführt, um subjektive Bedeutungszuschreibungen in Bezug auf Schriftsprache zu untersuchen. „Ziel dieses Ansatzes ist es, Literalität als soziale Praxis in ihrer Vielfalt anzuerkennen und damit die in der Regel unhinterfragt übernommenen und im gesellschaftlichen Diskurs gesetzten Wertigkeiten in Bezug auf Schriftsprachkompetenzen zu relativieren" (ebd., S. 15). Für die Interviews wurden Personen teils zufällig angesprochen und teils bewusst nach Bildungshintergrund ausgewählt. Es geht dem Forschungsteam ausdrücklich nicht um Defizitzuweisungen oder um Kompetenzmessungen, sondern um den alltäglichen Umgang aller Menschen mit Schriftsprache. Ihre Forschung bezieht aber Fragen der Alphabetisierungsforschung ein und kann daher auch Aussagen über die Anwendung von Schriftsprache in der Gruppe der Erwachsenen mit Lese- und Schreibschwierigkeiten treffen.

In der Analyse der Interviews zeigt sich ähnlich wie bei Barton und Hamilton oder auch Hoggart, dass die Individuen in Abgrenzung zu dominanten Literalitäten eigene Zugänge zu Schriftsprache entwickeln, „die ihren lebensweltlichen, beruflichen und alltäglichen Ansprüchen genügen und aus denen sie Handlungen und Handlungsbegründungen ableiten" (Zeuner/Pabst 2011b, S. 113). Die Autorinnen stellen fest, dass auch die Interviewten, die einen Grundbildungskurs besuchen, Schriftsprache anwenden und/oder entsprechende Kompensationsstrategien entwickeln (Zeuner/Pabst 2011a, S. 184 ff.). Es zeigen sich die aus bisherigen Studien der Alphabetisierungsforschung bekannten Exklusionserfahrungen auf Seiten der Kursteilnehmenden und die belastenden Gefühle, die mit schriftsprachlichen Situationen einhergehen können. Wichtig ist aber die Erkenntnis, dass Lese- und Schreibschwierigkeiten nicht automatisch Exklusionsprozesse nach sich ziehen (ebd., S. 198). Die Autorinnen halten fest, dass die „Milieuzugehörigkeit" gleichwohl neben weiteren Faktoren ein wichtiges Kriterium für die Anwendung von Schriftsprache ist (Zeuner/Pabst 2011b, S. 113).

Eine weitere für diesen Kontext bedeutsame Studie ist die Untersuchung von Linde (2008), da sie direkt Bezug auf Bourdieus Habituskonzept nimmt. Linde (ebd., S. 108 ff.) befindet sich bereits deutlicher an der *Schnittstelle zur Alphabetisierungsforschung*, da sie sich nur auf Kursteilnehmende der Alphabetisierung bezieht. Dabei kommt in der Analyse der Interviews u. a. die „Kernkategorie Habitus" (ebd., S. 118) zum Tragen, die sich in die Unterkategorien „Angst, Bewusstwerdung, Selbstbewusstsein und Unabhängigkeit" unterteilt (ebd.). So wird deutlich, dass sich z. B. Angst in Situationen, in denen es um Lesen und Schreiben geht, verfestigt und Wahrnehmung, Denken und Handeln bestimmt. Angst kann auch dazu führen, dass Veränderungen durch Lernen nur unter besonderen Kraftanstrengungen möglich sind. Durch Prozesse der Bewusstwerdung und eine Steigerung des Selbstvertrauens im Verlauf eines Kursbesuchs kann es jedoch gelingen, Ängste abzubauen. In Bezug auf die biografischen Erfahrungen der Teilnehmenden mit Lernen zeigt Linde, dass es im Elternhaus der Befragten eine geringe Wertschätzung von Schriftsprache gab (ebd., S. 165). Sie verdeutlicht, wie sich die Anwendung von Schriftsprache vor dem Hintergrund individueller Anwendungskontexte entfaltet. Wie sich die soziale Eingebundenheit von Schriftsprache in milieuspezifische Praxen gestaltet, hat Linde allerdings nicht untersucht.

Die Interdependenzstudie[31], aus der diese Arbeit hervorgegangen ist (siehe Kapitel 4.1), nimmt ebenfalls Bezug auf das Konzept Literalität als soziale Praxis (Deneke/Pape 2009; Pape 2011a; 2011b; 2011c; Deneke/Horch 2011; Reese 2011a; 2011b; Deneke et al. 2011a; 2011b). In einer qualitativen Basis- und Folgebefragung im Abstand rund eines Jahres wurden Kursteilnehmende zu Veränderungen durch ihren Alphabetisierungskurs befragt. Die Befragten berichteten von subjektiv bedeutsamen Veränderungen in verschiedenen Teilhabebereichen durch den Erwerb der Schriftsprache: „Grund- und Weiterbildung", „Mediennutzung", „Haushaltsführung", „Berufs- und Arbeitsleben", „Freundschaft und Gemeinschaft VHS", „Familie und Partnerschaft", „Formulare und private Korrespondenz", „Hobbys und Interessen", „Reisen und Nahverkehr", „Ehrenamt", „Gesundheitsbildung" und „Religion" (Pape 2011b, S. 173). Als besonders relevant erweist sich die zu allen Bereichen querliegende Kategorie „Selbstständigkeit, Selbstbestimmung, Selbstbewusstsein" (Reese 2011a, S. 167), die als Grundlage für viele Veränderungen im Alltag angesehen werden kann. Die Analysen zeigen aber auch, dass der Umgang mit Lesen und Schreiben in vielen Fällen verhältnismäßig stark an den Kurs gebunden bleibt und schwer in das jeweilige Milieu integriert werden kann (Pape 2011b).

Zusammenfassend kann festgehalten werden, dass die im deutschen Sprachraum eher wenigen durchgeführten Untersuchungen, die sich auf das Konzept Literalität

---

31 „Interdependenzen von Schriftsprachkompetenz und Aspekten der Lebensbewältigung".

als soziale Praxis beziehen, zeigen, wie Schriftsprache im Alltag relevant wird und zu literalen Praxen führt. Gewinnbringend erscheint, dass die New Literacy Studies zunächst nicht das ‚Defizit' der geringen Schriftsprachkompetenz in den Vordergrund stellen und alle Menschen mit ihren literalen Praxen sichtbar werden. Indem die Pluralität von Literalität mit Machtstrukturen in Verbindung gebracht wird, kann zudem eine Perspektive eröffnet werden, die für Prozesse der Inwertsetzung und Abwertung literaler Praxen sensibilisiert. Die an sich naheliegende Milieubezogenheit literaler Praxis wurde dabei aber bisher kaum systematisch und tiefergehend untersucht; Befunde bleiben oftmals recht deskriptiv (zu dieser Forschungslücke Street 2013, S. 150).

2.5 Milieubezogenheit von Literalität

Milieukonzepte haben bisher erst ansatzweise Eingang in die Alphabetisierungsforschung gefunden, was zunächst überrascht, da der Ansatz in der Erwachsenenbildung gut bekannt und bewährt ist. Ein Grund könnte darin liegen, dass funktionale Analphabetinnen und Analphabeten bereits als eine eher homogene Gruppe[32] gesehen werden, die keiner weiteren milieuspezifischen Differenzierung bedarf (siehe auch Kapitel 2.2). Angesichts der heutigen Forschungslage ist diese Annahme jedoch nicht mehr haltbar.

Einige Arbeiten lassen sich hier inzwischen zuordnen (Wagner/Eulenberger 2008; Bremer 2010a; Sahrai et al. 2011; Krenn 2013; Ehmig et al. 2015; Riekmann et al. 2016). Bremer unterscheidet in einer Untersuchung zur Weiterbildungspraxis von sozialen Milieus vor dem Hintergrund des Milieumodells von Vester et al. (2001) für die (gewerkschaftliche) Erwachsenenbildung zwischen dem Typus der „Unsicheren", der „Traditionellen", der „Leistungsorientierten Pragmatiker" und dem Typus der „Selbstbestimmten". Diesen stellt er die „akademischen Bildungsmilieus" gegenüber, zu denen häufig Pädagoginnen und Pädagogen eine Affinität haben (Bremer 2010a, S. 98 ff.; Bremer 2007). Die Befunde basieren auf qualitativen Interviews und Gruppendiskussion mit insgesamt rund 100 Arbeitnehmerinnen und Arbeitnehmern (Bremer 2007, S. 172). Daran anschließend entwickelt Bremer die Hypothese, dass „funktionaler Analphabetismus in den schulbildungsfernen, mehr von einer mündlichen als einer schriftlichen Sprachkultur gekennzeichneten ‚Traditionslosen Arbeitnehmermilieus' verstärkt zu finden ist" (Bremer 2010a, S. 101). Die schulbildungsfernen unterprivilegierten Milieus verfügen Bremer zufolge eher über eine an Mündlichkeit denn an Schriftlichkeit orientierte Sprachkultur. Bremer geht aber davon aus, dass es sich bei funktionalen Analphabetinnen und Analphabeten nicht um eine homogene Gruppe handelt, die sich lediglich aus einem Milieu rekrutiert. Es dürfte ein „breiteres Milieuspektrum" (ebd., S. 101) anzutreffen sein. Darauf

---

32 Es wird mitunter explizit dagegen argumentiert, dass es sich bei funktionalen Analphabetinnen und Analphabeten um eine homogene Gruppe handelt (z.B. Börjesson 2011; Rosenbladt 2012).

verweisen auch insbesondere qualitative Studien über Erwachsene mit Lese- und Schreibschwierigkeiten, wie bereits in Kapitel 2.2.2 gezeigt werden konnte.

Die Forschungsgruppe um Bittlingmayer und Bauer schließt bei der Konstruktion einer „Idealtypologie des funktionalen Analphabetismus" (Bittlingmayer et al. 2010; Sahrai et al. 2011) ebenfalls an die Milieutypologie von Vester et al. (2001) an. Bei der Erhebung der umfangreichen qualitativen Daten (u. a. über 100 qualitative Interviews mit Adressatinnen und Adressaten, die von Dritten als funktionale Analphabetinnen und Analphabeten eingeschätzt wurden) kamen Milieuindikatoren zum Einsatz, um die Befunde später an die Milieutypologie rückbinden zu können. Bittlingmayer et al. (2010, 370) betonen, dass vor allem die Einflussfaktoren „soziale Herkunft, historisch-politische Lebensbedingungen und institutionelle Ausschluss- und Sortierungsmechanismen" für geringe Teilhabechancen verantwortlich sind und weniger das Level der Schriftsprachkompetenz an sich. Sie folgen einer dezidiert soziologischen Perspektive. Die Idealtypologie, die theoretisch gebildet und empirisch überprüft wurde, zeigt sieben Idealtypen mit sehr unterschiedlichen Voraussetzungen im Umgang mit Analphabetismus. So kann z. B. der Idealtyp „Klassische bildungsferne Herkunft und typische Mechanismen der Bildungsbenachteiligung" ausgemacht werden; es wird aber auch ein Idealtyp sichtbar, der aus einem bildungsnahen Elternhaus stammt und mit einer diagnostizierten Lese- und Rechtschreibschwäche auf eine höhere Schule gehen kann (Sahrai et al. 2011, S. 39 f.). Die Forschungsgruppe verweist darauf, dass in diesem Fall die soziale Herkunft als Ausschlusskriterium zu werten ist und nicht die geringe Schriftsprachkompetenz. Folglich gibt die Idealtypologie Anlass, soziale Ausschluss- und Selektionsprozesse mehr zu erforschen, die auf der sozialen Herkunft und weniger auf ‚gemessenen' Kompetenzen beruhen.

Bittlingmayer (2002, S. 236) zufolge sind „Unsicherheitsbewältigungskompetenzen" sozial ungleich verteilt, was den Habitus und das Milieu in ein besonderes Licht rückt. So kann angenommen werden, dass die entwicklungshemmenden Einflüsse als Ursachenfaktoren von funktionalem Analphabetismus, wie sie in vielen frühen Studien der 1980er und 1990er Jahre aufgezeigt wurden (z. B. Vernachlässigung im Elternhaus, fehlende ökonomische Sicherheit), sich nicht nur in den Biografien von funktionalen Analphabetinnen und Analphabeten finden lassen. Hier kommen sie womöglich nur besonders zum Vorschein, da letztere nicht über die entsprechenden Ressourcen verfügen, um sie zu kompensieren.

Eine weitere milieutheoretische Bezugnahme findet sich bei Krenn (2013). Er verbindet in seiner Studie das Konzept Literalität als soziale Praxis mit Konzepten Bourdieus sowie darüber hinaus mit dem Milieuansatz von Vester et al. (2001). Anhand von qualitativen Interviews mit Teilnehmenden an Grundbildungskursen in Österreich analysiert er geringe Schriftsprachkompetenz nicht vor dem Hintergrund individueller Kompetenzdefizite, sondern angesichts sozialer Phänomene, die zu Bildungsbenachteiligung führen können. Krenn (2013, S. 66) zufolge handelt es sich um die Faktoren „soziale Herkunft, institutionelle schulische Benachteiligung und das Auftreten kritischer Lebensereignisse, die sich in der Analyse als hoch bedeutsam für das Entstehen von Problemen bei der Aneignung von Schriftsprach-kompetenzen erweisen". Durch seine soziologische Perspektive gelingt es Krenn, soziale Ausschluss- und Sortierungsmechanismen differenziert zu beleuchten. Er ordnet die Befragten zwar sozialen Milieus zu, dies erfolgt aber nicht auf Basis ei-ner Analyse der milieuspezifischen Alltagspraxis, sondern vor dem Hintergrund „sozialstrukturelle[r] Positionierung" (ebd.). Die Arbeit lässt daher kaum Rück-schlüsse auf den milieuspezifischen Gebrauch von Schriftsprache zu.

Grotlüschen et al. stellen ebenfalls erste Bezüge zu Konzepten Bourdieus und zur Milieutheorie her. Ausgehend von Bourdieus Klassenmodell schließen sie auf drei Formen von Literalität in der Gesellschaft: „Es handelt sich um die Basale Literalität der Unterschicht, die Mainstream-Literalität der Mittelschicht sowie die Legitime Literalität der Oberschicht" (Grotlüschen 2011b, S. 30). Nienkemper (2015, S. 83 ff.) bringt Strategien der Lebensführung von oberen, respektablen und unterprivilegier-ten Milieus nach Vester et al. (2001) in einen Zusammenhang mit Handlungsstra-tegien im Umgang mit funktionalem Analphabetismus. Sie kommt zu der Schluss-folgerung, dass die bei funktionalen Analphabetinnen und Analphabeten häufig anzutreffende Strategie, Ausgrenzung zu vermeiden, auf unterprivilegierte Milieus verweist (hierzu auch Nienkemper/Bonna 2010). Grotlüschen et al. (2009) proble-matisieren in Anlehnung an Bourdieu die Verschleierung einer legitimen Literalität, da diese dominante Form von Literalität zum Ausschluss von anderen führt. Diese Ausführungen sind sehr bedeutsam, da sie wiederum auf Machtmechanismen bei der Anwendung von Schriftsprache und die (vertikale) Pluralität von Literalität verweisen. Die Arbeiten bleiben jedoch auf einer konzeptionellen Ebene, die sozial bedingten literalen Praxen werden nicht empirisch untersucht.

Umfeldstudien (Ehmig et al. 2015; Riekmann et al. 2016) sind vor dem Hin-tergrund einer milieutheoretischen Betrachtungsweise ebenfalls interessant, da sie Auskünfte über die Alltags- und Lebenswelten der Erwachsenen mit geringen Lese- und Schreibkompetenzen aus der Perspektive des Umfelds dieser Personen geben. Hier rückt implizit ihr soziales Milieu in den Blick. Die Hamburger Um-feldstudie[33] verdeutlicht heterogene Umgangsweisen mit ,Schriftsprachdefiziten' zwischen Offenheit und Tabuisierung/Distanzierung in verschiedenen Kontexten (Buddeberg 2016, S. 69; Riekmann 2016b, S. 80 f.). Die Formen der Unterstützung, die Betroffene aus ihrem Umfeld erfahren, erstrecken sich von einem Unterlassen der Hilfestellung, über das Abnehmen von schriftbezogenen Aufgaben bis hin zur Unterstützung durch gemeinsame Lernhandlungen (Riekmann 2016b, S. 81). Ebenso heterogen sind die Bilder, die das Umfeld von Erwachsenen mit geringen Lese- und Schreibkompetenzen von diesen zeichnet (defizitorientiert, ressourcenorientiert und ambivalent) (ebd., S. 82). Die Typen der ,Mitwisserschaft', die im Rahmen der qualitativen Teilstudie gebildet wurden, erstrecken sich von einer „Tabuisierenden Mitwisserschaft" über eine „Pragmatische", „Kümmernde", „Akzeptierende", „Re-

---

33 „Umfeldstudie – Studie zum mitwissenden Umfeld funktionaler Analphabetinnen und Analphabeten".

signierte", „Verunsicherte" bis hin zur „Entfernten Mitwisserschaft" (ebd., S. 83 ff.). Die Studie spezifiziert so die Heterogenität in den Zugängen zu Schriftsprache und den Sichtweisen auf geringe Lese- und Schreibkompetenzen. Geringe Lese- und Schreibkenntnisse sind nicht überall schambesetzt oder werden als Problem wahrgenommen. Allerdings liefern die Untersuchungen nur wenig Hinweise zum konkreten alltagspraktischen Gebrauch von Schriftsprache.

Das gilt letztlich auch für die SAPfA[34]-Studie der Stiftung Lesen (Ehmig et al. 2015), in der mit Bezug auf das Milieumodell der SINUS-Lebensweltforschung die ‚Mitwisserschaft' und Unterstützung im kollegialen Umfeld funktionaler Analphabetinnen und Analphabeten untersucht wurde. Auch dabei geht es nicht um den alltagspraktischen Umgang mit Schriftsprache in verschiedenen Milieus, sondern lediglich um recht allgemeine Einstellungen zu Lesen und Schreiben (Ehmig et al. 2015, S. 42; ähnlich H. Wagner 2011; Riekmann/Stammer 2016). Die SAPfA-Studie sowie die Umfeldstudie des Hamburger Forschungsteams (Riekmann et al. 2016) stehen für eine neue Entwicklung in der Erforschung von Adressatinnen und Adressaten, die nun auch auf deren Umfeld ausgeweitet wird, um z.B. geringe Teilnahmequoten in der Alphabetisierung zu erklären und Teilnehmende zu gewinnen. Die SAPfA-Studie muss dabei jedoch kritisch beurteilt werden, da hier konkret die Wettbewerbsfähigkeit von Unternehmen mit funktionalen Analphabetinnen und Analphabeten problematisiert und so eher ein Beitrag zur Exklusion von Menschen mit Lese- und Schreibschwierigkeiten geleistet wird.

Der Vorteil von Milieustudien kann sein, dass sie die individuelle Vielfalt des Umgangs mit Schriftsprache in einen gesellschaftlichen Kontext stellen und etwas ordnen können, ohne dabei die alltagspraktische Eingebundenheit von Schriftsprache aus dem Blick zu verlieren. Ein entsprechendes Forschungsdesiderat wird mittlerweile vielerorts konstatiert (Nickel 2007; Sahrai et al. 2011; Rosenbladt 2012; Nienkemper 2015; Nienkemper/Grotlüschen 2016). An diese Forschungslücke schließt die vorliegende Arbeit an, die Erkenntnisse zu sozialen Milieus von Teilnehmenden an Alphabetisierungskursen und ihren Zugängen zu Schriftsprache liefern kann (Pape 2017).

2.6 Zwischenfazit

Als Zwischenfazit lässt sich, auch mit Blick auf die eingangs in Kapitel 2 formulierten Fragen, Folgendes festhalten: Die kompetenzorientierten Studien verdeutlichen den Zusammenhang von Merkmalen sozialer Herkunft bzw. Zugehörigkeit und literaler Kompetenz. Die leo.-Studie und das AlphaPanel zeigen, dass es sich bei der Gruppe der Teilnehmenden um einen Personenkreis handelt, der besonders von Merkmalen sozialer Benachteiligung betroffen ist. Deutlich wird aber auch, dass geringe literale Kompetenzen durchaus mit Selbstbewusstsein und Zufriedenheit im Leben einher-

---

34 „Sensibilisierung von Arbeitnehmern/innen für das Problem des funktionalen Analphabetismus in Unternehmen".

gehen können und dass ‚gemessene Defizite' nicht zwingend handlungsrelevant im Sinne einer Kursteilnahme werden. Im Gegenteil: Erwachsene mit ‚Schriftsprach-defiziten' können trotz geringer ‚gemessener' Kompetenzen auf vielfältige Weise schriftbezogene Medien und Kommunikationsformen für sich nutzen.

Die Subjekte verfügen über eigensinnige Zugänge zu Schriftsprache und Lernen, die gesellschaftlichen Vorgaben oder pädagogischen Maßnahmen zuwider laufen können. Es zeigt sich, dass Einstellungen zu Schriftsprache und literale Praxen langfristig erworben, kontextuiert und relativ stabil sind. In unteren Schichten wird eher eine basale Literalität mit ‚einfachen' Medien ausgemacht, während obere Schichten eine besonders ausgeprägte Lesemotivation und vielfältige literale Praxen hervorbringen, die auch als eine legitime Literalität bezeichnet werden können. Eine milieuspezifische Einbettung von Praxen der Literalität ist also naheliegend, sie wird bislang aber kaum untersucht.

Für ein solches Forschungsvorhaben ist es nun sinnvoll, einen theoretischen Zugang zu wählen, mit dem es *einerseits* gelingt, die subjektive Alltagspraxis in den Blick zu nehmen. Wie mit geringen Lese- und Schreibkompetenzen umgegangen wird, ob diese etwa als belastend erlebt werden, zu Scham und Einschränkung führen oder nicht, ist äußerst heterogen. *Andererseits* darf aber der Fokus auf die Subjekte nicht dazu führen, die strukturelle Bedingtheit ihrer (literalen) Praxis auszublenden. Eine Zusammenführung von Individuellem und Gesellschaftlichem gelingt mit Theorieperspektiven im Anschluss an Bourdieu, wie im folgenden Kapitel ausgeführt wird.

3 Theoretische Grundlagen

Die Arbeit schließt zentral an das Habitus-Feld-Konzept Bourdieus (1982; 1987) sowie dessen Weiterentwicklung im Milieumodell nach Vester et al. (2001; Bremer/Lange-Vester 2014a) an. Angesichts des bisherigen Forschungsstands (siehe Kapitel 2) erweisen sich diese theoretischen Grundlagen als äußerst vielversprechend: Durch das Habitus-Feld-Konzept Bourdieus und den darauf aufbauenden Ansatz sozialer Milieus nach Vester et al. gelingt es, den Umgang mit Schriftsprache nicht nur in seiner Vielfalt, sondern auch in seiner Standortgebundenheit und Milieubezogenheit zu beleuchten. Im Folgenden werden die grundlegenden Konzepte von Bourdieu (Kapitel 3.1) und Vester et al. (Kapitel 3.2) vorgestellt und zusammenfassend auf den Untersuchungsgegenstand der vorliegenden Arbeit angewandt (Kapitel 3.3).

Ein Ansatz, der bereits die Einbettung von Literalität in plurale Lebensverhältnisse und Machtbeziehungen berücksichtigt, ist, wie bereits erwähnt, das Konzept Literalität als soziale Praxis von Street (1984). Im Anschluss an die Grundbegriffe von Bourdieu und Vester et al. werden daher einige wesentliche Aspekte des theoretischen Konzepts von Street näher vorgestellt (Kapitel 3.4). Abschließend werden die genannten Theorieperspektiven zueinander in Beziehung gesetzt und miteinander verschränkt (Kapitel 3.5).

3.1 Anschlüsse an Bourdieus Theorie der Praxis

Wie kann es nun gelingen, einerseits die Praxis der Subjekte und andererseits deren Einbettung in soziale Strukturen zu analysieren? Die Theorie Bourdieus bietet hier eine erkenntnisreiche Perspektive, da Bourdieu mit subjektivistischen sowie objektivistischen Positionen bricht, um dann die Vorteile dieser Positionen in seiner Theorie der Praxis zusammenzuführen (Bourdieu 1987, S. 49 ff.). Mit seinem Habitus-Feld-Konzept gelingt es zum einen, von deterministischen Perspektiven Abstand zu nehmen (kritisch hierzu Oswald/Müller 1982, S. 101 ff.; Löffler 2002, S. 35; Wagner/Eulenberger 2008, S. 44; Bremer 2010a, S. 101), zum anderen werden soziale Einflüsse im Umkehrschluss nicht ausgeblendet, so dass ein differenzierter Blick auf die Gruppe der Erwachsenen mit Lese- und Schreibschwierigkeiten geworfen werden kann. Es handelt sich – so die Annahme – weder um eine homogene Gruppe, noch um eine Gruppe beliebiger Vielfalt. Bourdieus Konzepte ermöglichen die relationale Analyse der Produktion und Reproduktion von sozialer (Alltags-)Praxis, ohne dass dadurch die Subjekte und ihre Entwicklungsmöglichkeiten aus dem Blick geraten. In den nächsten Kapiteln werden die Grundbegriffe von Bourdieus Theorie der Praxis erörtert.[35] Begonnen wird mit dem Habituskonzept, das für diese Arbeit zentral

---

35 Es liegen bereits viele Grundlagenwerke und Einführungen zu Bourdieu vor, die die Entwicklung seiner Konzepte sowie deren Rezeption ausführlich beleuchten (z. B. Schwingel 2009; Fröhlich/Rehbein 2009; Barlösius 2011; Fuchs-Heinritz/König 2014).

ist und mit dem es besonders gut gelingt zu verdeutlichen, wie subjektive Vorlieben und Gebrauchsformen der Schriftsprache eng mit sozialen Strukturen verwoben sind, sich aber nicht einfach aus ihnen ableiten lassen.

3.1.1 Handlungsspielräume innerhalb inkorporierter Grenzen: Das Habituskonzept

Bourdieu definiert den Habitus als „allgemeine Grundhaltung, eine Disposition gegenüber der Welt" (Bourdieu 2005a, S. 31), die als einheitsstiftendes Prinzip allen Formen sozialer Praxis zu Grunde liegt (Bourdieu 1982, S. 283). Das bedeutet, dass der Habitus auf unzählige Situationen reagieren und unbegrenzt viele Praktiken hervorbringen kann, diese sind jedoch nicht beliebig oder zufällig, sondern unterliegen gewissen Wahrscheinlichkeiten und tragen alle eine ähnliche Handschrift: „[W]ie einer spricht, tanzt, lacht, *liest, was er liest*, was er mag, welche Bekannte und Freunde er hat usw. – all das ist eng miteinander verknüpft" (Bourdieu 2005a, S. 32; Herv. N. P.). Der Umgang mit Schriftsprache kann dadurch als Teil eines Habitusmusters betrachtet werden, das die gesamte Alltagspraxis umfasst.

Bourdieu zufolge ist der Habitus ein Produkt früherer Erfahrungen, die nicht nur mental, sondern auch körperlich tief verankert sind. Der Habitus eignet sich die Zwänge und Notwendigkeiten, unter denen er sich bildet, aktiv an, so dass diese zu einem „Sinn für Grenzen" (Bourdieu 1982, S. 734) werden und das Handeln einer Person strukturieren. Die sozialen Strukturen werden inkorporiert und kommen durch das Handeln der sozialen Akteurinnen und Akteure zum Ausdruck. Handeln ist damit nicht als etwas Intentionales oder Rationales zu verstehen. Die verinnerlichten Muster sind unbewusst in dem Sinne, dass der Prozess ihrer Genese vergessen wurde (Bourdieu 1987, S. 105). Dadurch wirkt der Habitus an der Reproduktion sozialer Machtverhältnisse mit; die sozialen Akteurinnen und Akteure sind durch die einverleibten sozialen Strukturen aber nicht determiniert. Der Habitus begrenzt weniger die Inhalte von Praktiken, er zeigt sich mehr in der Art und Weise ihrer Ausführung (Schwingel 2009, S. 71). So wird deutlich, wie im Habitus Individuelles und Gesellschaftliches zusammenkommt. Der Habitus stellt ein theoretisches Konstrukt dar, mit dem es Bourdieu gelingt, zwischen objektivistischen und subjektivistischen Positionen zu vermitteln und soziale Praxis weder als absolut determiniert noch als völlig frei zu verstehen.

Der Habitus ist so beschaffen, dass er sich in Wahrnehmungs-, Denk- und Handlungsschemata niederschlägt, die auch ethische Normen sowie den Geschmack umfassen (ebd., S. 62). Der mit dem Habitus erworbene „sense of one's place" (Bourdieu 1982, S. 734) bewirkt jedoch, dass auch etwas wie der Geschmack, der sich in einem bestimmten Lebensstil zeigt und in völliger Übereinstimmung mit eigenen Vorlieben und Entscheidungen hervorgebracht wird, immer bereits von der herrschenden

---

Diese Arbeit nimmt daher die für diesen Rahmen wesentlichen Konzepte in ihren Grundzügen den Blick.

Ordnung durchdrungen ist. Dies verdeutlicht Bourdieu mit dem Begriff „amor fati" (ebd., S. 290) – Liebe zum Schicksal. Der Geschmack ist an die Notwendigkeiten und Erfordernisse seiner Entstehung angepasst, so dass die sozialen Akteurinnen und Akteure ihren Geschmack stets in Übereinstimmung damit hervorbringen (ebd., S. 735).

Bourdieu zufolge kommt den „Primärerfahrungen" (Bourdieu 1976, S. 168) beim Erwerb des Habitus ein besonderes Gewicht zu. Sie werden im weiteren Lebensverlauf auf andere Situationen übertragen, so dass die sozialen Akteurinnen und Akteure dazu tendieren, die soziale Umgebung zu reproduzieren, in der ihr Habitus ausgebildet wurde. Der Habitus schützt sich vor Krisen oder Kritik, indem er sich ein Milieu schafft, an das er mit seinen Orientierungs- und Handlungsmustern soweit wie möglich vorangepasst ist (Bourdieu 1987, S. 114). Zudem kann sich der Habitus mit seinen verinnerlichten Gewohnheiten schwer an neue Lebensbedingungen anpassen, so dass es zu einem Trägheits- oder Hysteresiseffekt des Habitus kommt (ebd., S. 116 f.). Das bedeutet aber nicht, dass nicht auch Raum für eine Modifikation des Habitus besteht. Bourdieu spricht von Umstellungsstrategien oder Umwandlungsprozessen des Habitus, durch die die sozialen Akteurinnen und Akteure ihre bisherigen Lebensweisen an neue gesellschaftliche Erfordernisse anpassen (Bourdieu 1982, S. 227 ff.; 2005a, S. 33).[36]

Der Gewinn der Habitusperspektive für die vorliegende Arbeit liegt darin, dass der Umgang mit Schriftsprache als Teil des Habitus analysiert werden kann, dessen Praxis einer sozialen Logik folgt. Der Habitus bringt klassifizierbare Praxisformen hervor, die immer auch auf die Bedingungen ihrer Entstehung verweisen. Bourdieu fragt sich daher auch, unter welchen Bedingungen etwa ein Lesebedürfnis entsteht. Für das Lesen, so Bourdieu, braucht es einen „Markt [..], auf dem man Diskurse über die Lektüren platzieren kann. [...] Man vergisst letzten Endes, dass es in vielen Kreisen nicht möglich ist, von Lektüren zu reden, ohne eingebildet zu wirken" (Bourdieu 2001a, S. 127). Eine Aussage wie „Bücher sind nichts für mich" kann entsprechend auf einen Erfahrungsraum deuten, in dem ein zur Schau gestelltes Bücherwissen als anmaßend erlebt wird. Bourdieu geht es darum, die Notwendigkeiten und Zwänge zu verstehen, die zu Stellungnahmen wie im obigen Beispiel führen: „Nicht bemitleiden, nicht auslachen, nicht verabscheuen, sondern verstehen" (Bourdieu 1997a, S. 13). Damit wird auch Defizitperspektiven auf Menschen mit geringen Schriftsprachkompetenzen eine Absage erteilt.

Weiterhin wird mit dem Konzept des Habitus deutlich, dass es sich um relativ beständige Muster handelt, die nicht einfach und beliebig veränderbar sind. Der Habitus wird nicht nur in einem bestimmten sozialen Milieu erworben, er birgt zudem die Tendenz, sich stets ein Milieu zu schaffen, das ihn bestätigt und nicht in Frage stellt. So kann z. B. erklärt werden, warum etwa die Bewältigung schriftsprachlicher Herausforderungen im Alltag für viele Erwachsene auch nach längerer

---

36 Der häufig geäußerten Kritik, Bourdieus Theorie sei deterministisch (z. B. Fröhlich/ Rehbein 2009, S. 403), wird im Rahmen dieser Arbeit daher nicht zugestimmt (kritisch hierzu Rieger-Ladich 2005).

Zeit in einem Alphabetisierungskurs große Anstrengung bedeutet und sie sich nach wie vor auf bewährte Vermeidungsstrategien im Umgang mit Schriftsprache verlassen (Döbert-Nauert 1985). Folgerichtig stellt Bremer (2010a, S. 101 f.) heraus, dass pädagogische Ansätze, die lediglich über rationale Argumentation und Aufklärung den Nutzen von Schriftsprache betonen, verpuffen müssen, sofern der kognitive Lernprozess nicht an die lebensweltliche Handlungsebene anschlussfähig gemacht wird. Dazu gehört zunächst, die milieuspezifisch unterschiedlichen Gebrauchsformen von Schriftsprache anzuerkennen und nicht von einer (legitimen) Literalität für alle auszugehen. Zudem muss bedacht werden, dass Umstellungsstrategien des Habitus Zeit brauchen, da neue Praktiken in die bestehenden Strukturen integriert werden müssen.

3.1.2 Habitus, symbolische Gewalt und Sprache

Wesentlich für diese Arbeit ist auch ein Konzept, das Bourdieu mit symbolischer Gewalt umschreibt (Bourdieu 1990; 2005b). Allgemein lässt sich sagen, dass symbolische Gewalt stattfindet, wenn ‚Beherrschte‘ die Perspektive der ‚Herrschenden‘ übernehmen und anerkennen. Dazu benötigt es keinen Zwang von außen oder die bewusste Übernahme bestimmter Wertvorstellungen. Vielmehr setzt symbolische Gewalt ein Einverständnis seitens der ‚Beherrschten‘ voraus, das bereits in ihren Habitusdispositionen angelegt ist (Bourdieu 1990, S. 27 f.). Das macht symbolische Gewalt so wirksam. Die Dispositionen zur Anerkennung von Macht und Herrschaft sind in die Körper eingeschrieben und zeigen sich daher auch in körperlichen Empfindungen (z. B. Scham oder Angst), wie sie häufig von Teilnehmenden an Alphabetisierungskursen geäußert werden.

Bourdieu hat besonders die Sprache als Mittel symbolischer Gewalt und Herrschaft herausgestellt (Bourdieu 1990). Er macht deutlich, wie Sprache, die durch „Gewöhnung" (ebd., S. 40) vor allem im Herkunftsmilieu erworben wird, bestimmten sozialen Gruppen zur Etablierung und Aufrechterhaltung von Herrschaft dient. Als legitime Sprache – einschließlich bestimmter grammatischer und orthografischer Regelungen – gilt dabei diejenige, die von den gebildeten herrschenden Klassen hervorgebracht wird. Diese legitime Sprache wird insbesondere durch das Bildungssystem anerkannt und durchgesetzt.[37] Sprachpraxen der weniger privilegierten Klassen werden in der Folge als illegitim abgewertet und soziale Unterschiede reproduziert. Die Bedingungen der Aneignung der legitimen Sprache werden ausgeblendet, die Norm der legitimen Sprache haben aber alle verinnerlicht, so dass auch die weniger privilegierten Klassen an der „Zerstörung ihrer Ausdrucksmittel" (ebd., S. 26) mitwirken. Damit sensibilisiert Bourdieu für die Abwertung und Inwertsetzung bestimmter Sprachstile, die eigentlich auf der sozialen Position beruhen (ebd., S. 48). Kompetenzzuschreibungen erfolgen in diesem Rahmen auf

---

37   Dies haben Bourdieu und Passeron in ihrer Untersuchung zum französischen Bildungssystem „Die Illusion der Chancengleichheit" (1971) detailliert herausarbeiten können.

Basis eines bestimmten Status und nicht andersherum. Bourdieu verweist darauf, dass sich diese Machtverhältnisse besonders in der Schriftsprache zeigen, wie im Folgenden näher ausgeführt wird.

3.1.3 Begrenzungen durch äußere Zwänge: Das Konzept sozialer Felder und der Gebrauch von (Schrift-)Sprache

In Bourdieus Begriff des Feldes drückt sich aus, dass die sozialen Akteurinnen und Akteure nicht nur inneren, sondern auch äußeren Zwängen unterliegen. Die sozialen Felder, die ebenfalls Produkte der Geschichte sind, bilden sozusagen das Gegenstück zu den im Habitus verinnerlichten Grenzen und beschränken auf diese Weise soziale Praxis. Daher nutzt Bourdieu auch den aus der Physik stammenden Begriff des Kraftfelds.

Bourdieu bezeichnet Felder als „autonome Sphären, in denen nach jeweils besonderen Regeln ‚gespielt' wird" (Bourdieu 1992, S. 187). Er zieht eine Analogie zum Sport, indem er betont, dass auch soziale Felder spezifischen (Spiel-)Regeln unterliegen. Diese Regeln haben jedoch keine regulierende Funktion; sie legen vielmehr fest, „was im Rahmen des Spiels möglich und was unmöglich ist, was erlaubt und was unerlaubt ist, was also das jeweilige Spiel in seiner Gesamtheit definiert und konstituiert" (Schwingel 2009, S. 83). Dazu müssen die Spielregeln auch nicht offen ausgesprochen werden.

Je etablierter ein Feld ist, umso höher ist seine Autonomie im Verhältnis zur Gesamtgesellschaft. Es gibt in den Feldern unterschiedliche Werte bzw. Profitchancen und damit auch unterschiedliche Ressourcen, die ins Spiel eingebracht werden können. Dies verdeutlicht Bourdieu mithilfe seines Kapitalkonzepts, das die grundlegenden drei Kapitalarten ökonomisches Kapital, kulturelles Kapital und soziales Kapital umfasst (ausführlich Bourdieu 1983).[38] Je nach Kapitalzusammensetzung und Kapitalumfang haben die sozialen Akteurinnen und Akteure entsprechende Handlungs- und Profitchancen, wobei letztere von den in den verschiedenen Feldern geforderten Kapitalarten abhängen (Schwingel 2009, S. 85 f.).

Um am Spiel teilnehmen zu können, brauchen die sozialen Akteurinnen und Akteure ein ‚Mitspielinteresse'. Sie müssen die „doxa" (Bourdieu 2001b, S. 129) ei-

---

38 Das *ökonomische Kapital* umfasst kurz gesagt Geld und alles, was sich in Geld umwandeln lässt. Das *kulturelle Kapital* wird in drei Formen wirksam: Als inkorporiertes Kulturkapital, das die Akkumulation und Verinnerlichung von Kultur bzw. Bildung voraussetzt, als objektiviertes Kulturkapital (z. B. Bücher, Kunstgegenstände) sowie als institutionalisiertes Kulturkapital (z. B. Bildungstitel). Neben dem ökonomischen und kulturellen Kapital führt Bourdieu das *soziale Kapital* ein – eine Ressource, die auf dem Beziehungsnetz einer Person beruht (‚Vitamin B'). Zudem nennt er das *symbolische Kapital*, das als Kredit legitimer Anerkennung und Wertschätzung verstärkend auf die anderen Kapitalarten wirken kann. Es zählt nicht zu den grundlegenden drei Kapitalarten, wird von Bourdieu aber manchmal auch als eigenständige Kapitalart behandelt (Schwingel 2009, S. 92).

nes bestimmten Feldes übernehmen bzw. die feldspezifische „illusio" (ebd.) teilen, d. h., den Glauben daran, dass das Spiel sinnhaft und die Investitionen in ein Feld lohnenswert sind. Doxa und Illusio wirken zusammen, mit Doxa bezeichnet Bourdieu aber die „Anerkennung der Spielvoraussetzungen", während mit Illusio eher die Spieleinsätze umschrieben werden (Bourdieu 1987, S. 122). Die so erbrachten „Akte der Anerkennung" (Krais/Gebauer 2002, S. 62) sind Voraussetzung, um in einem Feld ‚mitspielen' zu können. Dafür haben die Akteurinnen und Akteure eines bestimmten Feldes eine Art praktischen Sinn.[39] Die Illusio ist Außenstehenden eines Feldes nicht unmittelbar zugänglich. Sie trägt dazu bei, dass ein Feld im eigentlichen Sinne erst entsteht. Die Grenze eines Feldes verläuft dort, wo die Feldeffekte ihre Wirkung verlieren. Letztlich verweist Bourdieu aber auf die Empirie, wenn es darum geht, die Beschaffenheit und Wirksamkeit von Feldern zu analysieren.

Bourdieu geht von einer Vielzahl von Feldern in der Gesellschaft aus, z. B. dem Feld der Kunst oder dem Feld der Wissenschaft. Im Fall der vorliegenden Arbeit sind Bourdieus Überlegungen zum Gebrauch der (Schrift-)Sprache relevant und sollen daher hier skizziert werden. Er spricht von einem sprachlichen bzw. literarischen Feld, in dem er einen „Kampf um die Sprachautorität" (Bourdieu 1990, S. 35) ausmacht. Bourdieu zufolge repräsentieren literarische Werke vor allem die legitime Sprache der herrschenden Gesellschaftsfraktionen (siehe Kapitel 3.1.2) als manifeste Beispiele für den ‚richtigen' Sprachgebrauch (in Abgrenzung zur ‚normalen' Sprache). Schriftsprache ist demnach die „Fixierung einer zensierten, von allen volkstümlichen Wendungen [...] gereinigten Sprache" (Bourdieu 1990, S. 36), die als Distinktionsmittel dient. In der Folge spüren vor allem ‚beherrschte' soziale Gruppen eine größere Distanz zu bestimmten literarischen Werken oder etwa weniger Motivation, sich damit zu befassen, weil diese nicht ihrer (Schrift-)Sprache entsprechen. Durch den Ausweis des vermeintlich ‚richtigen' (Schrift-)Sprachgebrauchs werden sie mit ihren ‚normalen' Gebrauchsformen abqualifiziert. Soziale Unterschiede bzw. Machtpositionen werden auf diese Weise reproduziert.

In der Alphabetisierung und Grundbildung wird die legitime Schriftsprache ebenfalls anerkannt und durchgesetzt (z. B. durch das Erlernen von Orthografie, Grammatik, Ausdrucksweisen). Es lässt sich annehmen, dass hier die Doxa vorherrscht, dass das Beherrschen der Schriftsprache selbstverständlich und lohnenswert ist. Bremer spricht auch von der „‚Doxa' des Beherrschens der legitimen Schriftkultur" (Bremer 2010a, S. 102), die anerkannt werden muss, um am Spiel teilzunehmen. Diese hat zur Folge, „dass sich Akteure selbst als defizitär erleben und unsicher bzw. dominant und selbstsicher auftreten" (ebd.). Ein defizitäres

---

39 Der Einführung des Begriffs Illusio liegt zu Grunde, dass hier nicht von einem bewusst geplanten Handeln gesprochen werden kann, wie dies etwa der Begriff Interesse suggeriert (Engler 2001, S. 151). Es wird daher auch von einem praktischen Sinn gesprochen. Der Begriff der Strategie bei Bourdieu impliziert in diesem Sinne ebenso kein bewusst intendiertes Handeln. Es handelt sich um Muster des Habitus, die zu Selbstverständlichkeiten geworden sind und daher kaum hinterfragt werden (Lange-Vester/Teiwes-Kügler 2013b, S. 43).

Selbsterleben von Teilnehmenden, das Vermeidungshandeln, aber beispielsweise auch eine emotional hoch aufgeladene Lernmotivation nach sich ziehen kann, ist dann Ausdruck von symbolischer Gewalt, da das Beherrschen der Schriftsprache als legitime Kultur anerkannt wird (ebd.).

Die Doxa wirkt auch in die pädagogische Beziehung von Kursleitenden und Teilnehmenden, wenn diese die legitime Schriftkultur in einer Komplizenschaft anerkennen: „Ehrfurcht, Dankbarkeit, Ängste, Unterwerfung auf der einen, nach-sichtiges Verständnis, Ermutigen und ‚karitative Güte‘ auf der anderen Seite können die ohnehin asymmetrisch angelegte Beziehung zementieren" (ebd., S. 102 f.). In der Beziehung zwischen Kursleitenden und Teilnehmenden manifestiert sich so ein symbolisches Herrschaftsverhältnis, was zu neuen ‚Abhängigkeiten‘ im Lernprozess führen kann (Jochim/Schimpf 2010). Bremer mahnt daher an, die pädagogische Be-ziehung von Lernenden und Lehrenden in der Alphabetisierung und Grundbildung besonders zu reflektieren (Bremer 2010a, S. 103; Bremer 2006; siehe auch Bremer/ Pape 2016; 2017). Über die Lehrenden und ihre Literalitätskonzepte ist bislang aber kaum etwas bekannt (siehe auch Kapitel 2.2.3).

Die Theorie der Felder deckt folglich unhinterfragte Gewissheiten und Macht-mechanismen in der Alphabetisierung und Grundbildung auf. Aber auch darü-ber hinaus macht sie deutlich, dass es äußere Zwänge gibt, die den Umgang mit Schriftsprache beeinflussen. Die Vorstellung, dass Schriftsprachkompetenz selbst-verständlich ist, dürfte dabei weit verbreitet sein. Es lässt sich zwar annehmen, dass es auch Felder gibt, in denen eine legitime Schriftkultur weniger Wirkung entfaltet. Grundsätzlich besteht aber die Tendenz, dass sich die gesellschaftliche Ordnung auch in den verschiedenen sozialen Feldern reproduziert (Bremer/Teiwes-Kügler 2010, S. 269).

3.1.4 Gesamtschau auf die Gesellschaft Frankreichs: Der soziale Raum

Bourdieu entwickelt ein Modell der Gesellschaft Frankreichs, durch das es gelingt, die soziale Welt in eine Gesamtübersicht zu bringen (Bourdieu 1982). Da das Milieu-modell von Vester et al. (2001; Bremer/Lange-Vester 2014a) direkt daran anschließt, soll Bourdieus sozialer Raum hier kurz vorgestellt werden. Sein Konzept gilt als besonders innovativ, da es sich gegenüber vertikalen Sozialstrukturmodellen durch seine Mehrdimensionalität auszeichnet (siehe Abbildung 1).

Bourdieu skizziert den sozialen Raum anhand eines Achsenkreuzes. Die erste Ebene des sozialen Raums ist der Raum der sozialen Positionen. Die sozialen Akteu-rinnen und Akteure werden anhand der Kriterien Kapitalstruktur, Kapitalvolumen und soziale Laufbahn (zeitliche Entwicklung von Kapitalstruktur und -volumen) relational zueinander in Beziehung gesetzt (Bourdieu 1982, S. 195 f.). Auf der hori-zontalen Achse des Achsenkreuzes werden die verschiedenen Berufe der sozialen Akteurinnen und Akteure entsprechend ihrer Kapitalstruktur zwischen den Polen kulturelles Kapital und ökonomisches Kapital ausdifferenziert. Auf der vertikalen Achse werden sie anhand des Umfangs an Gesamtkapital verortet.

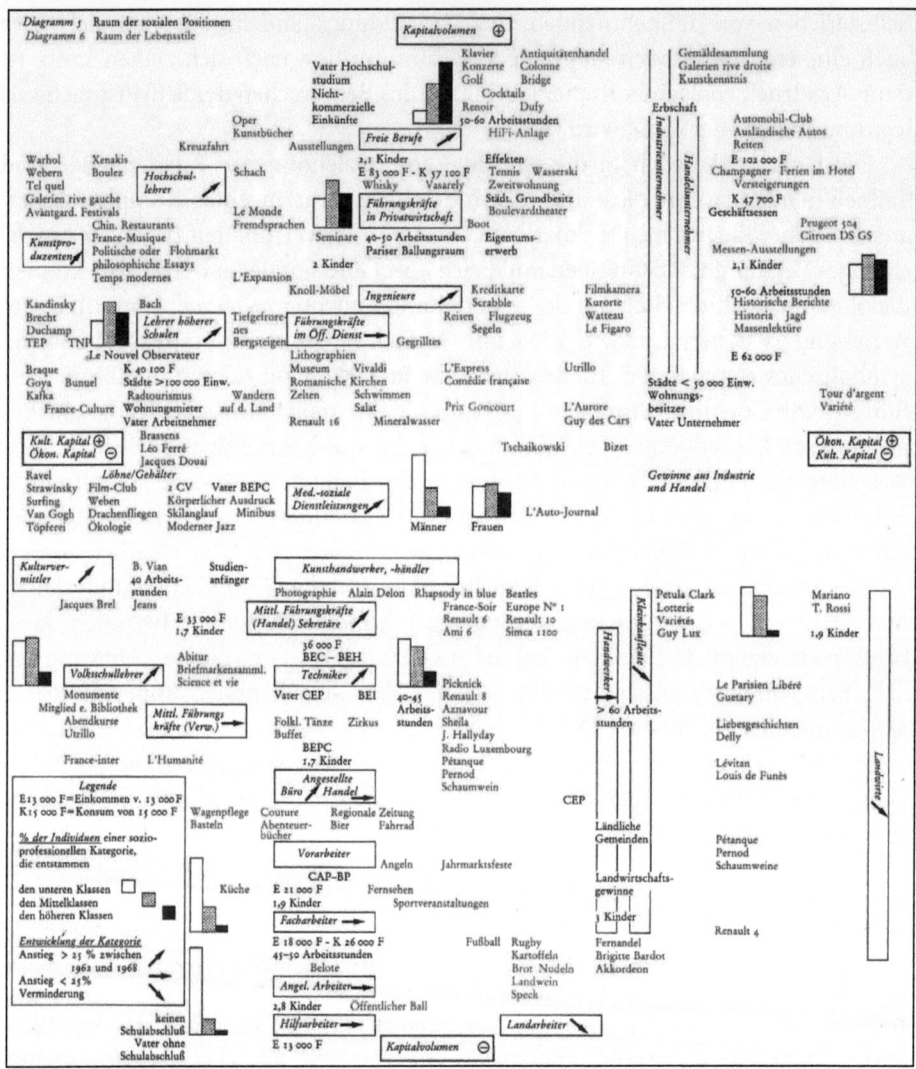

Abb. 1:   Raum sozialer Positionen und Raum der Lebensstile. Quelle: Bourdieu 1982, S. 212 f.

Bourdieu ergänzt nun den sozialen Raum um eine zweite Ebene – den Raum der Lebensstile, der sich bildhaft wie eine Folie über den Raum der sozialen Positionen legen lässt. So veranschaulicht er, dass zwischen der Position im sozialen Raum und dem Lebensstil eine systematische Beziehung besteht. Diese „Homologie der Räume" (ebd., S. 286) entsteht durch den Habitus, der als Vermittlungsglied zwischen der sozialen Position und besonderen Praktiken und Vorlieben der sozialen Akteurinnen und Akteure fungiert (Bourdieu 2005a, S. 31). So wird deutlich, dass soziale Unterschiede nicht nur aufgrund der ökonomischen Position bestehen. Vielmehr grenzen sich die sozialen Akteurinnen und Akteure über ihre soziale Praxis voneinander ab.

Der Habitus wirkt innerhalb einer sozialen Klasse als einheitsstiftendes Prinzip und bringt so klassenspezifische Lebensstile hervor. Diese ähnlichen Habitusformen einer Gruppe ergeben sich durch die Homogenität von Lebens- und Existenzbedingungen. Zwar machen nicht alle Mitglieder einer Klasse zwangsläufig dieselben Erfahrungen, aber die Wahrscheinlichkeit ist Bourdieu zufolge umso größer, dass sie mit den für ihre Klassengenossen häufigsten Situationen konfrontiert werden (Bourdieu 1987, S. 112).[40]

Bourdieu differenziert zwischen dem legitimen herrschenden Geschmack der Oberklasse (Bourdieu 1982, S. 405 ff.), dem prätentiösen Geschmack des Kleinbürgertums (ebd., S. 500 ff.) sowie dem illegitimen populären Geschmack der Volksklasse, den er auch als Notwendigkeitsgeschmack bezeichnet (ebd., S. 585 ff.). Der soziale Raum übt folglich Zwänge aus, es handelt sich aber nicht um ein statisches Modell (Bourdieu 2005a, S. 35). Es bildet die Grundlage für das im folgenden Kapitel näher ausgeführte Milieumodell.

3.2   Anschlüsse an das Konzept „sozialer Milieus"

Die Arbeiten der Hannoverschen Habitus- und Milieuforschung schließen insbesondere an die Ausarbeitungen von Bourdieu (1982; 1987) zum Habituskonzept sowie zum sozialen Raum an und zeigen, dass sich seine Konzepte auf den sozialen Raum Deutschlands übertragen lassen (Vester et al. 2001; Bremer/Lange-Vester 2014a). Vester et al. verdeutlichen mit ihren Befunden[41], dass sich die gesellschaftlichen Klassenstrukturen nicht aufgelöst haben. Die gesellschaftlichen Großgruppen haben sich gewandelt und an neue Lebensbedingungen angepasst, bestehen aber in „Traditionslinien der Mentalität" fort (Vester et al. 2001, S. 16). Diese Traditionslinien sind wie Stammbäume zu betrachten, innerhalb derer sich soziale Milieus mit gemeinsamen Wurzeln ausdifferenzieren. Dabei werden soziale Milieus verstanden als „Gruppen mit ähnlichem Habitus, die durch Verwandtschaft oder Nachbarschaft, Arbeit oder Lernen zusammenkommen und eine ähnliche Alltagskultur entwickeln. Sie sind einander durch soziale Kohäsion oder auch nur durch ähnliche Gerichtetheit des Habitus verbunden. Insofern sie ähnliche Orte im sozialen Raum einnehmen, sind sie die historischen Nachfahren der sozialen Klassen,

---

40   Bourdieu unterscheidet neben sozialen Klassen auch Alters- oder Geschlechtsklassen (Bourdieu 1982, S. 730). Diese Arbeit verfolgt jedoch eine Milieuperspektive, so dass in diesem Rahmen die Unterscheidung sozialer Klassen herausgestellt wird.

41   Es handelt sich bei der Untersuchung von Vester et al. (2001) um eine repräsentative Befragung von 2.699 deutschsprachigen Befragten, die durch qualitative Mehrgenerationen-Interviews validiert und in Kooperation mit der SINUS-Milieuforschung durchgeführt wurde (Vester 2015, S. 147 f.). Die so ermittelten sozialen Milieus konnten in zahlreichen Folgeuntersuchungen (z. B. Vögele et al. 2002; Lange-Vester/Teiwes-Kügler 2004; 2006; 2013b; 2014; Geiling et al. 2011; Bremer 2007, Bremer et al. 2015b) und durch inzwischen mehr als 900 qualitative Interviews fundiert werden (Lange-Vester/Teiwes-Kügler 2013a, S. 153).

Stände und Schichten" (ebd., S. 24 f.). Es wird daher auch von einer pluralisierten Klassengesellschaft gesprochen. Dabei wird ein „lebensweltlicher Klassenbegriff" (ebd., S. 175) zu Grunde gelegt, der besagt, dass Klassenmentalitäten nicht nur als Reflex der ökonomischen Position im gesellschaftlichen Gefüge anzusehen sind, sondern von den sozialen Akteurinnen und Akteuren als eigene Alltagskultur hervorgebracht werden. Zwar werden Prinzipien der Lebensführung in der Regel im Zusammenhang mit ökonomischen Positionen entwickelt, sie lassen sich aber nicht einseitig daraus ableiten, so dass auch die „relative Autonomie von Mentalitäts- und Habitusmustern gegenüber der ökonomisch-beruflichen Position" betont wird (Lange-Vester/Teiwes-Kügler 2014, S. 178; hierzu auch Bremer/Lange-Vester 2014b, S. 57 ff.). Zentral ist die Annahme, dass die sozialen Akteurinnen und Akteure nicht ein Milieu ‚wählen', sondern in ein Milieu hineingeboren werden und dort in den meisten Fällen auch verbleiben, wobei Bewegungen im sozialen Raum der Milieus nicht ausgeschlossen sind.

3.2.1   Die Milieulandkarte der deutschen Gesellschaft

Durch seine feinere Ausdifferenzierung stellt das hier verwendete Milieumodell eine Erweiterung von Bourdieus Konzept des sozialen Raumes dar (siehe Abbildung 2). Vester et al. identifizieren für Deutschland fünf der besagten Traditionslinien (Vester et al. 2001, S. 34 f.; Vester 2015, S. 147 ff.), die durch fette Rahmungen im Milieumodell hervortreten. Bei den oberen gesellschaftlichen Milieus unterscheiden sie die *Traditionslinie von Macht und Besitz* sowie die *Traditionslinie der Akademischen Intelligenz*. Auf der mittleren Stufe der Gesellschaft verorten sie zum einen die *Traditionslinie der Facharbeit und der praktischen Intelligenz* sowie zum anderen die *ständisch-kleinbürgerliche Traditionslinie*. Die *Traditionslinie der Unterprivilegierten* umfasst entsprechend die unterprivilegierten Milieus.

Ähnlich wie in Bourdieus Schema vom sozialen Raum werden die sozialen Akteurinnen und Akteure bzw. die sozialen Milieus anhand zweier sichtbarer Achsen verortet (Vester et al. 2001, S. 26 ff.). Die sozialen Akteurinnen und Akteure werden horizontal hinsichtlich ihrer Einstellung zur Autorität positioniert. Unter dem autoritären Pol auf der rechten Seite des Milieumodells befinden sich Gruppen, die besonders status- und hierarchieorientiert sind und in festen Ordnungskategorien denken. Auf der linken Seite befinden sich Gruppen, die verstärkt auf Eigenverantwortung und Fachkompetenzen setzen. Im Extremfall handelt es sich rechts um einen strengen Autoritarismus, während links Konventionen eindeutig zurückgewiesen werden (Bremer 2010a, S. 95). Durch diese horizontale Differenzierung lassen sich Unterschiede in der Mentalität und im Lebensstil der Akteurinnen und Akteure aufzeigen, obwohl ähnliche Berufs- und Einkommensverhältnisse bestehen.

Die vertikale Gliederung erfolgt anhand zweier Trennlinien: der *Grenze der Distinktion*, durch die sich die oberen von den mittleren Milieus distinguieren, und der *Grenze der Respektabilität*, durch die sich die mittleren Milieus von den unterprivilegierten Milieus abgrenzen (Vester et al. 2001, S. 26). Die oberen Milieus

grenzen sich z. B. durch einen gehobenen kultivierten Lebensstil gegen die ‚Masse'
ab. Die mittleren Milieus haben eine besondere Leistungs- und Pflichtethik verinnerlicht, die der Distinktion gegenüber den unterprivilegierten Milieus dient. Den
unterprivilegierten Milieus wird entsprechend vorgehalten, dass ihnen langfristige
Planungen und Bildungsbemühungen eher abgehen. Sie verfügen über spontane
und flexible Strategien, die an ihre unkalkulierbaren und prekären Lebensumstände
angepasst sind.

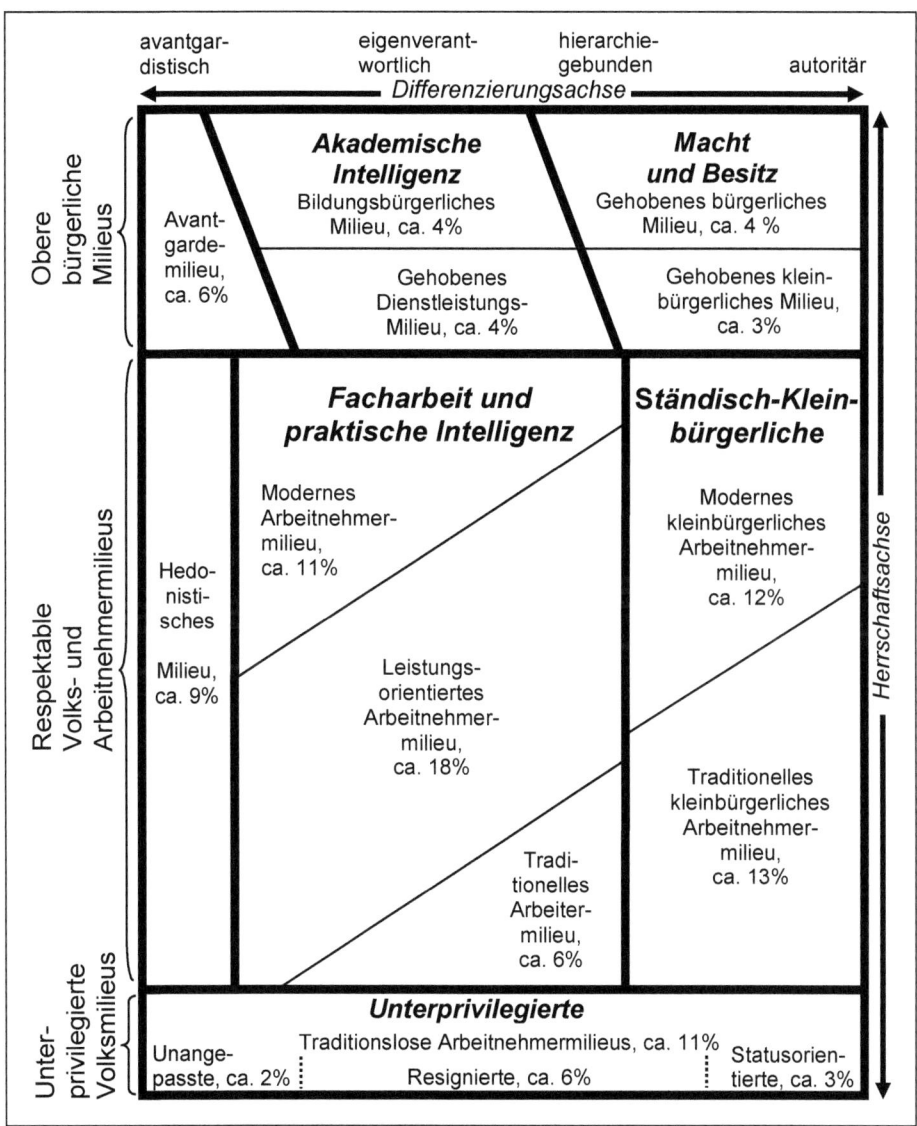

Abb. 2:   Die fünf Traditionslinien der sozialen Milieus der BRD. Quellen: Vester et al.
2001, S. 49; Vester 2015, S. 149

3.2.2 Stammbäume sozialer Milieus

Im Folgenden werden die Traditionslinien näher beschrieben, die in sich feiner in (Teil-)Milieus unterteilt sind. Nach einer Aktualisierung umfasst das Milieumodell 14 repräsentative Milieus (Vester 2015, S. 149) (siehe Abbildung 2).

3.2.2.1 Obere bürgerliche Milieus (ca. 20%)

Auf der obersten Stufe der Gesellschaft befindet sich die *Traditionslinie von Macht und Besitz* (ca. 7%). „Ihre Angehörigen bekleiden leitende Stellungen im Gefüge der institutionellen Herrschaft, in den privaten Managements und öffentlichen Verwaltungen, sowie in den besonders renommierten Teilen der Freien Berufe in der Medizin, Justiz usw." (Vester 2015, S. 152). Es handelt sich um Personen mit ausgeprägtem Elite- und Machtbewusstsein, die sich durch einen exklusiven Lebensstil, Besitz und Status ,nach unten' abgrenzen. Die Milieus in dieser Traditionslinie repräsentieren eine modernere und besser gebildete Fraktion – das *Gehobene bürgerliche Milieu* (ca. 4%) – sowie eine ältere Fraktion mit weniger kulturellem Kapital und strengeren autoritären bzw. konservativen Positionen – das *Gehobene kleinbürgerliche Milieu* (ca. 3%). Beide Milieus sind aus dem *Konservativ-technokratischen Milieu* hervorgegangen (Vester et al. 2001, S. 505 f.)

Die in der *Traditionslinie der Akademischen Intelligenz* (ca. 8%) stehenden Milieus umfassen insbesondere die „höheren Experten- und Lehrberufe der Bildung und Kultur, der Kommunikation, der Gesundheit, des Sozialwesens, der Technologie und der Naturwissenschaften" (Vester 2015, S. 154). Sie grenzen sich zwar von der Machtorientierung der anderen oberen Milieus ab, beanspruchen aber auch selbst tonangebend zu sein, indem sie sich vor allem durch ihre elitäre Leistungsorientierung und Kompetenz distinguieren. Auch in dieser Traditionslinie lassen sich zwei Milieus ausmachen. Diese sind aus dem *Liberal-intellektuellen Milieu* hervorgegangen (Vester et al. 2001, 506 ff.): Das *Bildungsbürgerliche Milieu* (ca. 4%) hat über mehrere Generationen seinen Schwerpunkt in akademischen Professionen und pflegt dementsprechend distinktive Praktiken. Das *Gehobene Dienstleistungsmilieu* (ca. 4%) umfasst mehrheitlich Aufgestiegene aus der *Traditionslinie der Facharbeit und der praktischen Intelligenz*, die einen eher ungezwungenen Lebensstil bevorzugen.

Die kulturelle Avantgarde auf der obersten Stufe der Gesellschaft stellt keine eigene Traditionslinie dar (Vester 2015, S. 156). Angehörige des *Avantgardemilieus* (bis ca. 6%) – ursprünglich *Postmodernes* bzw. *Alternativmilieu* (Vester et al. 2001, S. 509 f.) – „artikulieren sich entweder moralisch, in idealistischen Lebens- und Politikentwürfen, oder ästhetisch, in den schönen Künsten und Lebensstilen" (Vester 2015, S. 156). Den Schwerpunkt bilden Menschen aus Medien- und Kulturberufen, der ,New Economy' sowie viele Schülerinnen und Schüler, Studierende und junge Akademikerinnen und Akademiker, die noch am Beginn ihrer Karriere stehen, aber ebenso gesellschaftliche Machtpositionen anstreben.

3.2.2.2 Respektable Volks- und Arbeitnehmermilieus (ca. 70%)

Die mittlere Stufe der Gesellschaft teilt sich in die *Traditionslinie der Facharbeit und der praktischen Intelligenz*, die *ständisch-kleinbürgerliche Traditionslinie* sowie das *Hedonistische Milieu*. Die *Traditionslinie der Facharbeit und der praktischen Intelligenz* (ca. 35%) umfasst Arbeitnehmerinnen und Arbeitnehmer „in sich modernisierenden mittleren Berufen und teilweise auch moderne kleinere Selbstständige" (Vester 2015, S. 159). Diese Milieus setzen besonders auf gutes Fachkönnen und Eigenverantwortung, Solidarität und gegenseitige Hilfe. Solidarität ist jedoch kein Selbstzweck, sondern beruht auf der Erfahrung, dass persönliche Autonomie nur über den gemeinschaftlichen Zusammenhalt erreicht werden kann (Vester et al. 2001, S. 513). Angehörigen dieser Milieus ist gemein, dass sie stärker in Bildung investieren als die Milieus der hierarchisch orientierten *ständisch-kleinbürgerlichen Traditionslinie*. Zudem eint sie ein eher kritischer Blick auf Autoritäten. Grundsätzlich wird jemand nach seinen Werken beurteilt und nicht nach seiner Position in der sozialen Hierarchie (ebd.).

Die facharbeiterische Traditionslinie hat sich in drei Generationen von Milieus aufgefächert. Während im *Traditionellen Arbeitermilieu* (ca. 5 bis 6%) noch eine Bescheidenheitsethik sowie der Gedanke „arm, aber ehrlich" (ebd., S. 514) vorherrschten, entwickelte sich im *Leistungsorientierten Arbeitnehmermilieu* (ca. 18%) eine striktere Aufstiegsmoral mit der Erwartung auf Teilhabe am erreichten Wohlstand. Demgegenüber verfolgen Angehörige des *Modernen Arbeitnehmermilieus* (ca. 11%) das Leistungs- und Aufstiegsstreben im *Leistungsorientierten Arbeitnehmermilieu* nicht mehr so vehement. Sie setzen zwar in noch größerem Maße auf Autonomie, Bildung und Partizipation. Wichtig ist ihnen aber auch, Freiräume zu haben und diese z. B. für gesellige Beziehungen nutzen zu können.

In der *ständisch-kleinbürgerlichen Traditionslinie* (ca. 25%) konnten Vester et al. zwei Milieus ausmachen. Angehörige dieser Traditionslinie sind „überwiegend kleine Beschäftigte und Selbstständige in traditionellen Berufen" (Vester 2015, S. 167). Sie eint, dass ihnen Pflichterfüllung und die Einordnung in Hierarchien wichtig sind; im Gegenzug erwarten sie, dass Vorgesetze, Politikerinnen und Politiker usw. Fürsorgepflichten ihnen gegenüber wahrnehmen (Vester et al. 2001, S. 511). Diese Milieus können sich weniger auf moderne Berufserfordernisse umstellen, was nicht selten mit Ressentiments gegenüber Menschen mit Migrationshintergrund oder Menschen mit unkonventionellen Lebensstilen verarbeitet wird (ebd., S. 41).

Im *Traditionellen kleinbürgerlichen Arbeitnehmermilieu* (ca. 13%) – zuvor *Kleinbürgerliches Arbeitnehmermilieu* (ebd., S. 518 ff.) – herrschen in besonderem Maße traditionelle Werte wie Ordnung und Pflichterfüllung vor, die „mit einem ‚Blick nach oben' hochgehalten" werden (ebd., S. 518). Um den erreichten Status zu wahren, wird besonderer Wert auf den äußeren Eindruck gelegt. Im *Modernen kleinbürgerlichen Arbeitnehmermilieu* (ca. 12%) ist die Orientierung an vorgegebenen Hierarchien und traditionellen Werten demgegenüber etwas gelockert. Es finden sich Elemente der Selbstverwirklichung, aber nach wie vor auch Ressentiments gegenüber Minderheiten.

Das *Hedonistische Milieu* (ca. 9 bis 11%) setzt sich aus Angehörigen der beiden zuvor genannten Traditionslinien zusammen, die sich in jugendkultureller Rebellion (zumeist vorübergehend) gegen die Leistungs- und Pflichtethik der Elternmilieus und das Bild vom ‚spießigen Normalbürger‘ abgrenzen (Vester 2015, S. 172). Das Milieu enthält viele ‚Abbrecherinnen‘ und ‚Abbrecher‘, Schülerinnen und Schüler, Auszubildende, einfache Arbeiterinnen und Arbeiter, Angestellte sowie Arbeitslose.

3.2.2.3 Unterprivilegierte Volks- und Arbeitnehmermilieus (ca. 11%)

Am unteren gesellschaftlichen Rand machen Vester et al. die *Traditionslinie der Unterprivilegierten* (ca. 11%) aus. Angehörige dieser Traditionslinie nehmen die Gesellschaft oft aus einer Ohnmachtsperspektive heraus war, vor deren Hintergrund es wenig Sinn macht, aktiv zu werden, um die eigene Position zu verbessern (Bremer 2010a, S. 98). Dafür entwickeln die ‚Unterprivilegierten‘ andere ‚Mithaltestrategien‘, die dazu dienen sollen, den Anschluss an die Gesellschaft nicht zu verlieren. Es zeigen sich „außengeleitete Formen des Selbstzwangs", vor allem aber die „Anlehnung an stabile Lebenspartner, Arbeitskollektive, staatliche Hilfen usw." (Vester et al. 2001, S. 523). Diese Anlehnung an höhere Milieus dient dem Zweck, soziale Anerkennung und Sicherheit zu gewinnen. Folglich sind sich die ‚Unterprivilegierten‘ der gesellschaftlichen Ausgrenzung durchaus bewusst. Sie werten ihre wenig anerkannten Eigenschaften aber auch positiv, z. B. „ihre Fähigkeit zu Spontaneität und Improvisation, ihre Flexibilität bei der Suche nach Gelegenheiten, ihr Gefühl für herzliche menschliche Beziehungen, ihr körperliches oder sportliches Können und ihre Fähigkeit, mit chaotischen Bedingungen und Schicksalsschlägen umzugehen" (Vester 2015, S. 175).

Es finden sich vorwiegend Un- und Angelernte, die in besonderem Maße von Dauerarbeitslosigkeit sowie der Entstehung eines Niedriglohnsektors hierzulande betroffen sind (ebd., S. 175 f.). Das in dieser Traditionslinie situierte *Traditionslose Arbeitnehmermilieu* (Vester et al. 2001, S. 522 ff.) differenziert sich in drei Teilmilieus aus: Die Statusorientierten (ca. 3%), die Resignierten (ca. 6%) sowie die Unangepassten (ca. 2%), die sich jeweils an den Werten der Milieus über ihnen orientieren (Vester 2015, S. 176).

Die unterprivilegierten Volks- und Arbeitnehmermilieus rücken in Bezug auf das Thema Analphabetismus besonders in den Blick, da das Beherrschen der Schriftsprache als Kennzeichen für einen respektablen Lebensstil aufgefasst werden kann (Bremer 2010a, S. 101). In den langen Kursbesuchszeiten und den vertrauten Beziehungen zu Kursleitenden, wie sie nicht selten im Alphabetisierungsbereich vorkommen, können sich Anlehnungsstrategien zeigen, die typisch für Angehörige unterprivilegierter Milieus sind (Nienkemper 2015, S. 83 ff.; Nienkemper/Bonna 2010).

3.3   Zwischenfazit: Literalität als milieuspezifische Praxis

Mit den zuvor vorgestellten Konzepten lässt sich nun die in dieser Arbeit vertretene theoretische Perspektive konkretisieren. Zentral ist die Annahme, dass Literalität in die Alltagspraxis der Menschen eingebunden und „milieuspezifisch gefärbt" ist (Bremer 2010a, S. 101). Die unterschiedliche Alltagspraxis in den Milieus legt nahe, dass es hier auch verschiedene Formen von Literalität gibt. So besteht beispielsweise eine gewisse Wahrscheinlichkeit, dass ein Handwerker weniger im Umgang mit korrekter Orthografie und Grammatik geübt ist, sich vielleicht auch weniger dafür interessiert, als ein Akademiker, der regelmäßig in Fachzeitschriften liest und publiziert. Wenn es also milieuspezifische Differenzierungen gibt, muss auch von pluralen Literalitäten in diesen Milieus ausgegangen werden. Das schließt ein, dass ein Phänomen wie funktionaler Analphabetismus ebenfalls vor diesem Hintergrund milieuspezifischer Literalitäten betrachtet werden muss bzw. sich mit der milieuspezifischen Alltagspraxis in Beziehung setzen lässt.

Bremer (ebd., S. 96 ff.) zieht in Bezug auf den milieuspezifischen Umgang mit Schriftsprache eine Parallele zur Bildungspraxis, die sich nach Milieus unterscheidet. So kann Bildung beispielsweise der Selbstverwirklichung dienen (obere Milieus), zur Statussicherung beitragen (kleinbürgerliche Milieus), einen Autonomiegewinn in Aussicht stellen (facharbeiterische Milieus) oder eher „notwendiges Übel" sein, um sozialer Ausgrenzung und Stigmatisierung entgegenzutreten (unterprivilegierte Milieus) (ebd.). Auch wenn diesbezüglich bislang keine Untersuchungen vorliegen, handelt es sich doch um erste Anhaltspunkte, die auch auf eine unterschiedliche milieuspezifische Praxis im Umgang mit Schriftsprache verweisen.

Im Herkunftsmilieu werden bestimmte Vorlieben und Praktiken im Umgang mit Schriftsprache ‚eingeübt' und in den Habitus eingelagert, die auch im späteren Leben von Bedeutung sind. Literale Praxis beruht auf dem Geschmack, der jedoch immer bereits von sozialen Strukturen durchdrungen ist. Der Habitus ist so auch an der Reproduktion sozialer Machtverhältnisse beteiligt. Er trachtet stets nach einer Übereinstimmung von Position und Perspektive (Barlösius 2001, S. 87). Daher sind auch die Lebensbewältigungsstrategien, die Erwachsene mit Lese- und Schreibschwierigkeiten hervorbringen, tendenziell darauf ausgerichtet, den Habitus mit seinen Neigungen und Gewohnheiten zu stabilisieren. Es ist davon auszugehen, dass sie sich – wie der Umgang mit Schriftsprache – auch mit anderen Aspekten der Lebensführung in einen sinnvollen Zusammenhang bringen lassen. Somit kann auch eine relative Unabhängigkeit der Handlungs- und Bewältigungsstrategien von situativen oder örtlichen Gegebenheiten angenommen werden (Krais/Gebauer 2002, S. 32), auch wenn diese Aspekte natürlich einen Einfluss auf den Umgang mit einem ‚Stigma' wie Analphabetismus haben (Nienkemper 2015, S. 80 ff.; Künzel et al. 2011, S. 55). Dies wird besonders deutlich, wenn Bourdieus Begriff des Feldes herangezogen wird. Felder nehmen mit ihren Machtkonstellationen, Gesetzmäßigkeiten und Kapitalarten, die ins ‚Spiel' eingebracht werden können, ebenfalls Einfluss auf die Reaktionen des Habitus, wobei sich seine Reaktionen aber nicht vorhersehen lassen.

Mit den Konzepten kann ferner angenommen werden, dass langfristige Lese- und Schreibschwierigkeiten einen Habitus irritieren können, z. B. wenn dadurch eine gesellschaftliche Laufbahn nicht eingeschlagen werden kann, die im Habitus angelegt ist. In diesem Fall kann es zu einem Hysteresiseffekt des Habitus kommen, d. h., dass eine gewisse „Unstimmigkeit im Habitus" (Barlösius 2011, S. 86) sichtbar wird, da sich dieser verzögert an die neuen ‚ungewohnten' Lebensumstände anpasst. Ein Sonderfall eines solchen Hysteresiseffekts kommt in einem Phänomen zum Ausdruck, das Bourdieu als „Gespaltenheit des Habitus" (Bourdieu 2001b, S. 204 ff.; Bourdieu 1997b, S. 459) bezeichnet. Eine solche Gespaltenheit kann eintreten, wenn sich die Lebensbedingungen zu schnell ändern und der Habitus quasi „vom gesellschaftlichen Wandel überholt" wird (Barlösius 2011, S. 87). Der Habitus gerät sozusagen in eine Krise, da die in Abstimmung mit den sozialen Strukturen entwickelten handlungsleitenden Prinzipien nicht mehr greifen (ebd., S. 87 f.). Als Resultat dieser Gespaltenheit kommt es zu „Widersprüchen, Mißklängen und Disharmonien, die sich im Innersten des Subjekts niederschlagen" und als „persönliche Tragödien" erlebt werden (Barlösius 2001, S. 87). Möglich ist also, dass sich in den (teils krisenhaften) Schilderungen von Erwachsenen mit Lese- und Schreibschwierigkeiten besagte Hysteresis oder sogar Gespaltenheit des Habitus zeigt, da vorgesehene Lebenswege nicht eingeschlagen werden können, bestimmten Vorlieben nicht nachgegangen werden kann usw. und neue Wege gesucht werden müssen. Umgekehrt ist es möglich, dass Lese- und Schreibschwierigkeiten nicht als besonderes Problem wahrgenommen werden, wenn dadurch der Lebensentwurf des Habitus nicht in Frage gestellt wird. So ließe sich auch ein Stück weit erklären, warum verhältnismäßig wenige Erwachsene mit geringen Schriftsprachkompetenzen in Alphabetisierungskurse gehen (Rosenbladt 2012, S. 74). Es kommt letztlich darauf an, wie geringe Lese- und Schreibkompetenzen in das jeweilige Milieu ‚passen' und was durch den Schriftspracherwerb in Aussicht gestellt wird.

Diesbezüglich ist erwähnenswert, dass die gesellschaftlichen Entwicklungen der letzten Jahrzehnte, zu denen der technologische Fortschritt oder die Umstrukturierungen auf dem Arbeitsmarkt zu zählen sind, Auswirkungen auf den Habitus haben, der sich daran Wohl oder Übel und verzögert anpasst. Es ist vermutlich kein Zufall, dass sich gerade seit der Wirtschaftskrise um 1980 immer mehr Menschen in Bildungseinrichtungen meldeten, die Schwierigkeiten mit Lesen und Schreiben hatten (Döbert/Hubertus 2000, S. 18). Das Konzept verweist so auch auf größere gesellschaftliche Entwicklungen durch die eine angemessene Schriftsprachkompetenz in vielen Bereichen unabdingbar geworden ist. Zudem lassen sich mit Bourdieu gesellschaftliche Prozesse der Abwertung und Inwertsetzung bestimmter Formen von (Schrift-)Sprache identifizieren, die maßgeblich zur Reproduktion von Machtverhältnissen beitragen.

3.4 Anschlüsse an Streets Konzept Literalität als soziale Praxis

Ein Konzept, das bereits die alltagsweltliche Eingebundenheit von Literalität und ihre Einbettung in Machtstrukturen berücksichtigt, ist die Theorieperspektive von Street Literalität als soziale Praxis (Street 1984). Street übt Kritik an bis dahin bestehenden Konzepten von Literalität aus Linguistik und Anthropologie (Zeuner/Pabst 2011a, S. 53). Seine Kritik verdeutlicht er mithilfe der Unterscheidung eines autonomen Modells von Literalität, dem er diese Ansätze zuordnet, und eines ideologischen Modells von Literalität, das die Grundlage seiner Forschung bildet. Er entwickelt seine Konzeption mit direktem Bezug auf Bourdieu (Street 1993, S. 8). Sie wird ebenfalls als gewinnbringend für die vorliegende Arbeit erachtet, so dass Streets Perspektive hier einfließen soll.

3.4.1 Neutrale Kulturtechnik: Das autonome Modell von Literalität

Die dem autonomen Modell zugeordneten Ansätze betrachtet Street kritisch, da sie von der Annahme ausgehen, dass der Schriftspracherwerb als rein kognitiv-technischer Prozess und somit als voraussetzungsfrei zu verstehen ist. Die damit verbundene Auffassung lautet, „dass es allen Menschen möglich sein müsse, diese Fähigkeiten in einem Akkumulationsprozess kognitiv zu erwerben und anzuwenden, unabhängig von ihrem sozialen Umfeld und den gesellschaftlichen und ökonomischen Bedingungen" (Zeuner/Pabst 2011a, S. 53 f.). Darüber hinaus kritisiert Street die im autonomen Modell vertretene Annahme, dass das Erlernen der Schriftsprache von allein – „autonomously" – zu einer bedeutsamen Weiterentwicklung von sozialen und kognitiven Fähigkeiten führt (Street 2003, S. 77). Er wendet sich damit gegen Goody (Goody/Watt 1986), der zur damaligen Zeit die These vertrat, durch Schriftsprache würden nicht nur vermehrt Prozesse wie logisches Denken angestoßen, sondern auch bedeutsame gesellschaftliche Weiterentwicklungen, bis hin zu mehr Demokratie, vollzogen.

Damit verfolgt das autonome Modell eine Defizitperspektive auf Erwachsene mit Lese- und Schreibschwierigkeiten, denen im Umkehrschluss ein Mangel an kognitiven Fähigkeiten attestiert und ein isoliertes Leben „in ‚darkness' and ‚backward'" (Street 1995, S. 13) zugeschrieben wird. Street problematisiert insbesondere die Vorstellung von Literalität als einer singulären Kulturtechnik, mit der die Eingebundenheit von Literalität in die Lebenswelten der Menschen ausgeblendet wird. Pabst und Zeuner (2016, S. 62) gehen beim autonomen Modell von einer dominanten Perspektive auf geringe Lese- und Schreibkompetenzen aus, die besagt, dass nur durch einen gesellschaftlichen Mindeststandard Teilhabe entstehen kann. Indem jedoch von einer neutralen Kulturtechnik ausgegangen wird, können die Sinnsetzungen der Menschen in Bezug auf die Bedeutung und den Gebrauch von Schriftsprache nicht hinreichend berücksichtigt werden, was zu Lernwiderständen oder Nichtteilnahme an Kursen führen kann (Zeuner/Pabst 2011a, S. 54 f.; Pabst/Zeuner 2016, S. 64). Machtverhältnisse werden so reproduziert.

3.4.2 Eigensinn der Subjekte: Das ideologische Modell von Literalität

Das ideologische Modell von Literalität wurde von Street in Abgrenzung zum autonomen Modell entwickelt. Es bildet die theoretisch-konzeptionelle Grundlage der New Literacy Studies und ist in Folge zahlreicher Untersuchungen dieses Forschungsstrangs weiterentwickelt und modifiziert worden (siehe Kapitel 2.4). Das theoretische Konzept, das Verbindungslinien zu den Cultural Studies sowie zum Situated-Learning-Ansatz aufweist (überblickshaft Bremer 2010a; Grotlüschen 2011b) wird an dieser Stelle näher vorgestellt.

Die New Literacy Studies verfolgen die Annahme, „dass Menschen Schriftsprach-kompetenzen immer im Kontext ihrer jeweiligen Gesellschaften, ihres sozialen Umfelds und ihrer subjektiven Begründungen erwerben, die dann für unterschiedliche Ziele genutzt und beruflich wie privat mit differenzierenden Intentionen eingesetzt werden" (Zeuner/Pabst 2011a, S. 55). Es wird der Begriff der „multiple literacies"[42] (Street 2003, S. 77) herangeführt, womit sich Street gegen die These wendet, dass Literalität zwingend zu bedeutsamen kognitiven Veränderungen und gesellschaftlichen Weiterentwicklungen führt. Street konnte in seiner ethnografischen Forschung im Iran keine der konstatierten Unterschiede zwischen literalisierten und nicht literalisierten Personen bestätigen (Street 1992, S. 42). Es geht ihm jedoch nicht darum, mit der Abgrenzung des autonomen vom ideologischen Modell einen Dualismus zu schaffen. Vielmehr werden im ideologischen Modell auch Aspekte des autonomen Modells von Literalität aufgegriffen, Literalität wird aber nicht auf ihre technischen und kognitiven Funktionen begrenzt (Street 1993, S. 9).

Das von Street so bezeichnete ideologische Modell fasst unter Literalität folglich nicht nur kognitives Wissen, sondern sieht Literalität als Teil der Alltagspraxis, die dem Eigensinn der Subjekte unterliegt. Zentral ist die Annahme, dass es aufgrund unterschiedlicher, pluraler Lebenswelten auch plurale Literalitäten gibt. Darin kommt die bereits erwähnte Nähe der New Literacy Studies zu den Cultural Studies und zum Situated-Learning-Ansatz besonders zum Ausdruck. Die Cultural Studies analysieren mit ihrem ethnologischen Kulturbegriff unterschiedliche Alltagskulturen als Produkt der Verarbeitung bestimmter Lebensbedingungen und Machtverhältnisse (z. B. Bromley et al. 1999).[43] Im Situated-Learning-Ansatz wird die soziale Eingebundenheit von Lernen hervorgehoben und konstatiert, dass sich Lernanlässe häufig aus der Zugehörigkeit zu sogenannten ‚communities of practice' ergeben (Lave 1997; Lave/Wenger 2011). Die New Literacy Studies erkennen Literalität daran anschließend in ihrer sozialen Bedingtheit und Vielfalt an.

---

42 Die New London Group, die daran anschließt, erfasst in ihrem Konzept der Multiliteralität demgegenüber eher die Vielfalt von Text- und Kommunikationsformen, wobei sie z. B. auch gesprochene oder visuelle Kommunikation einbezieht und damit über Lesen und Schreiben im engeren Sinne hinausgeht (zusammenfassend Hussain 2010, S. 191).

43 Sie sind daher auch ein Ausgangspunkt für das dieser Arbeit zu Grunde liegende Milieu-modell (Vester et al. 2001; Bremer/Lange-Vester 2014a). Ähnlichkeiten und Differenzen zwischen den Cultural Studies und Bourdieu hat Hillebrandt (2011) umfassend erörtert.

Folglich impliziert der Ansatz pluraler Literalitäten einen Bruch mit dem unter 3.4.1 beschriebenen Defizitblick auf Menschen mit geringen Schriftsprachkompetenzen. Street geht es mit Bezugnahme auf Bourdieu ausdrücklich darum, Machtstrukturen offen zu legen, die literale Praxen formen und bestimmte Literalitäten stärker sichtbar und einflussreicher werden lassen als andere. Er unterscheidet daher u. a. in Anlehnung an Heath ‚literacy events‘ und ‚literacy practices‘. Während ‚literacy events‘ alle Situationen umfassen, in denen Literalität (in unterschiedlicher Form) eingesetzt wird und die beobachtbar sind, betonen die von Street herausgestellten ‚literacy practices‘ eher die dahinterliegenden und nicht direkt beobachtbaren Konzepte und Bedeutungszuschreibungen von Literalität. „The concept of literacy practices […] not only attempts to handle the events and the patterns of activity around literacy events, but to link them to something broader of a cultural or social kind" (Street 2003, S. 78). Street kommt so zu dem Schluss, dass es ‚dominante‘ Literalitäten gibt, die ‚alltägliche‘ oder ‚umgangssprachliche‘ Literalitäten eher überlagern, sie bisweilen sogar verdrängen und ihnen die Berechtigung absprechen (Street 1992). Dies wird in der Diskussion um die Entwicklung von Schriftsprachkompetenzen oder in Bildungsinstitutionen aber oftmals nicht reflektiert.

3.5 Verschränkung der Theorieperspektiven für die vorliegende Arbeit

Durch das ideologische Modell von Literalität wird untermauert, dass literale Praxis nicht ‚vom Himmel fällt‘, sondern in die Alltagspraxis der Menschen eingebunden ist. Damit ist es grundsätzlich anschlussfähig an das Habitus-Feld-Konzept (Bourdieu 1982; 1987) und den Ansatz „sozialer Milieus" (Vester et al. 2001; Bremer/ Lange-Vester 2014a). Mit den Konzepten lässt sich ein Diskurs offenlegen, in dem bestimmte Literalitäten abgewertet, andere hingegen aufgewertet werden und als legitime Literalitäten (Grotlüschen et al. 2009; Bremer 2010a) in Erscheinung treten. Funktionaler Analphabetismus gerät so nicht per se als individuelles Defizit, sondern vor allem als Symbol für gesellschaftliche Machtverhältnisse in den Blick. Ziel der New Literacy Studies ist es daher, Literalität in ihrer Vielfalt anzuerkennen. Auch im Rahmen der vorliegenden Arbeit wird es als wichtig erachtet, diese Mechanismen aufzudecken, die zu Defizitperspektiven und den häufig genannten Schamgefühlen bei Erwachsenen mit Lese- und Schreibschwierigkeiten führen können. Wenn der Umgang mit Schriftsprache jedoch derart fundamental in Machtverhältnisse eingebettet ist (hierzu auch Bourdieu 2001a, S. 137), darf es – zugespitzt formuliert – nicht nur darum gehen, geringe Schriftsprachkompetenzen unter einer Programmatik der Pluralität und Vielfalt zu verklären. Grotlüschen (2011b, S. 21 ff.) sowie Pabst und Zeuner (2016, S. 69) argumentieren vor diesem Hintergrund, dass sich der Ansatz pluraler Literalitäten nicht mit Analphabetismus in Verbindung bringen lässt bzw. dass funktionaler Analphabetismus mit diesem Konzept nicht erschöpfend in Augenschein genommen wird. Sie sehen hier die Gefahr, dass die damit einhergehende Benachteiligung verkannt wird, wenn Analphabetismus einfach als ‚andere Form von Literalität‘ betrachtet wird. Der Aspekt der Benachteiligung wird mit der vorliegenden Arbeit jedoch keineswegs ausgeblendet. Im Gegenteil: Mit Bourdieu und Vester et al. lassen sich die Standort- und Milieubezogenheit von Zugängen zu Schriftsprache und damit verbundene Benachteiligungen besonders differenziert herausarbeiten (siehe Kapitel 3.3). Das auf Bourdieu aufbauende Milieumodell ermöglicht es, die Heterogenität von Literalität zu ordnen und theoretisch rückzubinden. Funktionaler Analphabetismus ist darin eingebettet zu betrachten und kann so aus einer Perspektive sozialer Ungleichheit problematisiert werden. Die Ansätze von Bourdieu, Vester et al. sowie Street lassen sich daher sinnvoll ergänzen. Grundsätzlich ist zu prüfen, wie mit geringen Lese- und Schreibkompetenzen im Alltag umgegangen wird und wie diese tatsächlich erlebt werden. Dabei werden Machtstrukturen relevant, wie durch das ideologische Modell von Literalität nach Street oder das Konzept symbolischer Gewalt von Bourdieu gezeigt werden konnte.

Schließlich wird mit der Verbindung der Konzepte auch der in Kapitel 2.4 kurz angedeuteten Kritik von Street Rechnung getragen, nicht bei der deskriptiven Darstellung literaler Ereignisse und Verhaltensmuster in Bezug auf Schriftsprache stehen zu bleiben. Street übt Kritik an Untersuchungen, die lediglich Menschen zu ihrer Literalität befragen oder literale Ereignisse beobachten, um auf dieser Basis Rückschlüsse über Bedeutungen von Schriftsprache zu ziehen. Er macht in diesem Zusammenhang den Begriff der literalen Praktiken (in Abgrenzung zu literalen Ereignissen) stark und betont, dass das „was Literalitätsereignissen *Bedeutung* verleiht, [..] zuerst vielleicht gar nicht mit Literalität in Verbindung gebracht [wird]" (Street 2013, S. 151; Herv. i. O.). Seine Forderung besteht unter Bezugnahme auf Bourdieu darin, auch verborgene Mechanismen, die mit Literalitätsereignissen zusammenhängen, stärker aufzuspüren.

Zeuner und Pabst (2011a, S. 84) beleuchten in ihrer Studie neben literalen Ereignisse und literalen Praktiken explizit auch soziale Praxen. Im Rahmen dieser Arbeit soll es jedoch darum gehen, Bedeutung und Gebrauch von Schriftsprache als Teile eines Habitusmusters zu identifizieren, dass die gesamte Alltagspraxis umfasst. Die milieuspezifischen Habitusmuster bilden mit dieser Perspektive den Ausgangspunkt für Orientierungen rund um das Thema Literalität, so dass die Lebensführung der Menschen insgesamt stärker in den Blick rückt. Wie jemand mit Schriftsprache umgeht, welche Bedeutung er dieser verleiht, hängt mit dem milieuspezifischen Habitus zusammen. Es bestehen zwar gesellschaftliche Erwartungen und Vorgaben an Literalität. Deswegen gibt es aber nicht eine Literalität, die für alle gleich ist. Vielmehr bestehen alltags- und lebensweltspezifische Unterschiede, die mit der milieuspezifischen Lebensführung korrespondieren, wobei die gesellschaftlichen Leitbilder in puncto Schriftsprache sich auch in diesen wiederfinden dürften.

Wie lassen sich nun habitus- und milieuspezifische Literalitäten empirisch untersuchen? *Einerseits* bedarf es eines Forschungszugangs, der es vermag, die Alltagspraxis der Subjekte in den Blick zu nehmen und ihre subjektiven Sinnsetzungen in Bezug auf Schriftsprache zu berücksichtigen. *Andererseits* ist es erforderlich, diese individuellen Praktiken an gesellschaftliche Strukturen rückzubinden. Wie das hier zu Grunde liegende Vorhaben forschungspraktisch umgesetzt wurde, wird in den nachstehenden Kapiteln näher ausgeführt.

4 Forschungsdesign

Die vorliegende Arbeit ist im Rahmen des Forschungsprojekts „Interdependenzen von Schriftsprachkompetenz und Aspekten der Lebensbewältigung" (kurz: Interdependenzstudie) entstanden, an dem die Autorin selbst mitgewirkt hat. Durch die Interdependenzstudie liegen der Dissertation 36 leitfadengestützte Interviews mit 19 Teilnehmenden an Alphabetisierungskursen einer Volkshochschule zu Grunde, die im Rahmen einer Basis- und Folgebefragung im Abstand rund eines Jahres befragt wurden (Basisbefragung: n=19, Folgebefragung: n=17). Die forschungspraktische Umsetzung der Interdependenzstudie wird in Kapitel 4.1 dargestellt. In Kapitel 4.2 wird anschließend erörtert, inwiefern sich die Dissertation von der Interdependenzstudie unterscheidet und im Anschluss an diesen Forschungsrahmen methodisch umgesetzt wurde. Die Interviews wurden mit dem methodisch-methodologischen Ansatz der Habitus-Hermeneutik (Bremer 2004; Bremer/Teiwes-Kügler 2010; 2013; Lange-Vester/Teiwes-Kügler 2013a) ausgewertet, der damit erstmals auf die Frage des alltäglichen Gebrauchs von Schriftsprache angewendet wurde. Kapitel 4.3 begründet die Wahl dieser Methode für den Untersuchungsgegenstand und beschreibt die Habitus-Hermeneutik näher.

4.1 Ausgangspunkt: Die Interdependenzstudie

Ausgangspunkt für die Dissertation ist das Forschungsprojekt „Interdependenzen von Schriftsprachkompetenz und Aspekten der Lebensbewältigung" (kurz: Interdependenzstudie) (Deneke/Pape 2009; Pape 2011a; 2011b; 2011c; Deneke/Horch 2011; Reese 2011a; 2011b; Deneke et al. 2011a; 2011b).[44] Leitende Forschungsfrage war, welche Veränderungen sich durch die Teilnahme an einem Alphabetisierungskurs ergeben, um vertiefte Erkenntnisse zu den Wechselwirkungen von Schriftsprachkompetenz und Lebensbewältigung zu erlangen (Deneke/Pape 2009). Es wurde theoretisch an das Literacy-Konzept (Linde 2007, S. 94) angeschlossen. Ferner wurde der Schriftspracherwerb als Denkentwicklung verstanden (Brügelmann 1984) und an die Theorie der kognitiven Klarheit über Struktur und Funktion von Schrift angeknüpft (Valtin/Sasse 2007, S. 182 f.; Kutscher/Reese 2006, S. 112).[45]

Um die Zusammenhänge und Wechselwirkungen von schriftsprachlichen Lernprozessen und subjektiv erlebter Handlungsfähigkeit zu untersuchen, wurden im Abstand rund eines Jahres eine Basis- und eine Folgebefragung mit Teilnehmenden an Alphabetisierungskursen einer norddeutschen Volkshochschule durchgeführt (siehe Abbildung 3). Die Teilnehmenden wurden im Rahmen der Basis- und Folgebefragung zu jeweils zwei Terminen befragt.

---

44 Für nähere Informationen zum Projektzusammenhang siehe Fußnote 4 (Einleitung).
45 Einen tiefergehenden Einblick zum theoretischen Hintergrund des Projekts gibt Reese (2011b, S. 66 f.).

Am *ersten Termin der Basisbefragung* fand ein leitfadengestütztes Interview statt, wobei der Leitfaden als Strukturierungshilfe und Gedächtnisstütze diente, aber dennoch Raum für die subjektiven Sinnsetzungen der Befragten ließ. Der *zweite Termin der Basisbefragung* diente zur Erfassung von Sozialdaten der Interviewpartnerinnen und -partner in Form eines schriftlichen Fragebogens, der die Interviewsituation von Faktenerhebung entlastete. Es schloss sich in diesem Gespräch eine Lernstandsdiagnostik im Lesen und Schreiben an, um stärker ‚objektivierte‘ Testergebnisse in die Untersuchung einbeziehen zu können. Der Lernstand der Teilnehmenden wurde mittels einer freien Lese- und Schreibprobe sowie standardisierten Instrumenten der Hamburger Schreib-Probe (HSP) (May 2002) und der Würzburger Leise Leseprobe (WLLP) (Küspert/Schneider 1998) erhoben.[46]

Am *ersten Termin der Folgebefragung* fand wiederum ein leitfadengestütztes Interview statt. Am *zweiten Termin der Folgebefragung* wurde der Lernstand mittels der HSP sowie der WLLP erfasst. Da es vor allem auf vergleichbare Testwerte zur Basisbefragung ankam, wurde auf eine erneute freie Lese- und Schreibprobe verzichtet. Es fand auch keine weitere Sozialdatenerhebung statt, da im Abstand von etwa einem Jahr keine zentralen Änderungen zu erwarten waren.

Im Rahmen der Basisbefragung im Jahr 2009 konnten so 24 Interviews mit Teilnehmenden aus dem Alphabetisierungskursangebot der beteiligten Volkshochschule geführt werden. Im Rahmen der Folgebefragung im Jahr 2010 nahmen 22 Teilnehmende von den zuvor befragten an einem Interview teil. An der Sozialdaten- und Lernstandserhebung beteiligten sich im Rahmen der Basisbefragung 23 Teilnehmende, im Rahmen der Folgebefragung konnten alle 22 Befragten für die Lernstandserhebung gewonnen werden.

Die insgesamt 46 qualitativen Interviews, die zumeist parallel zum Kursgeschehen stattfanden, wurden alle von der Autorin dieser Arbeit selbst geführt. Die besonders umfassenden Interviews der Basisbefragung waren im Durchschnitt 107 Minuten lang. Die durchschnittliche Dauer der Interviews der Folgebefragung betrug 52 Minuten. Die Auswertung der Daten erfolgte nach der wörtlichen Transkription mithilfe des Thematischen Kodierens (Flick 2007; 1996).[47] Der Schwer-

---

46 Eine Verwendung solcher Instrumente, die eigentlich für den Schulunterricht konzipiert sind, wird in der Alphabetisierung mitunter kritisch diskutiert (Engel 2008). Deneke und Horch befürworten jedoch den Einsatz der Hamburger Schreib-Probe und halten eine dialogisch eingesetzte Diagnostik in Alphabetisierungskursen für gewinnbringend: „Es ist notwendig, mit den Betroffenen ins Gespräch zu kommen, sie als Expert/inn/en für ihr eigenes Lernen wahrzunehmen und prozessorientiert zu arbeiten. Dabei stellen förderdiagnostische Verfahren in schulischen Kontexten sowie in der Alphabetisierungsarbeit einen grundlegenden Baustein bei der Aufstellung jeglicher Fördermaßnahmen dar" (Deneke/Horch 2011, S. 144). Da die Hamburger Schreib-Probe auch qualitativ ausgewertet werden kann, dient sie Deneke und Horch zufolge als gute Arbeitsgrundlage zur Ableitung von Fördermaßnahmen und zur Gestaltung von Rückmeldungsgesprächen mit Lernenden (Deneke/Horch 2011).

47 Eine Begründung zur Wahl der Methodik findet sich bei Reese (2011a), siehe auch Deneke (2007).

Erhebungswelle 2009 (Basisbefragung):	Erhebungswelle 2010 (Folgebefragung):
1. Befragungstermin: Leitfadengestützte Interviews (zentrale Themen: Lebensgeschichte, Veränderungen durch die Kursteilnahme in verschiedenen Lebensbereichen)	*1. Befragungstermin:* Leitfadengestützte Interviews (zentrale Themen: Veränderungen durch die Kursteilnahme seit dem ersten Interview)
2. Befragungstermin: Sozialdatenbogen, Lernstandserhebung (freie Lese- und Schreibprobe, Würzburger Leise Leseprobe, Hamburger Schreib-Probe)	*2. Befragungstermin:* Lernstandserhebung (Würzburger Leise Leseprobe, Hamburger Schreib-Probe)

Auswertung der Interviews: Thematisches Kodieren, induktiv-deduktiv

Abb. 3:   Untersuchungsdesign der Interdependenzstudie

punkt der Auswertung lag auf Veränderungen der Alltagsbewältigung durch den Besuch eines Alphabetisierungskurses, die zunächst einzelfallbezogen und dann fallübergreifend in einem induktiv-deduktiven Wechselspiel kodiert wurden, um das inhaltliche Spektrum in den Aussagen der Interviewten, Gemeinsamkeiten und Unterschiede herauszuarbeiten (Flick 2007, 404 ff.).[48]

4.1.1   Konzeption des Feldzugangs

Die Konzeption der Interdependenzstudie mit einer Basis- und einer Folgebefragung an einer Volkshochschule und jeweils zwei Befragungsterminen inklusive einer schriftlichen Befragung und einer Lernstandsdiagnostik führte zur intensiven Auseinandersetzung mit Fragen des Feldzugangs. Einerseits erfordert eine längsschnittlich angelegte Untersuchung generell eine intensivere Feldpflege, andererseits sind speziell Alphabetisierungskurse ein sensibles Forschungsfeld. Dies geht bereits aus vielen Untersuchungen hervor (Oswald/Müller 1982; Döbert-Nauert 1985; Egloff 1997; Schladebach 2007; Linde 2008; Egloff/Grotlüschen 2011). Die Autorin hat daher im Rahmen ihrer Projektmitarbeit ein Konzept zum Feldzugang entworfen, das sich als gewinnbringend für die Interdependenzstudie bzw. die Dissertation erwies (Pape 2011a). Es hatte zum Ziel, die Effekte einschätzen und kontrollieren zu können, die im Forschungsfeld durch die Befragung entstehen (siehe hierzu auch Kapitel 4.1.2).

---

48   Die Ergebnisse der Interdependenzstudie sind an anderer Stelle ausführlich dargestellt (Pape 2011a; 2011b; 2011c; Deneke/Horch 2011; Reese 2011a; 2011b; Deneke et al. 2011a; 2011b). Ein kurzer Einblick ist zudem in Kapitel 2.4 zu finden.

Basierend auf dem damals aktuellen Forschungsstand konnte zunächst von einem primär negativen Selbstbild und Stigmatisierungsängsten vieler Teilnehmender ausgegangen werden (Pape 2011a, S. 130 f.). Es wurde vermutet, dass sie in einem (lebensgeschichtlichen) Interview potenziell die Möglichkeit sehen, erneut stigmatisiert und abgewertet zu werden oder gar mit den Lese- und Schreibschwierigkeiten ungewollt in die Öffentlichkeit zu geraten. Zudem ließ sich davon ausgehen, dass viele Teilnehmende über negative Erfahrungen mit Tests verfügen (Füssenich 2004), so dass der Einsatz einer Lernstandsdiagnostik kritisch beurteilt werden könnte. Nicht zuletzt war denkbar, dass die Teilnehmenden aufgrund der wahrscheinlichen sozialen Distanz eine Interviewsituation mit der Vertreterin einer höheren Bildungsinstitution eher vermeiden würden. Es finden sich entsprechende Hinweise bei Fuchs-Heinritz, der sowohl Vorbehalte gegenüber einem lebensgeschichtlichen Interview bei Angehörigen der gesellschaftlichen Machteliten, als auch bei Angehörigen unterprivilegierter Milieus vermutet (Fuchs-Heinritz 2009, S. 237). Vieles deutet bislang darauf hin, dass es sich bei Erwachsenen mit geringen Lese- und Schreibkenntnissen vor allem um Angehörige unterprivilegierter Milieus handelt, wenn auch kein einfacher kausaler Zusammenhang zwischen Schriftsprachkompetenz und sozialem Milieu bzw. Lebenslage besteht (Wagner/Eulenberger 2008, S. 44; Bremer 2010a, S. 101).

Auf der Basis des damaligen Forschungsstands ließen sich wertvolle Hinweise zur Gewinnung von Interviewpartnerinnen und -partnern in thematisch nahestehenden Untersuchungen gewinnen. Linde (2008, S. 113) verweist auf die Möglichkeit der Hospitation, die ihr einen Zugang zum Forschungsfeld eröffnete. In den Untersuchungen von Linde und Egloff lassen sich zudem Hinweise auf die Rolle der Kursleitenden als ‚Türöffner‘ für die Befragung finden (Egloff 1997, S. 21). Im Rahmen der Interdependenzstudie wurde daher eine enge Kooperation mit der beteiligten Volkshochschule angestrebt, die sich als äußerst fruchtbar erwies. Es fanden Gespräche zur Vorbereitung der Basisbefragung mit der Leitung des Fachbereichs und den Kursleitenden statt. Zudem wurde seitens der Autorin eine Hospitationsphase in den Alphabetisierungskursen angeregt, die vier Monate vor dem Start der Basisbefragung begann und während dieser Zeit von ihr durchgeführt wurde.

Vorstellung in den Kursen

Entsprechend den vorangegangenen Überlegungen wurde für den Besuch in den Alphabetisierungskursen ein behutsames und kleinschrittiges Vorgehen gewählt, um Kontakt zu den Teilnehmenden der Alphabetisierungskurse herzustellen und sie für die Erhebung zu gewinnen. Bei der Vorstellung in den Kursen waren folgende Aspekte von Bedeutung:

1) Einverständnis: Die Kursteilnehmenden wurden zuvor gefragt, ob sie dem Besuch einer Forscherin im Kurs zustimmen. Erst nach ihrer Zustimmung fand die Vorstellung in den Kursen statt.

2) Wertschätzung: Wichtig war es auch, Wertschätzung und Dankbarkeit für die Einladung auszudrücken. Daher wurde ein selbstgebackener Kuchen mitgebracht, der für eine Überraschung sorgte und als ‚Eisbrecher' diente.

3) Nachvollziehbarkeit: Die Vorstellung im Alphabetisierungskurs erfolgte sodann mit einfachen Worten. Neben Fremdwörtern wurden stigmatisierende Ausdrücke (z. B. Analphabetismus) sowie das Wort Interview (‚Journalistenjargon') vermieden.

4) Entlastung: Die Interviews wurden als offene Gespräche zu Forschungszwecken beschrieben, in denen die Kursteilnehmenden alles berichten können, was ihnen zu den Fragen der Untersuchung einfällt und wichtig erscheint. So sollten die Lernenden von der Befürchtung entlastet werden, möglicherweise einer überfordernden Situation mit bohrenden Fragen ausgesetzt zu sein.

5) Anonymität: Wichtig war nicht zuletzt die Zusicherung von Anonymität. Um Transparenz zu schaffen, wurde die Anonymisierung der Daten anhand von Beispielen veranschaulicht.

6) Zeit: Die Kursteilnehmenden bekamen nach der Vorstellung die Möglichkeit über alles nachzudenken und Fragen zu stellen. Die Bereitschaft zur Teilnahme an einem Interview wurde zu diesem Zeitpunkt noch nicht erfragt. Auch das zweite Gespräch mit Sozialdatenbogen und Lernstandserhebung wurde vorerst nicht erwähnt, um Interessierte nicht zu verunsichern.

Gewinnung von Interviewpartnerinnen und Interviewpartnern

Die Hospitation in den Alphabetisierungskursen[49] erwies sich als sehr ergiebig, um einen ersten Eindruck von der pädagogischen Arbeit zu erhalten und die Teilnehmenden kennen zu lernen. Es ergaben sich verschiedene Situationen, in denen Kontakt zu ihnen aufgenommen und Vertrauen aufgebaut werden konnte (z. B. bei einer Weihnachtsfeier, beim Lernen im Kurs, in den Pausen oder beim gemeinsamen Abwasch nach dem Kurs). Nach dieser Phase des gegenseitigen Kennenlernens erhielten die Teilnehmenden im Kurs eine Erinnerung an die Gespräche, die im Rahmen des Forschungsprojekts bzw. der Dissertation geführt werden sollten. Dabei waren folgende Punkte wesentlich:

1) Zeit/Ort: Es wurde die ungefähre Dauer der Interviews erläutert und den Teilnehmenden die Möglichkeit eröffnet, parallel zum Kurs oder zu einem vereinbarten Termin an einem Gespräch teilzunehmen. Auch die Wahl des Intervieworts wurde den Teilnehmenden überlassen.

2) Aufnahmegerät: Es fand die Aufzeichnung der Interviews mit einem Tonaufnahmegerät Erwähnung, um die Teilnehmenden darauf vorzubereiten.

---

49 Es wurden insgesamt zwei Fortgeschrittenenkurse, zwei Anfängerkurse und zwei Kurse mit mittlerem Niveau besucht.

3) Kooperation: Die Kursleitenden halfen mit, indem sie die aus ihrer Sicht geeigneten Lernenden auf ihr Interesse zur Teilnahme an der Befragung ansprachen. Einige Lernende wurden zudem auf eigene Initiative angesprochen und für Interviews gewonnen. So entstand eine Mischung aus Teilnehmenden, die die Kursleitenden für die Befragung vorgesehen hatten und solchen, die nicht auf ihrer Liste standen, aber Interesse an einem Gespräch zeigten.

Am Ende der ausführlichen Interviews wurden die Kursteilnehmenden auf das zweite Gespräch mit Sozialdatenbogen und Lernstandsdiagnosen hingewiesen und zur Bereitschaft ihrer erneuten Teilnahme befragt. Offenbar hatte die Mehrzahl der Befragten nach dem ausführlichen ersten Interview Vertrauen gefasst. Nur ein Teilnehmer sagte erst zum zweiten Gespräch zu, nachdem er den Sozialdatenbogen und die Lernstandsdiagnosen gemeinsam mit seiner Kursleiterin gesichtet hatte.

Die Erhebung der Sozialdaten wurde von einer von der Volkshochschule zur Verfügung gestellten Kooperationspartnerin durchgeführt. Sie ging den Fragebogen mit den Teilnehmenden durch, gab Hilfestellungen und ermutigte selbstbewusste Teilnehmende zum eigenständigen Ausfüllen des Bogens. Die Eröffnung des zweiten Gesprächs durch eine bekannte Person von der Volkshochschule vereinfachte den Einstieg in die Befragungssituation, so dass die Lernstandsdiagnosen nahtlos anschließen konnten, nachdem die Kooperationspartnerin den Raum verlassen hatte.

Die Folgebefragung ergab, dass vier Teilnehmende nicht mehr über die Volkshochschule kontaktiert werden konnten, weil sie ihre Kurse zwischenzeitlich verlassen hatten. Sie waren auch telefonisch nicht erreichbar und wurden daher per Post angeschrieben. In einem gut lesbaren kurzen Schreiben[50] wurden sie an die anstehende Folgebefragung erinnert und zur Bereitschaft ihrer Teilnahme befragt. Auf einer frankierten Postkarte sollten sie ankreuzen, ob sie zu einer wiederholten Teilnahme bereit waren oder nicht und ggf. eine aktuelle Telefonnummer angeben, unter der sie zu erreichen waren. Zwei der Postkarten kamen zeitnah zurück, die anderen zwei Befragten konnten nicht mehr für die Befragung gewonnen werden.

4.1.2 Konzeption der Interviewführung

Die positiven Erfahrungen während des Feldzugangs legten auch ein feldsensibles Vorgehen in der Interviewsituation selbst nahe. Zurückgegriffen wurde auf Hinweise Bourdieus (1997c), der dazu rät, sich ein Bild von dem Gefälle zwischen dem Verständnis der Befragten und dem eigenen Verständnis in Bezug auf den Untersuchungsgegenstand zu machen. Ziel ist es, sich in einer „geistige[n] Übung" (ebd., S. 788) in die befragte Person hineinzuversetzen, um Grundlagen für eine „‚gewaltfreie' Kommunikation" (ebd., S. 781) zu schaffen. Dieses Vorgehen impliziert nicht, eine bestehende gesellschaftliche Distanz zwischen interviewender und interviewter

---

50 Ausführungen zu den Kriterien einfacher Lesbarkeit finden sich bei Nickel (2004, S. 95).

Person zu ignorieren (ebd., S. 786). Vielmehr geht es darum, der befragten Person mit Respekt und Anerkennung zu begegnen, wie groß die soziale Distanz auch sein mag (Linde 2008, S. 111).

Eine ‚gewaltfreie Kommunikation' wurde als besonders wichtig erachtet, da in der Untersuchung von einem vergleichsweise starken Gefälle zwischen Interviewerin und Interviewten auszugehen war. Bourdieu zufolge besteht generell eine Asymmetrie im Interview, da Interviewerinnen bzw. Interviewer über den Ablauf und die Verwendung des Interviews bestimmen. Deutlicher zeigt sich diese Asymmetrie aber, wenn zwischen Interviewerin bzw. Interviewer und befragter Person ein besonderer Unterschied im verfügbaren Kapital besteht: „Der Markt der sprachlichen und symbolischen Güter, der anläßlich des Interviews entsteht, variiert seiner Struktur nach in Abhängigkeit von der objektiven Beziehung zwischen dem Interviewer und dem Interviewten oder, was auf dasselbe hinausläuft, in Abhängigkeit von der Relation zwischen dem einem jeden von ihnen verfügbaren Kapital jeglicher, insbesondere aber sprachlicher Art" (Bourdieu 1997c, S. 781f.). Bourdieu zufolge übt die legitime Sprache „Zwangseffekte" (ebd., S. 784) aus, weshalb es als wesentliches Ziel erachtet wurde, diese zu erkennen, zu kontrollieren und weit möglichst zu reduzieren.

Bourdieu sieht die Interviewsituation nie frei von Verzerrungen, da es sich um eine soziale Beziehung handelt (ebd., S. 780; hierzu auch Kaufmann 1999). Er grenzt sich – ähnlich wie Kaufmann (1999, S. 24 ff.) – von Befragungen ab, die der „Illusion von ‚Neutralität'" (Bourdieu 1997c, S. 794) unterliegen. Die Anteilnahme und das persönliche Sich-Einbringen der Interviewerin bzw. des Interviewers werden indes als gewinnbringend erachtet, da so auch die befragte Person darin bestärkt wird, sich einzubringen. Für die Interdependenzstudie bzw. die Dissertation war es daher bedeutsam, ein möglichst alltagsnahes Gespräch entstehen zu lassen, das ein authentisches Sich-Einbringen beider Seiten ermöglichte. Linde (2008, S. 111) greift diesen Aspekt in ihrer Untersuchung ebenfalls auf und wählt die Interviewform, die Anteilnahme und damit ihrer Ansicht nach Respekt gegenüber den Befragten gewährt.

Der Beziehungsaspekt erhielt so in den Befragungen insgesamt eine hohe Bedeutung. Vor dem Interview an sich ging es vor allem darum, den Kursteilnehmenden ihre Nervosität zu nehmen, persönliche Grenzen zu achten und eine angenehme Gesprächsatmosphäre zu schaffen. Der separate Interviewraum in der Volkshochschule wurde dazu mit Getränken und Süßigkeiten hergerichtet, die den Teilnehmenden angeboten wurden. In der Interviewsituation selbst war es wichtig, die Teilnehmenden zu bestärken, von sich zu erzählen, ihnen Einvernehmen und Aufmerksamkeit zu signalisieren und interessierte Nachfragen zu stellen, um sich ihren Standpunkten und Ansichten zu vergewissern. Dieses rückhaltlose Unterwerfen unter die Geschichten der Befragten (Bourdieu 1997c, S. 782) führte zu teils langen und sehr persönlichen Berichten in den Interviews. Nichtsdestotrotz sind damit Missverständnisse in der Kommunikation oder sozial erwünschte Antworten nicht ausgeschlossen. Vor dem „Aufdrängen einer Problematik" (ebd., S. 782 f.) kann sich Bourdieu zufolge niemand in Sicherheit wiegen.

4.1.3 Leitfadengestützte lebensgeschichtliche Interviews

Da es im Rahmen der Interdependenzstudie auf die subjektiven Einschätzungen der Befragten ankam, bot sich ein qualitativer Forschungszugang an. Die Wahl fiel auf leitfadengestützte Interviews, wobei die Strukturierung der Interviews sich als wertvoll erwies, da sie den Teilnehmenden auch mehr Rückversicherung beim Erzählen gab (z. B. durch direkte Rückfragen seitens der Interviewerin, Anteilnahme).[51] Der Interviewleitfaden gewährleistete eine Vergleichbarkeit der Interviews untereinander, gleichzeitig ließ er jedoch Raum für die subjektiven Sichtweisen der Befragten, die durch vorwiegend offene Fragen erfasst wurden. Auch die Eröffnung der Interviews wurde in Form eines Leifadens festgehalten, da diese Phase als besonders wichtig für das Gelingen des Gesprächs erachtet wurde.

Der Leitfaden der Basisbefragung beinhaltete Fragen zur Lebensgeschichte, um es den Befragten zu ermöglichen zu erklären, wie es zu ihrer heutigen Lebenssituation gekommen ist (Fuchs-Heinritz 2009, S. 16). Schwerpunkt in den Interviews war aber der Lerngegenstand Schriftsprache. Um Veränderungen durch die Kursteilnahme in verschiedenen Lebensbereichen zu erfassen, kamen Lebensbereichskarten zum Einsatz, die Bereiche des alltäglichen Lebens (z. B. die Nutzung von Medien oder das Arbeits- und Berufsleben) anhand von Bildern veranschaulichten und die Befragten so zum Erzählen anregen sollten. Abschließend wurde die Bedeutung von Schriftsprache in der bisherigen Lebensgeschichte mithilfe einer Lebenskurve (Ruhe 2009, S. 26 f.) fokussiert. Die Lebenskurve erfasste sehr anschaulich subjektiv bedeutsame Erlebnisse im Umgang mit Lesen und Schreiben über die gesamte Lebensspanne. Sie wurde im Gespräch gemeinsam mit den Befragten erstellt und danach in Form einer Grafik aufbereitet.[52]

Der Interviewleitfaden der Folgebefragung fokussierte die Veränderungen der Schriftsprachkompetenz und Schriftsprachverwendung durch den Kursbesuch sowie (fortbestehende) Lernmotive seit dem Interview der Basisbefragung. Das Gespräch knüpfte inhaltlich an das erste Gespräch und die hier erarbeitete Lebenskurve an. Letztere wurde den Befragten in Anlehnung an das Verfahren kommunikativer Validierung (Deneke 2006, S. 86 ff.) erneut vorgelegt und dann gemeinsam weitergezeichnet.

Die Interviews wurden somit um einige strukturierende Elemente ergänzt, die so bislang nicht im Rahmen habitus-hermeneutisch angelegter Studien zum Einsatz kamen (siehe Kapitel 4.3.2). Dies muss im Zuge der Auswertung reflektiert werden.

---

51 Die Interdependenzstudie war wie bereits an anderer Stelle erwähnt ein Teilprojekt der „Verbleibsstudie zur biografischen Entwicklung ehemaliger Teilnehmer/innen an Alphabetisierungskursen" (kurz: Verbleibsstudie). Im Teilprojekt Qualitative Biografie-Studie der Verbleibsstudie (siehe auch Kapitel 2.2.2) erwiesen sich die stärker narrativen Interviews im Vergleich teilweise als Herausforderung für die befragten Teilnehmenden (Jochim 2011, S. 197 ff.).

52 Ein Beispiel für eine Lebenskurve befindet sich im Anhang.

Es kamen aber dennoch sehr aussagekräftige Gespräche zu Stande, auf die im Rahmen dieser Arbeit Bezug genommen werden kann.

4.1.4 Lernstandserhebung

Zentral für die Interdependenzstudie war der Zusammenhang von Schriftsprachkompetenz und Lebens- bzw. Alltagsbewältigung. Daher war es im Rahmen der Untersuchung neben den Interviews wichtig, auf stärker ‚objektivierte‘ und vergleichbare Testergebnisse zurückgreifen zu können. Die Lernstandserhebung wurde wie beschrieben zu einem zweiten Befragungstermin nach dem Interview durchgeführt. Der Ablauf im Rahmen der Basisbefragung gestaltete sich wie folgt:

1) Die Lernstandserhebung begann mit einer freien Schreibprobe, bei der die Teilnehmenden gebeten wurden aufzuschreiben, was sie am gestrigen Tag gemacht hatten. Der Umfang des Geschriebenen war dabei freigestellt. Ziel war es, so einen ersten Eindruck von den Schriftsprachkompetenzen zu erhalten.
2) Danach wurde den Teilnehmenden die Würzburger Leise Leseprobe (WLLP) vorgelegt (Küspert/Schneider 1998). Es handelt sich um einen Multiple-Choice-Test in Speed-Variante, mit dem die Dekodiergeschwindigkeit beim Lesen erfasst wird.
3) Eine freie Leseprobe[53] ermöglichte zudem das Beobachten des Leseverhaltens, der Lesegeschwindigkeit und des Leseflusses sowie eine Beurteilung des Leseverstehens, indem eine Zusammenfassung des Textes erbeten und gezielte Fragen zu dem gelesenen Text gestellt wurden.
4) In einem letzten Schritt fand die Hamburger Schreib-Probe (HSP) (May 2002) Anwendung. Die HSP ermöglicht sowohl eine quantitative als auch eine qualitative Auswertung, wobei die qualitative Auswertung „für die individuelle Unterstützung der Lerner/innen in ihrem Schriftspracherwerb von großer Bedeutung" ist (Deneke/Horch 2011, S. 144). Die Auswertung der freien Schreibprobe, die während der Lesetests vorgenommen wurde, diente als Grundlage für die Auswahl der passenden HSP. Es wurde zwischen der HSP 2 und der HSP 4/5 gewählt, wobei letztere in den meisten Fällen zur Anwendung kam.

Der HSP liegt ein stufenweise ablaufendes Konzept des Rechtschreiberwerbs zu Grunde, das die Verwendung logographemischer, alphabetischer, orthografischer, morphematischer sowie wortübergreifender Strategien im Lernprozess testet (siehe

---

53 Es wurden die ersten elf Zeilen des Zeitungsartikels „Der erste schwarze Präsident" aus der Februarausgabe der Zeitung „Klar & Deutlich" (2009) teils laut, teils leise gelesen. Die Zeitung wird vom „Spaß am Lesen Verlag" in Zusammenarbeit mit dem Bundesverband Alphabetisierung und Grundbildung e. V. herausgegeben und ist speziell für Menschen mit geringen Lese- und Schreibkenntnissen konzipiert.

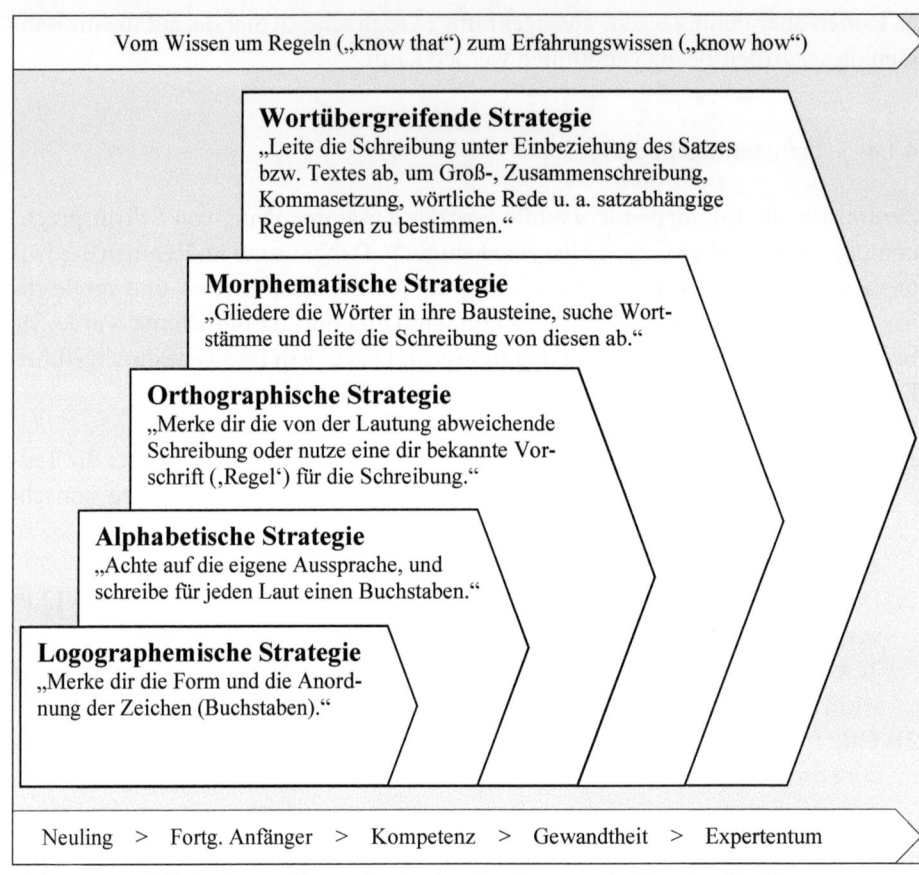

Abb. 4: Modell der Entwicklung des Rechtschreibens nach May. Quelle: May 2002, S. 148

Abbildung 4).[54] In der logographemischen Strategie werden vor allem Formen und die Anordnung von Zeichen wiedererkannt. In der alphabetischen Strategie erfolgt das Schreiben gemäß der eigenen Aussprache. Mit der orthografischen Strategie geht die Erkenntnis einher, dass Worte sich nicht immer so darstellen lassen, wie es die eigene Aussprache nahelegt. Lernende müssen sich Regelwissen über Schriftsprache aneignen. Die morphematische Strategie ermöglicht das Erkennen von Wortstämmen durch Ableitung vom Grundwort.[55] Durch die wortübergreifende Strategie gelingt es, Schreibungen (z. B. Groß- und Kleinschreibung, Kommasetzung) aus dem Satz- bzw. Textzusammenhang abzuleiten.

---

54 Die HSP-Auswertung umfasst nicht nur die Ausgabe der Werte für die hier dargestellten zentralen Strategien der Rechtschreibung. Es können weitere Werte ermittelt werden, die hier nicht im Detail aufgeführt werden. Umfassenden Einblick geben Deneke und Horch (2011).

55 Bei dem Wort ‚Handfeger' wäre das z. B. die Erkenntnis, dass ‚Hand' mit ‚d' geschrieben wird und nicht mit ‚t'.

Die Auswahl der HSP 4/5 für das Projekt wurde damit begründet, dass alle Teilnehmenden der Alphabetisierungskurse durch ihren i. d. R. neunjährigen Schulbesuch orthografische und morphematische Kenntnisse erlangt haben und demnach Werte erreicht werden dürften, die über die Kenntnisse der ersten zwei bis drei Grundschuljahre hinausgehen (Deneke/Horch 2011, S. 147). Im Gegensatz zu den HSP-Instrumenten, die für die anderen Klassenstufen entwickelt worden waren, war es mit der HSP 4/5 möglich, die alphabetische Strategie, aber auch wortübergreifende Strategien zu testen. So konnte ein ausführlicher Einblick in die Rechtschreibleistungen der Teilnehmenden gewonnen werden, zumal gerade der Vergleich der Leistungen im Bereich alphabetischer, orthografischer bzw. morphematischer Strategien wesentliche Hinweise darauf gibt, ob es zur Integration der verschiedenen Rechtschreibleistungen gekommen ist (ebd.).[56] Eine Schreibprobe ohne Testung der alphabetischen Strategie wurde daher nicht als aussagekräftig genug angesehen. Dennoch ließ die vorangegangene freie Schreibprobe bei manchen Teilnehmenden geringere Rechtschreibkenntnisse erwarten, so dass in diesem Fall auf die HSP 2 zurückgegriffen wurde. Wie zuvor in den Interviews war es auch während der Testsituation das Ziel, die Teilnehmenden zu bestärken und ihnen ihre Nervosität zu nehmen. Abschließend wurde den Teilnehmenden eine Rückmeldung zu ihrer Lese- und Schreibprobe angeboten (Deneke/Horch 2011).

4.2 Forschungspraktische Umsetzung der Dissertation

Die Interdependenzstudie stellt eine zentrale Ressource für die vorliegende Arbeit dar. Die Dissertation nutzt die Stichprobe der Interdependenzstudie, wodurch die Daten einer vertiefenden und ergänzenden Auswertung durch einen anderen theoretischen und methodisch-methodologischen Fokus unterzogen werden.

4.2.1 Milieuperspektive zur Vertiefung und Ergänzung der Interdependenzstudie

Während im Rahmen der Interdependenzstudie Veränderungen des Schriftspracherwerbs und deren Auswirkungen auf die Alltagswelt anhand von subjektiven Konstruktionsleistungen der Teilnehmenden in den Blick genommen wurden, konzentriert sich das Forschungsinteresse der Dissertation auf die Bedeutung von Habitus und Milieu für die Schriftsprachverwendung und Lebens- bzw. Alltagsbewältigung. Das führt in mehrfacher Hinsicht zu Konsequenzen:

1) Die Dissertation rückt stärker die Genese von Einstellungen zu Schriftsprache und Muster in den Gebrauchsformen in den Blick, die der hier vertretenen Hypothese nach „milieuspezifisch gefärbt" sind (Bremer 2010a, S. 101). Es wird

---

56 Dafür spricht ein relativ ausgeglichenes Strategieprofil (Nickel 1998, S. 21).

so betont, dass *Lernprozesse und damit einhergehende Veränderungen vor dem Hintergrund milieuspezifischer Orientierungen* verlaufen. Inwiefern sich Literalität als Schlüsselrolle für Bildungsteilhabe und gesellschaftliche Partizipation erweist – eine grundlegende These der Interdependenzstudie (Deneke et al. 2011a, S. 279) – wird dabei zunächst offen gelassen.

2) Eine zweite Ergänzung und Vertiefung gegenüber der Interdependenzstudie besteht insbesondere in der Anwendung der *Habitus-Hermeneutik* (siehe Kapitel 4.3). Im Rahmen der Interdependenzstudie wurde das Auswertungsverfahren des Thematischen Kodierens (Flick 2007; 1996) gewählt, bei dem die subjektiven Sichtweisen der Teilnehmenden schlussendlich in ein fallübergreifendes Kategoriensystem überführt wurden (Pape 2011b; 2011c; Reese 2011a; 2011b). Die Analyse im Rahmen der Dissertation verläuft dagegen darauf, die Logik der einzelnen Fälle herauszuarbeiten. Wenn das einheitsstiftende Prinzip des Habitus hinter allen Lebensäußerungen steht, muss dieses auch möglichst umfassend aus dem gesamten Datenmaterial erschlossen und einzelne Aussagen, z. B. zum Schriftspracherwerb, immer in einer Gesamtschau auf den jeweiligen Einzelfall interpretiert werden.

3) Im Anschluss an die Prinzipien der Habitus-Hermeneutik (siehe Kapitel 4.3) wird zudem eine stärkere „Verbindung von ‚Individuum‘ und ‚Gesellschaft‘" (Bremer/ Teiwes-Kügler 2013, S. 96) vorgenommen, um auch im Verborgenen liegende Mechanismen des Umgangs mit Schriftsprache zu entschlüsseln. Die Ergebnisse können daher von den subjektiven Perspektiven der Teilnehmenden abweichen, die im Projekt stärker für sich genommen und auch mit den Teilnehmenden ‚abgeglichen‘ wurden (siehe Kapitel 4.1.3). Die Dissertation verfolgt dagegen die Annahme, dass durch die Subjekte soziale Strukturen sprechen, die die subjektiven Denk- und Handlungsweisen entscheidend mitbestimmen, ohne dass dies den Subjekten voll bewusst wäre. Die Analyse impliziert so eine Abweichung zu ihren Alltagswahrnehmungen. Durch den Bruch mit ihren Alltagswahrnehmungen – auch denen der Wissenschaftlerin – wird eine vertiefende Auswertung angestrebt, um dahinterliegende Sinngehalte und Strukturen aufzudecken.

4) Schließlich besteht eine Ergänzung und Vertiefung in der auf Bourdieu aufbauenden Perspektive, dass es sich bei legitimer (Schrift-)Sprache um ein Macht- und Distinktionsmittel höherer (Bildungs-)Milieus handelt, das der Ausübung symbolischer Gewalt und Herrschaft dient (Bourdieu 1990). Die *Problematik der legitimen (Schrift-)Sprache* war in der Interdependenzstudie nicht Gegenstand der Untersuchung. Dieser Aspekt wird dafür im Dissertationsvorhaben aufgegriffen, womit das Ziel verfolgt wird, die damit verbundenen Herrschaftsmechanismen in Frage zu stellen. Neben den inneren Grenzen des Habitus müssen den Feldstrukturen immanente Machtverhältnisse berücksichtigt werden, die zur Herstellung sozialer Ungleichheit und deren Fortbestehen führen.

4.2.2   Verbindung der Studien im Forschungsprozess

Die Forschungsinteressen von Projekt und Dissertation konnten im Rahmen der Erhebungen sinnvoll miteinander verbunden werden. Es bestand Gelegenheit, die Interviewleitfäden der Basis- und Folgebefragung um Fragen für das Dissertationsvorhaben zu ergänzen. Vor allem im Leitfaden der Basisbefragung wurde so ein deutlicher Fokus auf die Sozialisationsbedingungen der Befragten gesetzt. Die „Leitfragen für die habitushermeneutische Auswertung lebensgeschichtlicher Interviews" nach Lange-Vester (2006) dienten dabei als Orientierung. Auf diese Weise gelang es, tiefergehende Informationen über die Herkunftsfamilien der Befragten, ihre schulische und berufliche Entwicklung bis hin zur aktuellen Lebenssituation einzuholen. Ziel war es, Aussagen über die Genese des Habitus treffen zu können, wobei der Fokus der Interdependenzstudie zudem einen differenzierten Blick auf die Bedeutung des Alphabetisierungskurses und die literale Praxis ermöglichte.

Der Sozialdatenbogen, der zum Zeitpunkt der Basisbefragung eingesetzt wurde, griff u. a. wichtige formale Daten zu Schul- und Berufsabschlüssen sowie den beruflichen Tätigkeiten der Befragten, ihrer Partnerinnen und Partner, Geschwister, Eltern und Großeltern auf, so dass intergenerationale Entwicklungen innerhalb der Kapitalstrukturen der Herkunftsfamilien nachgezeichnet werden konnten.[57]

Im Rahmen der Folgebefragung ließen sich zudem Entwicklungsprozesse seit der Basisbefragung thematisieren. Es konnten zwei ‚Standardfragen' in den Leitfaden der Folgebefragung eingefügt werden, die pointiert auf die Bedeutung des Alphabetisierungskurses und Prinzipien der Lebensführung fokussierten.[58] Die Interviews der Basisbefragung wurden mit einem offenen Erzählimpuls begonnen, der auf einer ähnlich gestellten Eingangsfrage dazu basierte, wie es zur Aufnahme des Alphabetisierungskurses gekommen ist. Dieses Vorgehen knüpft an Erfahrungen von Bremer und Teiwes-Kügler (2013, S. 112) an, die Antworten auf ähnliche Fragen gut für eine (fallvergleichende) Sequenzanalyse nutzen konnten (siehe Kapitel 4.3.2).

Die Lernstandsdiagnosen der Basis- und Folgebefragung standen zunächst weniger im Fokus der Dissertation. Es erwies sich im Auswertungsprozess allerdings als sehr gewinnbringend, diese Daten ins Verhältnis zu den habitus- und milieuspezifischen Orientierungen in Bezug auf Schriftsprache setzen zu können. Es ergaben sich bei ähnlich ‚gemessenen' Kompetenzen höchst unterschiedliche Umgangsweisen mit ‚Schriftsprachdefiziten', die auf die hohe Bedeutung des Habitus und Milieus verweisen. Die Ergebnisse aus den Lernstandsdiagnosen, die im Projekt von Denise Horch durchgeführt und ausgewertet wurden, dienen aber nur als Orientierungspunkte. Sie werden im Rahmen dieser Arbeit nicht tiefergehend interpretiert (exemplarisch Deneke/Horch 2011).

---

57   Das Instrument wurde im Anschluss an die Sozialdatenerhebungen der Hannoverschen Habitus- und Milieuforschung entwickelt (Lange-Vester et al. 2003, S. 247 f.).

58   Es handelte sich um die Fragen „Worauf kommt es Ihnen im Kurs an?" und „Worauf kommt es Ihnen im Leben an?".

4.2.3 Veränderungsprozesse des Habitus

In dieser Arbeit wird der Habitus als einheitsstiftendes Prinzip in allen Lebensbereichen verstanden, das dauerhaft erworben ist. Das Habituskonzept bezieht aber auch Veränderungsprozesse mit ein. Die literale Praxis wird im Rahmen habitus- und milieuspezifischer Orientierungen entwickelt, wobei davon ausgegangen wird, dass auch Lernprozesse des Schriftspracherwerbs in diesen Bahnen verlaufen. Sie knüpfen an Vorhandenes an, wobei auch Raum für Neues entsteht, zumal sich der Habitus im Verlauf von Lernprozessen stets unterschiedliche Felder aneignen und sich mit den hier vorherrschenden Anforderungen und Gesetzmäßigkeiten auseinander setzen muss (Krais/Gebauer 2002, S. 61 ff.).

Es wird daher davon ausgegangen, dass solche Veränderungsprozesse des Habitus im Rahmen einer lebensgeschichtlichen und längsschnittlichen Untersuchung analysiert werden können.[59] Dies verdeutlicht auch eine aktuelle Studie von Bremer et al. (2015b), die Veränderungen des Habitus von Teilnehmenden an längerfristigen Weiterbildungen längsschnittlich habitus-hermeneutisch untersucht hat. Der Abstand der Basis- und Folgebefragung der Interdependenzstudie betrug zwar etwa nur ein Jahr.[60] Durch den lebensgeschichtlichen Gehalt der Interviews der Basisbefragung können aber auch längerfristige Entwicklungen im Umgang mit Schriftsprache aus der Retrospektive der Teilnehmenden in den Blick genommen werden, z. B. Veränderungen seit einer länger zurückliegenden Kursaufnahme oder Veränderungen gegenüber der Elterngeneration der Befragten (Vester et al. 2001, S. 311 ff.).

4.2.4 Eingrenzung der Stichprobe und Auswahl von Eckfällen

Für die Dissertationsstudie wurde die Stichprobe der Interdependenzstudie leicht eingegrenzt. Es wurde auf eine Analyse der Fälle mit Migrationshintergrund (fünf Befragte) verzichtet. Die Konzentration auf die Fälle mit deutscher Muttersprache sollte einerseits eine bessere Vergleichbarkeit ermöglichen und die relationale Analyse untereinander erleichtern. Andererseits sollte die in diesem Rahmen angestrebte sozialräumliche Verortung der Teilnehmenden plausibel vorgenommen werden können, ist doch das Konzept „sozialer Milieus" (Vester et al. 2001; Bremer/Lange-Vester 2014a) vor allem für die deutsche Gesellschaft entwickelt worden. Der Dissertation liegen somit 19 Interviews mit Teilnehmenden an Alphabetisierungs-

---

59 Diesbezüglich gibt es durchaus unterschiedliche Einschätzungen. Das Bourdieusche Habituskonzept wird häufig als statisch und deterministisch rezipiert (kritisch hierzu Rieger-Ladich 2005). Die Möglichkeit der Veränderung bzw. Transformation des Habitus ist daher immer wieder Gegenstand von Diskussionen und empirischen Studien vor allem mit der dokumentarischen Methode, etwa auch dazu, inwieweit Wandlungsprozesse des Habitus überhaupt längsschnittlich betrachtet werden können (überblickshaft Rosenberg 2011; Kramer 2013; Kramer et al. 2013, S. 17 ff.; Helsper et al. 2014).

60 Bourdieu gibt zu bedenken, dass die Akkumulation kulturellen Kapitals (Bourdieu 1983) Zeit braucht.

kursen zu Grunde, wobei von 17 Teilnehmenden jeweils ein Basis- und Folgeinterview vorliegt. Insgesamt handelt es sich um ein Datenvolumen von 36 Interviews.

Die Auswertungen im Rahmen der Interdependenzstudie ließen bereits eine milieugeschichtete Stichprobe vermuten. Es wurde im Sample eine maximale Kontrastierung angestrebt, so dass hier vielseitige Einsichten in das Untersuchungsfeld gewonnen werden konnten (Glaser/Strauss 2010, S. 70 ff.). Für die Dissertation ließen sich vor diesem Hintergrund *vier Eckfälle* identifizieren, die besonders kontrastive Grundmuster im Umgang mit Schriftsprache zeigten und daher für eine intensivere Auswertung herangezogen wurden. Diese vier, im Hinblick auf die Fragestellung besonders aussagekräftigen Fälle werden in Kapitel 5 ausführlich anhand des Basis- und Folgegesprächs dargestellt. Es handelt sich um die Fälle Christa Hartmann, Ulrich Müller, Jana Bauer und Erwin Berger (siehe Tabelle 1). Die übrigen Fälle werden im Anschluss an die Eckfälle überblickshaft präsentiert (siehe Kapitel 6).

Tab. 1:   Stichprobe der Dissertationsstudie mit Eckfällen (grau hinterlegt)[61]

Teilneh-mer/in	Alter	Schulab-schluss	Berufs-ausbil-dung	Ausgeüb-ter Beruf	Kursniveau	Kursbe-suchs-dauer	Einge-setzte HSP
Christa Hart-mann	44 J.	Haupt-schulab-schluss durch Berufsaus-bildung	Lehre zur Friseurin	Politesse	Fortge-schrittene	2,5 J.	HSP 4/5
Ulrich Müller	51 J.	Förder-schulab-schluss	--	Gärtner	mittleres Niveau	seit An-fang der 1980er Jahre	HSP 4/5
Jana Bauer	67 J.	Volksschul-abschluss	Lehre zur Geflügel-züchterin	Rentnerin	Fortge-schrittene	seit etwa 4 Wochen	HSP 4/5
Erwin Berger	61 J.	Haupt-schulab-schluss (zweiter Bildungs-weg)	--	Rentner, Zuverdienst bei Elektro-meister	Fortge-schrittene	10 J. mit Unterbre-chung	HSP 4/5
Sabine Schulz	62 J.	Volksschul-abschluss	Lehre zur Damen-schneide-rin	Rentnerin	Fortge-schrittene	7 Monate	HSP 4/5

61   Alle Angaben sind anonymisiert. Alter, Kursbesuchsdauer etc. beziehen sich auf den Zeitraum der Basisbefragung. Von Siggi und Niklas liegen keine Folgegespräche vor, wobei Siggi bereits nach dem ersten Gespräch der Basisbefragung seinen Kurs aufgrund der Arbeitsaufnahme in einer anderen Stadt und Umzug abbrach. Weitere Angaben befinden sich im Anhang.

Teilneh-mer/in	Alter	Schulab-schluss	Berufs-ausbil-dung	Ausgeüb-ter Beruf	Kursniveau	Kursbe-suchs-dauer	Einge-setzte HSP
Tanja Kestner	46 J.	--	--	arbeitslos, Zuverdienst u. a. als Kartoffel-schälerin	mittleres Niveau	ca. 1,5 J.	HSP 4/5
Norbert Kraus	42 J.	Förder-schulab-schluss	--	Tischler (Arbeits-therapie)	Fortge-schrittene	7 J.	HSP 4/5
Norman Klein	24 J.	Förder-schulab-schluss	--	arbeitslos	Fortge-schrittene	gut 1 J.	HSP 4/5
Edgar Liebner	37 J.	--	--	arbeitslos	mittleres Niveau	3 bis 4 Wochen	HSP 4/5
Frauke Kuhn	50 J.	Förder-schulab-schluss	--	arbeitslos	Anfänger- bis mittleres Niveau	knapp 2 Monate	HSP 4/5
Gero Blum	45 J.	--	--	Frührentner	mittleres Niveau	ca. 3 Wochen	HSP 4/5
Ina Stein	49 J.	--	--	Früh-rentnerin	Anfänger- bis mittleres Niveau	ca. 1 J.	HSP 4/5
Katrin Wald-mann	25 J.	Haupt-schulab-schluss	Lehre zur Elektro-gerätezu-sammen-bauerin	arbeitslos, Zuverdienst als Bürokraft	Fortge-schrittene	ca. 1,5 J.	HSP 4/5
Nico Schiller	38 J.	--	--	Gärtner	mittleres Niveau	10 J.	HSP 2
Niklas Meier	35 J.	--	--	Arbeiter in einer Kantine	mittleres Niveau	10 J.	HSP 2
Ralf Kauf-mann	47 J.	--	--	Bauarbeiter im Straßen-bau	Anfänger	4 Wochen	HSP 2
Carla Schneider	56 J.	--	--	arbeitslos/ arbeitsun-fähig	Anfänger- bis mittleres Niveau	gut 2 J.	HSP 2
Karsten Hoffmann	19 J.	--	--	arbeitslos, Beruf Gärtner in Aussicht	Anfänger- bis mittleres Niveau	knapp 6 Monate	HSP 2
Siggi Lange	29 J.	--	--	arbeitslos	Anfänger- bis mittleres Niveau	ca. 4 Wochen	k. A.

4.2.5   Datenaufbereitung

Da die Transkription eines Interviews bereits eine erste Dateninterpretation darstellt (Bourdieu 1997c, S. 797) und die Interviews für die Auswertungen der Interdependenzstudie leicht geglättet wurden, wurde im Rahmen der Dissertation entschieden, die für diese Arbeit besonders bedeutsamen Interviews der Eckfälle (Basis- und Folgegespräch) komplett neu und detaillierter zu transkribieren. Dieses Vorgehen ist sinnvoll, da hermeneutische Methoden auf latente Sinngehalte zielen und somit eine besonders genaue Transkription erfordern. Besonderheiten der Aussprache, Begleiterscheinungen des Sprechens oder andere Bemerkungen zur Gesprächssituation wurden ebenfalls festgehalten, um das Gespräch möglichst realitätsnah wiederzugeben (siehe Tabelle 2) Die übrigen Fälle wurden auszugsweise retranskribiert, um diese Auszüge für Sequenzanalysen (siehe Kapitel 4.3.2) nutzen zu können.

Tab. 2:   Transkriptionsregeln für die Dissertation

Transkriptionszeichen	Bedeutung
INTERV.:	Interviewerin
z. B. JANA	interviewte Person (Pseudonym)
..	kurze Pause (ca. 3–4 Sekunden)
…	längere Pause (ab 5 Sekunden)
(?)	eine unverständliche Äußerung
(??)	mehrere unverständliche Äußerungen
(?Wort?) (?Satz?)	vermutete Äußerung oder Äußerungen
Ha-, aber-	Wort- oder Satzabbruch
Vokal mehrfach, z. B. jaaa	Dehnung
unterstrichene Wörter	Betonung eines oder mehrerer Wörter
(Text in Klammern), z. B. (hebt die Stimme)	Begleiterscheinungen des Sprechens, Bemerkungen zur Interviewsituation (Kommentare beziehen sich auf die nachfolgende Textpassage)
#00:10:00–0#	Zeitmarke ca. alle zehn Minuten
[…]	Auslassungen (z. B. bei Abschlussgespräch)

4.3   Auswertungsmethode: Habitus-Hermeneutik

Das Verfahren der Habitus-Hermeneutik (Bremer 2004; Bremer/Teiwes-Kügler 2010; 2013; Lange-Vester/Teiwes-Kügler 2013a), das begrifflich direkt an die dieser Arbeit zu Grunde liegenden theoretisch-empirischen Konzepte (siehe Kapitel 3) anschließt, ermöglicht es, die soziale Praxis der Teilnehmenden an Alphabetisierungskursen – darin eingebettet ihre Zugänge zu Schriftsprache – als typisch für bestimmte soziale Milieus zu interpretieren. Das Verfahren der Habitus-Hermeneutik wird daher für diese Arbeit als besonders passend erachtet. Es knüpft an methodologische Prämissen Bourdieus an, der es stets abgelehnt hat, ein festgezurrtes Methodenprogramm zu entwickeln. Er hat stattdessen das Einnehmen einer bestimmten verstehenden Haltung wissenschaftlicher Reflexivität betont. Diese ist grundlegend von Respekt, Anerkennung und Empathie gegenüber den sozialen Akteurinnen und Akteuren geprägt (Lange-Vester/Teiwes-Kügler 2013a, S. 157).

4.3.1 Methodologie: Soziale Subjekte und Sinnschichten sozialer Praxis

Dem Verständnis der Habitus-Hermeneutik folgend lässt sich der Habitus „nicht aus der gesellschaftlichen Stellung oder aus der Kapitalkonfiguration ableiten, etwa aus Bildungs- und Berufsabschlüssen, Einkommen und beruflicher Stellung" (Lange-Vester/Teiwes-Kügler 2013a, S. 156). Der Habitus wird im Anschluss an Bourdieu als einheitsstiftendes Prinzip verstanden, das hinter allen Lebensäußerungen steht und interpretativ aus der Alltagspraxis der sozialen Akteurinnen und Akteure herausgearbeitet werden muss (Bremer/Teiwes-Kügler 2013, S. 94). Mit der Erschließung des Habitus ist somit eine hermeneutische Deutungsarbeit verbunden, die zum Ziel hat, die Aussagen der Befragten in spezifischer Weise auszulegen (ebd., S. 97).

Hintergrund ist (1), dass die Subjekte bei Bourdieu immer schon „soziale Subjekte" sind (ebd., S. 96), d.h., dass ihr Blick auf die Welt von einem bestimmten Ort im sozialen Raum aus erfolgt, ohne dass dies den Akteurinnen und Akteuren voll bewusst wäre. Ihre Perspektive ist sozialräumlich verzerrt. Daher gewinnen zwei Sinnschichten sozialer Praxis (Bourdieu 1970, S. 127ff.) an Bedeutung, die in der Analyse beachtet werden müssen: Die unmittelbar zugänglichen subjektiven Sichtweisen und Handlungsprinzipien sozialer Akteurinnen und Akteure (primäre Sinnschicht) sowie die darin eingelagerten gesellschaftlichen Bedingungen ihrer Genese (sekundäre Sinnschicht) (Bremer/Teiwes-Kügler 2013, S. 97f.). Diese Sinnschichten müssen zusammengeführt werden, um ein umfassendes Verstehen[62] zu ermöglichen. Erst dann werden die Denk- und Handlungsweisen sozialer Akteurinnen und Akteure voll verständlich (ebd., S. 98). Die Habitus-Hermeneutik setzt zur Zusammenführung beider Sinnschichten an Klassifikationsschemata[63] der Befragten an,

---

62 Es wird betont, dass es sich bei dieser wissenschaftlichen Betrachtungsweise nicht etwa um eine „höhere Form des Wissens" handelt (Bremer 2004, S. 67). Wissenschaftliche Arbeiten kommen jedoch unter privilegierten Bedingungen der Praxisentlastung zu Stande, die sich von den Alltagsbedingungen der sozialen Akteurinnen und Akteure unterscheiden. Die wissenschaftliche Perspektive kann so einen Beitrag dazu leisten, die Bedingungen und Möglichkeiten ihrer perspektivisch verzerrten Alltagswahrnehmung aufzudecken.

63 Bremer (2004, S. 62) geht u.a. mit Bezugnahme auf Engler (2001, S. 127) davon aus, dass Schemata des Wahrnehmens, Denkens und Handelns, zumal sie auf inkorporierten Strukturen beruhen, Klassifikationsakte voraussetzen. „Es kann mit anderen Worten nur etwas wahrgenommen und erkannt werden, für das der Akteur bereits ein Sensorium entwickelt und gewissermaßen Antennen ausgefahren hat" (Bremer 2004, S. 62). Daher wird zusammenfassend von Klassifikationsschemata gesprochen.

die auf „‚überindividuelle' gesellschaftliche Schemata" (ebd., S. 96) verweisen und durch die die Befragten selbst klassifizierbar werden.

Weiterhin schließt die Habitus-Hermeneutik (2) an Bourdieus (1987, S. 49 ff.) erkenntnistheoretisches Konzept des ‚doppelten Bruchs' an, um zu einem umfassenden Verstehen zu gelangen (Bremer/Teiwes-Kügler 2013, S. 99). Wissenschaftlerinnen und Wissenschaftler müssen Distanz zu ihrer Alltagswelt und damit verbundenen Selbstverständlichkeiten einnehmen, um diese als solche zu erkennen und zu reflektieren (erster Bruch). Erst dann gelingt es, auch mit der wissenschaftlichen Perspektive zu brechen, die ebenfalls ihren Ort im sozialen Gefüge hat (zweiter Bruch). „Es gilt also, die subjektive Perspektive aus Sicht der Akteure zu rekonstruieren, weil darin die Konstruktionsprinzipien enthalten sind, mit denen die soziale Welt aufgebaut wird" (ebd.).

Nicht zuletzt zielt Habitus-Hermeneutik (3) auf die „typologische Differenzierung von Wahrnehmungs-, Denk- und Handlungsmustern sozialer Milieus und Klassen im Hinblick auf bestimmte gesellschaftliche Handlungs- bzw. Praxisfelder (etwa Bildung und Weiterbildung, Kirche und Religion, Arbeit und Beruf)" (Lange-Vester/Teiwes-Kügler 2013a, S. 156). Durch die Einordnung von Einzelfällen in die ‚Landkarte sozialer Milieus' (Vester et al. 2001, S. 49; Vester 2015, S. 149) kann deutlich gemacht werden, dass diese typische Denk- und Handlungsweisen für ein Milieu aufweisen. Das Milieumodell stellt folglich eine wichtige Hintergrundfolie für die Einzelfallanalysen dar, um diese in einem größeren gesellschaftlichen Kontext zu betrachten. Es kann jedoch nicht direkt daraus geschlossen werden, wie Angehörige eines Milieus mit den Anforderungen und Bedingungen in bestimmten Feldern umgehen bzw. wie sich ihr Habitus hier jeweils zeigt (Lange-Vester/Teiwes-Kügler 2013a, S. 159). Dazu sind Kenntnisse über die Anforderungen, Bedingungen und Gesetzmäßigkeiten sozialer Felder von Bedeutung, die stets umkämpft sind und durch die die hier vertretenen Standpunkte sozialer Akteurinnen und Akteure erst vollständig eruiert werden können (ebd.).

4.3.2 Methodisches Vorgehen: Dem Habitus auf der Spur

Habitusschemata können in allen Lebensäußerungen wiedergefunden werden, da sie sämtliche Bereiche sozialer Praxis durchziehen (Bremer 2004, S. 61). Sie kommen neben verbalen Äußerungen z. B. darin zum Ausdruck, wie Menschen gekleidet sind oder ihre Wohnung einrichten, so dass nicht selten auch Fotografien für Habitusanalysen genutzt werden (z. B. Büchner/Brake 2006; Brake 2013; Hild 2016). Im Rahmen der Habitus-Hermeneutik werden Habitusschemata jedoch insbesondere anhand von qualitativen Interviews oder Gruppenverfahren exploriert, wobei mit der Methode der „Gruppenwerkstatt" (Bremer/Teiwes-Kügler 2003; Bremer 2004) auch assoziativ-projektive Techniken und Bildmaterial in Form von Collagen eingesetzt werden, um „latente, schwer verbalisierbare Tiefenstrukturen des Habitus" (Bremer/Teiwes-Kügler 2013, S. 101) zu erheben.

Der Vorteil dieser direkten Befragungssituationen für die Habitus-Hermeneutik liegt darin, dass die Klassifikationsschemata des Habitus im unmittelbaren Kontakt mit den Befragungspersonen in alltagsnahen Interaktionen zugänglich werden (ebd., S. 100). Während Gruppendiskussionen besonders auf kollektive Orientierungen bezogen auf ein bestimmtes Thema zielen, eignen sich lebensgeschichtliche Interviews sehr gut, um die Genese von Habitusmustern aufzudecken (ebd.). Sie sind für die Habitusanalyse quasi „prädestiniert" (Bremer 2004, S. 88). Aber auch themenzentrierte Interviews, die einen deutlicheren Fokus auf bestimmte Lebensbereiche setzen, werden als geeignet angesehen.[64] Wichtig ist, dass narrative Anteile im Datenmaterial vorhanden sind, da sich darin am ehesten Klassifikationsschemata finden lassen (Bremer/Teiwes-Kügler 2013, S. 100 f.).

Der Auswertungsprozess setzt voraus, dass die alltäglichen Klassifizierungen sozialer Akteurinnen und Akteure entschlüsselt und „regelrecht decodiert" (ebd., S. 101) werden. In Anlehnung an Bourdieus Konzept des ‚doppelten Bruchs' wird in einem *ersten Schritt* die subjektive Perspektive der sozialen Akteurinnen und Akteure möglichst umfassend nachvollzogen und rekonstruiert (ebd.). Diese wird für Forschende verständlich, wenn sie sich gedanklich in die Akteurinnen und Akteure hineinversetzen und an den sozialen Ort begeben, an dem letztere ihre Standpunkte entwickelt haben. In einem *zweiten Schritt* müssen dann die rekonstruierten subjektiven Denk- und Handlungsweisen mit den sozialen Bedingungen ihrer Genese in Beziehung gesetzt werden. „Es geht darum, dem Prozess auf die Spur zu kommen, durch den ‚objektive' Lebensbedingungen zur Praxis von Subjekten werden" (ebd., S. 102), um diese nicht ‚nur' zu verstehen, sondern auch zu ‚erklären' (ebd.).[65]

Ziel der Habitus-Hermeneutik ist es, „aus den manifesten Äußerungen, die in verschriftlichter Form vorliegen, latente Spuren der Habitusschemata freizulegen" (ebd.). Diese Zielsetzung erfordert ein behutsames und empathisches schrittweises Vorgehen bei der Interpretation, wie es in der Sequenzanalyse wiedergefunden werden konnte, die ursprünglich im Rahmen der Objektiven Hermeneutik (Oevermann et al. 1979) entwickelt wurde (Bremer/Teiwes-Kügler 2013, S. 102 f.). Das regelbasierte Verfahren hat sich auch im Rahmen der Habitus-Hermeneutik bewährt, um erste

---

64 Lange-Vester und Teiwes-Kügler (2013b, S. 42) stellen heraus, dass auch ‚offenere' Erhebungsmethoden kein Erfolgsgarant dafür sind, Unvorhergesehenes im Material zu entdecken. Dies hängt entscheidend davon ab, inwiefern Forschende selbst dafür offen sind.

65 Die Typenbildung stellt im Verfahren der Habitus-Hermeneutik den *dritten* und *vierten Auswertungsschritt* dar (ausführlich hierzu Bremer/Teiwes-Kügler 2010). Für eine empirisch gesicherte Typologie (z. B. Lange-Vester/Teiwes-Kügler 2004; 2006; Bremer 2007) ist eine Zahl von rund 100 Fällen von Nöten (Bremer 2004, S. 93), so dass ein solches Vorgehen im Rahmen dieser Arbeit verworfen werden muss. Nichtsdestotrotz lässt die hier zu Grunde liegende Stichprobe von knapp 20 Fällen es zu, heterogene Habitusmuster und Umgangsweisen mit Schriftsprache vor dem Hintergrund der ‚Milieulandkarte' zu ordnen und zu kontrastieren.

Hinweise zum Habitus einer Person zu gewinnen.[66] Es werden ausgewählte Interviewpassagen streng sequentiell in Kleingruppen interpretiert. Die so gewonnenen Lesarten zum Fall können in der darauf folgenden Auswertungsarbeit überprüft, erweitert und ggf. modifiziert werden.[67]

Bremer und Teiwes-Kügler (ebd., S. 112) zufolge haben sich für die Sequenzanalyse insbesondere InterVieweinstiege mit ähnlichem Erzählimpuls sowie Antwortpassagen auf Fragen bewährt, die in der Erhebungssituation allen Befragten bewusst gleich gestellt wurden.[68] Grundsätzlich wird zunächst jeder Fall aus sich erschlossen, wobei durch die Interpretation von ähnlichen Interviewheinstiegen und ‚Standardfragen‘ auch relativ früh im Auswertungsprozess fallvergleichend gearbeitet werden kann (ebd.).[69]

Dem explorativen Verfahren der Sequenzanalyse müssen in regelmäßigen Abständen stärker abstrahierende Deutungen hinzugefügt werden, um Hypothesen herauszuarbeiten, die dann Aufschluss über Habitusschemata geben können (ebd., S. 104). Hilfreich dafür sind Elementarkategorien der Habitus-Hermeneutik, durch die es gelingt, Distanz zum Datenmaterial zu gewinnen und die vorgenommenen Deutungen auf einer abstrakteren Ebene anzusiedeln. Die Elementarkategorien sind einerseits theoretisch fundiert; sie drücken aus, dass Korrespondenzen zwischen den Klassifikationsschemata sozialer Akteurinnen und Akteure und ihrer sozialen Position bestehen.[70] Damit wird ein wesentlicher Befund aus Bourdieus Theorie

---

66   Ein Unterschied zum Vorgehen der Objektiven Hermeneutik besteht darin, dass im Kontext der Habitus-Hermeneutik nicht eine Strukturlogik, sondern Klassifikationsschemata der sozialen Akteurinnen und Akteure sequentiell herausgearbeitet werden (Bremer/Teiwes-Kügler 2013, S. 103; Bremer/Teiwes-Kügler 2010).

67   Nähere Hinweise zu dem Verfahren finden sich bei Bremer und Teiwes-Kügler (2013, S. 102 ff.) oder Bremer (2004, S. 73 ff.)

68   Die InterVieweinstiege griffen z. B. die Frage nach einem typischen Tagesablauf auf oder es wurde danach gefragt, wie es zu der Wahl eines bestimmten Berufs oder Studiums gekommen ist. Als gleich gestellte ‚Standardfragen‘ haben z. B. gedient „Worauf kommt es Dir an im Leben?" und „Worauf kommt es Dir an im Studium?" (Bremer/Teiwes-Kügler 2013, S. 112).

69   Die sequentielle Interpretation der Fälle im Rahmen der Dissertation erfolgte in verschiedenen Forschungs- und Dissertationskolloquien entsprechend anhand der Eingangspassagen der Interviews und von Passagen, in denen es gezielter um den Gebrauch von Schriftsprache ging.

70   „Dem weitläufigen Netz der Gegensatzpaare wie *hoch* (oder erhaben, rein, sublim) und *niedrig* (oder schlicht, platt, vulgär), *spirituell* und *materiell*, *fein* (oder verfeinert, raffiniert, elegant, zierlich) und *grob* (oder dick, derb, roh, brutal, ungeschliffen), *leicht* (oder beweglich, lebendig, gewandt, subtil) und *schwer* (oder schwerfällig, plump, langsam, mühsam, linkisch), *frei* und *gezwungen*, *weit* und *eng*, wie auf einer anderen Ebene *einzig(artig)* (oder selten, außergewöhnlich, exklusiv, einzigartig, beispiellos) und *gewöhnlich* (oder gemein, banal, geläufig, trivial, beliebig), *glänzend* (oder intelligent) und *matt* (oder trübe, verschwommen, dürftig) – diesem Netz als einer Art Matrix aller *Gemeinplätze*, die sich nicht zuletzt so leicht aufdrängen, weil die gesamte soziale Ordnung auf ihrer Seite steht, liegt der primäre Gegensatz zwischen der ‚Elite‘ der Herrschenden

aufgegriffen. Andererseits bilden die Elementarkategorien eine aus zahlreichen Studien (z. B. Vester et al. 2001; Vögele et al. 2002; Lange-Vester/Teiwes-Kügler 2004; 2006; 2013b; 2014; Geiling et al. 2011; Bremer 2007; Bremer et al. 2015b) gewonnene empirische Essenz, sind also auf der Basis empirischen Materials entwickelt worden.

Durch die Elementarkategorien lassen sich „elementare Dimensionen des Habitus" (Bremer/Teiwes-Kügler 2013, S. 113) erfassen. Es wird in Anlehnung an Adorno (1973) auch von einzelnen Zügen des Habitus gesprochen, die zusammen ein ‚Habitussyndrom' bilden (Bremer/Teiwes-Kügler 2013, S. 114). Bei den Elementarkategorien handelt es sich um Gegensatzpaare, die Extrempole in den Dimensionen des Habitus abbilden, wobei die einzelnen Habituszüge jeweils zu einem der Pole stärker tendieren. Die Gegensatzpaare verweisen dabei auf horizontale und vertikale Differenzierungen im sozialen Raum (siehe Tabelle 3).

Bei der Verwendung von Elementarkategorien ist zu beachten, dass sie dem Datenmaterial nicht schematisch übergestülpt werden dürfen. Die Kategorien „haben einen heuristischen Charakter und müssen für jedes Untersuchungsfeld immer wieder neu herausgearbeitet, überprüft und gegebenenfalls erweitert werden" (Bremer/Teiwes-Kügler 2013, S. 114). Zudem ergibt sich der Habitus immer erst aus dem Gesamtbild einzelner Habituszüge, die wie ein Puzzle zusammengesetzt werden müssen (Bremer/Teiwes-Kügler 2010, S. 256). Die Methode verfolgt das Ziel, in einer „Pendelbewegung zwischen Material, Kategorien, Theorie und Material" (Bremer/Teiwes-Kügler 2013, S. 114) aus den einzelnen Zügen des Habitus ein sinnvolles, wenn auch nicht immer widerspruchsloses Ganzes zu bilden. Zudem kann sich der Blick auf den Einzelfall ändern, wenn weitere Fälle hinzugezogen werden. Die Elementarkategorien sind daher stets relational anzuwenden (Bremer 2004, S. 79). Die so entwickelten ‚Habitussyndrome' können dann vor dem Hintergrund der ‚Milieulandkarte' interpretiert und in den sozialen Raum der Milieus eingeordnet werden. Wichtig dabei ist, eine Person nicht in ein Milieu zu ‚pressen': „Jeder Fall hat etwas Einmaliges. Allerdings gibt es ein begrenztes Spektrum, in dem sich verschiedene ‚Einmaligkeiten' verdichten" (ebd., S. 75).

Die Methode der Habitus-Hermeneutik berücksichtigt folglich *einerseits* die subjektiven Perspektiven der sozialen Akteurinnen und Akteure. Forschende sollen sich gedanklich an den sozialen Ort begeben, an dem die sozialen Akteurinnen und Akteure ihre Weltsicht erworben haben, um diese von dort aus nachzuvollziehen. *Andererseits* lässt sich mithilfe der Habitus-Hermeneutik die Praxis der Subjekte an soziale Strukturen rückbinden und damit ‚erklären'. Der Habitus verweist auf einen bestimmten Ort im sozialen Raum der Milieus. So können beide Seiten der Medaille – Individuelles und Gesellschaftliches – miteinander verschränkt werden, um die soziale Logik hinter dem alltäglichen Gebrauch von Schriftsprache zu verstehen.

Zentral für diese Arbeit ist die Interpretation von milieuspezifischen Gebrauchsformen von Schriftsprache und Grundmustern der Literalität. Da sich diese über

---

und der ‚Masse' der Beherrschten zugrunde, jener kontingenten, amorphen Vielheit einzelner, die austauschbar, schwach und wehrlos, von lediglich statistischem Interesse und Bestand sind" (Bourdieu 1982, S. 730 f.; Herv. i. O.).

Tab. 3: Elementarkategorien der Habitus-Hermeneutik

Heuristische Synopse aus den Projekten „Soziale Milieus im gesellschaftlichen Strukturwandel", „Kirche und Milieu", „Studierendenmilieus in den Sozialwissenschaften"	
asketisch methodisch; planend; Pflicht; (Trieb-)Verzicht steht vor Lust und Genuss; diszipliniert; Selbstbeherrschung;	hedonistisch spontan; ungeplant; ungeregelt; lustbetont; Spaß; Lust und Genuss statt Pflicht und Verzicht; Erlebnisorientierung;
ideell spirituell; metaphysisch; Neigung zur Abstrahierung von der dinglichen Realität; vergeistigt; intellektuell; idealistisch; Betonen des Anspruchs auf ‚Authentizität';	materiell körperbetont; ‚weltlich'; praktisch; Orientierung am konkret Fassbaren; verdinglicht; realistisch; Pragmatismus: Orientierung an Machbarkeit und Notwendigkeit;
hierarchisch autoritätsorientiert bis autoritär; Statusdenken; positive Bewertung von Ordnung und Unterordnung; häufig: Ressentiments;	egalitär partnerschaftlich; demokratisch; gleichberechtigt; Anspruch auf Partizipation und Mitgestaltung; integrativ; „leben und leben lassen";
individuell Vorrang des Selbst vor der Gemeinschaft; Autonomie: Anspruch auf Unabhängigkeit und Selbstbestimmung (‚jeder ist für sich selbst verantwortlich'); häufig Streben nach Selbstverwirklichung und Persönlichkeitsentfaltung; Neigung zu Egozentrik; abgrenzen von der ‚Masse', Betonung von Unkonventionalität;	gemeinschaftlich Gemeinschaft steht vor individuellen Ansprüchen; Rücksichtnahme auf Konventionen; Bereitschaft zu Kompromissen; teilweise Anpassung und Konformismus; Geselligkeit, Sicherheit, und Geborgenheit; bisweilen Anlehnung an bzw. Entlastung durch die Gemeinschaft;
ästhetisch Form steht vor Inhalt; Vorrang der Ästhetik vor Funktionalität; Distanzierung von unmittelbaren und direkten Ausdrucksformen; Stilisierung von Praktiken; Betonung des ‚Schönen' und Stilvollen gegenüber Nützlichkeit und Zweckmäßigkeit; Feingeschmack;	funktional Inhalt wichtiger als Form; Orientierung an Funktionalität; Zweckmäßigkeit und Nützlichkeit stehen im Vordergrund; unmittelbare und direkte Ausdrucksformen herrschen vor; Notwendigkeits- oder Grobgeschmack;
aufstiegsorientiert Streben nach ‚Höherem'; Karriere- und Statusorientierung; konkurrenzorientiert, z.T. kalkülbetontes Verhalten und Ellenbogenmentalität; z.T. Auf- bzw. Abstiegsängste;	sicherheitsorientiert „Lieber den Spatz in der Hand als die Taube auf dem Dach"; realistischer Sinn für die eigenen Grenzen; geringe Risikobereitschaft; Festhalten an Vertrautem und Gewohntem; „Jeder sollte an seinem Platz bleiben und das Beste daraus machen";
herrschend Machtansprüche; Dominanz; sozialer Blick von oben nach unten; z.T. karitativ; z.T. offen ausgrenzend und elitär; symbolische Formen der Herrschaft über hochkulturelle Muster;	ohnmächtig Fatalismus; sich dem Schicksal ausgeliefert fühlen; dichotomes Weltbild; sozialer Blick von unten nach oben;
selbstsicher selbstbewusst; Selbstgewissheit im Umgang mit Anforderungen; Anspruchshaltung; meist zielsicher; Zukunftsoptimismus.	unsicher Selbstzweifel u. wenig Selbstvertrauen in nicht vertrauten Feldern; soziale Distanz zu Autoritäten; wenig Zuversicht, neue Anforderungen bewältigen zu können; häufig Skepsis bis Pessimismus hinsichtlich der eigenen Zukunft.

Quelle: Bremer/Teiwes-Kügler 2013, S. 115

die gesamte Lebensspanne entwickeln – Bourdieu betont die hohe Bedeutung der Primärsozialisation – werden die für die Fragestellungen dieser Arbeit besonders aussagekräftigen Eckfälle (siehe Kapitel 4.2.4) im folgenden Kapitel 5 lebensgeschichtlich betrachtet. Die Ergebnisse der Lernstandsdiagnosen, die sich erst im Auswertungsprozess als bedeutsam für die Untersuchung herauskristallisierten und auf die hohe Bedeutung des Habitus und Milieus bei der Anwendung von Schriftsprache verweisen, werden zu den Fallstudien abschließend hinzugezogen. Die ‚gemessenen' Kompetenzen können so ins Verhältnis zu den Handlungslogiken der Befragten gesetzt werden.

5 Habitus-hermeneutische Auswertung von vier Eckfällen

Dieses Kapitel präsentiert die Ergebnisse aus vier leitfadengestützten lebensgeschichtlichen Interviews mit Teilnehmenden an Alphabetisierungskursen, die als Eckfälle
identifiziert und habitus-hermeneutisch ausgewertet wurden. Dabei ließen sich vier
unterschiedliche Grundmuster der Literalität herausarbeiten, die veranschaulichen,
dass ‚gemessene' Kompetenzen allein wenig über Teilhabemöglichkeiten aussagen.
Bedeutsam erscheinen dafür die im Habitus eingelagerten, langfristig angeeigneten
Strategien des Umgangs mit Schriftsprache, die auch im Erwachsenenalter präsent
und handlungsleitend sind. So können geringe Kompetenzen teilweise (z. B. durch
eine im Herkunftsmilieu erworbene Nähe zu kultureller Bildung und eine Befugnis,
mit (legitimer) Schriftsprache umzugehen) kompensiert werden, der Habitus kann
aber auch trotz Lernfortschritten oder entsprechender Kompetenz benachteiligend/
hemmend auf die literale Praxis wirken und die Gefahr einer ‚Abhängigkeit' zum
Kurs provozieren (z. B. wenn Schriftsprache eher als notwendiges Übel empfunden
wird). Es zeigen sich bei ähnlich ‚gemessenen' Kompetenzen höchst unterschiedliche literale Praxen und Umgangsweisen mit geringen Lese- und Schreibkenntnissen, die den milieuspezifischen Habitus bedeutsamer für die Anwendung des
Lesens und Schreibens erscheinen lassen als den durch die Lernstandsdiagnosen
ermittelten Lernstand. Dies verweist auf Grenzen von Lernstandsdiagnostik und
kompetenzorientierten Studien (siehe Kapitel 2.2.1 und 2.2.3), die derzeit immer
stärkere Aufmerksamkeit erfahren.

   Die dieser Arbeit zu Grunde liegende verstehende Perspektive verdeutlicht
darüber hinaus den wichtigen neuen Befund, dass sich im Kursbesuch das Bedürfnis nach Zugehörigkeit zum Herkunftsmilieu oder einem angestrebten Milieu
ausdrückt. Schriftsprache wird im Rahmen der milieuspezifischen Alltagspraxis
relevant und vor diesem Hintergrund mit Sinn besetzt. Geringe Lese- und Schreibkenntnisse stellen jedoch oft ein Hindernis dar, der im Habitus angelegten ‚vorge-
sehenen' milieuspezifischen Praxis nachzugehen. In diesem sich implizit äußernden
Gefühl der verlorengegangenen Passung zeigt sich ein im Verborgenen liegendes
Motiv für den Besuch des Kurses, der diese Passung in Aussicht stellt. Die empfundene (Nicht-)Zugehörigkeit zum eigenen oder angestrebten Milieu erweist sich als
relationale Logik, durch die einerseits (langfristige) Kursteilnahmen, andererseits
die Abstinenz von Alphabetisierungskursen mit erklärt werden können.

   In den nachfolgenden Kapiteln 5.1 bis 5.4 werden zunächst die vier Eckfälle
anhand ihrer Lebensgeschichten dargestellt. Durch sie lassen sich die unterschiedlichen Grundmuster der Literalität besonders gut veranschaulichen. Der Aufbau
der Fallstudien folgt dabei einem identischen chronologischen Muster orientiert an
den „Leitfragen für die habitushermeneutische Auswertung lebensgeschichtlicher
Interviews" (Lange-Vester 2006), um Aussagen über die Genese des Habitus und die
literale Praxis treffen zu können und eine bessere Vergleichbarkeit der Eckfälle zu

gewährleisten.[71] Aufgrund der lebensgeschichtlichen Schwerpunktsetzung werden die Interviews der Basisbefragung besonders fokussiert. Die Ausführungen zu den Eckfällen werden zudem jeweils am Ende der Fallstudien durch die Resultate der standardisierten Lernstandsdiagnosen (Hamburger Schreib-Probe und Würzburger Leise Leseprobe) ergänzt.[72]

Im darauffolgenden Kapitel 6 werden sodann die 15 restlichen Fälle der Stichprobe hinzugezogen, um Gemeinsamkeiten und Unterschiede zu ermitteln und zu einer milieuspezifischen Systematik des Umgangs mit Schriftsprache zu kommen. Kapitel 7 fokussiert besonders die literale Praxis, die die Teilnehmenden milieuspezifisch hervorbringen und führt die Befunde mit Blick auf ihre Bedeutung für das Lernen in Alphabetisierungskursen zusammen.

5.1 Eckfall Christa: „[I]ch mach das Beste draus und lebe halt damit."

5.1.1 Skizzierung der sozialen Herkunft und der Lebenssituation

Kursteilnehmerin Christa[73] wurde im Jahr 1964 geboren und wuchs aufgrund mehrerer Umzüge in ländlichen und kleinstädtischen Regionen auf. Sie war das zweite von insgesamt vier Kindern ihrer Eltern. Ihre ältere Schwester starb jedoch mit 17 Jahren bei einem Autounfall.

Christas Vater war nach dem Volksschulabschluss als gelernter Heizungsmonteur tätig. Christas Mutter verließ die Förderschule ohne Abschluss. Sie war in erster Linie Hausfrau und ging darüber hinaus Tätigkeiten als Reinigungskraft und Hausmeisterin nach, um etwas Geld dazuzuverdienen. Über die Großelterngeneration liegen nur wenige Angaben vor, aus denen hervorgeht, dass Christas Großmutter

---

71 Kurze Vergleiche erfolgen teilweise bereits in den Einzelfallstudien, wenn sie der Rekonstruktion des vorliegenden Falles dienen.

72 Es handelt sich um die quantitative Auswertung, die als aussagekräftig erachtet wird, um eine grundlegende Orientierung zum Lernstand zu erhalten. Für die Eckfälle befinden sich zudem detailliertere Angaben und Werte aus der Lernstandsdiagnostik im Anhang.

73 Das Interview mit Christa kam spontan zu Stande. Als ein anderer Kursteilnehmer nicht zum Interviewtermin erschien, meldete sich Christa freiwillig und sagte, dass sie einspringen könne. Die Lese- und Schreibschwierigkeiten schienen sehr schambesetzt für sie zu sein. Im Interviewverlauf war auffällig, dass sie sich mehrfach rückversicherte, ob ihre Angaben auch wirklich anonymisiert würden. Sie konnte aber anscheinend Vertrauen fassen und dachte engagiert und offen über die Fragen nach. Das Interview wurde zweimal durch eine Kursleiterin unterbrochen, die in den Interviewraum kam, um etwas zu holen oder abzustellen. Christa stoppte ihre Erzählung dann kurzzeitig, setzte sie aber anschließend offenbar unbeeinflusst fort. Die Störung schien dem Alltagsgeschehen in der Volkshochschule geschuldet gewesen zu sein. Dennoch könnte sie auch dazu gedient haben, aus Sorge Erkundigungen über die Befindlichkeit der Teilnehmerin einzuholen.

mütterlicherseits als Haushaltshilfe in England angelernt wurde und in einem Krankenhaus tätig war.

Christas heute noch lebende Geschwister gingen nach dem Hauptschulabschluss in Lehrberufe. Christas jüngerer Bruder folgte dem Vorbild des Vaters und absolvierte eine Lehre zum Heizungsmonteur, allerdings mit Weiterbildung zum Meister. Die jüngere Schwester absolvierte eine Lehre zur Friseurin, war dann aber als Verkäuferin tätig. Die ältere, bereits verstorbene Schwester besuchte eine Realschule. Christa selbst wurde nach Wiederholung der ersten Klasse auf eine Förderschule überwiesen, konnte den Hauptschulabschluss jedoch durch ihre Berufsausbildung zur Friseurin nachträglich erwerben.

Zum Zeitpunkt der Basisbefragung[74] arbeitet Christa als Politesse und ihr persönliches monatliches Nettoeinkommen liegt bei 500 bis 1.000 € (Teilzeitbeschäftigung). Sie ist verheiratet und hat zwei Kinder, die eine Gesamt- bzw. Realschule besuchen. Ihr Ehemann verfügt über einen Hauptschulabschluss und ist als gelernter Fernmeldehandwerker tätig. Das Nettomonatseinkommen des Haushalts liegt bei über 1.500 €. Christa besucht seit etwa zweieinhalb Jahren einen Lese- und Schreibkurs mit Fortgeschrittenenniveau.

5.1.2 Literalität im Kontext der Herkunftsfamilie

„Ja, also ich ffffind, das hat mich sehr geprägt, das hat mich teilweise auch bestimmt, dass ich auch äh sehr vorsichtig bin, <u>wem</u> ich das erzähle.“ (S. 16/Z. 18 ff.)

Christa betont direkt zu Beginn des Interviews, dass sie bereits seit früher Kindheit unter einer *„Lese- und Rechtschreibschwäche“* (S. 2/Z. 18) leide, die ihr das Erlernen des Lesens und Schreibens erschwere. Sie schildert ein unharmonisches Familienleben und bezeichnet ihren Vater als *„Choleriker“* (S. 9/Z. 32), der dem Alkohol zugeneigt war und sie und ihre Geschwister sowie ihre Mutter wegen *„Kleinigkeiten“* (S. 9/Z. 24) schlug. Die Mutter (*„sehr naiv, sehr jung“*, S. 16/Z. 4 f.) hatte Christa zufolge *„wenig Selbstvertrauen“* (S. 10/Z. 17 f.) und Schwierigkeiten mit dem Schreiben, so dass ein Abhängigkeitsverhältnis zum Vater bestanden haben mag (*„Also lesen kann sie besser wie ich. Aber sie kann halt nicht so gut schreiben.“*, S. 10/Z. 15 f.). Letzterer schien für das Haupteinkommen in der Familie zu sorgen, in der es insgesamt geringe, aber respektable Qualifikationen gab (siehe Kapitel 5.1.1).

Den Eltern ging es bei der Erziehung um traditionelle und ordnungsbezogene Tugenden wie Gehorsam, (Unter-)Ordnung und Pünktlichkeit. Auf die Frage, welche Werte ihre Eltern in der Erziehung vertreten hätten, berichtet Christa: *„Ja, dass wir hören, dass wir <u>still</u> sitzen beim Essen, … ja. Dass wir uns halt nicht streiten, .. dass wir pünktlich sind. .. (leise) Ja, das das war n wichtig.“* (S. 10/Z. 7 ff.). Deutlich wird ferner eine besondere Scham in Bezug auf vermeintliche Makel wie Lese- und

---

74 Das Interview der Basisbefragung wurde am 25.05.2009 geführt. Es wird hier schwerpunktmäßig behandelt. Das Folgegespräch fand am 10.05.2010 statt (siehe Kapitel 5.1.7).

Schreibschwierigkeiten, denn Christas Mutter wollte, „*(wieder lauter) [d]ass nichts die Leute erfahren, [...] die wollte überhaupt nicht das erfahren, dass ich halt auf die Sonderschule gegangen bin. Das wollte sie auf keinen Fall, obwohl sie selber das Problem [im Bereich Schriftsprache] hat. Aber na ja.*" (S. 10/Z. 8 ff.). Es ging der Mutter demnach eher darum, die Lese- und Schreibschwierigkeiten zu verheimlichen und eine Fassade aufrechtzuerhalten als offensiv mit der Problematik umzugehen. Dadurch unterblieben aber auch Investitionen in die eigene oder in Christas Bildung („*Ja, ja, das war ihr peinlich. Die Leute, die Leute!*", S. 15/Z. 32). Schriftsprache fand dementsprechend in der Familie kaum Anwendung. Auf die Frage, ob zum Beispiel Notizzettel geschrieben worden seien oder ob Christa sich allgemein an etwas in dieser Art erinnere, entgegnet die Befragte: „*(leise) Nee, gab es nich.*" (S. 14/Z. 12). Zudem berichtet sie, dass ihr „*nicht vorgelesen*" (S. 15/Z. 3) worden sei.

Angesichts dieser Ausgangsbedingungen lässt sich vermuten, dass es für Christa nicht leicht war, einen Zugang zu Schriftsprache zu finden. Dennoch war den Eltern die schulische Bildung der Kinder nicht ganz unwichtig. Es gab hin und wieder Bildungsinvestitionen vor allem seitens des Vaters. Er konnte aber nur wenig Verständnis für Christas Schwierigkeiten aufbringen und reagierte eher autoritär: „*Zum Beispiel Diktat üben oder so. Ja, mir fiel das aber auch <u>schwer</u> und wenn dann mein Vater das dann mal gemacht hat, denn hat er auch zu viel verlangt. Er hat das einfach nicht verstanden warum, weshalb. Er hat ein- Ich schätze mal, er hat vielleicht gedacht, die is die <u>will</u> das nich. Ne?*" (S. 15/Z. 39 ff.).

Als Christa 16 Jahre alt war, trennten sich ihre Eltern, was Christa auf ein gestiegenes Selbstbewusstsein ihrer Mutter zurückführt, womit der Vater nicht zurechtgekommen sei. Auslöser für diese Entwicklung waren ihrer Aussage zufolge neue Freundinnen der Mutter, „*die sie <u>unterstützt</u> haben und geholfen haben und dann war Ende. Das war auch gut so.*" (S. 10/Z. 28 f.). Überraschenderweise stellt sich im Interviewverlauf jedoch heraus, dass die Kinder nach der Trennung der Eltern bei dem Vater blieben: „*Wir waren da vernünftig gewesen. [...] Mein meine Mutter hätte uns nich ernähren können.*" (S. 10/Z. 38 f.). Es standen hier also in Christas Augen ökonomische Notwendigkeiten im Vordergrund. Die Trennung sowie die Zeit danach verliefen nicht problemlos, was auch ein seitdem bestehender Kontakt zum Jugendamt zeigt: „*Na ja, und da kam das Jugendamt noch und dann haben die immer mal geguckt, wie es so is und so.*" (S. 22/Z. 19 f.). Immerhin, so Christa, habe der Vater die Kinder nicht mehr geschlagen, wobei er „*dies Schreien [...] immer beibehalten*" (S. 10/Z. 41) habe.

Zum Zeitpunkt des ersten Interviews hat Christa den Kontakt zu ihrer Familie aufgrund diverser familiärer Konflikte weitgehend abgebrochen. Vor allem die Entscheidung, den Kontakt zum Vater abzubrechen, scheint nicht leicht für sie gewesen zu sein. Die Kontaktabbrüche wirken allerdings auch resolut und abgeklärt. In Bezug auf ihre jüngere Schwester gibt sie an: „*Die die schreit dann auch gleich so und das kann ich nich ab. (Stuhl knarzt) So ne Menschen äh- Das muss ich ja nich und warum soll ich das tun? Das tut mir nich gut und das möchte ich nich. (lauter, entschieden) Weil man kann da nichts bewirken. Ne?*" (S. 13/Z. 1 ff.). Ähnliche Reaktionen zeigt sie auch hinsichtlich ihres Vaters: „*[E]s ist besser, wenn wir keinen Kontakt mehr haben und da da dein Schreien, das legst du einfach nicht ab und das geht nicht so.*" (S. 11/Z. 33 f.). Es klingt folglich, als würde sie sich ein Stück weit von der rigiden, autoritären Erziehungspraxis in der Herkunftsfamilie distanzieren.

Von ihrer Mutter, zu der sie noch Kontakt hat, weiß sie zu berichten, dass diese wieder geheiratet hat und dass es ihr „*auch gut*" (S. 16/Z. 8) geht. Sie scheint der Mutter insgesamt kritischer gegenüberzustehen als dem Vater, der sie zwar lange Zeit in der Kindheit geschlagen hat, ihrer Ansicht nach aber „*nicht nur schlechte Sachen gehabt [hat], auf keinen Fall, um Gottes Willen*" (S. 13/Z. 22 f.). Christa nimmt es der Mutter im Nachhinein offensichtlich sehr übel, dass sie ihre Schwierigkeiten im Bereich Schriftsprache immer verbergen wollte: „*Bloß nich vor den Leuten da irgendwie schlecht da stehen: Oh Gott, was hat was hat die für doofe Kinder oder für n doofes Kind. […] Ja, also ich fffind, das hat mich sehr geprägt, das hat mich teilweise auch bestimmt, dass ich auch äh sehr vorsichtig bin, wem ich das erzähle.*" (S. 16/Z. 19 ff.). Auch im Falle der Mutter findet sie jedoch verständnisvolle Worte: „*Und ja, sie hats auch selber nicht gewusst*" (S. 16/Z. 6).

Zusammenfassung: Christa berichtet von einem autoritären und gewalttätigen Vater sowie einer Mutter mit wenig Selbstbewusstsein, die beide Wert auf traditionelle, pflicht- und ordnungsbezogene Tugenden wie Gehorsam und (Unter-)Ordnung legten. Schriftsprachschwierigkeiten waren äußerst schambesetzt und wurden verheimlicht. Das Lesen bzw. Schreiben fand kaum Anwendung. Christa hat so früh inkorporiert, dass es sich bei ihren Lese- und Schreibschwierigkeiten um ein illegitimes Defizit handelt. Schulische Bildung hatte aber dennoch eine Bedeutung. Dies zeigen die (wenig hilfreichen) Bemühungen des Vaters, mit Christa Diktate zu üben, sowie die soliden schulischen und beruflichen Abschlüsse des Vaters, Bruders sowie der jüngeren Schwester. Schriftsprache diente in der Familie wohl in erster Linie dazu, eine (einigermaßen) sichere und respektable berufliche Qualifikation zu erwerben.

5.1.3 Literalität im Kontext der schulischen Laufbahn

„*[J]etzt muss man halt das Beste draus machen.*" (S. 14./Z. 45)

Christa berichtet, sie habe die erste Klasse wiederholt, was sie darauf zurückführt, dass sie „*auch sehr verspielt gewesen*" (S. 14/Z. 37) sei. Ihr Scheitern an der Regelschule wirkt schambesetzt, so dass sie es mit dieser Erklärung positiv zu wenden versucht. Sie wurde nach Wiederholung der ersten Klasse auf eine Förderschule überwiesen. Trotz dieser einschneidenden Erfahrung bringt sie jedoch Verständnis für die Selektion aus der Regelschule auf, sei es aufgrund der großen Klassen damals doch „*schwierig*" (S. 19/Z. 7) für die Lehrkräfte gewesen, den Kindern etwas beizubringen. Sie zeigt eine gewisse Bereitschaft, sich mit dem ihr zugewiesenen sozialen Ort zu arrangieren und ist der Ansicht: *„[J]etzt muss man halt das Beste draus machen."* (S. 14/Z. 45).

Christas Schilderungen zur Förderschule machen wiederum deutlich, wie sehr sie die Lese- und Schreibschwierigkeiten als Makel empfindet. Sie hat hier offenbar das erste Mal Verständnis und hilfreiche Unterstützung erfahren, wirkt dankbar und fast ein wenig überrascht, berichtet sie doch, dass die Lehrkräfte der Förderschule *„ganz toll"* und *„[g]anz normal"* (S. 18/Z. 45) mit ihren Lese- und Schreibschwierigkeiten umgegangen seien. Sie sei *„gerne zur Schule gegangen"* (S. 17/Z. 35 f.) – eine Aussage, die sich vor allem auf die Zeit nach dem Wechsel zur Förderschule zu beziehen scheint. Christa räumt aber auch ein, dass die Lehrkräfte *„nich so auf jeden eingehen"* (S. 18/Z. 47) konnten und benennt vermeintliche Härtefälle, *„die das Alphabet wirklich bis zum Schluss nicht kapiert haben."* (S. 18 f./Z. 47 f.). Christa bestätigt mit dieser Aussage ihr Verständnis für das selektierende Verhalten der Lehrkräfte, dabei scheint sie zugleich ein hierarchisches Gefälle unter den Teilnehmenden zu rechtfertigen. Es klingt an, dass sie sich (implizit) gegen diejenigen abgrenzt, die noch geringere Kompetenzen hatten als sie.

Christa selbst konnte die Förderschule in angemessener Form bewältigen, beschreibt dafür aber den Umgang mit anderen Kindern zur Zeit ihres Schulwechsels als problematisch. Sie machte Ausgrenzungserfahrungen, als andere Schülerinnen und Schüler erkannten, dass sie und eine Freundin auf die Förderschule gingen und sie daher für *„die Doofen"* (S. 18/Z. 26) hielten. In der Folge empfand sie es als ungerecht, *„dass einige <u>deswegen</u>, obwohl man sonst ganz gut mit allem zurechtkommt, äh keinen Kontakt haben will"* (S. 18/Z. 28 f.). Sie verschwieg ihre Lese- und Schreibschwierigkeiten fortan aus diesem Grund und reproduzierte damit die früh erfahrene familiäre Strategie, die Lese- und Schreibschwierigkeiten zu verbergen. Es scheint somit sehr wichtig für sie zu sein, nach außen den sicheren Eindruck zu erwecken, das Leben auf respektable Weise bewältigen zu können. Dies deutet wiederum darauf hin, dass sie sich (wenn auch implizit) gegen Menschen mit einer weniger respektablen Lebensweise abgrenzt.

Sie setzt sich im Interview wiederholt für den vermehrten Einsatz von Testmaterial an Schulen ein, da sie möchte, dass potenzielle Lese- und Rechtschreibschwierigkeiten bei Kindern frühzeitig erkannt und somit kompensiert werden können. In diesem Zusammenhang bedauert sie es auch, dass heutzutage immer mehr Druck auf die Kinder ausgeübt werde. Diese Situation führe dazu, dass Kinder, *„die halt dies Problem haben"* (S. 20/Z. 22) ihr *„ganzes Leben lang"* (S. 20/Z. 23) darunter zu leiden hätten. Sie bemängelt folglich eine fehlende Chancengleichheit. Eine weitere Problematik sieht sie in dieser Hinsicht im Mobbing an Schulen und an der hohen Zahl von Kindern mit Migrationshintergrund: *„Leider ist es ja nun auch wirklich so, dass viele Ausländerkinder in der Hauptschule sind, die halt von zu Hause ja auch nicht gefördert werden, weil die nur Türkisch sprechen, ne? [...] Und dann haben die natürlich auch Probleme und meinen, die müssten das alles hier mit den Ellenbogen erledigen, ne? [...] Da bleiben andere Kinder dann auffer Strecke."* (S. 20/Z. 30 ff.). Sie setzt die von ihr beschriebene Situation in Bezug zu ihrer damaligen Schulzeit und ist der Ansicht: *„In dem Punkt habe ich ja noch Glück gehabt. Bei uns äh (leise) in unsere Schule waren nicht so viele Ausländer, das ging."* (S. 20/Z. 35 f.).

In den (latenten) Ressentiments gegenüber Menschen mit Migrationshintergrund verdeutlichen sich Christas Ansprüche auf Chancengleichheit sowie eine Abgrenzung gegen Konkurrenzverhalten (‚Ellenbogeneinsatz'). Wichtig ist ihr die Differenzierung zwischen Kindern, die eigentlich lernen wollen, es aber aufgrund von Lese- und Schreibschwierigkeiten nicht können (wie in ihrem Fall) und Kindern, die ihrer Ansicht nach einfach keine Lernmotivation haben. Tests tragen Christas Meinung nach zur gewünschten Differenzierung bei, denn *„das ist heutzutage halt besser, dass dass man getestet wird und dann gesagt wird konkret, geht man dann ja zu den Eltern hin und sagt hier: Die will das <u>schon</u>, aber die kann es nich."* (S. 15/Z. 42 ff.). Der Test stellt in Aussicht, sich gegenüber vermeintlich weniger Lernwilligen aufzuwerten (*„Also ich <u>wollte</u> auch immer"*, S. 18/Z. 11), wodurch wieder eine abgrenzende Haltung und Vorurteile gegenüber Lernschwächeren zum Ausdruck kommen. In diesem Sinne soll denjenigen eine helfende Hand gereicht werden, die sich (wie sie selbst) pflichtbewusst um Lernfortschritte bemühen und diese Hilfe ‚verdient' haben (*„dass man <u>den</u> Kindern dann auch hilft"*, S. 19/Z. 33 f.).

Zusammenfassung: Christa berichtet von Lernschwierigkeiten während ihrer Schulzeit, rechtfertigt allerdings das Verhalten der Lehrkräfte, die sie und andere schwächere Schülerinnen und Schüler selektierten und an die Förderschule verwiesen. Dies spricht für eine hierarchielegitimierende Denkweise. Dazu passt, dass Christa die Förderschulüberweisung zwar mit einem Statusverlust verbunden wahrnimmt, zugleich aber eine vergleichsweise große Bereitschaft aufbringt, sich mit der Überweisung auf die Förderschule zu arrangieren. Christa konstruiert sich wiederholt als lernwillig und pflichtbewusst und propagiert den vermehrten Einsatz von Testmaterial in Schulen, woraus sich schließen lässt, dass Christa gesellschaftliche Leistungsansprüche verinnerlicht hat, denen sie genügen möchte. Ansehen und Respektabilität haben eine große Bedeutung für sie. Ihre (teils impliziten) Abgrenzungen gegen vermeintlich weniger Lernwillige oder gegen Menschen mit Migrationshintergrund und sozial Schwächere unterstreichen ihre Hierarchie- und Statusorientierung und das Denken in vertikalen Abstufungen.

5.1.4   Literalität im Rahmen von Ausbildung und Beruf

„Und das finde ich auch <u>gut</u> und das finde ich auch <u>schön</u>, dass es […] immer noch welche gibt, die nich immer nur die Zensuren sehen, sondern die sich erst mal die Person angucken." (S. 22/Z. 27 ff.)

Christas Berufsweg verlief im Vergleich zu den Berufswegen vieler anderer Teilnehmender des Alphabetisierungsbereichs relativ erfolgreich: *„Na ja, und dann [nach der Förderschule] hab ich äh ne Lehre gemacht als Friseurin, hab ich auch bestanden und dadurch habe ich meinen Hauptschulabschluss erreicht."* (S. 17/Z. 43 f.). Christa hat sich jedoch nicht eigeninitiativ um die Berufsausbildung bemüht. Sie berichtet, dass ihr die Lehrstelle durch das Jugendamt vermittelt worden sei, was offenbar direkt im Anschluss an die Förderschulzeit geschah. Die Ausbildung zur Friseurin war somit nicht ihre eigene Wahl („*Das wollt ich eigentlich gar nich so.*", S. 22/Z. 18), aber auch in dieser Situation war sie dankbar und bereit, sich mit dem zugewiesenen Platz (Beruf) zu arrangieren. Sie bemerkt in Bezug auf ihre Anstellung als Auszubildende: „*Und das finde ich auch <u>gut</u> und das finde ich auch <u>schön</u>, dass es [...] immer noch welche gibt, die nich immer nur die Zensuren sehen, sondern die sich erst mal die Person angucken. Und <u>das</u> habe ich also im Leben erfahren und das ist Gott sei Dank gut so.*" (S. 22/Z. 27 ff.). Wie das Zitat verdeutlicht, möchte Christa als respektable Person wahrgenommen und anerkannt werden.

An der Berufsschule hatte Christa ebenfalls Schwierigkeiten im Lesen und Schreiben. Sie erwähnt aber in diesem Kontext eine „*sehr nette Freundin*" (S. 18/Z. 1), die sie abschreiben ließ, da manche Lehrkräfte „*halt nur diktiert haben*" (S. 18/Z. 2 f.). Trotz dieser Schwierigkeiten nahm sie durch ihre Lehrchefin offerierte zusätzliche Schulbesuche gerne in Anspruch und betont: „*Also ich <u>wollte</u> auch immer und wie gesagt, das äh bestimmte Sachen <u>gehen</u> dann nich. (energischer) Und das macht mich auch sehr traurig. Aber na ja, da muss ich halt (schmunzelt, klingt ironisch) weiter arbeiten dran. Ne?*" (S. 18/Z. 11 ff.). Sie gibt sich also wiederum sehr lernwillig. Der Lernprozess erscheint in ihren Schilderungen jedoch sehr mühsam und mit vielen Enttäuschungen verbunden, so dass sich die Frage stellt, warum sie – auch angesichts der von ihr beschriebenen Lese- und Rechtschreibschwäche (siehe Kapitel 5.1.2) – nach wie vor so sehr am Lernen festhält. Immerhin klingt in ihren Erzählungen immer wieder an, dass sie ihr (Berufs-)Leben an sich gut bewältigen kann (siehe auch Kapitel 5.1.6). Das Lernen wirkt angestrengt und eher an äußeren Anforderungen orientiert. Dies verleitet zu der Annahme, dass auch hier wieder gesellschaftliches Ansehen und Respektabilität eine besondere Rolle spielen: Die eingeschränkte Lese- und Schreibkompetenz scheint Christas verinnerlichtem gesellschaftlichen Anspruch an Literalität nicht zu entsprechen, dies setzt sie unter Druck.

Nach ihrer Lehrzeit arbeitete Christa neun Jahre in ihrem Beruf als Friseurin. Sie habe diesen dann allerdings aufgrund einer Allergie gegen die dort verwendeten chemischen Produkte aufgeben müssen. Christa begann daraufhin, als Politesse zu arbeiten, wobei sie ausgefeilte Geheimhaltungsstrategien einsetzt, um die Lese- und Schreibproblematik zu verdecken. So habe sie sich z. B. ein Buch angelegt, in dem „*die ganzen Straßen drin stehen*" (S. 3/Z. 27 f.). Zudem gebe es technische Geräte, bei denen man heute nur wenige Buchstaben eingeben müsse „*und dann kommt die Straße schon. Dann kannst du blättern und dann siehst du das.*" (S. 3/Z. 28 f.). Schwieriger werde es dagegen, wenn sie ausführlichere Bemerkungen oder Stellungnahmen schreiben müsse. Auch hierzu habe sie jedoch Vorlagen in einem Buch zusammengestellt, so dass sie darauf bei Bedarf zurückgreifen könne. Sie berichtet, dass sie einen Text vorschreibe und diesen von ihrem Mann oder ihren Kindern korrigieren lasse, bevor sie ihn in den Computer eingebe. Das Vorschreiben korrespondiert aber mit der im Berufsleben vorherrschenden literalen Praxis, so dass diese von Christa nicht als abweichend erlebt und damit nicht weiter problematisiert wird: *„Das machen <u>alle</u> bei uns so, dass die was vorschreiben. Und das is also so- (hebt die Stimme) Das kriecht keiner mit!"* (S. 3/Z. 22 f.). Sie werde sogar manchmal von Kolleginnen zu Rate gezogen, wenn diese einmal in Orthografie unsicher sind, was darauf verweist, dass es Christa gut gelingt, hier eine Fassade aufrecht zu erhalten. Sie kann dann durch den *„Duden"* (S. 16/Z. 32) von ihren eigenen Schwierigkeiten ablenken, was ihr hilft: *„(heiter) Und dann gucken wir nach und dann is das gut."* (S. 16/Z. 36).

Zusammenfassung: In Christas vergleichsweise erfolgreicher beruflicher Laufbahn wird ebenso erkennbar, dass Christa dabei auf institutionelle Unterstützung (Vermittlung der Lehrstelle durch das Jugendamt) und auf die Hilfe überschaubarer Gemeinschaften (Freundin) angewiesen ist, was ihre Bildungsunsicherheit unterstreicht. Insgesamt zeigt sie angestrengt und beflissen wirkende Bemühungen, die eigene Schriftsprachkompetenz zu erweitern sowie eine besondere Furcht vor Gesichtsverlust. Diese Furcht führt dazu, dass Christa bei ihrer Arbeit als Politesse ausgeklügelte Geheimhaltungsstrategien entwickelt, um ihre Lese- und Schreibschwierigkeiten zu verbergen. Ihre Anstrengungen und die hohe Bedeutung von Scham sprechen für eine Diskrepanz, die Christa zwischen der eigenen Schriftsprachkompetenz und ihrer sozialen Position bzw. den hier als selbstverständlich vorausgesetzten literalen Kompetenzen und Praxen wahrnimmt. Sie zeigt zudem eine starke Orientierung an legitimer Literalität, was auch der Gebrauch des Dudens veranschaulicht, der für einen legitimen Umgang mit Fragen zur Orthografie bzw. Korrektheit steht und mit dem sie sich ihren Kolleginnen gegenüber auch ein Stück weit aufzuwerten versucht.

5.1.5   Literalität im Rahmen von Partnerschaft und eigener Familie

> *„Für mich war halt oder is is immer noch meine Ehe und meine Familie am wichtigsten."*
> (S. 13/Z. 25 f.)

In ihrem familiären Alltag ist Christa für den Haushalt verantwortlich, obwohl sie wie ihr Ehemann, der über einen Hauptschulabschluss verfügt und als gelernter Fernmeldehandwerker tätig ist, einer Berufstätigkeit nachgeht. Sie gibt an, dass ihr privat wenig Zeit zum Üben des Lesens und Schreibens bleibe, da sie sich neben ihrem Beruf um ihre Familie kümmern müsse. Die Familie zählt laut Sozialdatenbogen auch zu ihren Hobbys. Sie trägt demnach eine Doppelbelastung, was sich anhand folgender Aussage spezifizieren lässt: *„[I]ch arbeite jetzt ab ersten Sechsten fünfundzwanzig Stunden, aber das reicht dann auch, wenn man dann noch Familie, Haushalt- (heiter, scherzhaft) Ist genuch, reicht! (lacht kurz)"* (S. 6/Z. 42 ff.). Es kommt hier also die traditionelle Rollenverteilung zum Tragen, wobei Christa die Rolle der Hausfrau und Mutter gerne zu ihrem Lebensmittelpunkt macht (*„Für mich war halt* *oder is is immer noch meine Ehe und meine Familie am wichtigsten.*", S. 13/Z. 25 f.) und sogar ein wenig mit dem damit einhergehenden Zeitmangel zu kokettieren scheint.

Ihr Ehemann übernimmt dagegen eher administrative Tätigkeiten im Alltag der Familie, bei denen sich Christa unsicher fühlt. So berichtet Christa, Verantwortlichkeiten wie z. B. Vertragsabschlüsse nur gemeinsam mit ihm zu bestreiten. Sie scheint hier seine Kompetenz und Autorität anzuerkennen und auch ein gewisses Verständnis dafür aufzubringen, wenn er z. B. bei Arbeiten mit dem Computer keine Geduld mit ihr hat: *„Mein Mann meint das auch gar nicht böse, das weiß ich auch, aber der sagt dann auch immer: (genervter, salopper Tonfall) Ja, dann gib mal her, dann mach ich das.*" (S. 29/Z. 2 ff.). Sie sagt zwar im Interview: *„Aber wenn man mich lässt, kann ich das*" (S. 29/Z. 4 f.), was auch auf den zögerlichen Wunsch verweist, bei solchen Angelegenheiten aktiver zu werden. Christa scheint sich ihrem Mann in letzter Konsequenz jedoch unterzuordnen und ihm den Vortritt zu lassen.

Die beiden haben zwei Kinder, die im Abstand von drei Jahren zur Welt kamen und höhere Schulformen (Real- und Gesamtschule) besuchen als sie. Christa berichtet, dass sie ihren Kindern trotz ihrer schambesetzten Schwierigkeiten im Bereich Lesen und Schreiben *„immer vorgelesen*" (S. 15/Z. 14) und bei Schularbeiten geholfen habe. Sie verhält sich hier also bewusst anders als ihre Mutter und möchte den eigenen Kindern Vorbild in Bezug auf Bildung sein. Deutlich wird aber wiederum ihre große Furcht vor Ansehensverlust; auch hier verfolgte sie beim Vorlesen lange Zeit eine Geheimhaltungsstrategie, indem sie Wörter, die sie nicht lesen konnte, durch andere, spontan hinzugefügte Wörter ersetzte. Diese Strategie wurde offenkundig, als ihrer Tochter eines Tages auffiel: *„Hä? Da steht doch was ganz anderes.*" (S. 15/Z. 20), so dass Christa den Kindern von ihren Lese- und Schreibschwierigkeiten berichten musste. Sie habe aber verdeutlichen können, *„dass ich mich bemühe und dass ich alles mache und tue*" (S. 15/Z. 24 f.), so dass die ‚erzwungene' Offenbarung letztlich eine positive Erfahrung für sie gewesen sei.

Christa wurde durch ihre Lese- und Schreibschwierigkeiten folglich in ihren erzieherischen Absichten gebremst. Bildung scheint aber auch nicht um jeden Preis erstrebenswert. Christa kritisiert den heutigen Druck an Schulen, der z. B. durch das Abitur nach zwölf Jahren entstehe. Diese Entwicklung finde sie *„nich gut, weil die die müssen doch auch noch irgendwo Kinder bleiben. Ne?*" (S. 20/Z. 3 f.). Folglich ist für sie auch eine gewisse Unbeschwertheit in der Entwicklung ihrer Kinder von Bedeutung und nicht nur Leistung. Im Gegensatz zu ihrem eigenen, durch Konflikte belasteten familiären Hintergrund strebt Christa ein harmonisches Familienleben an und bezeichnet sich selbst als *„harmoniesüchtig*" (S. 9/Z. 12). Auf eine Ähnlichkeit zum Herkunftsmilieu verweisen dagegen die Rollenverteilung der Eheleute sowie Christas klare Vorstellung davon, dass neben aller Harmonie eine ‚Bestrafung' der Kinder notwendig ist, wobei jedoch im Dunkeln bleibt, wie sie diese umsetzt (*„am besten nie bestrafen und aber das geht halt nun mal nicht.*", S. 9/Z. 17).

Zusammenfassung: Christa füllt in ihrer eigenen Familie trotz Berufstätigkeit die traditionelle Rolle der Hausfrau und Mutter gerne aus. Sie verbindet damit bestimmte Bilder von guter Kindheit und Erziehung. Mütterliche Zuwendung, Geborgenheit, Harmonie und Bildung spielen hier eine wichtige Rolle – trotz eigener schriftsprachlicher Schwierigkeiten hat sie ihren Kindern vorgelesen und bei Schularbeiten geholfen. Mit ihrem Mutterbild und den damit in Zusammenhang stehenden erzieherischen Absichten stößt sie aufgrund ihrer Lese- und Schreibproblematik jedoch an eine Grenze. Ihre Vorstellungen von der ‚heilen‘ Familie und ihre Bildungswünsche für die Kinder deuten auf eine weniger an Notwendigkeiten orientierte Praxis und auf eine Entfernung vom Herkunftsmilieu hin. Diese ist zudem mit höheren Ansprüchen an Literalität verknüpft, denen Christa jedoch nicht nachkommen kann.

5.1.6 Kursaufnahme und Entwicklungen im Zuge der Teilnahme (Basisbefragung)

„[M]an muss halt versuchen, das auch zu lernen, auch wenn es schwer fällt." (S. 2/Z. 8 f.)

Christa besucht zum Zeitpunkt der Basisbefragung seit zweieinhalb Jahren einen Alphabetisierungskurs mit Fortgeschrittenenniveau und hat auch vor längerer Zeit bereits einmal an einem Lese- und Schreibkurs teilgenommen. Diesen gab sie jedoch auf, da offenbar die Notwendigkeit für sie nicht so sehr im Vordergrund stand, etwas an ihrer Situation zu verändern. Ihre Kinder konnten zu dieser Zeit noch nicht lesen und schreiben. Zudem habe sie *„viel Hilfe gekriegt"* (S. 1/Z. 26), so dass sie ihre Schwierigkeiten *„so mehr verdrängt"* (S. 1/Z. 27) habe. Es wird deutlich, dass Christa zunächst die Geheimhaltungsstrategie der Herkunftsfamilie im Hinblick auf Lese- und Schreibschwierigkeiten fortsetzte, wodurch sich für Christa ein Kursbesuch zunächst erübrigte. Irgendwann sei Christa jedoch klar geworden, *„[m]an belügt und betrügt sich ja selber"* (S. 1/Z. 28 f.), zumal ihre Kinder ihrer Ansicht nach *„immer geahnt"* (S. 2/Z. 30) hätten, dass sie Schwierigkeiten mit dem Lesen und Schreiben hat. Es stand also schon länger eine gefühlte Bedrohung im Raum, dass die Lese- und Schreibschwierigkeiten öffentlich werden könnten und ihre Furcht vor Gesichtsverlust verleitete sie offenbar zu der Schlussfolgerung, *„man muss halt versuchen, das auch zu lernen, auch wenn es schwer fällt."* (S. 2/Z. 8 f.). Dabei bekundet sie, dass sie sich beim Lernen *„nicht unter Druck setzen wollte"* (S. 7/Z. 32 f.). Druck und Zwang scheinen aber ein großes Thema für sie zu sein, wie bereits in den vorangegangenen Kapiteln deutlich wurde.

Der erste Besuch des Kurses, in dessen Rahmen sie nun befragt werden konnte, war für Christa *„sehr aufregend"* (S. 5/Z. 7). Die Kursleiterin sei jedoch *„supernett"* (S. 5/Z. 7) gewesen und habe ihr *„die Angst auch genommen"* (S. 5/Z. 8). Ihr Lernprozess scheint sich sehr mühevoll zu gestalten: *„Also mir fällt das sehr schwer, das zu lernen und das zu behalten, ne? Deswegen ist die Wiederholung, die die hier stattfindet so wahnsinnig wichtig."* (S. 2/Z. 9 ff.). Die Schwierigkeiten sind in Christas Fall aber auch auf das Kursniveau zurückzuführen und damit zu einem gewissen Teil der Lernsituation geschuldet, wurde Christa doch dem Fortgeschrittenenkurs zugewiesen, da sie in diese Gruppe ‚vom Typ her' gut hineinpasse und weniger vom Lernstand. Christa betont zwar, dass es auch ihr Wunsch gewesen sei, in dem Kurs zu bleiben und dass dort *„auf alle Bedürfnisse eingegangen"* (S. 6/Z. 1) werde. Es bleibt allerdings etwas unklar, inwiefern sie ihre Haltung letztlich nicht doch an die der Kursleiterin anpasste. Immerhin setzte sie sich in der Folge zusammen mit weiteren Teilnehmenden für zusätzliche Leseeinheiten vor Beginn des Kurses ein. Der ambitioniert wirkende Wunsch entstand möglicherweise aufgrund einer Überforderung, die das defizitäre Selbsterleben in Bezug auf Schriftsprache verstärkte. Deutlich wird jedenfalls auch in dieser Situation, dass Christa ihre Lese- und Schreibschwierigkeiten als Defizit und Makel empfindet, da sie diesbezüglich wiederum einen dringenden Handlungsbedarf betont (*„Weil äh das Lesen, das brauche ich also ganz doll. (leise) Das ist für mich ganz wichtig.",* S. 6/Z. 6 f.) und Menschen, die ihr Hilfe anbieten, mit großer Dankbarkeit gegenübertritt (*„Und dann äh wurde der Wunsch erfüllt [...] Das das war also ganz ganz toll.",* S. 6/Z. 4 ff.)

Sie bekundet, aktuell gleichermaßen Schwierigkeiten im Lesen wie im Schreiben zu haben, wobei sie *„gut lesen"* (S. 6/Z. 13) könne, wenn die Texte *„nicht mit so vielen Fremdwörtern und so schwierigen Wörtern"* (S. 6/Z. 12 f.) seien. Als Beispiel führt sie das Wort *„Psychiater"* an (S. 6/Z. 20), das sie im Kurs geübt hätten. Es scheint folglich, als sei sie besonders verunsichert, wenn es um Wörter geht, die eher eine Literalität höherer (Bildungs-)Milieus voraussetzen.

Die Kursteilnahme bewirkt eine erhöhte Akzeptanz ihrer Problematik und zieht Öffnungsprozesse nach sich: *„Also ich nehme das so hin, wie wies jetzt is und [...] dass ich nicht mehr so dieses diese diesen Selbstzweifel auch an meine Person habe. Der ist also besser geworden."* (S. 7/Z. 33 ff.). Sie gibt an, dass sie in Folge der Kursaufnahme mit ihrem Ehemann *„lockerer"* (S. 22/Z. 46) über ihre Lese- und Schreibschwierigkeiten reden könne. Zudem habe sie im Laufe der Kursteilnahme im Freundeskreis und gegenüber weiteren Familienmitgliedern ihre Lese- und Schreibschwierigkeiten offengelegt und damit gute Erfahrungen gemacht.

Wichtig bleibt für Christa die eigene Außendarstellung, was sich z. B. daran veranschaulichen lässt, dass sie besonders auf eine grammatikalisch korrekte Sprechweise achtet: *„Na ja, wo also was wo äh was für mich unheimlich viel gebracht hat, [...] zum Beispiel äh, dass man nicht sagt, ich geh nach Aldi, sondern ich gehe zu Aldi, ne? [...] Das habe ich also sehr gelernt, das ist besser geworden."* (S. 24 f./Z. 47 ff.). Christa hat sogar eine Freundin damit beauftragt, ihre Aussprache zu ‚überwachen' und sie auf mögliche Fehler hinzuweisen. Neben den genannten Öffnungsprozessen scheint es nichtsdestotrotz weiterhin ein bedeutsames Ziel für Christa zu sein, die Lese- und Schreibschwierigkeiten zu verstecken: *„Also weil weil ich weiß, jetzt kriegens noch weniger Leute mit, dass ich halt dies Problem habe. Und das macht mich stolz."* (S. 25/Z. 18 f.). Die Frage, ob sich denn die genannten Veränderungen (z. B. im Selbstbewusstsein) in bestimmten Lebensbereichen auswirkten, verneint Christa dementsprechend, da sie ihre Schwierigkeiten auf der Arbeit *„übertünscht"* (S. 25/Z. 29) habe. Sie sieht hier auch keine Notwendigkeit einer Veränderung: *„Nee, aber da, das hab ich ja so gut im Griff."* (S. 27/Z. 24). Die Geheimhaltung auf der Arbeit scheint also auch nach gut zweijähriger Kursbesuchszeit ein probates Mittel zu sein, mit dem sie ihren Berufsalltag gestaltet. Es entstehen vor allem durch den Kurs initiierte Lese- und Schreibanlässe, wenn sie z. B. im Kurs begonnene Geschichten zu Hause weiterschreibt. Sie erwähnt jedoch, dass ihr dafür eigentlich die Zeit fehle („*Ich komme leider zu wenig dazu.*", S. 26/Z. 37), so dass der Eindruck entsteht, als würde Lesen und Schreiben – abgesehen von der für sie sinnstiftenden Förderung ihrer Kinder – vor allem an den Kurs gebunden sein.

Christa stuft insbesondere die Teilnahme an Weiterbildungen als Hürde ein, da diese für sie mit großen Versagensängsten behaftet ist. Es stellt sich heraus, dass Christa gerne einen Computerkurs belegen („*So richtig auffe Pieke*", S. 29/Z. 38) und auch gerne Englisch lernen würde. Ihr ist bekannt, dass auch der Alphabetisierungsbereich der Volkshochschule solche Angebote bereithält. Die Versagensängste und die hohe Bedeutung des äußeren Ansehens scheinen jedoch eine so große Rolle zu spielen, dass Christa vor jeder Weiterbildung zurückschreckt, obwohl sie ein Weiterbildungsinteresse hat („*das traue ich mich nicht.*", S. 29/Z. 39).

Zusammenfassung: Christa möchte ihre Kinder in puncto Bildung unterstützen, gleichzeitig aber vor ihnen das Gesicht wahren, so dass sie auch etwas gegen die eigene Lese- und Schreibproblematik unternimmt. So wird die Einbettung des Kursbesuchs in die Bedürfnisse des Alltags sowie die hohe Bedeutung von Scham selbst innerhalb der eigenen Familie deutlich. Ihre Furcht vor Ansehens- und Gesichtsverlust führt dazu, sprachliche Unkorrektheiten von einer Freundin korrigieren zu lassen. Der Kurs erscheint ihr als Möglichkeit, den empfundenen Makel abzuschwächen und Anerkennung zu erhalten. Dies geschieht aber (noch) nicht über eine konkrete Veränderung der literalen Praxis insgesamt, da Christa bewährte Geheimhaltungsstrategien im Beruf weiterhin einsetzt und daran auch nichts ändern will. Das Lesen und Schreiben bleibt so zunächst größtenteils an den Kurs gebunden und erhöht damit auch die Bindung an diesen. Auffällig ist, dass an Christa hier eine höhere Form von Literalität (Fremdwörter) herangetragen wird, die mit ihrem eigentlichen Lernthema erst einmal nichts zu tun hat.

5.1.7 Entwicklungen im Zuge der Kursteilnahme (Folgebefragung)

„*Es es bleibt immer mehr haften.*" (S. 3/Z. 3)

Nach einem weiteren Jahr im Lese- und Schreibkurs berichtet die Befragte, sie habe „*mehr Selbstvertrauen*" (S. 5/Z. 38) und „*nicht mehr so viel <u>Angst</u>*" (S. 5/Z. 42), etwas „*falsch*" (S. 5/Z. 42) zu machen. Daher vermeide sie das Lesen und Schreiben auch nicht mehr, „*wenn andere dabei sind*" (S. 27/Z. 6), was nach einer bedeutsamen Weiterentwicklung klingt. Die Veränderungen schlagen sich auch in den Lernstandsdiagnosen nieder (siehe Tabelle 4). Zudem nennt Christa konkrete Beispiele dafür aus ihrem Berufs- und Privatleben. Sie hat beispielsweise ihr „*Nachschlagbuch*" (S. 7/Z. 10), das sie bisher vor allem am Arbeitsplatz beim Lesen und Schreiben unterstützt hat, abschaffen können und versucht nun einfach, ohne diese Unterstützung zurechtzukommen. In einigen Bereichen (z. B. im Restaurant, in öffentlichen Verkehrsmitteln) fällt ihr das Lesen leichter. Außerdem berichtet sie, eine gewisse Leselust für Geschichten zu entwickeln, die von Menschen handelten, die wie sie Schwierigkeiten beim Lesen und Schreiben hätten und an die sie über den Alphabetisierungskurs gekommen sei. Diese Geschichten scheinen ihren Geschmack zu treffen, da sie ihrem (Schrift-)Sprachgebrauch entsprechen und ihrer Scham entgegenwirken. Sie thematisiert ferner einen Kriminalroman, von dem sie sagt, er sei *„so spannend"* (S. 12/Z. 22). Außerdem lese sie bei Arztbesuchen Zeitschriften wie *„Freundin, Für Sie oder Bunte [...] ganz gerne"* (S. 23/Z. 43 f.) (*„Klatsch und Tratsch"*, S. 23/Z. 44).

In Bezug auf ihre Schwierigkeiten im Bereich der Orthografie ist Christa der Ansicht, dass im Kurs gelernte Rechtschreibregeln *„jetzt auch immer mehr haften bleiben"* (S. 2/Z. 3). Neben diesen Veränderungen gibt es allerdings auch fortbestehende Schwierigkeiten. Christa hat nach wie vor ein großes Interesse an Weiterbildungen, hat jedoch weiterhin *„Angst"* (S. 16/Z. 29), an einer solchen Maßnahme teilzunehmen, weil ihr unklar ist, *„was die denn da so fordern"* (S. 16/Z. 30). Ferner ist auffällig, dass es sich bei den neu erworbenen Rechtschreibstrategien um Inhalte aus einem kurz zurückliegenden Kursbesuch zu handeln scheint. Es stellt sich folglich die Frage, inwiefern es sich tatsächlich um einen nachhaltigen Lernerfolg handelt. Sie hat im Freundeskreis weiterhin *„ganz dolle Hemmungen"* (S. 22/Z. 10), obwohl sie sich vielen gegenüber bereits geöffnet hat. Zudem berichtet sie: *„Also was mit mit Lesen is, nur in der Familie."* (S. 22/Z. 5). Ihre Auskünfte nach Veränderungen beinhalten somit auch eine gewisse Ambivalenz. Die bisherigen Veränderungen in ihrem Leben machen Christa aber *„ganz froh"* (S. 7/Z. 39), auch wenn sie bekundet, *„natürlich noch nich zufrieden"* (S. 26/Z. 19) zu sein. Das regelmäßige Lernen im Kurs findet sie nach wie vor *„ganz wichtig"* (S. 3/Z. 10), da sie im Alltag *„nicht so die Ruhe"* (S. 3/Z. 15) dazu habe. Es bestehen also trotz der Fortschritte Barrieren, Beharrlichkeiten und Unsicherheiten, die neuen Praktiken in das Milieu zu integrieren.

Zusammenfassung: Christa scheint im Umgang mit Schriftsprache sicherer geworden zu sein und nun weniger Geheimhaltungsstrategien in ihrem Alltag einzusetzen. Ihre große Furcht vor Gesichtsverlust und die hohe Bedeutung des äußeren Ansehens verhindern aber auch zum Zeitpunkt der Folgebefragung den Besuch einer Weiterbildung, obwohl sie laut Lernstandsdiagnosen Fortschritte im Lesen und Schreiben verzeichnen kann. Dieser Befund verweist auf die beharrliche Wirkung des Habitus bei der Verwendung von Schriftsprache: Im Kurs erlernte Rechtschreibregeln kann Christa stärker nachvollziehen, sie können allerdings nur bedingt der habitus- und milieuspezifischen Sinnsetzung bei der Anwendung von Schriftsprache entgegenwirken. Sie favorisiert einfache Lektüre und verfolgt das Interesse, Zugang zu aktuellen Themen des Mainstreams und Boulevard-Journalismus zu erhalten, um darüber Bescheid zu wissen und im eigenen sozialen Umfeld ‚mitreden' zu können. Auch dies unterstreicht ihre Statusorientierung und den Wunsch nach Zugehörigkeit zu einem anerkannten sozialen Milieu. Die Familie erweist sich in Bezug auf die Anwendung des Lesens und Schreibens zwar als bedeutsamer (Schutz-)Raum. Letzterer ist aber auch ein Ort, der das Lesen und Schreiben aufgrund von Christas Verpflichtungen im Haushalt verhindert und somit die Bindung an den Kurs erhöht.

Tab. 4:   Ergebnisse der standardisierten Lernstandsdiagnosen (Fall Christa)[75]

Teilneh-mer/in	Hamburger Schreib-Probe		Würzburger Leise Leseprobe		Ergebnis
	2009	2010	2009	2010	
Christa Hartmann	HSP 4/5, unterdurch-schnittlich (Vergl. Ende 4. Klasse)	HSP 4/5, durch-schnittlich (Vergl. Ende 4. Klasse)	sehr schwach (Vergl. 4. Klasse)	schwach (Vergl. 4. Klasse)	nicht signifikante Verbesserung im Schreiben, Verbesserung im Lesen

5.1.8   Habitus und Literalität

„[I]ch mach das Beste draus und lebe halt damit." (S. 23/Z. 14)

Der Fall Christa steht für einen schambesetzten und *angestrengt-ambitionierten* Zugang zu Schriftsprache, der auf einem Kampf um Respektabilität und Ansehen beruht. In Christas Herkunftsfamilie wurde peinlichst darauf geachtet, nach außen den Schein der intakten, respektablen Familie zu wahren. Vermeintliche Makel wie Schwierigkeiten mit dem Lesen und Schreiben oder der Besuch einer Förderschule sollten nicht auffallen und Lesen bzw. Schreiben fand nur in begrenztem Maße Anwendung. In der Folge entwickelte Christa selbst ausgeprägte Defizitgefühle in Bezug auf ihre geringen Lese- und Schreibkompetenzen und reproduzierte *ausgefeilte Geheimhaltungsstrategien*, um nicht damit aufzufallen. So wird deutlich, dass es sich um langfristige und bewährte Strategien im Umgang mit Schriftsprache handelt und dass der im Herkunftsmilieu erworbene Habitus auch im Erwachsenenalter die Einstellungen zu Schriftsprache bestimmt.

Christa stützt sich auf asketische Dispositionen, die dazu dienen sollen, sich an legitime Formen von Literalität anzupassen. Ihr Umgang mit Schriftsprache wirkt dadurch beflissen und gezwungen mit einer Neigung zur Überkorrektheit, er verweist auf Ängste vor gesellschaftlicher Deklassierung. Christas Selbstbewusstsein wirkt brüchig und scheint leicht zu erschüttern. Dahinter steht die Sorge, die erlangte Respektabilität verlieren zu können. Ihre Geheimhaltungsstrategien, in die sie viel Zeit und Energie investiert, wie auch der regelmäßige Kursbesuch implizieren ein methodisch-planerisches Vorgehen, das ebenfalls auf ihre asketische Selbstdisziplin zurückzuführen ist.

Die Spannungen, die in ihren Bemühungen sichtbar werden, versinnbildlichen die gesellschaftlichen Machtverhältnisse, in die Literalität eingebunden ist. In ihren

---

75   Ausführlichere Angaben und Werte befinden sich im Anhang.

Schamgefühlen und den oftmals inhaltsleer wirkenden Bestrebungen des Lernens und Übens wird das Wirken symbolischer Gewalt sichtbar. Sie hat ein Gespür dafür, dass es illegitim ist, nicht richtig Lesen und Schreiben zu können und arbeitet sich daran ab, denn es ist in ihrem sozialen Umfeld nicht üblich, gegen derlei Konventionen zu ‚verstoßen'. Schriftsprache gilt in ihrem Milieu als etwas, das regelkonform beherrscht werden muss. Dazu kommt, dass sie als Frau eher jene Dispositionen verinnerlicht hat, sich Machtverhältnissen zu unterwerfen und anzupassen bzw. „die Erfordernisse des Marktes der symbolischen Güter" (Bourdieu 1990, S. 27) für sich zu nutzen. Die starken Schamgefühle korrespondieren mit einem traditionellen Geschlechterverhältnis, in dem ihr als Frau die Repräsentation der Familie, speziell des Mannes, in besonderem Maße obliegt. Sie scheinen demnach auch geschlechtsspezifisch begründet zu sein (Bourdieu 2005b, S. 79).

Christa entwickelt in Abgrenzung zum Herkunftsmilieu – speziell zu ihrer Mutter – höhere Ansprüche an Literalität, zu denen es gehört, ihren Kindern vorlesen zu können und sie in Bezug auf Bildung zu unterstützen. Auch hier spielt die von ihr traditionell ausgefüllte Rolle der Hausfrau und Mutter mit hinein, da sich an Christas Vorstellungen von guter Kindheit und Erziehung ein Motiv für den Kursbesuch entzündet. Es kommt zu einem konkreten Lernanlass bzw. einem Druck, etwas an ihrer Situation zu ändern und einen Kurs zu besuchen, da Christa die Bildung ihrer Kinder wichtig ist. Gleichzeitig sind Christas erzieherische Absichten und die damit zusammenhängenden Bildungsinvestitionen milieuspezifisch und es zeigt sich, dass mit der Grenze, die sich ihr aufgrund der geringen Lese- und Schreibkenntnisse auftut, der Zugang zu ihrem bzw. zu dem von ihr angestrebten Milieu gewissermaßen auf der Kippe steht. So wird deutlich, dass Literalität in den Alltag eingebunden ist und dass auch der Wunsch, die Schriftsprachkompetenz zu erweitern, aus dieser Alltagslogik heraus entsteht. Christa will es anders machen als ihre Eltern. Deutlich wird allerdings auch ein ungewohnter Umgang mit den neuen Idealen von Bildung und Erziehung, was für fortbestehende Verwurzelung im Herkunftsmilieu spricht.

Das Interview der Folgebefragung offenbart einige zentrale Veränderungen. Es zeigt sich aber auch hier wieder die Beständigkeit der Milieulogik bei der Anwendung des Lesens und Schreibens. Da das äußere Ansehen für sie so eine wichtige Rolle spielt, will sie nicht das Risiko eingehen, sich durch die Teilnahme an einer Weiterbildung zu exponieren. Es scheint eine sicherheitsorientierte Strategie zu sein, sich mit seinem Platz in der Hierarchie zufriedenzugeben und ‚das Beste daraus zu machen'. Wichtig ist der Befund, dass an dieser Haltung auch ‚gemessene' Fortschritte in den Lernstandsdiagnosen nichts ändern, was auf die ‚Schwerkräfte' des Habitus verweist, die sich in Christas Fall hemmend und benachteiligend auf die Weiterbildungspraxis auswirken. An ihrem Beispiel wird deutlich, dass die Erweiterung der Schriftsprachkompetenz nicht automatisch in allen Bereichen des Lebens zu mehr Teilhabe oder einer weitreichenden Veränderung von Lebensentwürfen führt. Vielmehr folgen auch Lernprozesse der milieuspezifischen Sinnsetzung beim Gebrauch von Schriftsprache, wie auch die Auswahl von Literatur bestätigt, die

Christa im Zuge ihrer Lernerfolge mehr und mehr liest. Auch dabei geht es um das milieuspezifische Motiv der Statusorientierung.

Ihr Interesse für diese Lektüre wird teilweise durch den Kurs geweckt. Auffällig ist allerdings, dass das Lernen im Kurs ansonsten viel über Rechtschreibregeln oder Fachausdrücke erfolgt, die Christa eher fremd sind und daher wenige Anschlussmöglichkeiten für ihren Habitus bieten. Der Kurs setzt hauptsächlich an Lesen und Schreiben als Kulturtechnik an und vermittelt höhere Formen von Literalität. Die verstehende Perspektive, die Gegenstand dieser Arbeit ist, hat dagegen deutlich gemacht, dass das eigentliche Motiv für den Besuch des Kurses darin besteht, eine bedrohte Teilhabe in einem Bereich von Christas Alltag (wieder) herzustellen. Der Kurs kann zwar den empfundenen Makel abschwächen und die gewünschte Zugehörigkeit und Passung zum (angestrebten) Milieu in Aussicht stellen, wobei die Kursleiterin Christa wie eine Art *Heilsbringerin* erscheint. Aus dieser in Aussicht gestellten Passung dürfte sich ein besonderes, im Verborgenen liegendes Motiv ergeben, in den Kurs zu gehen und in diesem zu verbleiben. In Christas Fall bleibt der Alltag jedoch relativ konstant und die Schriftsprachverwendung überwiegend an den Kurs gebunden, was nochmals deutlich macht, dass die Kulturtechnik allein das Versprechen, mehr Teilhabe zu ermöglichen, nicht einlösen kann. Vielmehr verhindert das Wirken symbolischer Gewalt und Herrschaft, das sich auch beim Üben von Fremdwörtern im Kurs bahnbricht, dass sich die Teilnehmerin in eine Weiterbildung traut. Letztlich führt sie ihre Rolle als Hausfrau und Mutter zwar in den Alphabetisierungskurs. Da sie sich aber sehr in den Dienst ihrer Familie stellt, wirkt dies zugleich als Hemmnis für ihr Bildungsstreben, so dass sich hierin auch eine geschlechtsspezifische Benachteiligung ausmachen lässt.

Abschließend bleibt festzuhalten, dass in Christas Fall eine Logik deutlich wird, die einem respektablen Milieu entstammt. Dazu passt, dass formale Bildung in ihrer Herkunftsfamilie auch nicht ganz unwichtig war, diente sie doch zumindest dem Erwerb von einigermaßen sicheren und respektablen/angesehenen beruflichen Qualifikationen, wie die Bildungs- und Berufsabschlüsse des Vaters und der Geschwister zeigen. Auch ihre Tätigkeit als Politesse, durch die nach außen Respektabilität, Ansehen und Ordnung demonstriert werden kann, verleitet zu der Annahme, dass es sich um ein respektables Milieu in Kombination mit einer Status- und Hierarchieorientierung handelt. Die hohe Bedeutung des äußeren Ansehens, das Denken in Hierarchien und die Statusorientierung verweisen auf einen Habitus mit kleinbürgerlichen Zügen. Dafür sprechen auch die eher kleinen und überschaubaren Gesellungskreise (einzelne Freundinnen in unterschiedlichen Lebensabschnitten), in denen Christa sich bewegt, sowie die sich eher unterordnende Rolle als Ehefrau und Mutter kombiniert mit dem Wunsch nach familiärer Harmonie. Sie hat sich von ihrem Herkunftsmilieu entfernt, was vor allem in einem insgesamt stärkeren Bezug zu Bildung deutlich wird. Es zeigen sich aber auch Beharrlichkeiten in der Erziehung, Unsicherheiten und Strategien der Notwendigkeit, die eine Position nahe der *Grenze der Respektabilität* wahrscheinlich machen.

5.2 Eckfall Ulrich: *„Was ich nich weiß, frag ich nach […]. Da kenn ich nix."*

5.2.1 Skizzierung der sozialen Herkunft und der Lebenssituation

Kursteilnehmer Ulrich[76] wurde im Jahr 1957 geboren und wuchs in einer Großstadt mit rund 500.000 Einwohnern auf. Er hatte einen älteren Bruder, der jedoch bereits im jungen Erwachsenenalter verstarb, was Ulrichs Andeutungen zufolge auf seine Lebensweise zurückzuführen gewesen sei.

Ulrichs Eltern besuchten beide die Volksschule und schlossen diese mit entsprechendem Abschluss ab. Ulrichs Mutter lernte sodann den Beruf der Konditorin, war später aber als Lagerarbeiterin tätig. Sein Vater, der ebenfalls recht früh verstarb, lernte den Beruf des Klempners und war zuletzt in einem Krankenhaus u. a. mit Krankentransporten beschäftigt. Über die Großelterngeneration ist bekannt, dass Ulrichs Großmutter mütterlicherseits Hausfrau war. Der Großvater väterlicherseits absolvierte eine Lehre als Dreher und war auch als solcher tätig. Ulrichs bereits verstorbener Bruder folgte diesem Vorbild und absolvierte nach dem Hauptschulabschluss ebenfalls eine Lehre als Dreher. Ulrich selbst besuchte zunächst eine Volksschule, wurde jedoch nach mehrmaliger Zurückstufung im dritten Schuljahr auf eine Förderschule überwiesen, wo er den Förderschulabschluss erwarb.

Zum Zeitpunkt des ersten Interviews[77] ist Ulrich als angelernter Gärtner im öffentlichen Dienst tätig. Er ist mit einer Raumpflegerin mit Förderschulabschluss verheiratet und hat mit ihr einen Sohn, der ebenfalls eine Förderschule für den Entwicklungsbereich Sprache besucht hat. Sein persönliches monatliches Nettoeinkommen liegt wie das Nettomonatseinkommen der Familie bei über 1.500 €. Er besucht seit Anfang der 1980er Jahre verschiedene (Alphabetisierungs-)Kurse der Volkshochschule – aktuell u. a. einen Alphabetisierungskurs mit mittlerem Niveau.

---

76 Das Interview wurde im Anschluss an einen Hospitationsbesuch vereinbart. Während des Interviews machte Ulrich einen gelassenen und selbstbewussten Eindruck. Ein großes Thema im Interview war Ulrichs Arbeit als Gärtner. Er sprach zudem wiederholt über Kursteilnehmende, die die Lerndauer unterschätzten, denn das Erlernen des Lesens und Schreibens sei ein langer Prozess. Insgesamt entstand der Eindruck, als würde Ulrich gerne von sich erzählen. Auffällig war, dass auch dieses Interview wieder unterbrochen wurde. Seine Kursleiterin kam zwischenzeitlich zwei Mal in das Interviewzimmer sowie eine weitere VHS-Mitarbeiterin. Die Unterbrechungen schienen Ulrich aber nicht zu stören. Im Gegenteil: In dem kurzen Gespräch, das Ulrich mit seiner Kursleiterin während der Interviewunterbrechung führte, wurde die vertraute Beziehung zwischen Lehrperson und Teilnehmer deutlich.

77 Der Befragte konnte am 06.05.2009 für das Interview der Basisbefragung gewonnen werden, das hier grundlegend thematisiert wird. Das Folgegespräch wurde am 26.05.2010 geführt (siehe Kapitel 5.2.7).

5.2.2 Literalität im Kontext der Herkunftsfamilie

„Und wenn man was nich weiß, dann hat man nachgefracht." (S. 17/Z. 18)

Anders als Christa berichtet Ulrich im Interview von einer recht harmonischen Kindheit. Er führt an, dass seine Familie *„bei Oppa im Haus gewohnt"* (S. 10/Z. 1) habe, womit vermutlich der Großvater väterlicherseits gemeint ist, von dessen Berufsabschluss als Dreher Ulrich bei der Sozialdatenerhebung zu berichten weiß. Auffällig ist, welch großen Stellenwert die Freizeitaktivitäten der Familie in Ulrichs Erzählung einnehmen. So berichtet er, dass seine Eltern ein *„Wochenendhaus"* (S. 10/Z. 2) besessen hätten und an den Wochenenden *„viel Camping gefahren"* (S. 10/Z. 2) seien. Die Familie habe *„[e]rst so wild"* (S. 10/Z. 20) an einem *„Sandwerk"* (S. 10/Z. 21) gezeltet. Irgendwann sei das Zelten dort aber *„nich mehr geduldet"* (S. 10/Z. 25 f.) gewesen, so dass die Familie ein Grundstück pachtete, Bäume rodete und das sogenannte Wochenendhaus – ein 45 Quadratmeter großes *„Holzhaus"* (S. 12/Z. 7) – darauf baute. Diese Aktivitäten klingen nach Abenteuer und Naturnähe, Unkonventionalität sowie einer Neigung zur Improvisation, Eigenständigkeit und Bescheidenheit. Die handwerklichen Arbeiten auf dem Grundstück hat die Familie selbst vorgenommen, was für eine besondere Kompetenz in diesem Bereich spricht. Es wird ein gewisser Stolz darauf deutlich, dass die Familie den Garten und das Haus selbst hergerichtet hat und es sich zwar um ein gepachtetes Grundstück, aber dennoch um ihr Eigentum handelte. Die gemeinsamen Aktivitäten im Freien scheinen sinnstiftend für die Familie gewesen zu sein und der Umgang in Ulrichs Familie wirkt, als würde er sich eher auf Augenhöhe gestalten und weniger autoritär wie bei Christa. Ulrichs Angaben zum Erziehungsstil seiner Eltern bleiben aber teilweise spekulativ, da Ulrich keine Antwort auf die Frage weiß, worauf seine Eltern damals Wert gelegt hätten.

Bildung und Schriftsprache spielten jedenfalls keine besondere Rolle. Ulrich berichtet, dass Lesen bzw. Schreiben in seiner Familie *„gar nich"* (S. 14/Z. 13) zum Einsatz gekommen sei. Es sei ihm ferner nicht vorgelesen worden: *„Nö, gar nich. Dadurch dass meine Mutter ja nun gearbeitet hat und Vatter war vorher bis vorher ins Krankenhaus X war er ja in der einmal bei Autohersteller X und dann bei Firma Y gewesen und da hat er ja drei Schichten gefahren und so, ne?"* (S. 15/Z. 7 ff.). Der Alltag der Eltern war also vorwiegend mit Arbeit ausgefüllt. Die Eltern verfügen zwar über einigermaßen respektable Qualifikationen (siehe Kapitel 5.2.1), beide arbeiteten jedoch nicht in den gelernten Berufen, sondern gingen angelernten Tätigkeiten nach.

Interessant ist, dass Ulrich bei dem Thema Vorlesen zunächst auf seine Mutter zu sprechen kommt. Dies lässt vermuten, dass Erziehungsaufgaben und schriftsprachliche Tätigkeiten für ihn weiblich konnotiert sind bzw. den mütterlichen Aufgaben zugerechnet werden. Darauf, dass Schriftsprache eher als weibliche Domäne angesehen wird, verweist auch sein Statement zu (Bilder-)Büchern. So antwortet Ulrich auf die Frage, ob er (Bilder-)Bücher in seiner Kindheit hatte: *„Nö. Autos waren meine Sachen […]. Und sonst ja, Legosachen."* (S. 15/Z. 1 f.). Er führt hier ‚typisches' Spielzeug für Jungen an, so dass es scheint, als würde er Bücher und Lesen der Sphäre des Weiblichen zuordnen. Bedeutsam ist auch die Reaktion Ulrichs auf die Frage, ob denn damals Postkarten geschrieben worden seien. Es zeigt sich ein nutzenorientierter Zugang zu Schriftsprache, denn Ulrich ist der Meinung: *„Hab ich- Braucht ich nich pfh, weil wir nur da waren und (klingt härter) sonst waren wir nirgendswo gewesen."* (S. 14/Z. 21 f.).

Seine Schwierigkeiten im Lesen und Schreiben störten Ulrich damals noch nicht: *„Joa, aber dieses das war, weil als Kinder war das egal gewesen."* (S. 17/Z. 7). Mit den Lese- und Schreibschwierigkeiten wurde folglich nicht defizitär umgegangen (*„Und wenn man was nich weiß, dann hat man nachgefracht."*, S. 17/Z. 18). Dennoch war Bildung für die Eltern auch nicht ganz unwichtig, gab es doch hin und wieder die an Ulrich gerichtete Aufforderung: *„[D]u musst du dich mal hinsetzen oder was machen oder so, ne?"* (S. 17/Z. 32 f.). Möglich ist also, dass Bildungserwerb und Respektabilität doch wichtig waren, nur dass Ulrich dies nicht so explizit macht. Als Unterstützung wird vor allem der Bruder benannt, der laut Ulrich *„auch so ab und zu mal mitgeholfen"* (S. 17/Z. 41) habe.

Zusammenfassung: Ulrich berichtet von einer recht harmonischen Kindheit in einem eher partnerschaftlichen, unprätentiösen Familienzusammenhang, so dass das Bild einer unbeschwerten Kindheit ohne viele einschränkende Verpflichtungen entsteht. Die eigenen sinnstiftenden Interessen der Familie stehen sehr im Vordergrund, was weniger auf eine Orientierung an äußeren Normen und Konformität, sondern stärker auf Autonomie verweist. Anerkennung wird in diesem Milieu eher über eine gewisse praktische Kompetenz und die so erreichten Güter und Werke erlangt, wobei hier auch eine gewisse Geschlechtsspezifik zum Ausdruck kommt, die sich darin zeigt, dass für Ulrich Bücher und Lesen und in dem Zusammenhang stehende Erziehungsaufgaben (z. B. Vorlesen) eher mit Weiblichkeit (,Feinarbeit') und handwerklich-praktische Tätigkeit im Sinne von gröberer körperlicher Arbeit hingegen eher mit Männlichkeit (,Stärke') assoziiert sind. Dass Respektabilität in der Familie dennoch eine Bedeutung hatte, zeigen die soliden Bildungs- und Berufsabschlüsse des Großvaters, der Eltern und des Bruders.

5.2.3 Literalität im Kontext der schulischen Laufbahn

„Das Einzigste war ja Schreiben und so, weil hier Rett- Rechnen und sonst hatte da so einige bestimmte Fächer, da war ich sehr gut drin" (S. 18/Z. 21 f.)

Ulrich besuchte zunächst eine Volksschule, von der er im dritten Schuljahr nach mehrmaliger Zurückstufung auf eine Förderschule überwiesen wurde, wo er den Förderschulabschluss erwarb. Im Gegensatz zu Christa erweist sich für Ulrich die Förderschule aber nicht als gefühlter Statusverlust (*„Buff, mich störte das irgendwie nich."*, S. 16/Z. 47), zumal er in der neuen Gemeinschaft relativ schnell Anschluss finden konnte: *„Und dann, naja bin ich halt <u>da</u> hingegangen und da hast du ja gleich alt, die das auch alle haben können und so. Und dann störte das gar keinen."* (S. 17/Z. 11 f.). Er hat sich durch die Überweisung auf die Förderschule entlastet gefühlt und kann seine Situation auch pragmatisch sehen. Von Diskriminierungen durch Mitschülerinnen und Mitschüler berichtet Ulrich nicht. Er scheint hingegen viele Freunde gehabt zu haben, mit denen er sich auch nach der Schule traf: *„Umpf, ich bin zur Schule mit Kumpels von der Schule und dann nach Hause. Ja und dann im Garten was gemacht oder auffe Straße rum mit den anderen."* (S. 14/Z. 26 ff.). Im Rahmen dieser offenen Gesellungsform werden keine Ausgrenzungserfahrungen thematisiert.

Die Zeit an der Volksschule beschreibt Ulrich als *„ganz normal"* (S. 18/Z. 4). Er habe keinen Ärger mit Lehrkräften gehabt und es habe bestimmte Fächer gegeben, in denen er *„sehr gut"* (S. 18/Z. 22) gewesen sei, wie z. B. im *„Rechnen"* (S. 18/Z. 21). Er fokussiert handwerklich-praktische Tätigkeiten und naturwissenschaftliche Fächer (u. a. Physik, Werken, Sport, Kochen), die ihm *„Spaß"* (S. 16/Z. 20) bereitet hätten und bei denen es wohl nicht zu sehr auf die schriftsprachlichen Leistungen ankam.

Er hat den Erwerb des Volksschulabschlusses als üblich und machbar verinnerlicht und daher auch versucht, an die Regelschule zurückzukommen, was ihm jedoch nicht gelang. Durch seine Aufwertung über praktische Kompetenzen und die Fokussierung auf eher männlich besetzte naturwissenschaftliche Fächer erscheint er jedoch wesentlich gefestigter als Christa, die ihre Schwierigkeiten deutlich als illegitimes Defizit begreift, das es zu bekämpfen gilt. Ein angestrengtes Lernen findet sich bei Ulrich nicht, berichtet der Befragte doch, seine Schwierigkeiten im Lesen und Schreiben hätten ihm in seiner Kindheit *„nichts ausgemacht"* (S. 18/Z. 43).

Zusammenfassung: Ulrich erlebte die Versetzung auf die Förderschule als unproblematisch und sogar entlastend und weiß diesbezüglich anders als Christa von keinerlei Schamgefühlen oder Ausgrenzungserfahrungen zu berichten. Er wertet sich über haltgebende soziale Beziehungen in offener Gemeinschaft mit Gleichaltrigen (‚Kumpels‘) sowie über handwerklich-praktische und naturwissenschaftliche, d. h., männlich besetzte Kompetenzen auf, für die ein Identifikationspotenzial besteht. Schriftsprache erscheint ihm geradezu entbehrlich – er ist sich seines ‚Defizits‘ bewusst, besonders aus der Bahn wirft ihn dieses allerdings nicht, kann er es doch durch oben genannte Fertigkeiten kompensieren.

5.2.4 Literalität im Rahmen von Ausbildung und Beruf

„[M]an hatte keinen gehabt, der (schmunzelt) was sagen konnte, wussteste deine Flächen, wo de mähen musstest-" (S. 23/Z. 46 f.)

Nach der Schule begann Ulrich als angelernter Isolierhelfer zu arbeiten – eine Tätigkeit, die ihm durch den *„Nachbarn vom Wochenendhaus"* (S. 19/Z. 34) vermittelt worden sei. Er habe allerdings *„nich lange"* (S. 19/Z. 35) als Isolierhelfer gearbeitet, dann sei ihm während seines Urlaubs gekündigt worden: *„Ja wegen Arbeitsmangel und (undeutlich) nich so wohl arbeiten, wie es sein sollte."* (S. 20/Z. 21). In seiner Aussage klingt an, dass der Arbeitgeber auch unzufrieden mit ihm war. Ulrich bekam sodann wieder Unterstützung von seinem Nachbarn sowie von der Gewerkschaft, in die er zu dieser Zeit eingetreten sei, weil sein Vater der Meinung war: *„Geh da rein, tritt da rein und wenn was is, hast du die Leute oder irgendwie."* (S. 25/Z. 32 f.). Es findet sich folglich das Muster, die Solidarität der Gemeinschaft als Unterstützung zu nutzen, was im Falle der Kündigung auch zum gewünschten Erfolg führte: *„Hat er mich noch einmal für (schmunzelt) vierzehn Tage einstellen müssen"* (S. 21./Z. 6). Danach arbeitete Ulrich in der *„Hofkolonne"* (S. 21/Z. 37) eines Krankenhauses. Diese Stelle wurde ihm ebenfalls durch eine bekannte Person – einen Arbeitskollegen seines Vaters – vermittelt, der meinte: *„Hier da im Krankenhaus X suchen se Leute."* (S. 21/Z. 13). Hier konnte Ulrich nach einem Zeitvertrag mithilfe seiner Gewerkschaft eine Festanstellung erstreiten. So wird wiederum deutlich, dass sich soziale Kontakte, wie auch die Mitgliedschaft in der Gewerkschaft, als hilfreiche Unterstützung und Orientierung für Ulrich erweisen, die er für sich zu nutzen weiß.

Ulrich ist sich darüber bewusst, dass seine Lese- und Schreibschwierigkeiten seine Berufslaufbahn mitbestimmt haben, bleibt bei der Beantwortung der Frage, ob es etwas gibt, was er alternativ gerne gemacht hätte, allerdings zunächst etwas vage: *„Ja, vielleicht. Aber weiß ich jetzt nich so genau, was ich dann-"* (S. 22/Z. 18). Er bringt zum Ausdruck, dass ihn *„Bagger fahren"* (S. 22/Z. 19) und *„Trecker fahren"* (S. 22/Z. 45) *„noch reizen"* (S. 22/Z. 19) würde. Es ist also naheliegend, dass diese Tätigkeiten Ulrich entsprechen und er mit umfassenderen Lese- und Schreibkenntnissen nicht zwingend einer anderen Arbeit nachgegangen wäre. Darauf verweisen auch seine detaillierten Ausführungen zu seiner aktuellen Arbeit als Gärtner im öffentlichen Dienst, die ihm *„Spaß"* (S. 23/Z. 45) bereite und die eine gewisse körperliche Anstrengung und Disziplin erfordert. Ulrich hat die Handgriffe genau vor Augen und kann die Maschinen auf tüftlerische Art und Weise einsetzen. Zudem begrüßt er es, dass er *„so für sich allein"* (S. 23/Z. 45) – also eigenständig – arbeiten könne: *„[M]an hatte keinen gehabt, der (schmunzelt) was sagen konnte, wussteste deine Flächen, wo de mähen musstest-"* (S. 23/Z. 46 f.). Anders als Christa strebt Ulrich keine qualifizierte Berufsausbildung oder eine mit besonderem Ansehen verbundene berufliche Position an.

Zum Zeitpunkt der Basisbefragung ist Ulrich nach wie vor Gewerkschaftsmitglied, partizipiert an Streiks für mehr Lohn und tritt auch sonst Vorgesetzten im Beruf auf Augenhöhe gegenüber. Im Vergleich zu Christa geht er auf seiner Arbeitsstelle erstaunlich offen mit seinen Lese- und Schreibschwierigkeiten um: *„Joa natürlich von der Arbeit, da wissen se das alle, dass ich da Schwierigkeiten habe"* (S. 4/Z. 27). Zudem hat er kein Problem damit, dass sein Chef ihm helfen muss, wenn er etwas nicht richtig lesen oder schreiben kann: *„Die das weiß ich, wie es funkschioniert und so und wenn dann hilft da auch n bisschen der Chef dabei, ne?"* (S. 31/Z. 27 f.). Seinem Vorarbeiter tritt er sogar zurechtweisend gegenüber auf, wie sich anhand einer Szene aus seinem Arbeitsalltag verdeutlicht: *„Sag mal, was sollst du denn eigentlich hier <u>überhaupt</u> machen? <u>Wieso?</u> Ja, was sollst du überhaupt hier fahren? Ja nur, nur das und da- Mhm. Dann haben wa n Problem, sach ich. <u>Wieso?</u> Ja, die die Motorsense is mein, dass du das Bescheid weißt. Der fährt nur <u>den</u> Rasenmäher, der fährt nur* *den Rasenmäher, tja dann kannst du nur noch noch höchstens noch die eine Peitsche kriegen und so, ne?"* (S. 36/Z. 2 ff.). Bei dem Vorarbeiter scheint es sich zwar nicht um den ‚Chef' (siehe oben) zu handeln, dennoch wird deutlich, dass Ulrich nicht über ein hierarchiegebundenes Weltbild verfügt. Er spricht seinem Vorarbeiter – einem gelernten Gärtner – selbstbewusst in manchen Bereichen die Kompetenz ab: *„Mit so manchen Sachen kommt er nich mit"* (S. 36/Z. 24 f.).

Zusammenfassung: Für Ulrich spielen gemeinschaftsorientierte Strategien, soziale Kontakte oder auch die gewerkschaftliche Organisation eine besondere Rolle, da sie ihm ein gewisses Maß an Autonomie in seinem (Berufs-)Leben ermöglichen. Über diese Kontakte kommt er zu seiner Arbeit als Gärtner, die seiner Wertschätzung von Eigenständigkeit und handwerklicher Tätigkeit entspricht und für die er große Hingabe zeigt. Ulrich verfolgt nicht den Anspruch, einer qualifizierteren Tätigkeit nachzugehen: Er ist stolz auf seine praktischen und tüftlerischen Kompetenzen, die er beruflich einsetzen kann, und tritt entsprechend selbstbewusst gegenüber Vorgesetzten auf. Die Lese- und Schreibschwierigkeiten wirken sich in diesem Kontext mit wenigen Ausnahmen (siehe Kapitel 5.2.6) als nicht sonderlich hinderlich aus und sind nicht schambesetzt. Im Gegenteil: Sie werden von ihm offen und authentisch kommuniziert.

5.2.5 Literalität im Rahmen von Partnerschaft und eigener Familie

> *„Aber dadurch das meine Frau ja ihren eigenen Kopf hat und so (lacht), hab ich das Gefühl, dass da so einiges dann mit der Zeit kaputt geht, ne?"* (S. 44/Z. 11 f.)

Ulrich ist verheiratet und hat zusammen mit seiner Ehefrau, einer Raumpflegerin mit Förderschulabschluss, einen Sohn. Die gesamte Familie hat Ulrich zufolge Schwierigkeiten mit dem Lesen und Schreiben, die sich bei seinem Sohn in einer tiefen Abgrenzung gegenüber Schriftsprache manifestiert zu haben scheinen: *„Der sagt gleich: Ich kann das nich und peng aus. Und der geht sogar, wenn der ne Fünf schreibt, strahlend lachend nach Hause."* (S. 15/Z. 31 f.). Auch bei Ulrichs Sohn zeigt sich die Orientierung an Naturwissenschaften: *„Was mir ja mein Sohn auch gesagt, so Rechnen is sein Hauptfach und so, ne?"* (S. 18/Z. 22 f.). Konkrete Unterstützungsmaßnahmen wie sie Christa ihren Kindern z. B. durch Vorlesen geboten hat, werden nicht deutlich. Es ist aber anzunehmen, dass das Lernen schon Thema zwischen Ulrich und seinem Sohn war, da Ulrich von dessen abgrenzender Haltung zu berichten weiß. Er versucht seine Lernsituation zu begünstigen, indem er u. a. ein englisches Wörterbuch auf CD-Rom kauft, das sein Sohn mit nutzen kann. Folglich ist davon auszugehen, dass Ulrich schon bemüht ist, gute Ausgangsbedingungen für seinen Sohn zu schaffen. Es zeigt sich aber auch eine gewisse Skepsis gegenüber der Einschätzung der Lehrkräfte, mit der er ihre Haltung die Kompetenzen seines Sohnes betreffend in Frage stellt: *„Auch mit sein Englischen hätt ich das ja schon mal mitgekriegt, ne?"* (S. 18/Z. 33 f.).

Das Verhältnis von Ulrich und seiner Frau scheint häufig von Machtkämpfen geprägt zu sein. Ulrich sagt, dass seine Frau *„ihren eigenen Kopf"* (S. 44/Z. 11) habe und es geht aus dem Interview hervor, dass ihm seiner Ansicht nach dadurch die Pflege sozialer Kontakte erschwert wird. So entsteht der Eindruck, dass es des Öfteren Unstimmigkeiten zwischen den Eheleuten gibt, durch die sich Ulrich dominiert fühlt. Allerdings steht sich das Ehepaar hier in nichts nach. Auch Ulrich beschreibt Szenen, in denen er es vermag, sich gegenüber seiner Frau durchzusetzen und auszuteilen, so dass es sich nicht um ein einseitiges Machtverhältnis zu handeln scheint.

Die Familie unternimmt gemeinsame Tagesausflüge (z. B. in ein von privaten Sammlern angelegtes *„Pinguinmuseum"*, S. 51/Z. 16) oder Urlaube. Außerdem spielt auch in Ulrichs eigener Familie ein Schrebergarten eine besondere Rolle. Ulrich ist gerne *„an der frischen Luft"* (S. 41/Z. 24) und die Aktivitäten im Freien scheinen einen wichtigen Ausgleich für ihn darzustellen: *„Denn wenn die beiden (schmunzelt) vor der Glotze sitzen, ich muss raus."* (S. 41/Z. 35). Er konstruiert sich als aktiv und naturbezogen und schreibt seiner Frau und seinem Sohn ein gewisses ,Stubenhocker'-Dasein zu, von dem er sich ein Stück weit abgrenzt.

Zusammenfassung: In Ulrichs Familie sind alle Mitglieder gleichsam von Lese- und Schreibschwierigkeiten betroffen, die dadurch zur Normalität geraten. Fast scheint es so, als verfestige sich der funktionale Analphabetismus innerhalb der Familie. So weist auch sein Sohn Schriftsprachliches von sich und zeigt dieselben geschlechtsspezifisch anmutenden Aufwertungsstrategien wie sein Vater. Es ist anzunehmen, dass Ulrich sich auch weniger in der für ihn weiblich konnotierten Rolle sieht, seinem Sohn etwas vorzulesen o. Ä., so dass sich für ihn daraus auch keine Problematik ergibt. Gleichwohl scheinen derlei literale Praktiken in seiner Familie allgemein verzichtbar. Deutlich wird wiederum ein selbstbewusster bis hierarchiekritischer Umgang mit Autoritäten (Lehrkräfte). Darüber hinaus scheint in der Familie eine von allen mitgetragene rege Konfliktkultur zu herrschen, wodurch sich Ulrich ebenfalls von der ,harmoniesüchtigen' Christa unterscheidet.

5.2.6 Kursaufnahme und Entwicklungen im Zuge der Teilnahme (Basisbefragung)

„Sagen wir mal, in so einigen Sachen, dann weil ich genau weiß, wie weit ich rangehen kann und wenn nich, dann frag ich eben halt, ne?" (S. 27/Z. 23 f.)

Ulrich beschreibt, dass er über das Radio bzw. seinen Bruder auf das Angebot der Volkshochschule aufmerksam geworden sei. Offenbar war er sich unsicher, ob er das Lesen und Schreiben überhaupt erlernen kann: *„[N]a is gut, dann geh doch mal hin, versuchs mal, ne?"* (S. 2/Z. 45 f.). Mittlerweile hat Ulrich jedoch ein weit entferntes Ziel, wie er sagt: *„Jetzt hab ich zwar eins, dass ich mal, <u>wenn</u> so Motorradschreitung Zeitung lesen, aber da ff- is in weite Ferne und darum lass ich das. Das, was ich wissen will, <u>weiß</u> ich und das reicht ja."* (S. 9/Z. 36 ff.). Er zeigt sich wiederum vergleichsweise selbstbewusst, wobei auch Bescheidenheit und der ihm eigene Pragmatismus anklingen. Denkbar ist, dass er aus einer Not eine Tugend macht und eigentlich enttäuscht ist, dass er nach der relativ langen Kursbesuchsdauer – Ulrich besucht seit Anfang der 1980er Jahre verschiedene (Alphabetisierungs-)Kurse der Volkshochschule – noch nicht über die gewünschten Lese- und Schreibkenntnisse verfügt. Darauf verweist auch eine Aussage zum Ende des Interviews, die noch einmal deutlich macht, dass er sich mehr Teilhabe wünscht: *„Und Hauptsache die Zeitung, wenn man dann irgendwo mal Zeitung lesen möchte oder was man dann auch mal (?mitleiten?) kann und so."* (S. 52/Z. 32 f.).

Die Motivation zu lesen entzündet sich insbesondere an Ulrichs praktischen Interessen (z. B. Motorrad fahren), über die er gerne mehr erfahren möchte. Sobald diesem Interesse nicht nachgegangen werden kann, spielt auch Schriftsprache kaum eine Rolle, denn wenn beispielsweise die Motorradzeitschrift nicht die gewünschten Inhalte zeigt (*„weil ja meistens nur die großen Maschinen drin sind, von den kleinen so gut wie gar nicht"*, S. 31/Z. 47), schaue er sich nur die Bilder an. Dies verweist darauf, dass er ein Bildungsinteresse hat, das aber mit einer praktischen Anschauung in Verbindung steht und weniger auf Lesen und Schreiben im engeren Sinne zielt. Der praktische Zugang zu Schriftsprache zeigt sich auch daran, dass Ulrich gerne mehr Informationen in Bezug auf das Haustier seines Sohnes – eine Schildkröte – gewinnen und dazu etwas lesen möchte.

Die lange Verweildauer im Alphabetisierungskurs scheint schambesetzt zu sein, da sich diese erst nach und nach im Interview herauskristallisiert. Die sich so implizit äußernde Scham deutet darauf hin, dass Bildung in Ulrichs Milieu nicht als zweckfrei verstanden wird, sondern mit vorzeigbaren Erfolgen einhergehen sollte. Ulrich kann sich aber über seine Zuverlässigkeit und über sein Durchhaltevermögen gegenüber anderen Teilnehmenden aufwerten: *„Ich verfluche das ja auch manches Mal und so, aber nun beiße ich mich halt eben durch, ne?"* (S. 5/Z. 12 f.). Dies zeigt, dass ihm trotz großer Schwierigkeiten daran gelegen ist, sich die Lerninhalte anzueignen. Es hilft ihm, seinen Kurs regelmäßig zu besuchen, wobei die gegenseitige Unterstützung im Kurs (*„feste Gruppe"*, S. 3/Z. 15) von besonderer Bedeutung für ihn ist: *„Ja diese Kurse, dass man da regelmäßig hingeht und so, ne? Und dann so einiges, wenn man was nich weiß, dann wird da so lange gewartet, bis es klappt und so und dann mit der Zeit gehts ja auch und so, ne?"* (S. 6/Z. 25 ff.). Es ist ihm wichtig, das hier in gegenseitiger Anerkennung und Solidarität entspannt gelernt wird. Erneut zeigt er so ein anderes Selbstbewusstsein als Christa, die sich sogar für zusätzliche Leseeinheiten einsetzt.

Ein weiterer zentraler Unterschied findet sich in Ulrichs Umgang mit Weiterbildungen. Er besucht diverse Veranstaltungen der Volkshochschule, wobei nicht alle Veranstaltungen dem Alphabetisierungsbereich zuzuordnen sind (z. B. ein vergleichsweise kostspieliger Fotografiekurs oder ein Computerkurs). Er nimmt die Angebote der Volkshochschule gerne wahr, wobei Neigungen und Interessen sowie *„Spaß"* (S. 3/Z. 38) im Vordergrund zu stehen scheinen. Seine Lese- und Schreibproblematik hält ihn davon nicht ab, obwohl seine Kompetenzen geringer sind als die

Christas, die sich im Zuge der Folgebefragung obendrein noch verbessern konnte (siehe Tabelle 5, Kapitel 5.2.7).

Auf Veränderungen durch den Kurs angesprochen beschreibt Ulrich: *„Mit mein Schreiben is n bisschen besser geworden, mal Lesen (Trinkflasche wird laut auf Tisch abgestellt) und dass wird man in so manchen Sachen doch n bisschen sicherer geworden is.“* (S. 26/Z. 8 ff.). Er gibt an, bei den Veränderungen handele es sich um *„kleine Sachen“* (S. 26/Z. 24), zeigt sich also wiederum recht bescheiden und wohl auch realistisch. Er stellt hinsichtlich der Frage nach Veränderungen einen Bezug zu seiner Tätigkeit als Gärtner her, bei der er die meisten Schwierigkeiten bei der Anwendung von Schriftsprache habe: *„Zwar mach hab ich auffe Arbeit zwei Listen oder mehrere richtigen Sch- Hefter mir gemacht, wo die ganzen Spielplätze draufstehen und alles, […] muss ich auch Buchführung machen und so, wo ich war und wie und watt. Und dann das Fahrtenbuch ja <u>auch</u> ausfüllen, […] und wenn ich was nich wusste, habe ich Nadine Nadja gefragt, wie und was und dann geht das auch, ne?“* (S. 26/Z. 25 ff.). Die Kursleiterin Nadja hilft ihm folglich auch bei Fragen, die über das reguläre Kursgeschehen hinausgehen. Ulrich kann sie bei Problemen sogar telefonisch kontaktieren. Er hat ein enges Vertrauensverhältnis zu ihr, was auch im Rahmen einer kurzen Interviewunterbrechung deutlich wird, in der die Kursleiterin an Ulrich gewandt sagt, er würde im Kurs ‚vermisst‘ werden.

Interessanterweise verneint er die Frage jedoch, ob es neue Einsichten gebe, die er in Bezug auf Schrift gemacht habe, was wiederum dafür spricht, dass es Ulrich nicht um Schriftsprache im eigentlichen Sinne, sondern eher um die damit verbundenen praktischen Alltagsinteressen geht: *„Nö, ich habe nachher Schreibschrift, erst hab ich Druckschrift und dann merkte ich das Schreibschrift doch für mich leichter und schöner is zu schreiben, auch die Schrift wurde nachher besser und somit bin ich bei Schreibschrift geblieben.“* (S. 27/Z. 12 ff.). Einblicke in das Regelsystem der Schriftsprache thematisiert er nicht, es wird dafür pragmatisch zwischen Druck- und Schreibschrift gewählt, wobei auch ästhetische Aspekte (‚schöner‘, ‚leichter‘) Bedeutung erlangen. So entsteht der Eindruck, als stünden bei den Veränderungen vor allem mündliche Strategien für Ulrich im Vordergrund: *„Sagen wir mal, in so einigen Sachen, dann weil ich genau weiß, wie weit ich rangehen kann und wenn nich, dann frag ich eben halt, ne?“* (S. 27/Z. 23 f.). Er führt seine Offenheit auf ein durch den Kurs erworbenes, höheres Selbstbewusstsein zurück. Dennoch scheint es sich dabei nicht um eine gänzlich neue Strategie zu handeln, sondern um eine, die im Herkunftsmilieu bereits angelegt war (siehe Kapitel 5.2.2, *„Und wenn man was nich weiß, dann hat man nachgefracht.“*, S. 17/Z. 18).

Auf Veränderungen in seinem Leben durch den Kurs angesprochen entgegnet Ulrich entsprechend: *„Pff, eigentlich so gut wie gar nichts, ist alles so geblieben.“* (S. 30/Z. 40). Er hat im Privatleben ein gut ausgebautes soziales Netz, das ihm hilft: *„Wenn irgendwie was zum Ausfüllen war, bin ich dann da [zum Bruder] hingegangen und so sonst- Oder meine Mutter und so. Und wenn jetzt hab ich n Schwager, wo ich hingehe und noch n paar Bekannte, wenn was sein sollte, wo ich da hingehen kann.“* (S. 6/Z. 43 ff.). Er hat sich folglich vielseitig abgesichert. Auch ein Computerprogramm habe er sich besorgt, das Geschriebenes vorlesen könne. Letzteres habe er sich „*auf n Computer draufgeladen*" (S. 7/Z. 11), was dafür spricht, dass Ulrich auch eigene Strategien zur Selbsthilfe entwickeln kann.

Insgesamt wird Schriftsprache an sich aber nicht als Weg der Erkenntnis betrachtet. Der Kurs scheint nicht dazu zu führen, dass Ulrich mehr liest und schreibt: „*N- Eigentlich nich. Das weiß ich so, was da so abläuft.*" (S. 31/Z. 27). Vielmehr macht Ulrich auf Nachfrage deutlich: „*(prompt) Nö (klopft auf den Tisch), das is nich so mein Ding, Bücher.*" (S. 31/Z. 36). Diese Abgrenzung gegen Bücher untermauert seinen praktischen Zugang zu Schriftsprache und Bildung: Eine auf Bücherwissen gestützte Belesenheit, die mit komplexen Inhalten einhergeht, lehnt Ulrich ab.

Zusammenfassung: Ulrichs praktisches, teils hedonistisch anmutendes Bildungsinteresse führt ihn neben dem Alphabetisierungskurs in zahlreiche weitere Kurse des Volkshochschulprogramms, was angesichts seiner vergleichsweise geringen Kompetenzen im Lesen und Schreiben erstaunlich ist. Auch in seinem Fall zeigt sich, dass die im Habitus angelegte Sinnsetzung bei der Anwendung von Schriftsprache bedeutsamer ist als die ‚gemessene' Kompetenz. Ulrich geht es um persönliche Autonomie im Kontext praktischer Alltagsbewältigung. Daher ist er vielseitig interessiert und geht regelmäßig in den Lese- und Schreibkurs, was sich als methodisch-planerisches und selbstdiszipliniertes Vorgehen interpretieren lässt. Er betont seinen asketischen Durchhaltewillen. Im Kursbesuch verwirklicht er aber auch seine gemeinschaftlichen und lustbetonten Strategien. Der Kurs ist ein sozialer Ort, an dem alle zusammenhalten, Spaß haben und sich gegenseitig unterstützen. Das trifft auch und besonders auf seine Kursleiterin zu, die Teil seines sozialen Netzes geworden ist, was die Bindung an den Kurs erhöht.

5.2.7   Entwicklungen im Zuge der Kursteilnahme (Folgebefragung)

> „[W]enns nich geht, dann geht es eben nich. Dann wird eben durchgefracht. Hab ich auch keine Hemmungen bei." (S. 7/Z. 4 f.)

Das Interview der Folgebefragung verläuft anfangs etwas zäh, weil Ulrich sehr zögerlich von Veränderungen berichtet. Das liegt wohl an der insgesamt langen Kursbesuchsdauer, auf die er bereits zurückblicken kann (siehe Kapitel 5.2.6), hat aber offenkundig auch damit zu tun, dass er durch das Ergebnis der Lernstandsdiagnosen irritiert wurde, die in seinem Fall unterdurchschnittlich bzw. sehr schwach ausgefallen sind (siehe Tabelle 5). Das Ergebnis widerspricht seiner Selbsteinschätzung, ist schambesetzt und lässt ihn etwas resignieren. Er kann sich aber wieder durch seine Zuverlässigkeit und sein Durchhaltevermögen aufwerten, wird doch deutlich, dass er sich gegen Teilnehmende abgrenzt, die zwar ‚den Mund voll nehmen', aber nicht die entsprechende Motivation aufbringen, sich dem Lernprozess zu stellen wie er: „*Weil ich das sobieso mit […] anderen Augen sehe, als wenn man diese Pappnasen (lacht), was anderes sind se, die kommen hier mit her, wollen irgendwie, auf Deutsch gesagt, Bäume umreißen und dann merken, dass das nich klappt und dann hauen se wieder ab und so, ne?"* (S. 1/Z. 21 ff.).

Seine Äußerungen bezüglich Veränderungen bleiben unklar und ambivalent[78] und verdeutlichen wiederum den geringen Bezug zu Schriftsprache im engeren Sinne. Er sagt, dass seine Arbeitsstelle ihm nicht mehr besondere Schwierigkeiten bei der Anwendung von Schriftsprache bereite, bekundet kurze Zeit später allerdings: *„Auf der Arbeit is das so geblieben"* (S. 16/Z. 37). Gegen Ende des Interviews gibt er an, er sei *„[i]n manchen Sachen n bisschen besser und mutiger"* (S. 17/Z. 42), kann oder will bezüglich dieser Aussage jedoch kein Beispiel nennen. Den Lese- und Schreibkurs zu verlassen, stellt für ihn dennoch keine Option dar, erklärt er doch auf die entsprechende Nachfrage: *„(Prompt, entschieden) Nee! Nö! So lange, wie ich das mitmachen kann und geduldet werde so, mach ich das mit und ziehe ich das weiter durch."* (S. 18/Z. 35 f.). Er möchte, *„[d]ass das so weitergeht so, wie es is, lustig, locker"* (S. 18/Z. 40). Somit erhärtet sich die Vermutung, dass der Kurs vor allem als sozialer Ort und wegen seiner entspannten und gemeinschaftlichen Atmosphäre eine Rolle für ihn spielt. Gleichzeitig wird deutlich, dass er an den Lerninhalten dran bleibt und sich ‚durchbeißt'. Auch die Ernüchterung nach den Lernstandsdiagnosen deutet auf einen gewissen Lernanspruch hin, der möglicherweise nur nicht so explizit gemacht wird.

Zusammenfassung: Ulrich stellt für sich selbst kaum verändernde Effekte durch den Kursbesuch fest, denkt aber nicht daran, den Kurs deshalb abzubrechen. Er grenzt sich weiterhin von Teilnehmenden ab, die weniger diszipliniert und weniger leistungsbereit den Kurs besuchen. Er selbst betont wiederum das eigene asketische Durchhaltevermögen und den regelmäßigen Kursbesuch. Dadurch wird deutlich, dass Ulrich das Lernen konstant weiterverfolgt. Er sieht den Kurs aber eher als dauerhaftes Hilfsnetzwerk und gesellige Zusammenkunft. In der Interviewsituation scheinen ihm die Ergebnisse der Lernstandsdiagnosen peinlich zu sein, da ihm die Instrumente vor Augen geführt haben, dass seine Kompetenz nicht legitimen Maßstäben entspricht.

Tab. 5: Ergebnisse der standardisierten Lernstandsdiagnosen (Fall Ulrich)[79]

Teilneh-mer/in	Hamburger Schreib-Probe		Würzburger Leise Leseprobe		Ergebnis
	2009	2010	2009	2010	
Ulrich Müller	HSP 4/5, unterdurch-schnittlich (Vergl. Ende 4. Klasse)	HSP 4/5, unterdurch-schnittlich (Vergl. Ende 4. Klasse)	sehr schwach, nicht auswertbar (Vergl. 4. Klasse)	sehr schwach, nicht auswertbar (Vergl. 4. Klasse)	keine Veränderungen/qualitativen Sprünge

---

78 Da im Interview der Folgebefragung auf Veränderungen in den Bereichen Lesen und Schreiben abgezielt wurde, ist denkbar, dass Ulrich sich diesbezüglich unter Druck gesetzt fühlte, zumal das Ergebnis der Lernstandsdiagnosen im Vorhinein verunsichernd gewirkt hat.

79 Die HSP führte zwar wie bei Christa zum Zeitpunkt der Basisbefragung zu einem insgesamt unterdurchschnittlichen Ergebnis. Allerdings konnten von Ulrich im Vergleich zu

5.2.8 Habitus und Literalität

„Was ich nich weiß, frag ich nach […]. Da kenn ich nix." (S. 30/Z. 40 f.)

Ulrichs Zugang zu Schriftsprache wirkt weitaus gelassener als der Christas und kann als *sachbezogen-pragmatisch* beschrieben werden. In Ulrichs unprätentiösem Elternhaus spielten gesellschaftliche Normen und Konformität keine besondere Rolle. Schriftsprachschwierigkeiten wurden verhältnismäßig wenig problematisiert und waren auch nicht schambesetzt. Vieles wurde unkompliziert über mündliche Strategien geregelt. Entsprechend folgt auch Ulrichs *authentischer und offener Umgang mit seinen Lese- und Schreibschwierigkeiten* diesem Muster. Er verstellt sich nicht, sondern sagt selbstverständlich geradeheraus, ‚was Sache ist'. Auch hier zeigt sich folglich, dass der Umgang mit Schriftsprache im Erwachsenenalter langfristigen und bewährten Strategien des im Herkunftsmilieu erworbenen Habitus folgt. Ulrich fragt bei anderen nach, wenn er etwas nicht weiß oder nicht verstanden hat. Damit diese Nachfragestrategien greifen können, muss er offen mit seinen Schwierigkeiten umgehen.

Der Umgang mit Schriftsprache gestaltet sich insgesamt ungezwungen und wenig emotional aufgeladen. Legitime Literalität und Belesenheit sind nicht Ulrichs Ziel. Sein Umgang mit Schriftsprache folgt vielmehr einer eigensinnigen Logik des Pragmatismus: Nur konkrete Anlässe, die aus seinem Alltag heraus entstehen, führen ihn zur Verwendung des Lesens und Schreibens. Ansonsten besteht diesbezüglich keine Notwendigkeit, was eine Vermittlung von Lesen und Schreiben als reine Kulturtechnik hinterfragen lässt. Komplexität oder Bücher lehnt er dazu passend ab und positioniert sich damit selbstbewusst gegen das, was seitens der herrschenden Kultur als legitim vermittelt wird. Der Rückgriff auf mündliche Strategien wirkt widerständig gegen die Normen der legitimen Literalität (*„Da kenn ich nix."*) und kann damit als eine Form der Zurückweisung von herrschenden Zwängen gewertet werden. Auch hier zeigt sich das Wirken symbolischer Gewalt und Herrschaft, nur dass Ulrich seinen eigensinnigen Umgang mit Schriftsprache dagegenhält und sich diesen Mechanismen nicht in der Form unterwirft wie Christa. Der Fall Ulrich vermittelt so den Eindruck, dass es Nischen der „Wissensgesellschaft" (Bittlingmayer/ Bauer 2006) gibt, in denen vermeintlich universell gültige Konventionen wie regelkonforme Schriftsprache keine besondere Rolle spielen.

Stattdessen kann Ulrich die Lese- und Rechtschreibprobleme durch handwerklich-praktische Kompetenzen sowie naturwissenschaftliche Fächer in der Schule ausgleichen. Dabei zeigt sich eine Geschlechtsspezifik, die hier gewisse Vorteile im Umgang mit dem ‚Schriftsprachdefizit' zur Folge hat: Ulrich hat ein milieuspezifisches Bild von Männlichkeit verinnerlicht, das es ihm ermöglicht, sich über Attribute wie Stärke, Aktivität und Rationalität gegen Defizitzuweisungen zu behaupten

---

der Teilnehmerin nur sehr geringe und teilweise kaum ‚messbare' Ergebnisse im Rahmen der Basis- und Folgebefragung erzielt werden (siehe auch das Ergebnis der WLLP). Ausführlichere Angaben und Werte befinden sich im Anhang.

und emotionale Distanz zu gewinnen, was auch in einer „affektive[n] Überlegenheit und Beherrschtheit" (Speck 2014, S. 5) im Vergleich zur Teilnehmerin Christa zum Ausdruck kommt. Das Lernen soll in diesem Sinne ‚lustig' und ‚locker' sein.

Ulrich verfolgt gemeinschaftliche Strategien und hat sich ein soziales Netz von Hilfspersonen aufgebaut, das ihm bei Fragen in puncto Schriftsprache zur Seite steht. Die Gesellungskreise sind relativ groß und wirken wenig überschaubar. Auch seine Frau und sein Sohn haben ihm zufolge Schwierigkeiten mit dem Lesen und Schreiben. Die geringe Schriftsprachkompetenz scheint im sozialen Umfeld und im Milieu folglich nicht besonders problematisch zu sein. Es kann sich hier zwar auch ein geschlechtsspezifischer Unterschied zu Christa zeigen, die im Gegensatz zu Ulrich auf die Rolle verworfen ist, erzieherische Aufgaben zu übernehmen und ihren Kindern etwas vorzulesen. Die soziale Zugehörigkeit mutet in Ulrichs Fall aber nicht in gleicher Weise in Frage gestellt an. Ulrich wirkt gut integriert in sein Milieu, in dem egalitäre und tolerante Prinzipien zu herrschen scheinen. Allerdings wird im Interview deutlich, dass die Verwirklichung seiner persönlichen Autonomie durch die Lese- und Schreibschwierigkeiten eingeschränkt wird. Dabei handelt es sich um ein wesentliches milieuspezifisches Motiv, das Lesen und Schreiben zu erlernen und im Kurs zu verbleiben. Ulrich kann die in seinem Milieu ‚übliche' Praxis aufgrund der Lese- und Schreibproblematik nur eingeschränkt umsetzen, so dass Lernanlässe für ihn entstehen. Somit wird wiederum deutlich, dass der Umgang mit Schriftsprache und auch die Gründe für einen Kursbesuch in die milieuspezifische Alltagslogik eingebettet sind. Der Kurs stellt die gewünschte Passung zum (eigenen) Milieu in Aussicht, womit auch in Ulrichs Fall ein wirkmächtiges, im Verborgenen liegendes Motiv für den Kursbesuch zum Ausdruck kommt.

Auch wenn er ‚sein eigenes Ding' macht und hedonistische Motive beim Kursbesuch deutlich werden, geht er das Lernen im Kurs methodisch-planerisch an. Er besucht diesen regelmäßig und bleibt hier mit asketischer Selbstdisziplin dabei, obwohl er für seinen Beruf als Gärtner sehr früh aufstehen muss und tagsüber körperlich anstrengende Arbeit verrichtet. Er ‚beißt sich durch', wobei er sich gegen weniger motivierte Kursteilnehmende mit ‚großer Klappe' abgrenzt. Gleichzeitig wirkt er auch zufrieden mit dem, was er hat. In seinem unaufgeregt anmutenden Verhältnis zur Welt grenzt er sich mehr oder weniger implizit von höher gesteckten Zielen und von außen an ihn herangetragenen Ansprüchen ab, wobei etwaige Ziele anscheinend aus einer Bescheidenheit heraus nicht so explizit formuliert werden.

Auch zum Zeitpunkt der Folgebefragung schätzt Ulrich seine Lernfortschritte als bescheiden ein. Hier zeigt sich insbesondere das Wirken symbolischer Gewalt und Herrschaft durch die im Forschungsprojekt durchgeführten Lernstandsdiagnosen, mit denen ein Kenntnisstand vermeintlich gemessen und ins Verhältnis zur legitimen Literalität gesetzt wird, ohne die subjektive Sinnsetzung bei der Anwendung von Schriftsprache zu berücksichtigen. So wird Ulrich vor Augen geführt, dass seine Kompetenzen nicht ausreichend und damit illegitim sind, auch wenn diese für seine funktionale Orientierung und seinen Alltag reichen, wie er oftmals betont. Er zeigt sich im Folgegespräch zurückhaltender und vorsichtiger, was verdeutlicht, dass ihm durch diese Testung etwas aberkannt wurde, was er sich für seinen Alltag mühsam errungen hatte.

Trotz der vergleichsweise geringen ‚gemessenen‘ Kompetenzen nimmt Ulrich an zahlreichen Kursangeboten des Volkshochschulprogramms teil. Bildung ist etwas, das in Ulrichs Milieu grundsätzlich positiv besetzt ist. Es zeigt sich auch hier, dass der Habitus die Weiterbildungspraxis mit bestimmt und weniger die vermeintlich gemessene ‚defizitäre‘ Schriftsprachkompetenz. Die Benachteiligung kann ein Stück weit kompensiert werden, da Ulrich gerne an Weiterbildungen Teil hat und die geringe Schriftsprachkompetenz in diesem Zusammenhang nicht problematisiert. Hier wirkt möglicherweise auch eine Geschlechtsspezifik: Da Ulrich weniger mit Reproduktionsarbeiten im Haushalt oder Erziehungsaufgaben befasst zu sein scheint, bleibt ihm auch mehr Zeit für Weiterbildung.

Der Fall verdeutlicht jedenfalls, dass geringe ‚gemessene‘ Kompetenzen nicht zwingend zu geringer Teilhabe führen. Dafür spricht auch Ulrichs soziales Netz, das ihm in vielen Belangen hilfreich zur Seite steht. Gleichzeitig wird deutlich, dass auch zum Zeitpunkt der Folgebefragung das Lesen bzw. Schreiben verhältnismäßig stark an den Kurs gebunden bleibt. Hier verstärken Ulrichs im Habitus angelegte gemeinschaftliche Strategien sowie die Kursleiterin, die quasi zur Komplizin seiner (mündlichen) Vermeidungsstrategien wird, die Bindung an den Kurs, so dass auch ‚Schwerkräfte‘ deutlich werden, die seiner Autonomie entgegenwirken. Gleichzeitig kann Ulrich seine Kursleiterin im Vergleich zur Teilnehmerin Christa eher als *Partnerin* denn als Heilsbringerin sehen. Dies untermauert, dass er durch seine unaufgeregte und egalitäre Haltung sowie die eigensinnig pragmatische Orientierung in Bezug auf Schriftsprache den Mechanismen symbolischer Gewalt und Herrschaft weniger ausgeliefert ist.

Die Anerkennung und Wertschätzung von handwerklich-praktischer Kompetenz zusammen mit den gemeinschaftlichen Strategien sowie Ulrichs bescheidener, aber authentisch und oftmals hierarchiekritisch wirkender Haltung deuten auf einen Habitus der *Traditionslinie der Facharbeit und der praktischen Intelligenz* hin. Dafür sprechen auch sein praktisches Interesse an Bildung und Schriftsprache, die Abgrenzung gegen weniger engagierte Lernende, sein methodisches Lernen und die Stilisierung über Zuverlässigkeit im Kurs, die sein Bildungsstreben untermauert. Auch die Wertschätzung von Eigenständigkeit in seinem Beruf, mit dem er sich identifiziert und der körperliche Disziplin erfordert, sprechen in Kombination mit den vorangegangenen Aspekten für diese Traditionslinie. Es wird deutlich, dass die Gemeinschaft für Ulrich kein reiner Selbstzweck ist, sondern auch Notwendigkeit, was zusammen mit Ulrichs Bescheidenheit und seinem Realismus auf eine gesellschaftliche Position an der *Grenze der Respektabilität* verweist. Die geringen, aber soliden schulischen Abschlüsse und Handwerksberufe in seiner Herkunftsfamilie, in der Bildung ebenfalls nicht ganz unwichtig war, unterstützen diese Hypothese.

Es lassen sich aber gleichsam Einflüsse finden, die auf die *Traditionslinie der unterprivilegierten Volksmilieus* verweisen. Ulrich greift sehr offensiv auf Kenntnisse und Kompetenzen seines sozialen Netzwerkes zurück und nutzt die Mitgliedschaft in der Gewerkschaft zur Durchsetzung persönlicher Interessen. Diese Praxis lässt sich auch als Anlehnung an Stärkere oder Kompetentere interpretieren, eine Strategie, die häufig in unterprivilegierten sozialen Milieus zu finden ist. Das Bildungsverhalten ist hedonistisch gebrochen und begrenzt, so strebt Ulrich z. B. keine qualifizierte Berufsausbildung an, was in Kombination mit seiner Unangepasstheit im Hinblick auf gesellschaftliche Erwartungen ebenfalls auf Habituszüge aus einem unterprivilegierten Milieu deuten könnte. Der offene Umgang mit der geringen Schriftsprachkompetenz wäre dann quasi den Anlehnungsstrategien geschuldet.

5.3 Eckfall Jana: *„Ich hab <u>von Kind an</u> ganz viel und gerne gelesen.“*

5.3.1 Skizzierung der sozialen Herkunft und der Lebenssituation

Kursteilnehmerin Jana[80] ist im Jahr 1942 geboren und die älteste Befragte der Stichprobe. Sie ist als Zweitälteste von insgesamt fünf Kindern ihrer Eltern in einer Großstadt mit rund 500.000 Einwohnern aufgewachsen, musste aufgrund einer Krankheit der Mutter aber des Öfteren die Herkunftsfamilie verlassen und kam dann vorübergehend in anderen Haushalten bei Verwandten und näheren Bekannten unter.

Ihre Mutter besuchte laut Sozialdatenbogen eine Hochschule und studierte Innenarchitektur, war später aber Hausfrau. Janas Vater besuchte die Realschule und war nach einer kaufmännischen Ausbildung als Kaufmann tätig. Von der Großelterngeneration weiß Jana zu berichten, dass der Großvater mütterlicherseits nach einer kaufmännischen Ausbildung im Papiergroßhandel gearbeitet hat. Weitere Angaben zu den Großeltern liegen nicht vor.

Von Janas vier Geschwistern studierte die jüngste Schwester nach dem Abitur Sonderpädagogik und arbeitete nach einer weiteren Ausbildung als Lehrerin an einer Regelschule. Die zweite Schwester besuchte die Realschule, studierte Textildesign und war danach im künstlerischen Bereich tätig. Wie genau diese Schwester die erforderliche Hochschulzugangsberechtigung erwarb, geht nicht aus Janas Angaben hervor. Janas jüngerer Bruder studierte nach dem Abitur ein Gymnasiallehramt und war anschließend als Lehrer tätig. Ihr älterer Bruder besuchte wie sie die Hauptschu-

---

80 Der Kontakt zu Jana kam über ihre Kursleiterin zu Stande, die Jana im Beisein der Interviewerin ansprach und über den Hintergrund der Befragung informierte. Jana sagte daraufhin freundlich für ein Interview zu. Kurz vor dem Interview, das einige Zeit später stattfand, gab es ein kurzes Gespräch über ihren Anreiseweg und die Parkplatzsituation vor Ort. Sie wirkte etwas unsicher und wusste nicht genau, was sie erwartet. Während des Interviews schien sich diese anfängliche Anspannung aber zu lösen. Jana hatte zur Vorbereitung Zeugnisse aus ihrer Grundschulzeit mitgebracht. Da das Interview etwas länger dauerte als üblich, wurde es einmal unterbrochen, um einen anderen Raum zu suchen. Dies tat der insgesamt positiven Gesprächsatmosphäre allerdings keinen Abbruch. Nach dem Interview gab Jana erleichtert Rückmeldung, dass sie die Fragen nett und offen fand.

le und absolvierte eine Weiterbildung zum Verkauf von Oberflächenmessgeräten. Letzterer war danach wie der Vater und Großvater im kaufmännischen Bereich tätig.

Jana selbst besuchte die Volksschule, schloss diese nach einer Zurückstufung im vierten Schuljahr ab und absolvierte danach eine Lehre zur Geflügelzüchterin. Sie war nach der Lehrzeit aber vor allem mit Bürotätigkeiten befasst und widmete sich nach der Geburt ihres Sohnes der Familie. Sie ist mit einem Grundschullehrer verheiratet. Zum Zeitpunkt der Basisbefragung[81] ist Jana wie ihr Mann pensioniert und ihr persönliches monatliches Nettoeinkommen liegt bei unter 500 €, das Nettomonatseinkommen des Haushalts bei über 1.500 €. Sie hat vor wenigen Wochen einen Lese- und Schreibkurs mit Fortgeschrittenenniveau aufgenommen.

5.3.2 Literalität im Kontext der Herkunftsfamilie

„Ich hab von Kind an ganz viel und gerne gelesen." (S. 1/Z. 28)

Jana berichtet, dass für sie das Schreiben ein Problem darstelle und dass ihre Schwierigkeiten im Schreiben für sie *„schwer verständlich"* (S. 1/Z. 27) seien, denn sie habe *„von Kind an ganz viel und gerne gelesen"* (S. 1/Z. 28). Sie stellt eine Lesekompetenz sowie ein Leseinteresse heraus, wodurch sie anscheinend vermitteln möchte, dass sie eigentlich nicht in einen Alphabetisierungskurs gehört. Jana verweist auf eine literale Praxis, die ihr Interesse untermauert, wie z.B. den Besuch einer Bibliothek in ihrer Kindheit: *„Es waren unheimlich nette Leute, die einen da beraten haben und äh hab mir da immer Bücher geholt, hab da gelesen. Ich hab also immer schon ganz viel und sehr gerne gelesen. Nich immer Hochwertiges, aber mal Hochwertiges, auch mal ganz Leichtes, äh äh, wie mir nun so grad zu Mute war."* (S. 2/Z. 1 ff.). So werden ein positiver Bezug zu Schriftsprache sowie eine betonte Aufgeschlossenheit dieser gegenüber deutlich. Mit der Unterscheidung zwischen ,hochwertiger' und ,leichter' Literatur veranschaulicht Jana zudem einen differenzierten Literaturzugang sowie eine Anspruchshaltung gegenüber Literatur.

Im Zentrum ihrer Äußerungen bezüglich der Herkunftsfamilie steht, dass ihre Mutter aufgrund einer Krankheit *„immer wieder aus der Familie raus"* (S. 2/Z. 18) musste, was für sie eine große familiäre Unruhe zufolge hatte: *„[I]ch bin ja nich in meiner Familie geblieben, […] sondern ich war bei ner Tante, ich war bei meiner Großmutter, ich war bei ner anderen äh äh Nenntante in Stadt A […] Ich war in ner anderen Familie. Von dieser Familie bin ich dann wieder nach Stadt K, wieder in ne andere Familie."* (S. 2 f./51 ff.). Auch die Geschwister mussten die Familie zeitweise verlassen, seien mit dieser familiären Situation jedoch *„alle besser mit klargekommen"* (S. 2/Z. 38 f.), was Jana damit verbindet, dass sie überwiegend höhere

---

81 Das Interview der Basisbefragung wurde am 19.10.2009 geführt. Es bildet die Grundlage für die folgende Auswertung. Das Folgegespräch (siehe Kapitel 5.3.7) wurde am 17.05.2010 geführt. Es musste vergleichsweise zeitnah stattfinden, um die Auswertung der Daten im Rahmen der Projektlaufzeit sicherzustellen.

Bildungs- und Berufsabschlüsse erwerben konnten (siehe Kapitel 5.3.1). Jana scheint sich ihnen gegenüber diesbezüglich defizitär zu fühlen, was darauf hindeutet, dass höhere Bildungs- und Berufsabschlüsse in ihrer Familie ‚vorgesehen‘ waren, sie diese selbst als Anspruch und Möglichkeit verinnerlicht hat und sich hier unter Rechtfertigungsdruck sieht.

Wenn es der Mutter wieder besser ging, *„dann kamen wir Kinder auch wieder zurück."* (S. 2/Z. 19). Die Verantwortung für die Kinder lag also vor allem bei der Mutter und von ihrer Anwesenheit hing auch die Anwesenheit der Kinder ab. Jana berichtet, dass die Mutter dem traditionellen Rollenverhältnis entsprechend Hausfrau war und der Vater arbeiten ging. Die beschriebene Arbeitsteilung kann aber auch mit der Krankheit der Mutter zusammengehangen haben und eigentlich nicht geplant gewesen sein, zumal Janas Mutter ein Hochschulstudium absolviert hatte (siehe Kapitel 5.3.1). Jana zufolge sollen bei ihr ebenfalls leichte Unsicherheiten im Schreiben bestanden haben, die sich aber angesichts ihrer höheren Bildung nicht gravierend auswirkten. Das Hochschulstudium der Mutter spricht dafür, dass sich die Herkunftsfamilie in höher gebildeten Kreisen bewegte, da die Möglichkeit eines Studiums in der ersten Hälfte des zwanzigsten Jahrhunderts noch eher wenigen Frauen offen stand und eher unüblich war.

Neben der Krankheit der Mutter, über die nichts Genaueres bekannt ist, kam gegen Ende von Janas Grundschulzeit hinzu, dass die Eltern einen *„schweren Unfall"* (S. 3/Z. 22) hatten und beide längere Zeit im Krankenhaus lagen. Jana stellt folglich heraus, dass sich in ihrem Fall mehrere unglückliche Umstände aneinanderreihten, die zu ihrer heutigen Situation beigetragen haben. Die Eltern arrangierten Aufenthalte der Kinder in der Verwandtschaft und bei näheren Bekannten. Es wurde hierfür einiger Aufwand betrieben, um einen Heimaufenthalt der Kinder zu verhindern. Dieser wurde anscheinend als bedrohlich empfunden (Kontrollverlust, prekäre Verhältnisse). In der Nachkriegszeit herrschten in den aufnehmenden Haushalten aber ebenfalls schwierige Bedingungen vor, die mit dafür verantwortlich waren, dass Jana die Unterkünfte des Öfteren wechseln musste.

Ein familiäres Miteinander, dass eine Auseinandersetzung über diese einschneidenden Ereignisse ermöglicht hätte, hat Jana zufolge nicht stattgefunden: *„[M]an hat da nie drüber gesprochen, [...] das is so kurz nach nach nach Hitler da wurde in in Familien nich über wirkliche äh Dinge, die wichtig gewesen wären, gesprochen."* (S. 3/Z. 26 ff.). Jana erwähnt, dass sich bei ihren Eltern das im Dritten Reich vermittelte nationalsozialistische Gedankengut deutlich bemerkbar gemacht habe: *„Und das war auch bei meinen eigenen Eltern so, dass das also diese Richtung auch ganz stark da war."* (S. 4/Z. 32 f.). So entsteht der Eindruck, als würde sie sich von der politisch rechten Einstellung ihrer Eltern distanzieren und kritisch mit der nationalsozialistischen Vergangenheit auseinandersetzen, ein Thema, das in vielen Familien geleugnet oder verschwiegen wird (Welzer et al. 2005). Sie signalisiert somit auch, einen reflektierten Umgang mit der Geschichte (Deutschlands und ihrer eigenen) zu hegen sowie über differenzierte politische Ansichten zu verfügen (siehe auch Kapitel 5.3.4).

Die ausgeübten Berufe in Janas Familie deuten einerseits auf eine Tradition an kaufmännischen Tätigkeiten, andererseits gibt es verschiedene Tätigkeiten im Bildungs- und künstlerischen Bereich, die auf eine hohe Wertschätzung von Bildung, Kunst und Kultur verweisen (siehe Kapitel 5.3.1). Auf eine vergleichsweise große Bildungsnähe deuten auch Janas Ausführungen darüber hin, wie in ihrer Herkunftsfamilie mit Schriftsprache umgegangen wurde. Es seien Notizzettel und Briefe geschrieben worden, zudem hätten ihre Eltern *„sehr drauf geachtet, dass wir also wirklich äh gute Bücher hatten"* (S. 50/Z. 25 f.). Jana kann sich noch nachhaltig an die sie in ihrer Kindheit umgebenden Bücher erinnern: *„‚Hänschen im Blaubeerwald'* *(beide lachen). Was hatten wir noch? .. Dann hatten wir ähm ‚Der Löwe is los' und* *‚Schrick und Schrupp' […] Also es is kein reines Bilderbuch, dann hatten wir so eins, oh,* *wie hieß denn das? … Da waren so .. Gedichte drin .. so Kinderreime."* (S. 50/Z. 3 ff.). Zudem hätten sie und ihre Geschwister Mickey-Maus-Comics gelesen, worüber sich der Vater, der den Kindern sehr viel (vor-)gelesen habe, zunächst kritisch äußerte: *„Kam er und sagte, was lest ihr denn für n Schund, hat er reinge- angefangen* *reinzulesen, holt uns zum Mittagessen und kam dann so schnell nich wieder raus aus* *der Mickey Maus (schmunzelt)."* (S. 50/Z. 22 ff.). Hier zeigt sich eine Unterscheidung zwischen als profan empfundener populärkultureller Literalität (Comics), die in der Familie als wenig erstrebenswert galt (‚Schund'), aber offenbar dennoch einen Reiz ausübte, und einer (legitimen) höherwertigen Literalität. Jana scheint es insgeheim zu freuen, dass ihr Vater letztlich der ‚Versuchung' der Comics unterlag. Seine Neigung zu höherwertiger Literalität wirkt so auch etwas aufgesetzt und bemüht und zudem nicht konsequent umgesetzt. Auch Janas starke Betonung ihres Leseinteresses und Bildungsbezugs erscheint prätentiös. Daraus lässt sich schließen, dass legitime Literalität und Bildung ein erstrebenswertes Ziel in ihrem Milieu sind. Es ist hier nicht üblich und nicht legitim, schriftsprachliche Schwierigkeiten zu haben, so dass Jana eine prätentiös wirkende Selbstaufwertung vornimmt.

Eine grundlegend positive Besetzung von Bildung zeigt sich auch daran, dass Jana Nachhilfe erhielt, um in der Schule besser zurechtzukommen. Zudem bekamen Jana und ihre Geschwister Unterstützung von beiden Eltern. Die Befragte hebt wiederum insbesondere ihren Vater hervor, der im Gegensatz zur Mutter auch *„mal* *ungeduldig"* (S. 57/Z. 17) wurde, ansonsten aber eher (über-)fürsorglich agierte: *„Also was was auch gewesen is, is, dass unser Vater uns sehr viel abgenommen hat.* *[…] und wenn ich Bewerbungen oder irgendwas geschrieben haben, dann hat er die* *auch äh praktisch- Ich habs geschrieben und er hat das dann nochmal durchgegangen* *und so weiter."* (S. 50/Z. 16 ff.). Es scheint folglich in Janas Familie vergleichsweise viel kulturelles Kapital vorhanden gewesen zu sein, das eingesetzt werden konnte, um die Kinder zu unterstützen. Der Vater hatte hohe Ansprüche, die Eltern blieben aber trotz Janas Schulschwierigkeiten relativ gelassen, was auf eine vergleichsweise sichere Position im sozialen Raum verweist: *„[A]lso ich kann mich auch nich entsinnen, dass man meine Eltern nun sauer waren, wenn ich sch- schlechte Noten hatte in* *in Deutsch."* (S. 50/Z. 35 f.). Es ist anzunehmen, dass die Eltern zuversichtlich waren, dass Jana trotzdem ihren Weg gehen würde.

Grundsätzlich hatte die Transmission kulturellen Kapitals in der Herkunftsfamilie (Büchner/Brake 2006) auch Erfolg, was sich bei drei von Janas vier Geschwistern in höheren Bildungs- und Berufsabschlüssen ausdrückte. Dass sich nun bei Jana fortbestehende Lese- und vor allem Schreibschwierigkeiten entwickelten, mag daran liegen, dass die Eltern vor allem in Janas früher Kindheit in der (Nach-)Kriegszeit andere Prioritäten setzen mussten und die Bildung der Kinder weniger im Vordergrund stand. Es kann angenommen werden, dass Jana dies einerseits so herausstellt, da sie als gebildete Frau wahrgenommen werden will. Andererseits sieht Jana sich gegenüber ihren Geschwistern besonders benachteiligt, sei sie doch „die Einzige gewesen, die eigentlich auch immer ganz wech gewesen is und an anderen Schulen gewesen is" (S. 2/Z. 20 f.). Die Geschwister profitierten ihrer Aussage zufolge von der nicht gänzlich verlorengegangenen Nähe zur Familie und von einem kontinuierlicheren Schulbesuch. Denkbar ist, dass die Abwesenheit der höher gebildeten Mutter sich besonders zum Nachteil für Jana auswirkte, zumal die Lesesozialisationsforschung vor allem der Mutter eine Vorbildfunktion bei der Vermittlung von Lesegewohnheiten zuspricht (Groeben 2004, S. 16). Von einer generellen Schriftferne in der Familie, die zu Janas Benachteiligung führte, kann hier jedenfalls nicht die Rede sein.

Zu ihren Geschwistern hat Jana zum Zeitpunkt der Basisbefragung nach wie vor ein gutes Verhältnis. Sie rechnet es ihnen hoch an, dass sie von ihnen nie das Gefühl vermittelt bekommen habe, „dumm" (S. 56/Z. 17) zu sein. Ein solches Verhalten erscheint Jana aufgrund der Diskrepanz in beruflichen Qualifikationen und Bildungsabschlüssen naheliegend: „Trotzdem die ja alle doch äh Berufe hatten, die [...] sehr viel höher angesiedelt waren, als das, was ich nun gemacht hab" (S. 56/Z. 21 f.). Jana wertet sich selbst ab und bringt den höheren Qualifikationen der Geschwister große Anerkennung entgegen. Sie freut sich, dass ihr Bruder trotz ihrer als gering empfundenen Qualifikation Theaterbesuche („Kreidekreis geguckt oder irgendsowas", S. 32/Z. 9) mit ihr unternahm: „Und da hab ich ja gemerkt, also der hatt da keine Schwierigkeiten mit, dass ich also nun, ja, so n praktischen Beruf habe, nich?" (S. 32/Z. 10 ff.). Sie hat anscheinend die Abgrenzung gegen Berufe mit geringerer Qualifikation und praktischer Tätigkeit aus der Familie übernommen. In der geschilderten Szene mit ihrem Bruder zeigt sich zudem wiederum der Bezug zur Hochkultur in der Familie.

Zusammenfassung: Jana berichtet von einem Elternhaus mit hochkulturellen Lesegewohnheiten, zu dem ihre Schriftsprachschwierigkeiten eigentlich nicht passen. Die (Über-)Betonung ihrer Leseinteressen, die Schilderung ihrer Literaturkenntnisse sowie ihre Stilisierung als gebildete Frau mit einer Wertschätzung von Hochkultur wirken prätentiös und lassen den Schluss zu, dass sie sich (implizit) von anderen Alphabetisierungskursteilnehmenden abgrenzt. Dazu passt Janas Statusdenken, das besonders in Bezug auf ihre Geschwister deutlich wird, die höhere Positionen bekleiden als sie und dafür ihre Hochachtung genießen. Menschen mit geringer Bildung und praktischen Berufen, sie selbst eingeschlossen, werden im Umkehrschluss (implizit) als ‚dumm' klassifiziert. Die mittleren bis höheren Bildungs- und

Berufsabschlüsse in Janas Familie sowie ihr Denken in Hierarchien lassen auf einen materiell abgesicherten und auf Bildung und Repräsentation ausgerichteten Lebensstil schließen, der neben diversen Bildungsinvestitionen einen vergleichsweise gelassenen Umgang mit Janas Schwierigkeiten ermöglichte.

5.3.3   Literalität im Kontext der schulischen Laufbahn

„Überhaupt immer ne schlechte Note zu haben in Deutsch [...]- Das war <u>richtig</u> starker Stress für mich." (S. 6/Z. 46 ff.)

Aus Janas Erzählung geht hervor, dass sie eine Volksschule in ihrer Heimatstadt besuchte, aufgrund der Krankheit der Mutter und der daraus resultierenden Unterbringung in anderen Haushalten allerdings häufig die Schule wechseln musste und so den Anschluss verlor (*„Hin und Her"*, S. 2/Z. 27). In der vierten Klasse erlebte Jana schließlich eine Zurückstufung. Sie berichtet von Schulschwierigkeiten vor allem in Mathematik und in Deutsch (*„in Deutsch ne Sechs, in Mathe ne Sechs"*, S. 51/Z. 38), woraufhin sie *„zu Hause geübt"* (S. 52/Z. 3 f.) habe. Die Eltern organisierten zusätzlich zur eigenen Hilfe (siehe Kapitel 5.3.2) eine Nachhilfe für Jana. Dieser Einsatz – ein weiterer Hinweis auf die hohe Bildungsaspiration der Eltern – erhöhte jedoch nicht Janas Lernmotivation und Jana berichtet: *„[S]o richtig mich da so, ja, dafür einzusetzen, mich dahinter zu klemmen und irgendwie was jetzt da, um da was dran zu verändern, das war nich da."* (S. 2/Z. 31 ff.). Insgesamt entsteht zwar schon der Eindruck, dass es grundsätzlich Janas Anspruch war, gute schulische Noten zu erhalten: *„Überhaupt immer ne schlechte Note zu haben in Deutsch [...]- Das war <u>richtig</u> starker Stress für mich."* (S. 6/Z. 46 ff.). Der Kampf um den Anschluss in ihren Problemfächern erschien ihr jedoch ausweglos, so dass auch Janas Eigenmotivation darunter litt. Sie konnte schließlich trotz ihrer Schwierigkeiten den Volksschulabschluss erlangen und besuchte im Anschluss sogar eine Realschule, die sie jedoch ohne einen Abschluss verließ.

Der Grund für die Bildungsinvestitionen war offenbar schon eine in jüngeren Jahren auftretende Befürchtung: *„[W]eil ich kein Deutsch kann, kann ich eigentlich nich das werden, was ich gerne werden möchte."* (S. 51/Z. 20 f.). Jana schwebte damals der Beruf *„Bibliothekarin"* (S. 1/Z. 14) vor, der stark auf das Thema Literatur bezogen ist. Ihr dezidiertes Berufsziel verdeutlicht, dass es für eigene Wünsche und Perspektiven Raum gab und sie dieses Thema umtrieb. Sie konnte ihren Wunschberuf eigenen Angaben zufolge jedoch nicht erlernen, da sie dafür einen höheren Schulabschluss hätte erreichen müssen. Daher bezeichnet sie ihre Schriftsprachschwierigkeiten auch als *„ganz ganz großes Handicap"* (S. 1/Z. 13)

Ihr Berufswunsch verdeutlicht wiederum den von ihr herausgestellten positiven Bezug zu Schriftsprache, Literatur und Bildung. Es gab auch nicht nur negative Schulerfahrungen, was sich daran veranschaulichen lässt, dass sie trotz der Schriftsprachproblematik *„eigentlich immer in Aufsätzen gut [war] natürlich mit vielen Fehlern"* (S. 51/Z. 1), dass sie *„gerne Gedichte gelernt"* (S. 51/Z. 2) und sich in der Schule nicht als „*n Außenseiter oder so*" (S. 52/Z. 6) gefühlt habe. Ihre so deutlich werden kreativen Kompetenzen konnten zur damaligen Zeit aber nicht den schlechten Noten in ihren Problemfächern (siehe oben) entgegenwirken.

Zusammenfassung: Jana hatte zwar wie Christa und Ulrich Schulschwierigkeiten, zumal sie wiederholt die Schule wechseln musste. Sie konnte aber trotz dieser Schulwechsel den Volksschulabschluss erreichen und wurde nicht aus dem Regelschulsystem selektiert, was auf eine gewisse Passung zwischen Herkunftshabitus und Schule sowie auf insgesamt relativ privilegierte Verhältnisse (Nachhilfe, Unterstützung durch Eltern usw.) verweist. Bildung und das Beherrschen der Schriftsprache sind in Janas Milieu von zentraler Bedeutung und unabdingbar für die berufliche Selbstverwirklichung. Der Wunschberuf Bibliothekarin untermauert die milieuspezifisch hohe positive Besetzung von (höherer) Bildung und Kultur. Damit in Verbindung steht, dass das vermeintliche Schriftsprachdefizit hoch emotional aufgeladen ist und sogar mit einer Behinderung (,Handicap') gleichgesetzt wird, was auf eine deutliche Diskrepanz zwischen der sozialen Position und den hier üblichen literalen Kompetenzen und Praktiken verweist.

5.3.4   Literalität im Rahmen von Ausbildung und Beruf

> „*[I]ch hab <u>mir</u> dann n Beruf gesucht, in dem ich Deutsch nich so unbedingt brauchte.*"
> (S. 3/Z. 47 f.)

Janas Berufslaufbahn wirkt relativ bewusst geplant und weniger als Bewältigung oder Aufgreifen von Gelegenheiten wie bei den Fällen zuvor. Innerhalb der ihr gesetzten Grenzen erscheint sie als handlungsfähig, denn als sie ihren Wunschberuf Bibliothekarin nicht erreichen konnte, suchte Jana nach Alternativen, die für sie zu passen schienen: „*[I]ch hab <u>mir</u> dann n Beruf gesucht, in dem ich Deutsch nich so unbedingt brauchte.*" (S. 3/Z. 47 f.). Sie begann eine Lehre in der „*Geflügelzucht*" (S. 3/Z. 47) auf einem Bauernhof und wählte damit bewusst eine in ihren Augen einfache Ausbildung, denn „*wenn ich was anderes gemacht, ich hätt das gar nich geschafft.*" (S. 4/Z. 23 f.). Sie betont auch hier die deutlich rechte politische Gesinnung der Bauernfamilie (,,*dunkelbraun*", S. 4/Z. 30) und sagt, sie selbst sei damals „*<u>viel</u> zu unpolitisch*" (S. 4/Z. 31) gewesen, um dies zu bemerken. Es scheint ihr also wiederum ein Anliegen zu sein, im Interview den Eindruck einer inzwischen politisch reflektierten und gebildeten Frau zu vermitteln. Die soziale Deklassierung, die vermutlich mit der Berufsausbildung einherging, wird nicht zum Thema gemacht.

Nach der Lehre in der Geflügelzucht, in der sie dennoch „*Ängste*" (S. 48/Z. 46) vor Diktaten oder schriftlichen Berichten aushalten musste, orientierte sich Jana beruflich neu. Sie versuchte, in verschiedenen Bürotätigkeiten Fuß zu fassen, was verdeutlicht, dass ihr vermutlich auch aus Statusgründen keine lebenslange Perspektive in einem eher praktischen Berufsfeld vorschwebte. Denkbar ist, dass sie die Berufsausbildung nur absolvierte, um nach außen den Schein einer einigermaßen respektablen Qualifikation zu wahren. Ihre Bewerbungen für die Bürotätigkeiten verliefen zunächst erfolgreich, Jana kündigte allerdings diverse Bürotätigkeiten präventiv aufgrund der Befürchtung, mit ihren Schriftsprachschwierigkeiten zu scheitern.

Als sie etwa 26 Jahre alt war, strebte sie eine zweite Ausbildung zur Arzthelferin an, bei der das erste Mal ein Fremdausschluss erfolgte. Jana konnte zwar eine Ausbildung zur Arzthelferin beginnen, wurde aber von dem Arzt, bei dem sie tätig war und den sie als *„ganz pingelig"* (S. 48/Z. 10) beschreibt, *„entlassen, weil ich das mit dem Schreiben nicht konnte"* (S. 46/Z. 43 f.). Sie fand schließlich einen Job, in dem sie *„nur mit Zahlen zu tun"* (S. 47/Z. 2) hatte, kündigte dort jedoch nach einer *„Fehlgeburt"* (S. 47/Z. 5) auf Anraten ihres Arztes und widmete sich in Folge der Geburt ihres Sohnes der Aufgabe als Hausfrau und Mutter. Sie bedauert mit Blick auf ihre Schriftsprachschwierigkeiten nachhaltig, *„dass das man also beruflich eigentlich nicht das machen kann, was machen möchte."* (S. 45 f./Z. 51 f.).

Später strebte Jana einen beruflichen Wiedereinstieg an und nahm dazu u. a. an einer Weiterbildungsveranstaltung *„Start mit fünfunddreißig"* (S. 23/Z. 43) teil. Sie habe *„immer wieder doch versucht, was zu machen"* (S. 23/Z. 44), wobei sie jedoch *„immer auf [..] Schwierigkeiten gestoßen"* (S. 23/Z. 45) sei (siehe auch Kapitel 5.3.6). So wird deutlich, dass sich Jana nicht mit dem damals stark verbreiteten traditionellen weiblichen Rollenbild zufrieden gab, sondern trotz ihrer Schriftsprachschwierigkeiten immer wieder eigenmotivierte Anstrengungen unternahm, eine adäquate Beschäftigung zu finden. Sie erhielt entsprechende Chancen u. a. in Form eines zweiten Ausbildungsplatzes, was für ihr kulturelles, auch symbolisches Kapital sowie ihren Ehrgeiz spricht, die eigenen beruflichen Ziele zu verwirklichen. Bezüglich der Entlassung durch den von ihr als ‚pingelig' abgetanen Arzt zeigt sie sich recht selbstbewusst. Es werden aber – ähnlich wie zu Schulzeiten – Entlastungsstrategien deutlich, durch die sie sich potenziell kritischen Situationen präventiv entzieht, um nicht mit ihren Schriftsprachschwierigkeiten zu scheitern. Dies ist in gewisser Hinsicht ein Privileg, da die Aufnahme einer Berufstätigkeit in ihrem Fall keiner finanziellen Notwendigkeit geschuldet zu sein scheint. Schließlich führte diese Situation jedoch dazu, dass sie doch das ‚Angebot' annahm, gemäß der traditionellen Rollenverteilung zwischen Mann und Frau in der Rolle als Hausfrau und Mutter ‚aufzugehen', sogar hin und wieder ihren Neffen betreute und ältere Angehörige pflegte.

Zum Zeitpunkt der Basisbefragung ist Jana Rentnerin und beschäftigt sich mit dem Gedanken, ein Ehrenamt aufzunehmen. Sie äußert zwar kein spezifisches Interessengebiet, hat sich aber schon bei der Partei Die Grünen engagiert. Außerdem denkt sie über ein Engagement bei Amnesty International nach. Dies passt zu dem von ihr gezeichneten Selbstbild als politisch aufgeklärte, gebildete und engagierte Frau. Gleichzeitig werden jedoch wiederum Ängste deutlich, die sie vor der Verwirklichung ihrer Pläne zurückweichen lassen: *„[W]enn da was Sch- Schriftliches käme, könnte ich mich überhaupt nich zur Verfügung stellen"* (S. 1/Z. 10 f.).

Zusammenfassung: Janas Anstrengungen verweisen auf ein eklatantes Auseinanderklaffen zwischen den vom Habitus antizipierten Perspektiven und den ihr tatsächlich zur Verfügung stehenden beruflichen Optionen. Sie leidet im Gegensatz zu Ulrich sichtlich an den Verhältnissen und ihre Ambitionen verdeutlichen (implizit) das Streben nach einem angemessenen Status – weg von der ‚tumben‘ Geflügelzucht und den ‚ungebildeten‘ Bauern, hin zum statusgemäßeren Job in der Arztpraxis bzw. im Büro. Bei der von ihr angestrebten Statusaufwertung orientiert sie sich an Werten und Lebensstil des *Liberal-intellektuellen Milieus*, hat das „kritische Engagement für politische Gleichstellung und soziale Gerechtigkeit“ (Vester et al. 2001, S. 508) sowie den Anspruch auf (berufliche) Selbstverwirklichung für sich vor Augen, kann dem jedoch nicht entsprechen, was besonders durch ihre Rückzugs- und Entlastungsstrategien deutlich wird.

5.3.5 Literalität im Rahmen von Partnerschaft und eigener Familie

„Ich komm mir dann so so gemaßregelt wie <u>blöd</u> vor.“ (S. 8/Z. 13 f.)

Zum Zeitpunkt der Basisbefragung hat Jana *„[g]roße Schwierigkeiten“* (S. 8/Z. 6) mit ihrem Ehemann. Letzterer hat nach dem Abitur ein Grundschullehramt studiert und später Deutsch und Religion an einer Grundschule unterrichtet. Wie Jana ist er bereits verrentet. Sie berichtet, dass er ihr immer viel abgenommen habe, nun vertrete er aber den Standpunkt: *„[D]u musst selbstständig werden.“* (S. 26/Z. 19), wobei deutlich wird, dass die Kommunikation zwischen den Eheleuten aus Janas Perspektive nicht auf Augenhöhe stattfindet: *„Aber ich fühl mich dann immer so geschulmeistert.“* (S. 26/Z. 20). Sie schildert eine beispielhafte Situation, in der sie ihren Ehemann um Unterstützung bittet und dieser wie folgt reagiert: *„Ja überlech doch mal, wie man das schreiben könnte. Ich sach, weißte, das ärgert mich. […] ich komm nich zu dir und hab da nich drüber nachgedacht oder so. Ich komm mir dann so so gemaßregelt wie <u>blöd</u> vor. Der sagt, ja man hat heute ne ganz andere Art zu unterrichten, man gibt den Kindern nich gleich die die Antwort, sondern sie sollen sich das also selber erarbeiten.“* (S. 8/Z. 8 ff.). Jana scheint sich herabgesetzt (*„klein gemacht“*, S. 8/Z. 26) zu fühlen, wenn ihr Ehemann sie wie eine Schülerin behandelt.

Die beiden haben einen gemeinsamen Sohn, den Jana Anfang der 1970er Jahre zur Welt brachte. Er hatte wie sie *„große Schulschwierigkeiten am Anfang“* (S. 54/Z. 14 f.), was Jana mit ihren eigenen Ängsten in Verbindung bringt. Sie berichtet aber, er habe sich mit der Zeit *„berappeln“* (S. 3/Z. 34) können, was sie darauf zurückführt, dass das Ehepaar ihn nach einer Hauptschulempfehlung auf eine (offenbar ganztägig ausgerichtete) Gesamtschule schickte: *„[D]ann war eigentlich das aus dem häuslichen Bereich raus“* (S. 3/Z. 32 f.). Welchen Schulabschluss er daraufhin anstrebte bzw. erlangt hat, geht nicht aus dem Interview hervor.

Zusammenfassung: Janas Partnerwahl erfolgte trotz ihrer eher geringen Bildungs- und Berufsabschlüsse durchaus ‚standesgemäß‘ im Sinne ihres bildungsaffinen Herkunftsmilieus. Das häufig präsente Statusdenken reproduziert sich in der Beziehung der Eheleute. So besteht eine Geschlechterhierarchie, in der sich Janas Ehemann ihr gegenüber durch seine ehemalige berufliche Stellung als Lehrer aufwerten kann und Jana die dominierte Position einnimmt. Sie kann sich situativ zwar gegen ihren Mann behaupten und ihm selbstbewusst gegenübertreten. Anders als Christa scheint sie sich weniger unterwürfig und eher auf Augenhöhe ihm gegenüber zu verhalten. Das Rollenverhältnis zwischen den beiden scheint jedoch festgelegt zu sein, was Jana im Interview beklagt. Gleichzeitig erlaubt ihr die traditionelle Rollenverteilung der Geschlechter mit einem Grundschullehrer als ‚Versorger' das Privileg des Rückzugs aus Arbeitsverhältnissen, in denen sie aufgrund der geringen Schriftsprachkompetenz zu scheitern droht (siehe auch Kapitel 5.3.4).

5.3.6 Kursaufnahme und Entwicklungen im Zuge der Teilnahme (Basisbefragung)

> „[D]as sind alles nur so Doktoren und Professoren und [...] ich komm da mit meiner (schmunzelt) Hauptschule an." (S. 44/Z. 44 f.)

Jana hat den Lese- und Schreibkurs mit Fortgeschrittenenniveau zum Zeitpunkt der Basisbefragung etwa vier bis fünf Mal besucht. Ein konkretes Ziel für den Kursbesuch habe sie nicht, sie gibt lediglich an, sie wolle „sicherer im im Schreiben" (S. 8/Z. 47) werden. Jana hat jedoch viele konkrete Anlässe für die Anwendung des Lesens und Schreibens in ihrem Alltag. So geht aus ihrer Erzählung hervor, dass sie einen „Literaturkreis" (S. 1/Z. 26) besucht, in dem Romane mit politischem Hintergrund[82] gelesen und diskutiert werden. Dies setzt einen eigenmotivierten und tiefergehenden Umgang sowohl mit Literatur, als auch mit Themen wie Kultur und Politik voraus und spricht wieder für Janas Orientierung am *Liberal-intellektuellen Milieu* mit seinen sozialkritischen Positionen, der hohen Bedeutung von Bildung und Idealen von sozialer Gerechtigkeit (Vester et al. 2001, S. 506 ff.). Die genannten Romane verdeutlichen zudem wiederum ihre Anspruchshaltung in Bezug auf Literatur. Laut Sozialdatenbogen besucht Jana gerne Kunstausstellungen und ist Mitglied eines Kunstvereins, so dass auch hier der von ihr in sämtlichen Lebensbereichen explizit herausgestellte Bezug zu Hochkultur deutlich wird.

Darüber hinaus gibt es eine Gruppe aus dem Theologiestudium ihres Mannes, mit der sich das Ehepaar nach wie vor privat trifft oder Veranstaltungen besucht, bei denen politische Themen oder Bibelstellen diskutiert werden. In diesem distinguiert anmutenden Rahmen spitzt sich Janas defizitäres Selbsterleben zu: „[A]lso wenn ich jetzt meinetwegen da zu dieser zu diesen äh Treffen da fahre, das sind alles nur so Doktoren und Professoren und was da rum saust. Ähm, ich komm da mit meiner (schmun-

---

82 Zwei Beispiele werden von Jana genannt bzw. lassen sich aus ihren Beschreibungen ableiten: Der Roman von Julia Schoch „Mit der Geschwindigkeit des Sommers" sowie der Roman der Nobelpreisträgerin Herta Müller mit dem Titel „Niederungen". Beide Romane vereint ihr Bezug zu diktatorischen Regimen (ehemalige DDR, kommunistisches Rumänien) und damit in mehr oder weniger engem Zusammenhang stehende menschliche Schicksale.

zelt) *Hauptschule an. Ich weiß vieles- Ich weiß es wirklich auch nich, weil ichs auch nich gelernt habe."* (S. 44/Z. 43 ff.). Die als gering empfundene Qualifikation wirkt in diesen Kreisen einerseits besonders illegitim. Andererseits sieht sich Jana aber auch befugt und berechtigt, an diesen Treffen teilzunehmen. Sie scheint dabei ein wenig mit ihrer geringen Formalbildung zu kokettieren und sich insgeheim aufgewertet zu fühlen. Es besteht eine Vertrautheit mit den verhandelten Themen und Feldregeln, so dass Jana hier auch mitreden kann. Ihr defizitäres Selbsterleben deutet jedoch darauf hin, dass sie die Zugehörigkeit zu diesen höher gebildeten Kreisen als nicht gesichert ansieht.

Im Lese- und Schreibkurs schätzt Jana die Lernatmosphäre, in der ein Wissensaustausch angeregt wird. Der Kurs erscheint so als Instrument zur Befreiung und Emanzipation aus Abhängigkeiten vom Ehemann: *„Ja, man kann fragen, man kriegt Antworten und äh Antworten, die _mir_ auch helfen, die ich mir dann (klopft kurz mit Hand auf Tisch) aufschreibe und und und hinterher nachgucken kann"* (S. 8/Z. 37 ff.). Jana schätzt die partnerschaftliche Unterstützung im Kurs sowie das Gefühl, mit den Schwierigkeiten *„nich alleine"* (S. 9/Z. 11) zu sein. Dem scheint jedoch eine Intervention der Kursleiterin entgegenzulaufen, die kurz nach Janas Kursaufnahme ein Diktat schreiben ließ, was für Jana *„_echter_ Stress"* (S. 6/Z. 42) gewesen sei und sie in Schulzeiten zurückversetzte: *„Es is auch immer reichlich gezeigt zu kriegen, ja du kannst das nich, ne?"* (S. 7/Z. 43). Jana kann diese Erfahrung für sich aber relativieren, indem sie Unterschiede zwischen dem Kurs und ihrer Schulzeit feststellt (*„einfach viel lockerer, als das als ich das jetzt von der Schule oder so her kenne."*, S. 8/Z. 5 f.).

Insgesamt fügt Jana sich gut in die Gruppe der Teilnehmenden im Kurs ein. Es wird im Falle eines Teilnehmers, der gesagt habe, *„zu Hause übe ich nich"* (S. 11/Z. 48), jedoch auch eine Abgrenzung deutlich, da es Jana für notwendig erachtet, *„[d]ass man sich da wirklich dann auch hinterklemmt"* (S. 11/Z. 46 f.). Sie bekundet, dass es ihr ebenfalls schwer falle, *„sich regelmäßig hinzusetzen, mal _richtig_ zu lernen"* (S. 11/Z. 19). Dennoch wird deutlich, dass sie im Kurs angeregte aufwändigere Lernstrategien in die Tat umsetzt. Sie hat sich z. B. ein Diktiergerät gekauft, auf das sie Diktate spricht und nach dem Abhören wieder aufschreibt.

Was Veränderungen durch den Kursbesuch betrifft, kann Jana trotz der kurzen Kursbesuchszeit und der Bekundung, *„_sehr_"* (S. 13/Z. 20) vergesslich zu sein, konkrete Regeln nennen, die sie im Kurs gelernt hat: *„Na zum Beispiel, dass die Vorsilbe ‚ent' mit ‚t' geschrieben wird oder mit ‚Mahl'. Äh, das ‚Mahl', äh also das Essen, wird mit ‚h' geschrieben, das ‚Muttermal' wird ohne ‚h' geschrieben, der der Müller ‚mahlt', wird mit ‚h' geschrieben, ‚malen' wird ohne ‚h' geschrieben, äh so solche Sachen"* (S. 9/Z. 30 ff.). Sie wirkt ansonsten aber recht zurückhaltend, wenn es um empfundene Veränderungen im Alltagsleben geht, was wohl neben der kurzen Kursbesuchszeit mit einem relativ hohen Anspruch an die eigene Schriftsprachkompetenz zusammenhängt. So sind Formulare für sie zwar eine Hürde, sie ist aber der Meinung, *„die haben ja in _dem_ Sinne haben die nichts mit mit Sch- Schreiben zu tun"* (S. 43/Z. 40 f.). Sie grenzt sich hier also auch ein Stück weit von den Alltagsproblematiken anderer Teilnehmender ab und betont ihren darüber hinausgehenden Anspruch.

Der Umgang mit Schriftsprache wirkt in Janas Fall zwar teilweise schambesetzt, es wird im Interviewverlauf allerdings wiederholt deutlich, dass sie dennoch einen insgesamt positiven Bezug dazu hat. Sie berichtet, Notizen für ihren Literaturkreis anzufertigen und wirkt hier recht selbstbewusst, denn *„das sieht auch keiner, was ich da schreibe."* (S. 36/Z.41). Außerdem habe sie mehrfach an Weiterbildungen teilgenommen, wie zum Beispiel an einem Englischkurs, einer umfassenden Weiterbildung zum beruflichen Wiedereinstieg sowie einem *„Selbsterfahrungskurs"* (S. 24/Z. 25) (siehe auch Kapitel 5.3.4). Ihr Interesse an Politik zeigt sich zum einen an ihrem im Voraus beschriebenen Engagement für die Partei Die Grünen, zum anderen auch daran, dass sie *„morgens [...] die Zeitung im Bett"* (S. 34/Z. 26) liest. Jana hat ähnlich wie Christa Schwierigkeiten mit Fremdwörtern, lässt sich dadurch aber nicht davon abbringen, ihren Interessen nachzugehen und allgemein Spaß an Literatur zu haben. So verhält es sich auch mit ihrem Streben nach (Weiter-)Bildung. Sicherlich lässt sich die stärkere Anwendung des Lesens und Schreibens im Vergleich zu Ulrich und Christa mit Janas höherer Schriftsprachkompetenz in Verbindung bringen (siehe Tabelle 6, Kapitel 5.3.7). Interessant ist jedoch, dass die standardisierte Untersuchung der Lesekompetenz bei Jana lediglich ein durchschnittliches Ergebnis im Vergleich zum Niveau der vierten Grundschulklasse gezeigt hat.

Zusammenfassung: Aufgrund ihrer Nähe zu legitimer Literalität und Bildung kann sich Jana offenbar schneller als die anderen Teilnehmenden einen Überblick über abstrakteres Regelwissen in Bezug auf Schriftsprache verschaffen. Deutlich wird eine besonders an Pflicht und Leistung orientiere Lernstrategie, die auch im häuslichen Bereich ein methodisch angelegtes und diszipliniertes Lernen mit verhältnismäßig großem Einsatz (Diktiergerät) erlaubt. Schriftsprache und Lernen sind in ihrem Milieu nichts Fremdes. Der Kurs dient ihr einerseits dazu, ihren Statuswünschen näher zu kommen und den Zugang zu den von ihr angestrebten ‚höheren Kreisen' abzusichern. Andererseits sind mit dem Kurs emanzipatorische Motive gegenüber dem Ehemann verbunden, aus dessen Abhängigkeit sich Jana befreien möchte. In ihrem Alltag wird zwar auch Scham deutlich, Jana hat aber eine grundlegende Befugnis verinnerlicht, mit (legitimer) Schriftsprache umzugehen und sich – trotz aller Einschränkungen – interessegeleitet damit zu befassen. Ihre Lesekompetenz erscheint im Test niedriger als erwartet und spricht wie bei den anderen Fällen dafür, dass die Dispositionen des Habitus bedeutsamer für den Umgang mit Schriftsprache sind als die ‚gemessene' Kompetenz.

5.3.7 Entwicklungen im Zuge der Kursteilnahme (Folgebefragung)

„Meine <u>jetzige</u> Situation, [...] die möchte ich auch von <u>mir</u> aus verbessern." (S. 21 f./Z. 48 f.)

Auf die Frage nach Veränderungen seit dem Gespräch der Basisbefragung führt Jana Konzentrationsschwierigkeiten an, die zur Folge hätten, dass sie nach wie vor *„so oft Flüchtigkeitsfehler"* (S. 2/Z. 3) beim Schreiben mache. Jana erinnert zwar wieder

Regeln zur Schriftsprache, die sie im Kurs gelernt hat, es scheint allerdings, als sei der Lernprozess trotz der als positiv empfundenen Lernatmosphäre mühsam und weniger ehrgeizig verfolgt als zum Zeitpunkt der Basisbefragung. Es werden zum Zeitpunkt der Folgebefragung auch Vermeidungsstrategien deutlich, da sie es unterlässt, ihren drei Tanten zu schreiben.

Auffällig ist, dass Jana im Folgegespräch ihr Lesen kritischer zu betrachten scheint.[83] So gibt sie an: *„Ich lese auch immer nicht ordentlich! […] Ich überlese dann einfach Sachen, die dann aber ganz wichtig sind."* (S. 10/Z. 3 f.). Dies falle ihr z. B. beim *„Zeitungslesen"* (S. 11/Z. 21) auf, so dass das Lesen nicht mehr so unproblematisch wirkt wie zum Zeitpunkt der Basisbefragung. Sie scheint große Schwierigkeiten mit abstrakteren Begriffen zu haben, die sie mitunter in Formularen oder in Übungsaufgaben des Alphabetisierungskurses vorfindet (*„Was meinen die jetzt mit ‚Bedeutungsart' zum Beispiel"*, S. 9/Z. 43 f.). Sie führt diese Schwierigkeiten jedoch nicht direkt auf ihre Lesekompetenz zurück, liest sie doch mit ihrem Mann gemeinsam einen *„dicke[n] Wälzer"* (S. 7/Z. 6).[84] Jana beschreibt, dass die Eheleute über ihre unterschiedlichen Lesarten bezüglich der Inhalte diskutieren und so quasi im Kleinen die Diskussionsveranstaltungen reproduzieren, die beide besuchen. Denkbar ist aber auch, dass sich Jana über das gemeinsame Lesen (siehe auch ihr Literaturkreis) erst einen differenzierten Zugang zu den Inhalten verschafft, wodurch sie nach außen wieder das Bild einer belesenen Frau vermitteln kann. Nichtsdestotrotz klingt in ihren Schilderungen eine Veränderung im Verhältnis zu ihrem Ehemann an, der ihr mittlerweile mehr Anerkennung entgegenzubringen scheint.

Ein Ehrenamt hat Jana zum Zeitpunkt der Folgebefragung noch nicht aufgenommen. Sie stellt gesundheitliche Probleme in den Vordergrund sowie die Schwierigkeit, etwas Passendes zu finden. So werden wiederum Entlastungsstrategien deutlich. Der Kurs scheint ihr jedoch eine gewisse Zuversicht zu verleihen (*„Meine jetzige Situation, […] die möchte ich auch von mir aus verbessern. Und dass ich da eben diese diese Chance hab und dass das für mich n gutes Gefühl is"*, S. 22/Z. 1 f.). Es ist ihr wichtig, dass die Lerninhalte im Kurs *„verständlich vermittelt"* (S. 25/Z. 18) werden, so dass sie diese *„verstehen"* (S. 25/Z. 18) kann, was angesichts der von ihr herausgestellten Gewandtheit auf diesem Gebiet zum Zeitpunkt der Basisbefragung etwas kleinlaut klingt.

---

83   In beiden Interviews wurde sehr oft nach den Modalitäten Lesen und Schreiben gefragt. Der Leitfaden schien bei Jana aufgrund der herausgestellten Lesekompetenz nicht immer zu passen. Vielleicht handelt es sich also um eine aufgedrängte Problematik (Bourdieu 1997c, S. 781 ff.). Es könnte aber auch sein, dass sich Jana im Zuge der Kursteilnahme kritischer mit ihren Kompetenzen auseinandergesetzt hat.

84   Es handelt sich um den autobiografischen Roman „Die Erfindung des Lebens" von Hanns-Josef Ortheil, der knapp 600 Seiten umfasst. Die Geschichte dreht sich um einen stummen Jungen, der als einzig überlebendes Kind einer kriegsbedingt traumatisierten Familie zunächst erfolgreicher Pianist und dann Schriftsteller wird.

Zusammenfassung: Das Folgegespräch veranschaulicht neben Veränderungen einige Verunsicherungen bei Jana, was einerseits mit gestiegenen Ansprüchen ihrerseits, andererseits aber auch damit zusammenhängen könnte, dass der Kurs mit dem hier verfolgten schulischen Zugang (Diktate usw.) verunsichernd wirkt und mehr Vermeidungsstrategien auf den Plan ruft. Von diesen Verunsicherungen weitgehend unberührt scheint ihr Leseinteresse im Alltag, das Jana wiederum prätentiös in Szene setzt und damit ihr Selbstverständnis als belesene Frau untermauert. Durch den Kurs gelingt es, Anerkennung aus ihrem Milieu – in diesem Fall von ihrem Mann – zu erlangen, der sie nun ernster nimmt. Wesentlich ist für sie, legitime Schriftsprache und ihre Regeln zu durchdringen, was einen deutlichen Unterschied zum Teilnehmer Ulrich markiert. Das Wechselspiel aus Verunsicherung und Zuversicht durch den Kurs dürfte auch bei Jana die Bindung an diesen erhöhen.

Tab. 6: Ergebnisse der standardisierten Lernstandsdiagnosen (Fall Jana)[85]

Teilnehmer/in	Hamburger Schreib-Probe		Würzburger Leise Leseprobe		Ergebnis
	2009	2010	2009	2010	
Jana Bauer	HSP 4/5, überdurchschnittlich (Vergl. Ende 4. Klasse)	HSP 4/5, überdurchschnittlich (Vergl. Ende 4. Klasse)	durchschnittlich (Vergl. 4. Klasse)	durchschnittlich (Vergl. 4. Klasse)	keine Veränderungen/qualitativen Sprünge

5.3.8   Habitus und Literalität

„Ich hab <u>von Kind an</u> ganz viel und gerne gelesen." (S. 1/Z. 28)

Janas Zugang zu Schriftsprache kann als *prätentiös-elaboriert* bezeichnet werden, da sie immer wieder ein hohes Interesse an Bildung und Schriftsprache betont, eine differenzierte Literaturkenntnis vermittelt sowie eine Orientierung an Hochkultur zeigt. Sie stammt aus einem Milieu mit hochkulturellen und statusbezogenen Praktiken, in dem regelkonforme legitime Schriftsprache selbstverständlich ist. Literalität dient hier distinktiven Zwecken, was sich besonders gut durch die Betonung von qualitativ ,hochwertiger' Literatur und Kultur im Unterschied zu der ,gewöhnlichen' profanen und populären Kultur veranschaulichen lässt, aber auch im Streben nach angesehenen Statuspositionen zum Ausdruck kommt. Janas literale Praxis wirkt ebenso an hochkulturellen Schemata orientiert, so dass auch in ihrem Fall langfristige Strategien des Habitus erkennbar werden, die den Umgang mit Lesen und Schreiben im Erwachsenenalter bestimmen. Ihre literale Praxis – z.B. ihr Literaturkreis und ihr Interesse an ,anspruchsvollen' Romanen – verweist darauf, dass milieuspezifische Vorlieben und Gebrauchsformen von Schriftsprache sozial

---

85   Ausführlichere Angaben und Werte befinden sich im Anhang.

vererbt werden und Schwierigkeiten in diesem Bereich nicht zwangsläufig zu Desinteresse und Vermeidung diesbezüglich führen.

Ihre Schwierigkeiten erlebt sie im Rahmen ihrer milieuspezifischen Bildungs- und Statusorientierung als besonders defizitär. Sie passen nicht zu ihrem Selbstbild als intellektuelle Frau und führen zu einem Auseinanderfallen von Habitus und sozialer Stellung. Jana scheitert aufgrund der geringen Schriftsprachkompetenzen an ihrem Bildungsideal und kann die im milieuspezifischen Habitus angelegten beruflichen Ambitionen nicht verwirklichen, was sich in einem deutlichen Leiden an den Verhältnissen äußert. Sie ist zwar in privilegierte Kreise eingebunden, wozu auch ihre Geschwister gehören, die größtenteils studieren konnten, fühlt sich aufgrund der geringen Schriftsprachkompetenz und Bildung jedoch mit einem Makel behaftet.

Sie bringt *Selbstbeschränkungs- und Rückzugsstrategien* hervor, die trotz der von ihr empfundenen Not privilegiert anmuten, da sie diese Entscheidungen selbstbestimmt treffen und sich diese ,leisten' kann. Das traditionelle weibliche Rollenbild, dem sie mit diesen Strategien im Kontext ihrer beruflichen Laufbahn folgt, bietet ihr zwar einerseits diese Möglichkeit des Rückzugs, die einem Mann in der damals üblichen Rolle des Familienernährers nicht in gleichem Maße offen gestanden hätte. Andererseits führen ihre Schriftsprachschwierigkeiten und die geschlechtsspezifische Rückzugsmöglichkeit, die gleichsam mit ihrer privilegierten sozialen Stellung einhergeht, zu einem faktischen Ausschluss aus der Arbeitswelt. Sie gerät so in größere Abhängigkeit zu ihrem akademisch gebildeten Ehemann, der in dem sich in der Paarbeziehung reproduzierenden hierarchischen Verhältnis auf sie herabblickt und sie vor allem zum Zeitpunkt der Basisbefragung wenig ernst nimmt.

Der Schriftspracherwerb stellt ähnlich wie bei Christa auch in Janas Fall einen Statusgewinn dar. (Besser) Lesen und Schreiben zu lernen, dient dazu, den ,Makel' der geringen Schriftsprachkompetenz zu ,beheben'. Janas Lernen im Kurs mutet besonders anspruchsvoll, methodisch-strategisch und diszipliniert an. Mit großer Selbstbeherrschung und Pflichtgefühl setzt sie sich zu Hause hin und lernt und erhält durch den Ehemann quasi Anerkennung aus ihrem Milieu. Anders als z. B. Christa verfügt Jana über familiär vererbtes inkorporiertes kulturelles Kapital, womit sie den fehlenden formalen Bildungstitel auch ein Stück weit kompensieren kann. Sie verkehrt in ,höheren Kreisen', die sie an den Bildungs- und Statustiteln ,Doktoren' und ,Professoren' festmacht und denen sie in ihrem Statusdenken eine besondere Anerkennung entgegenbringt. Das im Verborgenen liegende Motiv für den Kursbesuch, das auch Anlass ist, in diesem zu verbleiben, ist bei Jana, die Zugehörigkeit und Anerkennung in den gehobenen Bildungsmilieus zu erlangen bzw. abzusichern, womit sie eine Statusaufwertung verbunden sieht. So wird wiederum deutlich, wie Literalität und der Schriftspracherwerb in die milieuspezifische Alltagslogik eingebettet sind. Der Zugang zu diesen Kreisen ist für Jana aufgrund der geringen Schriftsprachkompetenz bedroht bzw. nicht gesichert, da es hier illegitim ist, das Lesen und Schreiben nicht perfekt zu beherrschen.[86] In ihrer Rolle als Ehefrau repräsentiert sie hier zudem ihren akademisch gebildeten Ehemann, so dass sie mit ihrer geringen Schriftsprachkompetenz unter einen besonderen Druck gerät.

Mit Janas sozialer Position geht eine grundlegende *Befugnis* einher, sich mit Politik, Kultur und Literatur zu befassen, darüber zu diskutieren und sich in Weiterbildungsveranstaltungen zu begeben. Jana hat zwar auch Schwierigkeiten[87] – im Grunde setzt sie sich aber über ihre ‚nur' durchschnittliche Lesekompetenz im Vergleich zur vierten Grundschulklasse hinweg. Selbstbewusst und den Umständen ein Stück weit trotzend begibt sie sich in Kreise, in denen Lesen bzw. Schreiben eine besondere Rolle spielt. Sie praktiziert das Zeitunglesen mit einiger Gelassenheit, z. B. im Bett, was wiederum auf die hohen kulturellen Ressourcen verweist, die ihr aus ihrem Umfeld mitgegeben worden sind. Daraus lässt sich schlussfolgern, dass in Janas Fall die Dispositionen des Habitus und die im Herkunftsmilieu erworbene Nähe zu kultureller Bildung bedeutsamer für den Umgang mit Schriftsprache sind als die ‚objektiv' diagnostizierten Schwierigkeiten. Die im Habitus angelegte Bildungsaffinität und Nähe zu legitimer Literalität lässt sie trotz aller Schwierigkeiten an den favorisierten Themen und Veranstaltungen partizipieren, auch wenn sie selbst hier eine Distanz spürt.

Die Mechanismen symbolischer Gewalt und Herrschaft wirken auch in ihrem Fall. Aufgrund ihrer sozialen Position und den damit in Verbindung stehenden Ressourcen scheint sie diesen aber weniger stark ausgeliefert zu sein. Es macht eher den Eindruck, als sei Jana potenziell selbst dazu in der Lage, anderen Teilnehmenden gegenüber ausgrenzend aufzutreten. Dies zeigt sich z. B. an der von ihr (implizit) vorgenommen Stigmatisierung von weniger Gebildeten, von der sie sich nicht ausnimmt, der (offenen) Abgrenzung gegen vermeintlich weniger Lernwillige sowie ihrer Anspruchshaltung beim Lernen, die auch zur Abwertung (elementarer) Schwierigkeiten anderer Teilnehmender führt. Aufgrund ihrer Bildungsnähe verfügt sie eher über einen „Generalsblick" (Bourdieu 2005a, S. 43) in Bezug auf Schriftsprache, während die Schilderungen der anderen Teilnehmenden hier oftmals diffus wirken. Ihr Habitus kann daher auch leichter an die im Kurs vermittelte legitime Literalität anknüpfen.

Das Verhältnis zur Kursleiterin, die sie eher als *Wissensvermittlerin* sieht, ist im Vergleich zu den Teilnehmenden Christa und Ulrich entsprechend von weniger Asymmetrie geprägt. Dennoch lässt das Interview der Folgebefragung vermuten, dass durch den schulischen Lernzugang im Kurs (Diktate usw.) Janas ‚Defizite' stärker in den Vordergrund gerückt werden. Beim Schreiben von Diktaten zeigt sich besonders das Wirken symbolischer Gewalt und Herrschaft und es ist anzunehmen, dass dies bei Jana Verunsicherungen und Vermeidungshandeln hervorruft. Ihr

---

86 Entsprechend hat Jana auch höhere Ansprüche an Schriftsprache und steht dem überdurchschnittlichen Ergebnis aus der Hamburger Schreib-Probe, das ihr aus dem Projektteam rückgemeldet wurde, kritisch gegenüber (Deneke/Horch 2011, S. 155 ff.).

87 Auch wenn diese nicht so gravierend wie bei Ulrich und Christa sind, entsprechen Janas Kompetenzen nicht den Anforderungen ihres Milieus.

Leseinteresse bleibt davon aber unberührt, was nochmals auf die Beständigkeit der habitus- und milieuspezifischen Orientierung verweist. Vor diesem Hintergrund lässt sich vermuten, dass die Gefahr einer ‚Abhängigkeit' zum Kurs bei ihr nicht in gleichem Maße gegeben ist wie bei den anderen Teilnehmenden. Leben und Kurs sind nicht zwei getrennte Welten, da Schriftsprache mit sinnstiftenden Interessen verknüpft ist. Es lässt sich aber annehmen, dass die beschriebene Verunsicherung auch bei Jana die Bindung an den Kurs erhöht, da der Kurs das Bewusstsein für die ‚Defizite' schärft und dann in Aussicht stellt, diese zu ‚beheben'.

Insgesamt deuten Janas Bildungsaffinität, ihr Interesse an ‚ausgesuchter' Literatur und Hochkultur sowie ihre Distinktion gegenüber Menschen mit niedrigen Bildungsabschlüssen und praktischen Berufen auf einen Habitus nahe der *Grenze der Distinktion*. Ihre Wertschätzung von (legitimer) Bildung und Schriftsprache sowie ihr idealistisches politisches Engagement stehen für eine Orientierung am *Liberal-intellektuellen Milieu* (Vester et al. 2001, S. 506 ff.). Auch ihr Anspruch auf (berufliche) Selbstverwirklichung und die zahlreichen Weiterbildungsveranstaltungen in diesem Kontext verweisen auf ein höheres Milieu. Die Bildungsorientierung, das Leseinteresse sowie die herausgestellte Weltgewandtheit wirken jedoch auch prätentiös und teilweise mehr gewollt als gekonnt. Die Entlastungsstrategien, die sie im Laufe ihrer schulischen und beruflichen Laufbahn hervorbringt, deuten ebenso darauf hin, dass ihr Bildungsstreben weniger verinnerlicht ist als dies in einem Milieu oberhalb der Distinktionslinie der Fall wäre. Es geht ihr eher um äußeres Ansehen und Status, die mit Hochkultur verbunden sind, was zusammen mit der prätentiösen Selbstaufwertung einen Habitus unterhalb der Distinktionsgrenze in der *ständisch-kleinbürgerlichen Traditionslinie* wahrscheinlich macht. Dazu passt ihr Wunschberuf der Bibliothekarin, mit dem auch eine (stärker wissensbasierte) ordnungsbezogene Tätigkeit verbunden ist. Für eine Position unterhalb der Distinktionsgrenze spricht ferner der Beruf des Grundschullehrers, den ihr Mann ausgeübt hat. Der Beruf deutet eher auf eine dominierte Position in den intellektuellen und akademisch gebildeten Kreisen, die Jana beschreibt, denn auf eine dominierende.

5.4 Eckfall Erwin: *„Ich hab noch nie in mein Leben n Buch gelesen. Weiß gar nich, was n Buch is, ne?"*

5.4.1 Skizzierung der sozialen Herkunft und der Lebenssituation

Kursteilnehmer Erwin[88] ist im Jahr 1947 geboren und einer der ältesten Befragten der Stichprobe. Er kam als zweites von insgesamt vier Kindern seiner Eltern zur

---

88 Erwin wurde wie Jana von der Kursleiterin auf die Möglichkeit eines Interviews angesprochen und erklärte sich spontan dazu bereit. Er wirkte gelassen und selbstbewusst, erzählte er doch offen und ausführlich, teilweise auch anekdotenhaft aus seinem Leben. So vermittelte er den Eindruck, sich in der Interviewsituation auf Augenhöhe zu fühlen. Das Interview wurde einmal durch eine Kursleiterin unterbrochen, die ihren Rucksack

Welt, wobei sein etwa zwei Jahre älterer Bruder noch während des Zweiten Weltkriegs kurz nach der Geburt in den ehemals deutschen Ostgebieten verstarb. Seine Mutter flüchtete daraufhin vor der näher rückenden Front und siedelte sich zusammen mit weiteren Familienangehörigen in Norddeutschland an. Der Vater kam als Kriegsgefangener erst später nach.

Beide Eltern haben keine Bildungs- und Berufsabschlüsse. Erwins Vater war vor dem Krieg Kraftfahrer und in der Nachkriegszeit als Arbeiter bei einem Autohersteller tätig. Die Mutter war Hausfrau. Über die Großelterngenerationen mütterlicher- wie väterlicherseits hat Erwin keine Kenntnisse. Von seinen jüngeren Geschwistern, die größtenteils in einem Kinderheim aufwuchsen, weiß er zu berichten, dass sie über geringe bis mittlere Qualifikationen verfügen. Sein jüngerer Bruder lernte nach dem Hauptschulabschluss den Beruf des Starkstromelektrikers und war als Elektriker tätig. Seine jüngere Schwester absolvierte den Realschulabschluss und lernte den Beruf der Einzel- und Großhandelskauffrau. Laut Sozialdatenbogen litt sie an einer Krankheit und übte ihren Beruf nicht aus.

Erwin selbst wechselte nach mehrfacher Zurückstufung im zweiten Schuljahr von der Volksschule auf die Förderschule, holte den Volksschulabschluss jedoch auf dem zweiten Bildungsweg nach. Er arbeitete in un- und angelernten Tätigkeiten und hatte sich zuletzt u. a. mit Haushaltsauflösungen selbstständig gemacht. Zum Zeitpunkt der Basisbefragung[89] ist Erwin Rentner und bezieht Arbeitslosengeld II, da er während seiner Selbstständigkeit eigenen Angaben zufolge nicht für die Rente vorgesorgt hat. Er ist unverheiratet, hat keine Kinder und lebt allein. Sein persönliches Nettoeinkommen liegt wie das Nettomonatseinkommen des Haushalts bei unter 500 €. Er besucht seit zehn Jahren mit Unterbrechung einen Lese- und Schreibkurs mit Fortgeschrittenenniveau.

5.4.2 Literalität im Kontext der Herkunftsfamilie

„Wir waren ja keine Leute, die nich schreiben und lesen konnten." (S. 24/Z. 26)

Erwin schildert im Interview zunächst eigene Theorien über mögliche Gründe für seine Lese- und Schreibschwierigkeiten. Er berichtet, dass er als Kind *„so n Syndrom [...], so n ganz wildes"* (S. 1/Z. 6) gehabt habe und nennt für dieses Syndrom die Abkürzung *„HSC oder wie das heißt"* (S. 1/Z. 5 f.). Seine nähere Beschreibung verleitet zu der Annahme, dass es sich um die sogenannte Aufmerksamkeitsdefizit-/Hyperaktivitäts-Störung (ADHS) handeln könnte, durch die Erwin *„nich bereit äh [war], wohl ditt zu lernen oder aufnahmebereit oder was, ne?"* (S. 1/Z. 8 f.). Die

---

im Interviewzimmer abstellte. Davon ließ Erwin sich jedoch nicht stören und berichtete während ihrer kurzen Anwesenheit weiter. Seine selbstbewusste Haltung verdeutlicht sich auch daran, dass er für das Folgegespräch sogar in die Universität kam.

89 Das Interview der Basisbefragung, auf das im Rahmen der Auswertung schwerpunktmäßig zurückgegriffen wird, erfolgte am 04.05.2009. Das Folgegespräch (siehe Kapitel 5.4.7) wurde 15 Monate später am 09.08.2010 geführt.

Annahme, es handele sich um ADHS, wird von Erwin im weiteren Verlauf des Interviews gestützt. Erwin erklärt seine Lese- und Schreibschwierigkeiten demnach mit körperlichen Ursachen, was darauf schließen lässt, dass er sich möglicherweise einem besonderen Rechtfertigungsdruck ausgesetzt sieht und dass seine Schwierigkeiten als schicksalhafte Fügung wahrgenommen werden.

Bezüglich seiner Eltern und der erlebten Kindheit zeichnet Erwin ein ambivalentes Bild bestehend aus harmonischem Familienleben bis hin zu autoritärer Strenge und einem Eingriff durch das Jugendamt. Der Vater kommt zunächst nicht in seiner Erzählung vor, was wohl darauf zurückzuführen ist, dass dieser nach dem Zweiten Weltkrieg zunächst in *„[Kriegs-]Gefangenschaft"* (S. 22/Z. 36) war und nach seiner Rückkehr arbeiten ging. Besonders im Vordergrund stehen dagegen die Mutter und die Bildungswünsche, die sie für ihn hatte: *„Und äh meine Mutter wollte unbedingt, dass ich äh was lerne in der Schule"* (S. 1/Z. 9 f.). Als Erwin im ersten Halbjahr der ersten Klasse dann die Rückmeldung erhielt, *„Erwin stört den Unterricht, Versetzung gefährdet"* (S. 1/Z. 14), suchte seine Mutter das Gespräch mit den Lehrkräften und sagte, *„[d]ass das äh egal is äh, ich muss weitermachen, sonst lern ich nix so ungefähr, ne? (schmunzelt, klingt leicht resigniert)"* (S. 1/Z. 19 f.). Sie fand sich also nicht mit der Einschätzung der Lehrkräfte ab, sondern positionierte sich eigensinnig dagegen, wodurch sie zunächst zu Erwins Verbleib auf der Grundschule beitragen konnte. Erwin entzog sich jedoch regelmäßig ihrem Einfluss, so dass der Eindruck entsteht, dass Bildung für ihn stark mit Fremdbestimmung und Zwang einherging: *„Dann hab ich nur, bin ich nach Hause gekommen, hab den Tornister vor die Tür geschmissen, ne? Und dann war ich weg."* (S. 17/Z. 45 f.).

Die Mutter reagierte auf Erwins Verhalten mit harter körperlicher Bestrafung. Wie Erwin ausführt, schlug sie ihn täglich mithilfe eines *„Siebenriemer[s]"* (S. 18/Z. 12), solange sich Erwins Schulnoten nicht besserten und bestrafte auf diese Weise auch Beschädigung oder Verschmutzung seiner Kleidung. Ihr Erziehungsstil wirkt insgesamt sehr autoritär und Erwin kommentiert die Bildungsbemühungen der Mutter wie folgt: *„Da war eben nix zu holen, ne? Wenn du nur n Butterbrot mitnimmst, ne? Kannst du nich n Schinken draufhaben, das geht nich (beide lachen). Wo soll der herkommen, ne? Das Wissen, wenns nich da is, ne?"* (S. 44/Z. 35 ff.).

Erwin führt die hier angedeuteten fehlenden schulischen und beruflichen Abschlüsse seiner Eltern (siehe Kapitel 5.4.1) auf den Zweiten Weltkrieg und ihre Flucht aus einer Großstadt in den ehemaligen deutschen Ostgebieten zurück. Krieg und Flucht hinterließen bei den Eltern sicherlich traumatische Erfahrungen, zumal ihr erstes Kind – Erwins zwei Jahre älterer Bruder – während des Krieges kurz nach der Geburt verstarb und in der Heimat zurückgelassen werden musste. Es scheint jedoch fraglich, dass allein Krieg und Flucht die Auslöser für die geringe Formalbildung der Eltern gewesen sind, zumal der Schulbetrieb in ihrem ehemaligen Wohnort für damalige Verhältnisse erst relativ spät – gegen Kriegsende – eingestellt wurde. Vielmehr möchte Erwin offenbar ihre (und damit auch seine) geringe Qualifikation rechtfertigen und führt dafür wiederum schicksalhafte Gründe an, die von persönlicher Verantwortlichkeit entlasten und möglichen individuellen Schuldzuweisungen entgegenwirken.

Es liegt nahe, dass sich bei seinen Eltern erst im Verlauf der Zeit die Erfahrung eingestellt hat, dass Bildung wichtig ist. Der Fernfahrerberuf des Vaters erforderte keine besondere Ausbildung und steht für Körperlichkeit, Mobilität und relativ große Freiräume. Er bietet die Möglichkeit, dem Alltag und familiären Verpflichtungen auch mal zu entfliehen. Die Ansprüche der Mutter, die wollte, *„dass er [der Vater] mehr Geld verdient"* (S. 19/Z. 34), deuten auf bescheidene materielle Verhältnisse hin. Letztere war durchgehend *„Hausfrau, wie sich das gehört"* (S. 22/Z. 6) und erfüllte offenbar das damals vorherrschende traditionelle Rollenbild: *„Nach n Krieg und da war die [Mutter] auch noch jung. Und dann hat die auch nix gemacht."* (S. 19/Z. 28 f.). Zudem hatten beide Eltern Erwin zufolge Schwierigkeiten mit der Schriftsprache, was die Vermutung erhärtet, dass in Erwins Elterngeneration ein geringer Bezug zu Bildung bestand: *„Ja, lesen konnte der [Vater] könnte ja schon ne Zeitung, ne? Aber nich besser als ich (schmunzelt, scheint beschämt). Ne? Meine Mutter war auch nich besser, ne?"* (S. 19/Z. 8 ff.). Speziell die Mutter zeigte sich jedoch bestrebt, Erwin vor diesen Problemen zu bewahren (*„wenigstens das Kind, ne?"*, S. 23/Z. 5). Der von der Mutter ausgeübte unerbittliche Druck zeigt, dass sie zwar eine diffuse Ahnung hatte, dass Bildung für eine bessere Zukunft der Kinder wichtig ist, sie aber im Grunde auch hilflos war und keine Strategien zur Verfügung hatte, ihren Sohn adäquat zu fördern.

Erwin berichtet dementsprechend von einem eher rudimentären Gebrauch von Lesen und Schreiben in seiner Familie, wobei er einlenkend anmerkt: *„Wir waren ja keine Leute, die nich schreiben und lesen konnten."* (S. 24/Z. 26). Er befürchtet anscheinend, im Interview als Analphabet stigmatisiert und abgewertet zu werden und gibt an: *„Also in der Hinsicht so wie, was wir hier so lesen, so Bücher, ne? Über Leute, die Analalphabeten sind, auf gut Deutsch, das war ja Gott sei Dank nich, ne?"* (S. 24/Z. 32 ff.). Erwin nimmt hier offenbar auf die gleichen Geschichten von Erwachsenen mit Lese- und Schreibschwierigkeiten Bezug wie Christa (siehe Kapitel 5.1.7). Während sich Christa jedoch mit diesen Büchern gut identifizieren kann, weist Erwin diese zurück. Auch in Erwins Antwort auf die Frage nach Kinderbüchern verdeutlicht sich ein Anspruch, respektable Verhältnisse vorweisen zu können: *„Wir hatten Grimms Märchen und sowas, ne? […] Also die Geschichten kenn ich alle, ne? […] Also da muss ich irgendwie wohl was mitgekriegt haben, ne? Oder vorgelesen worden sein irgendwie. In welcher Form, keine Ahnung."* (S. 25/Z. 3 ff.). Eine konkrete Vorlesesituation erinnert er nicht.

Von der Großelterngeneration liegen Erwin keinerlei Kenntnisse vor. Er berichtet allerdings von seinen neun und elf Jahre jüngeren Geschwistern, die im Gegensatz zu ihm und den Eltern über geringe bis mittlere, respektable Bildungs- und Berufsausbildungen verfügen (siehe Kapitel 5.4.1), aber auch nur bis zum zweiten Schuljahr in der Herkunftsfamilie aufwuchsen (*„Und dann wurden se ja weggenommen."*, S. 23/Z. 18). Die jüngeren Geschwister kamen in ein Kinderheim, da Erwins Mutter beschloss, sie nach Erwins Schulversagen nicht einzuschulen, sondern selbst zu Hause zu unterrichten, „*weil sie sachte: Die lernen in der Schule nix und ich auch nix gelernt habe, lernen die auch nix und dann wollt se das selbst machen, (senkt die Stimme, zynisch) weil sie ja so gut is in Deutsch, ne? (lacht) Na [...] jedenfalls haben se nach nach einem Jahr abgeholt. Die Polizei.*" (S. 6/Z. 14 ff.). Die Mutter nahm damit staatliche Sanktionen in Kauf. Wie Erwin berichtet, zeigte sie ein Misstrauen gegenüber dem Staat und staatlichen Institutionen und wollte mit einer gewissen ‚Sturheit' ihre Bildungswünsche für die Kinder verwirklichen. Die mütterliche Motivation, die Kinder zu Hause per ‚Homeschooling' (Spiegler 2008) zu unterrichten, basierte zudem auf religiösen Gründen. Sie habe die Kinder vor schlechten Einflüssen bewahren wollen und eine strenge religiöse Erziehung praktiziert: „*Jesus und und dies und du musst das machen und nu haste darfst nich sündigen*" (S. 23/Z. 23 f.). In ihrem Vorgehen zeigt sich trotziger Widerstand gegen staatliche Vorgaben, möglicherweise auch eine Strategie des Selbstschutzes vor weiteren institutionellen Demütigungen, wie sie diese im Falle Erwins erfahren musste.

Erwin berichtet ferner von einer psychischen Erkrankung seiner Mutter, so dass unklar ist, wie ihre Motivation, die Kinder zu Hause zu unterrichten, überhaupt bewertet werden kann: „*Meine Mutter wurde zychisch krank, ne? Hat sich so geäußert, dass se äh stark den Gottesglauben äh äh äh vorgebracht hat, ne? [...] und dann hat se uns die Sachen ausser Hose geklaut, was wa so hatten. Ja, mit welchen verkehrt ihr denn? Dass se euch solche Sachen wegnehmen und sowas, ne? Dabei war sie das, ne?*" (S. 23/Z. 22 ff.). Die psychisch kranke Mutter beeinträchtigte offenbar den Alltag der Familie sehr stark, Erwin führt ihre Erkrankung als weiteren Grund für die Heimaufenthalte der Kinder an. Er als ältestes Kind konnte hingegen dieser häuslichen Situation nicht entfliehen, die letztlich zum Auseinanderbrechen seiner Familie führte. Seine wenig respektvollen Bemerkungen dazu (siehe oben) verdeutlichen, dass er hier auch Hassgefühle seiner Mutter gegenüber entwickelt hat, in denen sich die große Belastung wiederspiegelt, die er damals empfunden haben dürfte.

Das Auseinanderbrechen der Familie ist letztlich auch auf die insgesamt geringen Ressourcen in Erwins Familie zurückzuführen. Es gab keine helfenden Verwandten, die die Kinder aufnahmen wie im Falle Janas, so dass sich eine strukturell ähnliche, wenn auch nicht gänzlich vergleichbare Situation in Janas Familie hier aufgrund der ungleichen Ressourcen anders auswirkte. Auch Erwin wurde einmal, wie seine Geschwister, während einer Kur der Mutter vorübergehend in einem Kinderheim untergebracht. Die Tante, die nebenan wohnte, „*konnte sich nich auch um uns noch kümmern.*" (S. 24/Z. 12 f.), was auf eine Überforderungssituation sowie mögliche zerrüttete Verhältnisse verweist. Erwins Vater war mit der Situation anscheinend ebenso überfordert und hatte Trennungsgedanken. Eine Scheidung kam laut Erwin damals jedoch „*nich in Frage*" (S. 23/Z. 34 f.), so dass die Eheleute in getrennten Zimmern lebten.

Über die Verarbeitung dieser Vorfälle in Erwins Familie ist nichts Genaueres bekannt. Für Erwin scheint das Thema Familie allerdings dauerhaft derart negativ besetzt, dass es seinem Wunsch entsprach, auf die Gründung einer eigenen Familie zu verzichten (siehe Kapitel 5.4.5). Seine Ausführungen zur Kindheit sind widersprüchlich, er berichtet auch von schönen Kindheitserinnerungen. So gibt er z. B. an einer Stelle an, er sei *„behutsam"* (S. 22/Z. 7) aufgewachsen und bezeichnet seine Eltern als *„liebevolle Eltern"* (S. 22/Z. 13), die mit ihm gemeinsam Ausflüge unternahmen. Offenbar scheint es Erwin wichtig zu sein, bei aller Zerrüttung in der Familie doch auch respektable Verhältnisse demonstrieren zu wollen. Zudem zeigt er Verständnis für die Hilflosigkeit der Mutter (*„Ja, watt, wie wollste mich erziehen?"*, S. 18/Z. 18). Das Verhältnis zur Mutter scheint jedoch vor allem durch Machtkämpfe geprägt gewesen zu sein: *„Wollte se sich durchsetzen und hat se auch nich geschafft, ne?"* (S. 18/Z. 20).

Zusammenfassung: Erwins Eltern verfügen über wenig Bildungsbezug und keine Bildungs- und Berufsabschlüsse. Beide haben laut Erwin Schwierigkeiten mit dem Lesen und Schreiben. Erwins Kindheit war zudem von unsteten und prekären Lebensbedingungen durch Krieg, Vertreibung, Abwesenheit des Vaters als Kriegsgefangener und Erkrankung der Mutter geprägt. Die Mutter unternahm verzweifelte Anstrengungen, Erwin und seine Geschwister vor Schulversagen zu bewahren. Diese mündeten jedoch in Druck, Gewaltanwendung und Nichteinhaltung der Schulpflicht, was schließlich zum Eingreifen der Behörden führte und das Auseinanderfallen der Familie zur Folge hatte. Die Verhältnisse in seiner Herkunftsfamilie können als zerrüttet gelten. Erwin behauptete sich gegen den diffusen Bildungsdruck der Mutter und stellt sich als bildungsresistent dar. Schule wird von ihm nicht als Ort des Lernens und der Wissensvermittlung angeeignet, sondern ist deutlich mit Zwang konnotiert. Gleichwohl zeigt er sich bemüht, in der Interviewsituation positive Aspekte seiner Kindheit hervorzuheben, die zumindest teilweise widersprüchlich erscheinen. Hier werden Strategien der Selbstaufwertung erkennbar, durch die er sozialer Ausgrenzung und Abwertung zuvorkommen möchte. Er kämpft um gesellschaftliche Anerkennung und Respektabilität.

5.4.3   Literalität im Kontext der schulischen Laufbahn

„Da hatt ich schon so langsam so das Bestreben: Ich möchte bissen auch was äh äh besser sein als andere, ne?" (S. 18/Z. 27 f.)

Erwin erinnert sich, dass er in der Volksschule *„sehr äh schlecht war"* (S. 17/Z. 37) und bemerkt, dass er an dieser Regelschule auch *„nich gefördert"* (S. 17/Z. 42) worden sei. Er erklärt so offenbar sein Scheitern, indem er die seiner Ansicht nach stärker ausgeprägte Selektionspraxis zur damaligen Zeit an Schulen thematisiert. Seine Schulschwierigkeiten an der Volksschule zeigten sich bereits im ersten Halbjahr der ersten Klasse (siehe auch Kapitel 5.4.2). In der zweiten Klasse folgte sodann eine Zurückstufung, woraufhin sich seine Schwierigkeiten, wie es des Öfteren der Fall ist, aber nicht besserten (*„wieder sitzengeblieben"*, S. 1/Z. 25), so dass er auf die Förderschule überwiesen wurde. Darunter habe er *„sehr groß gelitten"* (S. 44/Z. 26). Erwin konnte sich jedoch gegenüber anderen Kindern durch sein körperlich-sportliches

Können aufwerten und wurde nicht gehänselt wie Christa: „*[Den Kindern] hab ich ja was vorgemacht im Laufen und im im Fußball spielen, das war nich das Problem, ne?*" (S. 44/Z. 27 f.).

Nach der Überweisung auf die Förderschule hatte Erwin ähnlich wie Ulrich den Gedanken, „*wenn ich dann hier gut bin, komm ich dann wieder inne Volksschule, ne?*" (S. 20/Z. 17). Er schaffte es zwar nicht, an die Regelschule zurückzukehren, dafür konnte er sich eigenen Aussagen zufolge jedoch auf der Förderschule sehr verbessern, so dass er „*einer der Besten zum Schluss*" (S. 2/Z. 6 f.) war. Erwin entwickelte trotz Lernschwierigkeiten und widriger Ausgangsbedingungen einen starken Ehrgeiz, der es ihm ermöglichte, von einer „*C-Klasse*" (S. 43/Z. 42) in eine „*A-Klasse*" (S. 18/Z. 27) der Förderschule zu gelangen. Ursächlich dafür war sein „*Bestreben: Ich möchte bissen auch was äh äh besser sein als andere, ne?*" (S. 18/Z. 28). So wird deutlich, dass sich Erwin gegen die gesellschaftliche Stigmatisierung als ‚Sonderschüler‘ zur Wehr setzte und trotz widriger Umstände am Lernen festhielt.

Erwins Ambitionen veranschaulichen, dass die Förderschulüberweisung von ihm nachhaltig als Degradierung empfunden wurde (Pfahl 2011). Nach Beendigung der Schulzeit litt er sehr darunter, dass sein „*Abschlusszeugnis*" (S. 2/Z. 7) keine Anerkennung bei Behörden fand. Aus diesem Grund beschloss er, den Volksschulabschluss auf dem zweiten Bildungsweg nachzuholen, was ihm im Alter von ca. 25 Jahren auch gelang. Erwin zeigt hier großes Engagement und berichtet, auch den „*Realabschluss*" (S. 21/Z. 4) angestrebt zu haben, wozu er aber aufgrund fehlender Vorkenntnisse in bestimmten Fächern nicht die Möglichkeit bekommen habe. Sogar das „*Abitur*" (S. 34/Z. 14) will er im Blick gehabt haben, so dass sich ein gewisses Bedauern über die fehlenden Möglichkeiten nach dem Förderschulabschluss zeigt (*„kein Englisch und nichts"*, S. 34/Z. 13). Daraus lässt sich schließen, dass sich Erwin im Gegensatz zu Christa nicht mit dem ihm zugewiesenen Platz zufrieden gab, wollte er doch durch die Bildungsbemühungen erreichen, „*dass man eben nich als dumm da steht, ne?*" (S. 34/Z. 15).

Zusammenfassung: Erwins Schullaufbahn veranschaulicht, dass der Regelschule Strategien fehlen, die erschöpfend dazu beitragen können, Lernschwierigkeiten auszugleichen. Die stattdessen praktizierte Selektion wird von Erwin deutlich stigmatisierend erlebt. Erwin entwickelt zwar auf der Förderschule ein konkurrenzorientiertes Aufstiegsstreben und geht offensiv mit seinen ‚Defiziten‘ um. Auch dies verweist auf eine empfundene Herabsetzung. Durch den Förderschulabschluss werden seine Bemühungen jedoch wiederum entwertet, da dieser nicht als regulärer Schulabschluss zählt. Erwin hat sich dennoch hochgearbeitet und möchte, dass dies auch nach außen sichtbar und gesellschaftlich anerkannt wird. Um gesellschaftlich als respektabel zu gelten, holt er schließlich den Volksschulabschluss nach und liebäugelt auch mit höheren Bildungsabschlüssen. Die Möglichkeiten, die er damit antizipiert, sind mit dem Förderschulabschluss jedoch verbaut. Die Selektion auf die Förderschule ermöglicht diese soziale Mobilität ‚nach oben‘ nicht mehr.

5.4.4   Literalität im Rahmen von Ausbildung und Beruf

„[D]as hat natürlich mich nach vorne gebracht, ne? Dass ich heute äh äh nich un- zu den Duckern gehöre, sondern die, die vorne weggehen, ne?" (S. 8/Z. 44 f.)

Erwins Zeit der Berufswahl wirkt stark fremdbestimmt, da offenbar von mehreren Seiten Druck auf ihn ausgeübt wurde. Es schaltete sich nun zusätzlich Erwins beruflich erfolgreicher Onkel ein, von dem sich die Eltern offenbar Unterstützung erhofften: *„[M]ein Onkel is hier, hat hier die größte Fahrschule Stadt As, und der wollte, also meine Eltern wollten wie immer, der Bengel muss was lernen (schmunzelt)"* (S. 6/Z. 23 ff.). Für Erwin standen damals jedoch eher spontane Vergnügungen und *„Geld verdienen"* (S. 6/Z. 26) im Vordergrund. Er hatte wenig Lust, über mehrere Jahre und bei geringem Einkommen selbstdiszipliniert einen Beruf zu erlernen, *„weil ich ja n Moped haben wollte, ne? So, denk mal, war sechzehn, will man mal n Moped haben, wenn man achtzehn is, n Auto."* (S. 6/Z. 26 ff.). Seine Wünsche implizieren den Anspruch auf Freiheit, Mobilität und Stärke – seinem Männlichkeitsbild und dem Fernfahrerberuf des Vaters entsprechende Attribute. Gleichzeitig wurde den Vorstellungen eines männlichen ‚Stammhalters' entsprechend ein besonderer Druck auf ihn als Erstgeborenen ausgeübt, einen Beruf zu erlernen (Böhnisch 2004, S. 180). In der Folge grenzte sich Erwin wie zu Schulzeiten gegen die Erwartungen der Elterngeneration ab, die eine respektable Berufsausbildung an ihn herantrug. Auch in dieser Abgrenzung manifestiert sich die in der Familie angelegte Bildungsunsicherheit. Erwin schien es nicht erstrebenswert, sich auf das ‚Risiko' einer längeren Ausbildung einzulassen, wobei hier auch Ängste zu scheitern deutlich werden: *„Aber immer mit den Hinterkopf: Ich will nich, weil ich ja auch Angst hatte, ich besteh den Beruf nich, ne? Weil ich hatte ja damals den Volksabschluss noch nich"* (S. 6/Z. 39 f.). Erwin begann letztlich aufgrund des familiären Drucks doch eine Ausbildung als Bauschlosser sowie später eine Ausbildung als Klempner. Beide Lehren brach er nach relativ kurzer Zeit aber wieder ab, zum einen aufgrund eines Konflikts mit einem Gesellen (*„n Geselle, (klopft mit Hand auf Tisch) ne? Der machte mir das Leben da n bisschen schwer"*, S. 6/Z. 32), zum anderen hatte Erwin *„keine Lust wegen des Geldes"* (S. 7/Z. 10), so dass wiederholt Vermeidungs- und Entlastungsstrategien deutlich werden, die auf den Wunsch nach schnellerem Glück und Erfolg verweisen. Mit seinen Begründungen bezüglich der abgebrochenen Lehrstellen gehen zudem wieder Selbstaufwertungen einher, die seine Verweigerungshaltung als unausweichlich rechtfertigen.

Profitablere Chancen sah Erwin für sich in einem direkten Einstieg in den Arbeitsmarkt. Nach verschiedenen un- und angelernten Tätigkeiten – darunter einem Job bei einem Autohersteller, den er aufgab, weil er eigenen Angaben zufolge durch die Schichtarbeit nicht an Partys teilnehmen konnte – machte er sich schließlich als *„Verkaufsfahrer für Brot"* (S. 7/Z. 21) selbstständig. Dabei bewegte sich Erwin anscheinend hin und wieder in rechtlichen Grauzonen (*„Und so musste man ja, wenn man nich bezahlen wollte, irgendwelche Leute betrügen"*, S. 7/Z. 43 f.). Es folgten mit Ausnahme einer Zeit der Arbeitslosigkeit (*„immer keine Lust [..] zum Arbeiten"*,

S. 8/Z. 15) weitere Tätigkeiten in eigener Selbstständigkeit (u. a. Haushaltsauflösungen), zu denen er durch das Aufgreifen sich bietender Gelegenheiten und durch Freunde kam.

Erwin berichtet mit Freude und Eifer von zahlreichen Anekdoten, Erlebnissen und Abenteuern aus seinem bewegten Berufsleben, wobei die Zeit der Selbstständigkeit als Katz-und-Maus-Spiel mit Gesetzeshütern beschrieben wird und teils unlautere Methoden im Konkurrenzkampf zu Tage treten, so als agierte Erwin frei nach dem Motto ‚Not macht erfinderisch‘. Seine Tätigkeiten verdeutlichen den Wunsch nach Freiheit, Eigenständigkeit und demonstrativer Unangepasstheit. Erwin lehnt es ab, sich durch Autoritäten ‚gängeln‘ zu lassen und ist lieber ‚sein eigener Herr‘. Dafür ist er durchaus bereit, ein Risiko einzugehen, und sieht darin auch einen positiven Einfluss auf seine persönliche Entwicklung: *„Du […] kriegst ja Selbstvertrauen und du kriegst ja alles und das hat natürlich mich nach vorne gebracht, ne? Dass ich heute äh äh nich un- zu den Duckern gehöre, sondern die, die vorne weggehen, ne?"* (S. 8/Z. 43 f.).

Auffällig ist, dass Erwins geringe Schriftsprachkompetenzen in den Schilderungen zur Berufslaufbahn so gut wie gar nicht problematisiert werden. Es bleibt ein wenig unklar, wie er mit Rechnungen, Verträgen, Buchführung o. Ä. umgegangen ist. Denkbar ist, dass die Selbstständigkeit hier auch eine gewisse Autonomie im Umgang mit Schriftsprache ermöglichte. Zudem wirkt Erwin bezüglich seiner Schriftsprachkenntnisse vergleichsweise selbstbewusst (siehe auch Kapitel 5.4.6). Der Eindruck, dass Erwin hier in prekären Nischen bzw. Bereichen der Schattenwirtschaft tätig war und sich in diesem Zuge wenig um Schriftsprachliches gekümmert haben könnte, ist angesichts der von ihm berichteten Anekdoten (siehe oben) allerdings auch nicht ganz von der Hand zu weisen. Für eine gewisse Ignoranz spricht außerdem, dass er während seiner Zeit der Selbstständigkeit eigenen Aussagen zufolge nicht für die Rente vorgesorgt hat.

Zum Zeitpunkt der Basisbefragung bezieht Erwin aus diesem Grund als Rentner Arbeitslosengeld II. Er verdient sich bei seinem Nachbarn – einem *„Elektromeister"* (S. 12/Z. 36) – etwas Geld dazu, so dass er innerhalb bescheidener Verhältnisse über die Runden kommt. Auf die Frage, ob er rückblickend etwas anders gemacht hätte, berichtet Erwin: *„Jaaa, dann hätt ich jetzte den Autohersteller X-Job vorgezogen, ne? Weil man denn da doch auf der sicheren Seite is, ne?"* (S. 13/Z. 7 f.). Diese Aussage ist aber wohl mehr seiner recht prekären Lebenssituation geschuldet, scheint er doch in seinen damaligen selbstständigen Tätigkeiten sehr aufgegangen zu sein. Ähnlich wie Ulrich ist sich Erwin im Klaren darüber, dass seine geringen Lese- und Schreibkompetenzen seine Berufswahl mitbestimmt haben, er äußert aber keinen alternativen Berufswunsch, sondern zeigt sich mit den handwerklich-praktischen Tätigkeiten zufrieden: *„Nee, also handwerklich war schon okay, ne? Das lach mir ja auch, ne?"* (S. 14/Z. 44).

Zusammenfassung: Erwins Verweigerung einer Ausbildung verdeutlicht, dass er kein diszipliniertes asketisches Bildungsstreben verinnerlicht hat, das von seiner

Herkunftsfamilie im Kampf um Respektabilität an ihn herangetragen wurde. Eine längere Bildungsinvestition mit Verzicht und vager Hoffnung auf spätere Entlohnung ist seine Sache nicht. Die häufigen beruflichen Brüche und wechselnden Tätigkeiten dokumentieren dies. Deutlich näher liegen ihm dafür unkonventionelle Tätigkeiten handwerklich-praktischer Natur, die Freiheit, Aufregung und Abenteuer versprechen und ihn nicht einengen. Sie stehen förmlich im Gegensatz zu dem durch die Schule und das Elternhaus erlebten Disziplinierungszwang, geben ihm Selbstbewusstsein und unterstreichen seine Unangepasstheit, mit der er im Interview kokettiert. In diesem Rahmen spielt auch (legitime) Schriftsprache kaum eine Rolle für ihn.

5.4.5 Literalität im Rahmen von Partnerschaft und eigener Familie

„Ich konnte immer das machen, was mir äh gefiel" (S. 14/Z. 13)

Erwin ist im Gegensatz zu Christa, Ulrich und Jana alleinstehend und hat keine Kinder. Als ursächlich dafür führt er die Entnahme seiner jüngeren Geschwister aus der Familie durch das Jugendamt bzw. die Polizei an (siehe Kapitel 5.4.2): *„So, und das hab ich miterlebt und das war für mich wohl so n Knackspunkt, dass ich gesagt habe: Ich werde nie heiraten und will nie Kinder kriegen, ne?"* (S. 6/Z. 18 ff.). Es ist naheliegend, dass dies für Erwin ein nachhaltig negatives Erlebnis mit Auswirkungen auf spätere eigene Bindungen war. Neben diesen familiären Vorerfahrungen war es aber wohl auch Erwins Wunsch nach Freiheit und Ungebundenheit, der ihn vor der mit Partnerschaft und Familie einhergehenden Verantwortung zurückweichen ließ: *„Ja und gut, dass ich nie Familie hatte und nie verheiratet war, da hatte ich nie äh äh (klopft mit Hand auf Tisch) Probleme, ne? Ich konnte immer das machen, was mir äh gefiel"* (S. 14/Z. 12 f.).

Zum Zeitpunkt der Basisbefragung äußert Erwin den Wunsch nach einer Partnerin. Bei der Partnersuche komme jedoch erschwerend hinzu, dass er im Kontakt mit Frauen Schamgefühle habe, die auf die Lese- und Schreibschwierigkeiten zurückzuführen seien. Dadurch wirken seine geringen Schriftsprachkompetenzen hier problematischer als in anderen Kontexten. Erwin berichtet von einem Treffen mit einer Frau aus einem Seniorenclub (*„alles betuchte Weiber da"*, S. 28/Z. 3 f.), deren Namen er in ihrem Beisein falsch notierte, was ihm offensichtlich unangenehm war: *„[D]a merkste schon an dir wieder selbst: Oh oh, ne? So weit biste nich, ne?"* (S. 30/Z. 29 f.). Solche Augenblicke seien ihm zwar nur *„ganz kurz"* (S. 30/Z. 29) peinlich, dennoch greift er auf Vermeidungs- bzw. Täuschungsstrategien zurück: *„Weißt, dann schreibst dus erst gar nich auf und sagst hier: Kannste mal aufschreiben? Hab grade keinen Stift, ne?"* (S. 30/Z. 23 f.).

Trotz dieser schambesetzten Situationen gefällt es ihm auch, in diesen gut situierten Kreisen mit seiner demonstrativen Unangepasstheit zu kokettieren, berichtet er doch hier z. B. von seinem Transfergeldbezug und sagt, er gehe *„zur Schule"* (S. 28/Z. 6). Dies stößt auf Irritationen, Erwin kann sich hier jedoch selbstbewusst positionieren: *„Gucken se erst mal, ne? (entschieden) Macht mir nix (haut auf Tisch)"*

(S. 28/Z. 7 f.). So scheint er sich im Seniorenclub als demonstrativ unangepasster ‚Exot' zu profilieren und scheinbar ‚über den Dingen' zu stehen, was er maßgeblich auf das durch seinen Lese- und Schreibkurs gewonnene Selbstbewusstsein zurückführt. Erwin genießt das Gefühl, dort ‚Hahn im Korb' zu sein: *„[I]ch bin der Jüngste, ne? Die anderen sind alle über 70 da, ne? So ich bin ja auch der einzigste Mann auch noch, ne? Jetzt bin ich der Liebling von allen"* (S. 27/Z. 47 f.).

Zusammenfassung: Bei Erwins Suche nach einer Partnerin, die möglichst aus finanziell abgesicherten und respektablen Kreisen stammen soll, zeigt sich Erwins Gespür für gute Gelegenheiten. Allerdings wirken sich seine geringen Schriftsprachkompetenzen in diesem Kontext als ‚Makel' aus. Mit seiner an Freiheit, Stärke und Unangepasstheit orientierten Vorstellung von Männlichkeit lässt sich hier weniger gut punkten, dem stehen möglicherweise weibliche Wünsche nach einem repräsentativen ‚Versorger' entgegen. Erwins geringe Schriftsprachkompetenz und seine Lebensweise sind in diesem Kontext weniger legitim. Davon lässt sich Erwin jedoch nicht beirren, er zeigt wiederum einen offensiven Umgang mit seinen ‚Defiziten' und bringt neben Vermeidungs- auch Täuschungsstrategien hervor, um in diesen Kreisen im Seniorenclub ‚mithalten' zu können und anerkannt zu sein. Dies geschieht jedoch nicht durch schamvolle Zurückhaltung oder Anbiederung, sondern darüber, dass sich Erwin als unangepasster männlicher ‚Exot' stilisiert. Der Kurs stellt für ihn ein Mittel dar, Selbstbewusstsein zu gewinnen und es ‚denen da oben' zu zeigen.

5.4.6 Kursaufnahme und Entwicklungen im Zuge der Teilnahme (Basisbefragung)

„Weil, ich hab dieses Selbstvertrauen und wenn einer nich mit zurechtkommt, dann soll er mich an ne Füße fassen, ne?" (S. 28/Z. 9 ff.)

Erwin hat bereits an verschiedenen Kursen, darunter auch mehrere Rechenkurse, teilgenommen. Zum Zeitpunkt der Basisbefragung besucht er seit zehn Jahren mit Unterbrechung einen Lese- und Schreibkurs mit Fortgeschrittenenniveau, weil er *„noch n bisschen Deutsch dazulernen"* (S. 2/Z. 22) möchte. Dabei entsteht der Eindruck, dass Erwin sich im Kurs unterfordert fühlt, bemängelt er doch im Gegensatz zu den anderen Teilnehmenden, dass die Alphabetisierungskurse an Rechtschreibregeln ansetzten: *„[I]n diesen Deutschdingern, da kannst du nur machen äh äh ‚ll', ‚mm' oder was, weißt du, so Doppellaute"* (S. 2/Z. 23 f.). Er hingegen würde gerne lernen, *„wie man n Satz aufbaut, ne?"* (S. 2/Z. 34), an seiner *„Ausdrucksform"*, S. 25/Z. 15) arbeiten, so seine Ansprüche an den Alphabetisierungskurs, und sich weniger mit elementarer Orthografie befassen.

Erwin äußerte sein Anliegen bereits gegenüber einer leitenden Mitarbeiterin eines anderen Volkshochschulbereichs, wo er zuvor Deutschkurse besuchte. Diese verwies ihn dann an den derzeitigen Alphabetisierungsbereich. Auch seine hiesige Lernsituation deutet aber auf eine Unterforderung hin, was die Frage aufwirft, ob er mit seinem Anliegen ernst genommen wurde. So habe sich beispielsweise eine Unterbrechung des Kursbesuchs ergeben, da die Kursleiterin Erwin aufgrund eines offenbar auf Langeweile beruhenden Störverhaltens aus dem Kurs geworfen habe: „*Äh, ich störe dann gerne, ne? Wenn man dann besser is als andere, dann hat man ja seine Arbeit schneller getan und dann quatsch ich gerne und das fand se dann immer nich so gut.*" (S. 3/Z. 2 ff.). Zugleich war es ihm jedoch auch ein Anliegen, nach seinem Rauswurf in den Kurs zurückzugelangen. Er brachte nach einer Pause von drei bis vier Jahren eine potenziell neue Teilnehmerin mit und fragte bei der Gelegenheit, „*ob ich wieder kommen darf und seitdem bin ich jetzt wieder da*" (S. 3/Z. 9 f.). Hier ist allerdings erklärungswürdig, was ihn überhaupt in dem Kurs hält, wenn dieser nicht seinen Ansprüchen genügt. Insbesondere die Anfangszeit im derzeitigen Alphabetisierungskurs verlief wohl nicht unproblematisch, was die These einer Unterforderung ebenfalls in Frage stellt („*Ich hab geschimpft wie n Rohrspatz hier, das weiß ich noch genau. Ich sach: So n Quatsch kann man gar nich lernen, ne?*", S. 16/Z. 44 ff.). Erwin hat zwar im Rahmen der Basisbefragung als bester Teilnehmer der Erhebung abschneiden können, was seine vergleichsweise hohe Kompetenz untermauert (siehe Tabelle 7, Kapitel 5.4.7). Es scheint aber auch, als würde seine Anspruchshaltung – ähnlich wie zu Schulzeiten – aus der stigmatisierenden Lernsituation resultieren. Er wird einem Alphabetisierungskurs zugewiesen, obwohl er sich vom Bild des Analphabeten abgrenzt (siehe Kapitel 5.4.2) und mehr lernen will und reagiert mit Rebellion gegen die äußere Begrenzung seines Lernens. Er sieht sich eingeschränkt und möchte beweisen, dass er mehr erreichen kann. Dabei werden – ebenfalls ähnlich wie zu Schul- und Ausbildungszeiten – Konflikte mit Autoritäten deutlich.

Erwins Schilderungen zu seiner literalen Praxis verweisen auf einen ambivalenten Umgang mit Lesen und Schreiben trotz vergleichsweise hoher ‚gemessener' Kompetenz. Erwin liest zwar hin und wieder Artikel z. B. aus der „*Brigitte oder wie das heißt*" (S. 25/Z. 24), ist jedoch schnell abgeneigt, wenn ihm diese zu ausschweifend geschrieben sind: „*[D]a ne Seite (haut mehrmals auf den Tisch), <u>noch</u> ne Seite, <u>noch</u> ne Seite, da denk ich: Gott, Gott, wie viel Seiten hast du noch? Ne? Wo das Lesen schon <u>besser</u> geworden und is und als solches, ne? Aber is schon äh nich so lustig, ne? Wenn so viel da steht, ne (schmunzelt)?*" (S. 25/Z. 25 ff.). Ebenso grenzt sich Erwin selbstbewusst kokettierend vom Bücherlesen ab: „*Ich hab noch nie in mein Leben n Buch gelesen. Weiß gar nich, was n Buch is, ne?*" (S. 25/Z. 19 f.). Bei kürzeren Texten fällt ihm das Anknüpfen dagegen leichter und sie werden ihm „*nich langweilig*" (S. 25/Z. 23). Die von ihm bekundete geringe Anwendung des Schreibens begründet Erwin damit, keine entfernte Freundin oder anderweitige Kontakte zu haben, denen er schreiben „*<u>müsste</u>*" (S. 30/Z. 6). So entsteht der Eindruck, dass Schriftsprache für Erwin insgesamt besonders stark mit Zwang, Anstrengung und Fremdbestimmung einhergeht.

Auch das Lernen im Kurs wirkt ambivalent. Vor allem zu Kursbeginn empfand Erwin die geringe Schriftsprachkompetenz als besonders defizitär, so dass er einen entsprechenden Ehrgeiz entwickelte, um sich zu verbessern und Erfolge verbuchen zu können. Da er im Kurs „*immer [..] vorlesen*" (S. 25/Z. 16 f.) musste, habe er sich zu Hause gesagt: „*Gut, jetzt machste eins, kaufst dir (haut auf den Tisch) Bildzeitung, da* sind kurze Artikel, die kann man mal schnell überlesen, ne? Ist besser, als wenn mal n Buch lesen." (S. 25/Z. 17 ff.). Auch konnte Erwin wie gewünscht seinen Wortschatz erweitern, beschreibt er doch, *„dass ich äh heute Wörter verwende, die früher immer umgangen gerne bin"* (S. 26/Z. 11 f.). Deutlich werden aber auch nach wie vor Schwierigkeiten mit der Rechtschreibung, die darauf verweisen, dass ihm der Sinn nicht sonderlich nach legitimer Schriftsprache einschließlich des mühsamen Erlernens von Rechtschreibregeln steht (*„die Fehler sind immer noch da, ne?"*, S. 30/Z. 33).

Trotz *„Spaß"* (S. 16/Z. 11) am Alphabetisierungskurs und einer Teilnahme am Englischkurs des Alphabetisierungsbereichs zeigt Erwin keine große Ambition, sich selbst zu Hause mit dem Lerngegenstand zu beschäftigen: *„Alles, was ich hier oder in der Schule, äh Volkshochschule, an dem Tach lerne, is okay. Zu Hause (klopft mit Hand auf Tisch), da hol ich kein Heft raus."* (S. 21/Z. 12 f.). Hier besteht ein deutlicher Unterschied zu Jana, die sich von Teilnehmenden wie Erwin, die zu Hause nicht lernen, abgrenzt. Erwin hingegen führt wieder unveränderlich wirkende körperliche Ursachen (*„Schlafkrankheit"*, S. 34/Z. 40; *„überaktive äh äh Beine"*, S. 21/Z. 29) als Gründe für seine subjektiv empfundene Antriebslosigkeit ins Feld, meint aber auch: *„So richtig äh äh äh zu lernen, bin ich nich so n Typ"* (S. 26/Z. 16). Er bekundet, *„zufrieden"* (S. 35/Z. 36) mit der bisher eingetretenen *„Besserung"* (S. 35/Z. 33) zu sein, so dass naheliegend ist, dass der Kurs den empfundenen Makel durch die geringe Schriftsprachkompetenz abschwächen konnte und Erwin größere Anstrengungen auch nicht für notwendig hält (*„Ich lese immer noch kein Buch, ne? Werde auch nie n Buch lesen, weil mir dassss einfach zu viel Seiten sind, ne?"*, S. 35/Z. 32 f.).

Der Kurs erscheint in diesem Kontext vor allem als Strategie des ‚Mithaltens' (*„Ja, gut, man hat ja immer äh, äh, möchte ja immer nich da als Trottel stehen, ne?"*, S. 16/Z. 1) und hat eine selbstwertsteigernde Wirkung, da sich Erwin hier anderen Teilnehmenden gegenüber aufwerten kann (*„Wenn diktiert wird, ne? Diktat, ne? Dann schreibst du […] dann guckst du hoch und dann schreiben se alle noch. Ne, da weißt du ja, wie weit du bist. Ne? Und so is datt mit n Lesen auch, ne?"*, S. 25/Z. 40 ff.). Aufgrund seines verbesserten *„Selbstvertrauen[s]"* (S. 27/Z. 36) rede er *„jetzte schon frech mit"* (S. 29/Z. 8), wenn in seinem sozialen Umfeld, zu dem auch Leute mit *„Abi"* (S. 29/Z. 11) gehörten, einmal eine *„Geburtstagskarte"* (S. 29/Z. 35) geschrieben werde (*„Weil, ich hab dieses Selbstvertrauen und wenn einer nich mit zurechtkommt, dann soll er mich an ne Füße fassen, ne?"*, S. 28/Z. 9 ff.). Ansonsten gebe es aber kaum Situationen, in denen er lese und schreibe (*„Eigentlich nich."*, S. 30/Z. 1), so dass besonders bei Erwin Schriftsprache an den Kurs gebunden zu sein scheint. Da er im Alltag und außerhalb des Kurses kaum mit Lesen und Schreiben in Kontakt kommt, wirkt er sehr auf den Kurs zurückgeworfen, der ihm einen Zugang zu (legitimer) Schriftsprache ermöglicht (siehe auch Kapitel 5.4.7).

Zusammenfassung: Erwin formuliert höhere Ansprüche an den Alphabetisierungskurs als andere, sein Verhältnis zu Schriftsprache und Lernen bleibt aber ambivalent. Erwin hat kein asketisches Bildungsstreben verinnerlicht. Gerade das Lesen von Büchern setzt Ausdauer und Selbstdisziplin voraus, Fähigkeiten, die ihm weitgehend fehlen. Durch den äußeren Rahmen des Alphabetisierungskurses gelingt es Erwin jedoch, seine hedonistischen Impulse zurückzudrängen, der Kurs hat daher eine disziplinierende Wirkung, was Erwin hilft. Der Kursbesuch kann den ‚Makel‘ der geringen Schriftsprachkompetenz abschwächen und dazu beitragen, dass Erwin den Anschluss an respektable Kreise der Gesellschaft hält. Zugleich reproduzieren sich im Kurs schulische Lernsettings (Diktat, Autoritätskonflikte). Auch Erwins Anspruchs-haltung im Alphabetisierungskurs verweist auf Parallelen zu seiner Schulzeit, in der es ihm darum ging, eine stigmatisierende Situation zu überwinden. Schon damals wollte Erwin sich und anderen beweisen, dass er erfolgreich lernen kann.

5.4.7 Entwicklungen im Zuge der Kursteilnahme (Folgebefragung)

„[S]olang mich keiner in Hintern tritt, mach ichs nich.“ (S. 18/Z. 14)

Im Rahmen des Folgegesprächs berichtet Erwin, dass er den Kurs aufgrund einer Wohnungsrenovierung seit einem Vierteljahr nicht mehr besucht habe. Es bleibt jedoch etwas unklar, warum er als Rentner aus diesem Grund auf den Kursbesuch verzichtete. Da er für das Interview zudem an die Universität[90] kommen wollte, ist denkbar, dass es im Kurs wieder Konflikte gab, die dazu führten, dass Erwin den Kurs verlassen musste. Er berichtet ähnlich wie Ulrich eher zurückgenommen von Veränderungen gegenüber dem letzten Jahr. Dazu gehören vor allem Verände-rungen im Bereich Orthografie, so dass er mit einiger Unsicherheit Regeln zitiert, obwohl er diese im Rahmen der Basisbefragung nicht als sein Lernziel formulierte (*„Nach ‚l‘, ‚m‘, äh ‚z‘, äh nee, nach ‚l‘, ‚m‘, ‚r‘, das merk dir ja, steht nie ‚tz‘ und nie ‚ck‘‘‘*, S. 3/Z. 41 f.). Es scheint so, als würde sich Erwin hier wieder selbst aufwerten wollen.

Insgesamt spricht Erwin eher von einer Festigung des bereits Gelernten als von Veränderungen. Dabei sieht er seine fortbestehenden Schwierigkeiten zum einen im Kursangebot der Volkshochschule begründet, wodurch diese wiederum schicksal-haft und unveränderlich anmuten: *„Ich wollt ja immer n bisschen mehr, aber da hat se gesagt, das geht nich, weil die Klasse is nich dafür, ne?“* (S. 2/Z. 37 f.). Zum anderen wird wie zum Zeitpunkt der Basisbefragung deutlich, dass er zwar den Anspruch an sich hat, mehr zu üben, sich aber trotz teilweise vorhandenen Interesses nicht dazu durchringen kann und eine innere Abneigung verspürt, sich detaillierter mit Schriftsprache zu befassen. Dieses Phänomen kommt insbesondere beim Bücher-lesen wieder zum Vorschein, wobei er ausdrücklich erklärt: *„Ja, ich kann ja n Buch lesen, wenn ich will.“* (S. 27/Z. 22). Diese demonstrative Verweigerung verweist auf die große Bedeutung des Habitus bei der Anwendung von Schriftsprache: Trotz entsprechender ‚gemessener‘ Kompetenz setzt Erwin eher auf kompakte Lektüre in Form von Zeitungsartikeln der Boulevardpresse, da ihm dies weniger Anstrengung und Selbstdisziplin beim Lesen abverlangt.

---

90 Er hatte keine Berührungsängste vor der höheren Bildungsinstitution, was für sein Selbstbewusstsein spricht.

Der Kurs ist dafür umso mehr eine Brücke für Erwin, um überhaupt mit Schriftsprache in Verbindung zu kommen bzw. zu bleiben. Die fehlende Kursteilnahme bildet sich offenbar auch in einer Verschlechterung des Lernstands im Schreiben ab (siehe Tabelle 7), wodurch die Vermutung bestätigt wird, dass Schriftsprache bei ihm besonders stark an den Kurs gebunden ist. Es besteht nach wie vor eine große Bildungsunsicherheit, die es ihm erschwert, zu Hause alleine zu lernen oder Schriftstücke eigenständig zu verfassen (*„Wenn das mir einer erklärt, kapier ichs. Wenn ichs mir selbst beibringen müsste, unmöglich."*, S. 25/Z. 21 f.). Das Lernen in der Gemeinschaft fällt ihm dagegen deutlich leichter und er gibt offen zu: *„[S]olang mich keiner in Hintern tritt, mach ichs nich."* (S. 18/Z. 14).

Vor diesem Hintergrund ist einer potenziellen ‚Abhängigkeit' zum Kurs Tür und Tor geöffnet, wobei Erwin sich eher auf der *„Abschussliste"* (S. 20/Z. 37) seiner Kursleiterin wähnt, die auf ihn verzichten würde, wenn sie ohne ihn auf die vorgeschriebene Teilnehmendenzahl käme: *„[W]enn das mehr Leute wären, die se da zusammenkriecht, dann wär ich wieso nich mehr dabei"* (S. 20/Z. 38). So entsteht der Eindruck einer Komplizenschaft zwischen Erwin und der Kursleiterin, denn beide profitieren von seiner Teilnahme am Kurs.

Zusammenfassung: Die erneute Unterbrechung seines Kursbesuchs und die fortgesetzte Ablehnung von Büchern/Schriftsprache deuten wiederum daraufhin, dass Erwin Probleme hat, sich selbst zu disziplinieren und methodisch-planerische Strategien zum Lernen nicht als Teil seines Habitus verinnerlicht hat. Das Lernen ist auch nach langjähriger Kursbesuchszeit äußerlich geblieben, so dass er in besonderem Maße auf den Alphabetisierungskurs angewiesen ist, durch dessen äußeren Druck er sich disziplinieren kann. Die eigene Situation im Kurs wird aus einer Perspektive des ohnmächtigen Ausgeliefertseins wahrgenommen. Er kann sich hier nicht wie gewünscht verbessern, ohne den Kurs geht es aber auch nicht. Das Verhältnis zur Kursleiterin wirkt wie ein Zweckbündnis und scheint von wenig gegenseitiger Wertschätzung geprägt zu sein. Die in der Beziehung angelegte Komplizenschaft verdeutlicht in besonderer Weise Erwins ‚Abhängigkeit' vom Alphabetisierungskurs.

Tab. 7:   Ergebnisse der standardisierten Lernstandsdiagnosen (Fall Erwin)[91]

Teilneh-mer/in	Hamburger Schreib-Probe		Würzburger Leise Leseprobe		Ergebnis
	2009	2010	2009	2010	
Erwin Berger	HSP 4/5, überdurch-schnittlich (Vergl. Ende 4. Klasse)	HSP 4/5, durch-schnittlich (Vergl. Ende 4. Klasse)	durch-schnittlich (Vergl. 4. Klasse)	durch-schnittlich (Vergl. 4. Klasse)	signifikante Ver-schlechterung im Schreiben, keine Verände-rungen/qualita-tiven Sprünge im Lesen

---

91   Ausführlichere Angaben und Werte befinden sich im Anhang.

5.4.8 Habitus und Literalität

„Ich hab noch nie in mein Leben n Buch gelesen. Weiß gar nich, was n Buch is, ne?" (S. 25/ Z. 19 f.)

Der Fall Erwin steht für einen auf Ohnmachts- und Ausgrenzungserfahrungen basierenden Kampf um Respektabilität. Erwins Zugang zu Schriftsprache kann als *gelegenheitsorientiert* beschrieben werden, denn sein Umgang mit dieser ist an der Notwendigkeit orientiert, im Alltag ‚mithalten' zu können und den Anschluss an respektable Kreise der Gesellschaft nicht zu verlieren. Erwin entwickelt zwar einerseits Ansprüche an Lernen und Bildung und zeigt ein sporadisches Interesse an Zeitungsartikeln der Boulevardpresse. Lektüre sieht er jedoch schnell als unsinnige Gängelung an, was veranschaulicht, dass Schriftsprache für ihn ein mehr oder weniger notwendiges Übel ist. Seine grundlegende Abneigung untermauert, dass normgerechte Orthografie und Schriftsprache in seinem sozialen Milieu nur sporadisch zur Vermeidung von Ausschluss wichtig sind und nicht sinnstiftenden Interessen folgen wie bei der Teilnehmerin Jana.

Schon in der Schule zeigt sich, dass Bildung für Erwin deutlich mit Zwang konnotiert ist und dass ihm methodische, auf Selbstdisziplin ausgerichtete Strategien fehlen, die für das Lernen oder das Lesen und Schreiben unabdingbar sind. Sein Lernen mutet vor diesem Hintergrund eher wie ein spontanes Vergnügen an, um es sich und anderen zu beweisen. Für längerfristige Bildungsinvestitionen, die einen asketischen Durchhaltewillen voraussetzen, genügt diese punktuelle Bestrebung des Emporkommens aber nicht. Erwin bleibt somit notgedrungen immer hinter seinen eigenen Erwartungen zurück, so dass er seiner eher geringen Bildung und den Lese- und Schreibschwierigkeiten ein Stück weit ohnmächtig gegenüber steht.

Erwins Mutter versuchte, sich gegen diesen Kreislauf geringer Bildung, prekärer Lebensverhältnisse und sozialer Ausgrenzung in Erwins Familie aufzulehnen. Auch sie verfügte aufgrund ihrer geringen Bildung/Schriftsprachkompetenz aber nicht über die entsprechenden Strategien, ihre Kinder zu fördern. Sie konnte ihr Anliegen nur durch autoritäre Strenge und rigide körperliche Gewalt vertreten, hatte damit aber keinen Erfolg und glitt obendrein in eine radikale Religiosität ab. So werden auch in Erwins Familie trotz aller Bemühungen eine geringe Bildung/Schriftsprachkompetenz und eine rudimentäre Anwendung von Lesen und Schreiben sozial vererbt. Wie bei den anderen Fällen zeigen sich langfristige Strategien des Habitus: Für Erwin ist (legitime) Bildung/Schriftsprache deutlich ein „„Auswärtsspiel"" (Bremer 2010a, S. 98), was in einer demonstrativen Ablehnung von Schriftsprache und Lernen gipfelt.

Erwin arbeitet sich daran ab, in seinem sozialen Milieu eine permanente gesellschaftliche Deklassierung zu erfahren, was sich auch daran veranschaulichen lässt, dass er im Gegensatz zu den anderen Eckfällen die geringe Schriftsprachkompetenz durch *offensive Selbstbehauptung* kompensiert bzw. überspielt. Erwin kämpft um die Zugehörigkeit zur respektablen Gesellschaft, was es erforderlich macht, dass er hin und wieder in seine Bildung investiert. Der Kursbesuch stellt in diesem Rahmen eine Anlehnungsstrategie dar: Durch „außengeleitete Formen des Selbstzwangs" (Vester et al. 2001, S. 523) im Kurs gelingt es Erwin, sich sporadisch zu disziplinieren und zu lernen. So wird auch in seinem Fall deutlich, wie seine Literalität und auch der Schriftspracherwerb im Kurs der milieuspezifischen Alltagslogik folgen. Der Kurs kann den ‚Makel' der geringen Schriftsprachkompetenz abschwächen und Anerkennung in respektablen Kreisen in Aussicht stellen. Erwin reklamiert für sich einen demonstrativ unangepassten, unsteten und an Freiheit und Abenteuer orientierten Lebensstil, mit dem er sich gegen die hier vorherrschende legitime Kultur abgrenzt und provoziert, um so gegen die erfahrene Ausgrenzung zu rebellieren und Anerkennung in seiner Eigenart als ‚Exot' zu gewinnen. Das Bedürfnis, in diesen Kreisen ‚Liebling' zu sein und eine Partnerin zu gewinnen, versinnbildlicht seinen Anerkennungswunsch in besonderer Weise. Auf dem von ihm beschriebenen ‚Markt' der Partnerwahl existiert jedoch ein spezieller Respektabilitätsdruck, dem Erwin mit seinem an Unangepasstheit, Stärke und Ungebundenheit orientierten Männlichkeitsbild nicht ganz nachkommen kann. Die geringe Schriftsprachkompetenz verursacht daher besonders hier Hemmungen, auch wenn diese nur von kurzer Dauer sind und Erwin eigentlich demonstrativ darauf ‚pfeift'. Grundsätzlich lässt sich schließen, dass sein milieuspezifisches Männlichkeitsbild des unangepassten, freiheitsliebenden ‚Exoten' ohne einengende Verpflichtungen einige Vorteile im Umgang mit dem ‚Schriftsprachdefizit' zur Folge hat, da die Lese- und Schreibschwierigkeiten dazu passen.

Im Kurs gerät Erwin in ein für ihn stigmatisierendes Schulverhältnis zurück, was das Wirken symbolischer Gewalt und Herrschaft besonders vehement erscheinen lässt. Die Reproduktion der schulischen Lernsituation zeigt sich an dem von ihm empfundenen Profilierungsdruck im Kurs und kommt auch darin zum Ausdruck, dass er den Kurs teilweise mit Begriffen wie ‚Klasse' und ‚Schule' umschreibt. Erwin tritt hier – ebenfalls wie zu Schul- und Ausbildungszeiten – als ‚Störenfried' auf, was sein konflikthaftes Verhältnis zu Autoritäten (Mutter, Onkel, Geselle) unterstreicht. Die Kursleiterin wird aufgrund von Erwins Bildungsunsicherheit in der Rolle der disziplinierenden Lehrerin angerufen, wodurch das Verhältnis der beiden von starker Asymmetrie gekennzeichnet zu sein scheint. Wie in der Schule wirkt Erwin wie ein unliebsames Kind, das nicht passt und ‚selektiert gehört'. Die Bildungsinstitution erweist sich neuerlich als hilflos, Erwin gerät wiederum auf eine ‚Abschussliste', wird aber zum ‚Platzhalter', da sonst der Kurs nicht stattfinden kann. Die Kursleiterin wird so zu einer *Schicksalsgöttin* für Erwin, da sie über seinen Verbleib im Kurs – und damit indirekt auch über seine gesellschaftliche Legitimität – entscheidet. Erwin ist dieser wenig wertschätzenden Situation ausgeliefert, da er weiß, dass er den Kurs braucht, um sich durch diesen äußeren Rahmen zu disziplinieren. So sind beide als Komplizen an dieser Form symbolischer Herrschaft beteiligt.

Deutlich wird ferner, dass die Kulturtechnik des Lesens und Schreibens allein bei Erwin nicht dazu beiträgt, ein höheres Interesse an Schriftsprache zu wecken. Seine vergleichsweise hohen ‚gemessenen' Kompetenzen haben darauf kaum Einfluss. Die beschriebenen milieuspezifischen Anlehnungsstrategien leiten ihn zwar in diverse (Grundbildungs-)Kurse, was zu einer Teilhabe in diesem Bereich führt. Die Sinnsetzung des milieuspezifischen Habitus wirkt jedoch benachteiligend und hemmend auf seine literale Praxis und sein Lernen, da er nur wenig Eigenmotivation dafür aufbringt und beides mit Fremdbestimmung für ihn einhergeht.

Insgesamt verweist Erwins unkonventioneller Lebenslauf, der von seiner Neigung zu eigenwilligen Entscheidungen und Wegen sowie seiner Freiheitsliebe zeugt und ihm eine Vielseitigkeit, Eigenständigkeit, Risikobereitschaft sowie einen gewissen Fatalismus abverlangt haben dürfte, auf einen Habitus der Notwendigkeit mit hedonistischen Zügen. Auch die fehlende Vorsorge für die Rente deutet in Kombination mit den zuvor genannten Aspekten auf eine am Hier und Jetzt orientierte Lebensführung, wie sie für einen Habitus der Notwendigkeit typisch ist. Seine unsteten Beschäftigungen mit einem Arbeiten in rechtlichen Grauzonen, die etwas prahlerisch vorgetragenen Erfolge durch den Alphabetisierungskurs sowie die gelegenheitsorientiert anmutende Suche nach einer finanziell gut gestellten Partnerin zeugen zusammen mit seiner demonstrativen Unangepasstheit von Strategien der Lebensführung, die gesellschaftlich nicht als respektabel gelten. Darauf verweisen auch die prekären, auf staatliche Transfers angewiesenen materiellen Lebensverhältnisse sowie die fehlenden Bildungs- und Berufsabschlüsse in der Elterngeneration. Alles in allem lassen diese Argumente, wie auch seine Konflikte mit Autoritäten, auf eine Position unterhalb der *Grenze der Respektabilität* am unkonventionellen bzw. unangepassten Pol des sozialen Raums schließen.

6   Milieuspezifische Differenzierung der Teilnehmenden an Alphabetisierungskursen

In diesem Kapitel werden nun die vier zuvor ausführlich dargestellten Eckfälle milieubezogen unterschieden. Die 15 restlichen Fälle der Stichprobe, die ebenfalls entlang ihrer Habitusmuster analysiert wurden, werden an dieser Stelle hinzugezogen, um die Ergebnisse zu fundieren und zu erweitern. Schlussendlich finden sich die mittels der Eckfälle herausgearbeiteten Habitusmuster mit geringen Abweichungen und mit Ausnahme des Habitusmusters der Teilnehmerin Jana auch bei den Vergleichsfällen wieder. Die Habitusmuster, die sich als *zentrale handlungsleitende Prinzipien* erweisen, beziehen sich auf:

1) Respektabilität und Status (Eckfall Christa),
2) Autonomie und Pragmatismus (Eckfall Ulrich),
3) Anspruch und (begrenzte) Selbstverwirklichung (Eckfall Jana),
4) Vermeidung von Ausgrenzung (Eckfall Erwin).

Diese handlungsleitenden Prinzipien liegen – wie gezeigt werden konnte – einheitsstiftend allen Lebensbereichen zu Grunde und wirken auch im Bereich literaler Praxis. Die sich so ergebenden *Grundmuster der Literalität* lassen sich wie folgt unterscheiden:

1) Angestrengt-ambitionierte Literalität (Eckfall Christa),
2) Sachbezogen-pragmatische Literalität (Eckfall Ulrich),
3) Prätentiös-elaborierte Literalität (Eckfall Jana),
4) Gelegenheitsorientiere Literalität (Eckfall Erwin).

Die heterogenen Grundmuster sind in die folgende Milieugrafik (siehe Abbildung 5) eingezeichnet. Zentral für die vorgenommene Verortung sind der Typ des Habitus[92] sowie das induktiv herausgearbeitete Verhältnis zur legitimen Literalität.[93] So wird deutlich, dass der Umgang mit Schriftsprache nicht beliebig ist, sondern seinen jeweiligen sozialen Ort hat.

In der nachfolgenden Abbildung wird das Verhältnis zur legitimen Literalität mithilfe von Achsenbezeichnungen veranschaulicht: Vertikal im sozialen Raum kommt es vor allem distinktiv über das Beherrschen bzw. Nichtbeherrschen legiti-

---

[92] Es handelt sich um Fälle, die sich hinsichtlich ihrer Habitusmuster, die hier zu zentralen handlungsleitenden Prinzipien verdichtet wurden, ähneln und nicht um eine Typologie im eigentlichen Sinne (siehe Kapitel 4.3.2).

[93] Die handlungsleitenden Prinzipien und Grundmuster der Literalität sind milieuspezifisch, können sich mit geringen Abweichungen aber auch in nahestehenden Milieus wiederfinden. Daher kann sich ein Grundmuster der Literalität auch über mehrere der Makromilieus erstrecken (siehe Abbildung 5).

mer Literalität zum Ausdruck. Horizontal geht es darum, wie stark legitime Literalität handlungsleitend wird.

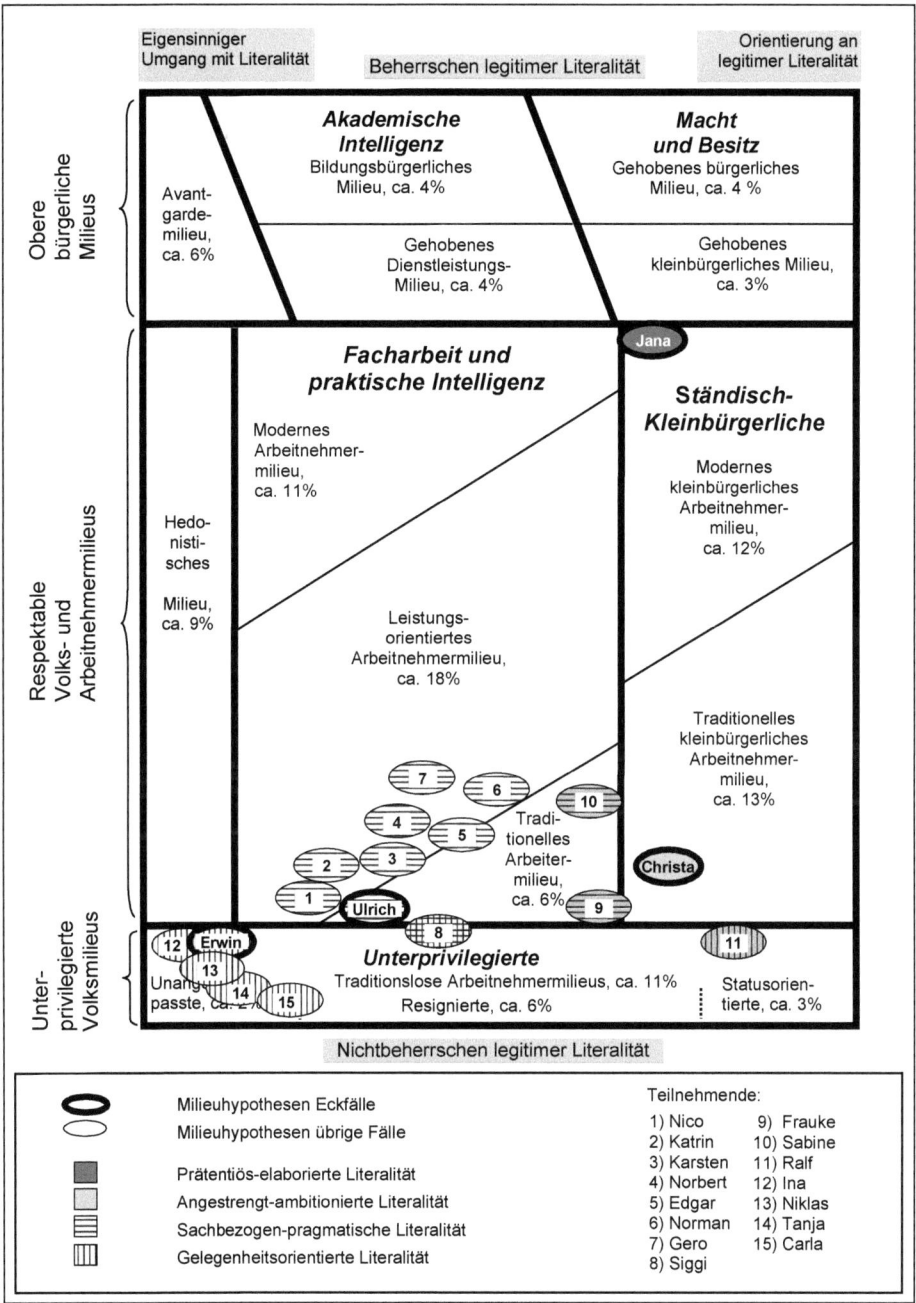

Abb. 5: Die fünf Traditionslinien der sozialen Milieus der BRD und Grundmuster der Literalität von Teilnehmenden an Alphabetisierungskursen. Milieugrafik nach Vester et al. 2001, S. 49; Vester 2015, S. 149

Auch die Vergleichsfälle belegen, dass ‚gemessene' Kompetenzen, Behinderungen o. Ä. zwar Einfluss auf die jeweiligen Lebenssituationen und die literale Praxis haben. Die damit einhergehenden Benachteiligungen werden jedoch habitus- und milieuspezifisch höchst unterschiedlich bearbeitet. Die mit den habitus- und milieuspezifischen Zugängen zu Schriftsprache verbundenen literalen Praxen sind in Kapitel 7 dargestellt. Es wird hier auch herausgestellt, welche Dynamiken sich daraus in den Alphabetisierungskursen ergeben können.

6.1 Eckfall Christa und Vergleichsfälle: Handlungsleitendes Prinzip *„Respektabilität und Status"*

Christa ist in dieser Erhebung als Eckfall ausgewählt worden, da die Teilnehmerin strikte Geheimhaltungsstrategien und eine besondere Scham mit Blick auf die Lese- und Schreibschwierigkeiten zeigt, durch die sie sich von den anderen Fällen unterscheidet (siehe Kapitel 5.1). Deutlich wird, dass für Christa Respektabilität und das Streben nach einem angesehenen Status eine hohe Bedeutung haben, was auf die *ständisch-kleinbürgerliche Traditionslinie* verweist. Die Teilnehmerin bildet damit einen horizontalen Gegenpol zum vergleichsweise unbekümmerten Ulrich und den zugeordneten Vergleichsfällen (siehe Kapitel 6.2). Durch diese horizontale Differenzierung wird sichtbar, dass die Befragten sich grundlegend in ihren habitus- und milieuspezifischen Orientierungen unterscheiden, diese Muster bei einer Differenzierung auf Schichtebene so aber nicht hätten herausgestellt werden können.

In der *ständisch-kleinbürgerlichen Traditionslinie* am hierarchieorientierten Pol des sozialen Raums sind die Einordnung in Hierarchien und die Sicherung des Status, feste Ordnungsstrukturen und Pflichterfüllung bedeutsam (Vester 2015, S. 167 ff.). Vermeintliche Makel wie ein ‚Schriftsprachdefizit' sind hoch emotional aufgeladen, da sie zu dieser Ordnungsvorstellung nicht passen, defizitär erscheinen und einen Statusverlust bedeuten können. Die vehement befürchtete Deklassierung und der recht restriktive Habitus verweisen bei Christa auf das *Traditionelle kleinbürgerliche Arbeitnehmermilieu* (ebd.). In diesem Milieu finden sich auch besonders ordnungs- und sicherheitsbezogene Tätigkeiten, zu denen Christas Tätigkeit als Politesse passt. Beim Lernen im Kurs geht es entsprechend weniger um einen eigensinnigen Schriftsprachgebrauch im Kontext praktischer Alltagsinteressen wie bei Ulrich, sondern vielmehr um die Erweiterung des Handlungsspielraums zum Statusgewinn und zur Anpassung an Konventionen, wozu auch regelkonforme (legitime) Schriftsprache zählt. Grundsätzlich steht Christa Weiterbildungen weniger aufgeschlossen gegenüber, da hier die Gefahr besteht, sich zu exponieren.

Teilnehmende mit einer Nähe zum Eckfall Christa

Insgesamt lassen sich nur drei Teilnehmende mit einer Nähe zum Eckfall *Christa* finden. Dazu gehört Teilnehmerin *Sabine* (62 Jahre). Ähnlich wie Christa stilisiert sie sich als Frau mit respektabler Lebensführung, wobei das Lesen und Schreiben ein äußerlich gebliebenes, eher zwanghaft anmutendes Bestreben versinnbildlicht. Die fehlenden Lese- und Schreibkompetenzen stellen einen ‚Makel‘ dar, der der konsequenten ‚Bearbeitung‘ bedarf. Durch die Teilnahme an praktischen Weiterbildungen und durch die Übernahme von Leitungspositionen im Rahmen eines Ehrenamts unterscheidet sich die Rentnerin und gelernte Damenschneiderin aber auch von der diesbezüglich zurückhaltenden Christa. Sabine wünscht sich einen Zugang zu stärker vergeistigter Bildung und ein kompetentes Auftreten, z. B. in politischen Diskussionen, was Christa ebenfalls fernliegt. Die hohe Bedeutsamkeit der eigenen Außenwirkung findet sich aber auch bei Sabine wieder.

Teilnehmerin *Frauke* (50 Jahre) ist Respektabilität und Ansehen besonders in öffentlichen Einrichtungen vor Autoritäten beim Arbeitsamt wichtig, wo sie selbstbewusst auftreten möchte. Es finden sich latente Ressentiments gegenüber Arbeitslosen, zu denen sie zwar selbst zählt, die aber die von ihr beanspruchte Respektabilität bedrohen. Ähnlich wie Christa übt Frauke mit ihrem Sohn legitime (Aus-)Sprache ein. Lesen und Schreiben dient hier vor allem funktional der ‚Übung‘. Grundsätzlich ist Frauke wie Sabine aber aufgeschlossen gegenüber Bildungsinvestitionen und wünscht sich eine Literalität für den persönlichen Alltag, so dass auch ihr Lernen etwas stärker als Autonomiebestreben und weniger statusbezogen erscheint als im Fall Christa.

Bei *Ralf* (47 Jahre) zeigen sich deutlichere Notwendigkeiten im Umgang mit dem ‚Schriftsprachdefizit‘, die darauf zielen, sozialen Ausschluss zu vermeiden. Respektabilität und Ansehen zu gewinnen, ist vor allem in der Öffentlichkeit, z. B. vor Arbeitskollegen im Straßenbau, wichtig. Dazu bringt Ralf offensive Täuschungs- und Geheimhaltungsstrategien hervor, wobei er im Interview gleichzeitig deutlich macht, dass für ihn Schriftsprache sonst keine Rolle spielt. Somit wirkt sein Lernen weniger methodisch-strebend, was ihn von den anderen Teilnehmenden in dieser Gruppe unterscheidet. Die Nähe zu ihnen besteht darin, dass Schriftsprache/Bildung mehr oder weniger dazu dienen soll, eine Fassade aufrechtzuerhalten.

Zusammenfassung zur Milieuspezifität

Insgesamt zeigen die Fälle Homologien zum handlungsleitenden Prinzip „*Respektabilität und Status*", aber auch Unterschiede zum Eckfall Christa. Letztere hängen insbesondere mit Orientierungen zusammen, die auf horizontale Differenzen in den sozialen Positionen zurückgeführt werden können und sich darauf beziehen, wie Respektabilität und Status erreicht werden sollen. Die Bildungsorientierung wirkt unterschiedlich stark verinnerlicht: Respektabilität und Status sollen einerseits mehr über Bildungsinvestitionen erlangt werden (Sabine, Frauke: *Traditionelles Arbeitermilieu* nahe *Traditionelles kleinbürgerliches Arbeitnehmermilieu*). Andererseits wird einer konkreten Teilnahme an Weiterbildung eher aus dem Weg gegangen und stärker versucht, Respektabilität und Status durch ausgeprägte Geheimhaltungs- und Täuschungsstrategien zu sichern (Christa: *Traditionelles kleinbürgerliches Arbeitneh-*

mermilieu, Ralf: statusorientierter Pol des *Traditionslosen Arbeitnehmermilieus*).[94] In den hier vertretenen statusorientierten Milieus soll der gute äußere Eindruck kalkülbetonter durch Einüben und Nachahmen von legitimer Literalität gewahrt werden (siehe auch Kapitel 7.1). Dadurch wirken die zugeordneten Fälle im Umgang mit Lese- und Schreibschwierigkeiten auch nicht so gelassen wie die Milieus der facharbeiterischen Traditionslinie (siehe Kapitel 6.2).

Die nach Traditionslinien unterschiedlich verinnerlichte Bildungsorientierung kann auch darin zum Ausdruck kommen, dass die statusorientierten Milieus in der Stichprobe der Kursteilnehmenden weit weniger vertreten sind als die Milieus der facharbeiterischen Traditionslinie. Es kann vermutet werden, dass die hohe Bedeutung des äußeren Ansehens eher zu einer Abstinenz in Alphabetisierungskursen führt. Die repräsentative Studie von Rosenbladt und Bilger (2011, S. 57 ff.) untermauert diesen Eindruck, da ordnungs- und sicherheitsbezogene Tätigkeiten in der Gruppe der Teilnehmenden an Alphabetisierungskursen weniger auftauchen. Denkbar sind im Rahmen des hier zu Grunde liegenden qualitativen Samples aber auch andere Gründe wie etwa eine geringere Bereitschaft zu einem Interview aufgrund der vergleichsweise großen Scham. Deutlich wird, dass auch in dieser Gruppe Lernanlässe durch bedrohte Milieuzugehörigkeiten entstehen, wobei der hier angelegte ‚Blick nach oben' (Vester et al. 2001, S. 518) zur stärkeren Orientierung an höheren Milieus bei gleichzeitig großer Angst vor Statusverlust zu führen scheint.

6.2 Eckfall Ulrich und Vergleichsfälle: Handlungsleitendes Prinzip *„Autonomie und Pragmatismus"*

Der gelassene Umgang mit den Lese- und Schreibschwierigkeiten sowie der eigensinnig pragmatische Gebrauch von Schriftsprache haben beim Teilnehmer *Ulrich* zur prominenten Herausstellung als Eckfall geführt (siehe Kapitel 5.2). Der hier mittels Schriftsprache angestrebte Wert der Autonomie passt zur zentralen Orientierung in der *Traditionslinie der Facharbeit und der praktischen Intelligenz* (Vester 2015, S. 159). Es geht weniger um herrschende Konventionen legitimer Literalität, sondern vielmehr um selbstbestimmte Weltverfügung im Kontext praktischer Alltagsbewältigung, für die Schriftsprache und Bildung genutzt werden. Auch Ulrichs autoritätskritische Haltung, die hohe Anerkennung handwerklich-praktischer Arbeit sowie die lebenslange Bildungsinvestition „ergänzt und ermöglicht durch die gegenseitige Hilfe in Familie, Nachbarschaft und Kollegenkreis und geeignete Interessenorganisationen" (ebd.) lassen auf die *Traditionslinie der Facharbeit und der praktischen Intelligenz* schließen. Der Kursbesuch folgt asketischer Selbstdisziplin, aber auch hedonistischen Motiven. Diese genannten Aspekte verweisen – zusam-

---

94 Bei Ralf hängt diese Orientierung natürlich auch mit seiner vertikalen Position zusammen. Schriftsprache ist daher eher notwendiges Übel (siehe auch Kapitel 6.4) und scheint wenig milieurelevant, was auch nur gelegentliches Bildungsbemühen auf den Plan ruft.

men mit Ulrichs Authentizität, seiner Bescheidenheit und seinem Realismus – auf einen Habitus, wie er für das *Traditionelle Arbeitermilieu* (ebd., S. 160 ff.) typisch ist. Hier haben Gemeinschaft und Arbeit, bescheidene Werte sowie der Grundsatz „„arm aber ehrlich" (Vester et al. 2001, S. 514) eine hohe Bedeutung, was zu Ulrichs offenem Umgang mit den Lese- und Schreibschwierigkeiten passt.

Es werden zugleich Einflüsse aus dem *Traditionslosen Arbeitnehmermilieu* (ebd., S. 522 ff.; Vester 2015, S. 175 ff.) deutlich, wenn Ulrichs gemeinschaftliche Orientierung in Kombination mit dem offenen Umgang mit den Lese- und Schreibschwierigkeiten als Anlehnungsstrategie interpretiert wird. Seine insgesamt doch begrenzte und hedonistisch gebrochene Bildungsorientierung, die ebenfalls auf Einflüsse dieses Milieus verweist, kommt auch in der angelernten Tätigkeit als Gärtner zum Ausdruck.

Teilnehmende mit einer Nähe zum Eckfall Ulrich

Die acht Teilnehmenden mit einer Nähe zu *Ulrich* bilden ein Spektrum an Ähnlichkeiten und Unterschieden ab, entsprechen aber insgesamt dem anhand des Eckfalls herausgearbeiteten handlungsleitenden Prinzip „*Autonomie und Pragmatismus*".

Ähnlich wie Ulrich stilisiert sich *Edgar* (37 Jahre) über seine Disziplin im Alphabetisierungskurs. Er zeigt eine hohe Leistungsbereitschaft und ein methodisches Bildungsstreben, um sich aus der Arbeitslosigkeit zu befreien und seine Respektabilität zu sichern. Er hat seinen Alphabetisierungskurs zum Zeitpunkt der Folgebefragung verlassen, um den Hauptschulkurs der Volkshochschule zu besuchen. Die Nutzung von Bildung/Schriftsprache wirkt dadurch einerseits zielgerichteter als bei Ulrich, andererseits genauso gelassen und pragmatisch auf die eigene Alltagsautonomie ausgerichtet.

Eine hohe Wertschätzung von Autonomie findet sich auch bei Teilnehmer *Nico* (38 Jahre). Er hat sich mit großer Mühe aus einem Alltag befreit, den er als fremdbestimmt durch Betreuungspersonen aus Behinderteneinrichtungen erlebt hat und kann nun im ersten Arbeitsmarkt als (angelernter) Gärtner arbeiten. Wie Ulrich zeigt Nico eine große Offenheit für Weiterbildung, gleichzeitig aber keine besonderen Aufstiegsmotive und eine Zufriedenheit im Alltag, was in diesem Rahmen ebenfalls gelassen, bescheiden und realistisch erscheint. Er wirkt aufgrund seiner Emanzipationsgeschichte und der weniger strikt ablehnenden Haltung gegenüber Büchern aber auch etwas ambitionierter als Ulrich.

Einen ähnlichen Kampf um Autonomie und Partizipation wie Nico führt Teilnehmerin *Katrin* (25 Jahre), die sich gegen die drohende Unterbringung in einer Behindertenwerkstatt gewehrt hat, was ihr durch Bildungsinvestitionen (Hauptschulabschluss, Lehre zur Elektrogerätezusammenbauerin) gelang. Sie hegt den Wunsch nach beruflichem Fortkommen im handwerklichen Bereich. Durch methodische Disziplinierungsstrategien kann sie sich ihre Ziele erarbeiten, aufgrund ihrer körperlichen Behinderung erfährt sie jedoch Benachteiligungen, die demotivieren und auch zu Entlastungsstrategien führen.[95]

Karsten (19 Jahre) lebt im betreuten Wohnen und hat zuvor die meiste Zeit in Heimen sowie in einem Internat verbracht. Diese von ihm besuchten Einrichtungen tragen als Institutionen legitimer Bildung offenbar dazu bei, dass er einen ambitioniert wirkenden Zugang zu Schriftsprache entwickeln kann.[96] Deutlich wird – trotz gerade aufgenommener Tätigkeit als (angelernter) Gärtner – der Wunsch, sich selbstbestimmt und umfassender mit Schriftsprache zu befassen, sich detailliertere Informationen zu beschaffen und solide (Aus-)Bildung zu erlangen. Er unterscheidet sich dadurch auch von Ulrich, der umfassendere Lektüre ablehnt.

Norbert (42 Jahre), der in einer Einrichtung für psychisch Erkrankte als Tischler arbeitet, ist nach einem gescheiterten Versuch, den Hauptschulabschluss nachzuholen, in den Alphabetisierungskurs gelangt, was ebenfalls auf höhere Lernziele verweist. In seinem Fokus stehen nach wie vor solide Bildungs- und Berufsabschlüsse sowie praktische (technische) Interessen, für die er sich Kenntnisse aneignen möchte. Da dies nicht gelingt, weicht er mitunter auf autodidaktische Aneignungsstrategien aus, was seinen Wunsch nach Autonomie unterstreicht.

Norman (24 Jahre) ist wie Norbert über den gescheiterten Versuch, den Hauptschulabschluss nachzuholen, in den Alphabetisierungskurs gelangt, was ebenfalls bereits eine höhere Ambition verdeutlicht. Bildung/Schriftsprache soll der Autonomie und Befreiung aus prekären Verhältnissen der Arbeitslosigkeit dienen. Seine Lernstrategien und Bestrebungen wirken methodisch und teils prätentiös. Er verfolgt das Ziel, Fotograf zu werden, was kein typischer Beruf in der Gruppe der Teilnehmenden an Alphabetisierungskursen ist (Rosenbladt/Bilger 2011, S. 57 ff.) und seine Ambitionen betont.

Teilnehmer *Gero* (45 Jahre) legt im Kurs eine hohe Anspruchshaltung an den Tag, durch die er sich von anderen Teilnehmenden deutlich unterscheidet. Er grenzt sich gegen ,Nachlässigkeiten' wie Unpünktlichkeit ab und tritt skeptisch gegenüber den Lerninhalten und Kursleitenden auf, was auch zum Kursabbruch führt.[97] Deutlich wird, dass er etwas auf die Volkshochschulkurse herabschaut, die auch Raum für soziales Miteinander und hedonistische Ausschweifungen (z. B. Kursausflüge) lassen. Sie stehen seinem Bildungsverständnis des effektiven Leistungsstrebens im Wege, was eine deutliche Differenzlinie zu Ulrich markiert. Gero verfolgt autodidaktische Lernstrategien, die seine Autonomiewünsche untermauern. Es zeigt sich aber auch ein pragmatisch-gelassener Umgang mit den Lese- und Schreibschwierigkeiten. Ähnlich wie bei Katrin platziert ihn sein Status als Frührentner mit gesetzlicher Betreuung[98] etwas außerhalb milieuspezifischer Konventionen, was neben der ins-

---

95 Beispielsweise hat sie den Kurs zum Zeitpunkt der Folgebefragung verlassen.

96 Über die Herkunftsfamilie, die er mit sieben Jahren verließ, ist kaum etwas bekannt. Die Mutter soll ebenfalls Probleme mit dem Lesen und Schreiben gehabt haben.

97 Er hat den Kurs zum Zeitpunkt der Folgebefragung längere Zeit nicht besucht und überdies einen Computerkurs im Alphabetisierungsbereich abgebrochen.

98 Er berichtet im Interview von mehreren Selbstmordversuchen.

gesamt hohen Wertschätzung von Eigenständigkeit auch zu Entlastungsstrategien führt.

Teilnehmer *Siggi* (29 Jahre) ist demgegenüber weniger für Bildung aufgeschlossen. Der Kurs stellt bei ihm eine Strategie dar, eine Zeit der Beschäftigungslosigkeit zu überbrücken. Das Lernen wirkt einerseits asketisch und engagiert, andererseits aber auch als spontanes Vergnügen und Gelegenheitsnutzung. Zudem steht er Bildungsinvestitionen wie dem nachträglichen Erwerb des Hauptschulabschlusses kritischer gegenüber und zweifelt den Nutzen von (auch höheren) Bildungstiteln für die Arbeitswelt offen an. Der Kurs wird mit dem Erhalt einer neuen Arbeitsstelle abrupt wieder beendet.[99]

Zusammenfassung zur Milieuspezifität

Insgesamt zeigen sich bei den vorgestellten Fällen deutliche Homologien zum Eckfall Ulrich und dem handlungsleitenden Prinzip „*Autonomie und Pragmatismus*", wenn auch mit unterschiedlicher Konnotation und Gewichtung. Deutlich werden vor allem Unterschiede, die mit vertikalen Positionen im sozialen Raum einhergehen. Die mit Autonomie verbundenen Bildungsbemühungen der Teilnehmenden muten einerseits ambitionierter und zielgerichteter an (Nico, Katrin, Karsten, Norbert, Norman, Gero, in Teilen Edgar: *Leistungsorientiertes Arbeitnehmermilieu*), sollen insbesondere der Befreiung aus fremdbestimmten oder prekären Lebens- und Arbeitsverhältnissen dienen. Andererseits beziehen diese sich klarer auf den praktischen Alltag, muten gemeinschaftlicher an und wirken bescheidener und gelassener (Ulrich, in Teilen Edgar und Siggi: *Traditionelles Arbeitermilieu*). Die so deutlich werdenden Unterschiede in Lernstrategien und Bildungsbestrebungen stehen natürlich auch mit Faktoren wie Schriftsprachkompetenz, Behinderung oder beruflicher Situation in Zusammenhang. Wie veranschaulicht werden konnte, werden ähnliche Problemlagen aber je nach Habitus und Milieu unterschiedlich bearbeitet (siehe z. B. die Arbeitslosen Edgar und Siggi; bei letzterem besteht u. a. aufgrund seiner ablehnenden Haltung gegenüber formalen Bildungsabschlüssen zugleich eine deutlichere Affinität zum *Traditionslosen Arbeitnehmermilieu*).

Es zeigen sich weitgehend pragmatische Ansprüche an Schriftsprache und eher selten die eigenmotivierte Nutzung umfassenderer Lektüre (siehe auch Kapitel 7.2). Die Vergleichsfälle verdeutlichen zudem wie Ulrich, dass sich Lernanlässe für Kursbesuche dadurch ergeben, dass die Milieuzugehörigkeit bedroht ist. Teilnehmende der *Traditionslinie der Facharbeit und der praktischen Intelligenz* stellen in diesem Sample die anteilig größte Gruppe dar. Dies kann insofern nicht zufällig sein, als dass es sich um Milieus mit grundsätzlicher Bildungsaufgeschlossenheit handelt. Eventuell sind sie deshalb auch öfter in Alphabetisierungskursen anzutreffen. Es

---

99   Da er für die neue Arbeitsstelle umziehen musste, liegt kein Folgeinterview vor. Auch die Lernstandsdiagnostik und Sozialdatenerhebung konnte nach dem Interview der Basisbefragung nicht mehr stattfinden.

liegen mehrheitlich handwerkliche Berufe vor, die auch repräsentative Studien (Rosenblatt/Bilger 2011) als typisch für Teilnehmende an Alphabetisierungskursen ausweisen. Es können aber auch andere Gründe dafür zum Tragen kommen, dass diese Milieus im Sample der Dissertation besonders vertreten sind. Denkbar ist etwa ebenso, dass diese Teilnehmenden offener für Interviews zu ihren Lese- und Schreibschwierigkeiten sind, während andere Milieus häufiger in Kurse gehen, aber nicht so gerne darüber reden.

6.3   Eckfall Jana: Handlungsleitendes Prinzip *„Anspruch und (begrenzte) Selbstverwirklichung"*

Teilnehmerin *Jana* wurde als Eckfall ausgewählt, da sie – als Alleinstellungsmerkmal – trotz der Lese- und Schreibschwierigkeiten eine besondere Affinität zu Bildung und Schriftsprache zeigt (siehe Kapitel 5.3). Durch ihren Fall wird speziell eine vertikale Differenzlinie zu den Teilnehmenden aus unterprivilegierten Milieus (siehe Kapitel 6.4) deutlich, die (legitimer) Bildung und Schriftsprache eher ablehnend gegenüber stehen.

(Legitime) Schriftsprache wird in Janas Milieu zum sinnstiftenden Distinktionsmittel und dient als Werkzeug für Bildungs- und Statusgewinn. Das mittels ihres Falls herausgearbeitete handlungsleitende Prinzip *„Anspruch und (begrenzte) Selbstverwirklichung"* spricht für eine höhere Position in der *ständisch-kleinbürgerlichen Traditionslinie*. Jana hat ein Statusdenken verinnerlicht, das im Vergleich zur Teilnehmerin Christa mit einem offeneren Bildungs- und Selbstverwirklichungsanspruch verbunden ist und mit einer prätentiösen Selbstaufwertung einhergeht. Sie sieht sich trotz ihrer Schwierigkeiten befugt und befähigt, mit (legitimer) Schriftsprache, Bildung, Kunst und Kultur umzugehen, was auf einen Habitus verweist, wie er für das *Moderne kleinbürgerliche Arbeitnehmermilieu* (Vester 2015, S. 169 ff.; Vester et al. 2001, S. 520) typisch ist.

Der selbstbestimmte Besuch der Bibliothek in der Kindheit, der Blick für ‚ausgesuchte' Literatur, die Mutter mit Hochschulstudium und der Grundschullehrer als Ehemann verdeutlichen, dass es sich hier um grundlegend andere Kreise handelt als bei den restlichen Befragten. Es konnte kein Fall mit einer Ähnlichkeit im Sample gefunden werden. Dass es sich dennoch nicht um einen Einzelfall handeln dürfte, belegen Daten der leo. – Level-One Studie: Im leo.-Sample konnten zu gut 12% funktionale Analphabetinnen und Analphabeten mit höherer Bildung[100] ausgemacht werden (Grotlüschen/Sondag 2012, S. 233). Personen, die trotz Lese- und Schreibschwierigkeiten eine Bildungsaffinität aufweisen, sind also keine Seltenheit.[101] Der Fall Jana steht so für das Phänomen, dass es funktionale Analphabetinnen und

---

100 Was höhere Bildung in der leo.-Studie umfasst, ist in Fußnote 20 dargestellt.

101 Dies muss in der Diskussion um höhere Bildungsabschlüsse unter Erwachsenen mit geringen Lese- und Schreibkompetenzen stärker berücksichtigt werden (Grotlüschen/ Sondag 2012; Gauly et al. 2016).

Analphabeten mit (Affinität zu) höherer Bildung gibt, die jedoch kaum von den Alphabetisierungskursen erreicht werden (Rosenbladt/Bilger 2011). Deutlich wird auch, dass die im Habitus angelegte Affinität zu höherer Bildung, die sich in Janas Fall nicht in formalen Bildungstiteln ausdrückt, allein durch Schicht- und/oder Kompetenzmerkmale nicht hinreichend hätte erfasst werden können.

6.4 Eckfall Erwin und Vergleichsfälle: Handlungsleitendes Prinzip *„Vermeidung von Ausgrenzung"*

Erwin ist als Eckfall ausgewählt worden, da er sich von den anderen Teilnehmenden durch seine demonstrative Unangepasstheit und unkonventionelle Lebensführung abhebt (siehe Kapitel 5.4). Auf der Grundlage des handlungsleitenden Prinzips *„Vermeidung von Ausgrenzung"* zeigt Erwin zwar Ambitionen zu lernen und Respektabilität zu gewinnen. Er grenzt sich aber auch deutlich von einem asketischen Bildungsstreben und (legitimer) Schriftsprache ab, wobei Gefahren der Stigmatisierung von ihm durch offensive Selbstbehauptung kompensiert werden. In dieser ablehnenden Haltung kommt neben einer horizontalen Differenz vor allem eine vertikale zum Ausdruck, durch die sich Erwin von den über ihm situierten Fällen mit stärker verinnerlichtem Bildungsstreben unterscheidet.

Seine Mithalte- und Anlehnungsstrategien verweisen auf die *Traditionslinie der Unterprivilegierten*, die ihre Lebensweise „einer Lage der Unsicherheit und Machtlosigkeit" (Vester 2015, S. 175) angepasst haben. Ohnmachtserfahrungen treten in seiner Lebensgeschichte besonders hervor (z. B. Auseinanderbrechen seiner Herkunftsfamilie, Ausschlusserfahrungen in Bildungsinstitutionen). Diese Ohnmachtserfahrungen, die mit demonstrativer Unangepasstheit kompensiert/verarbeitet werden, mit der er z. B. im Kurs ‚stört', (legitime) Schriftkultur ablehnt und in respektablen Kreisen aufrüttelt und schockiert, lassen eine Position im *Traditionslosen Arbeitnehmermilieu* (Vester et al. 2001, S. 522 ff.; Vester 2015, S. 175 ff.) eher am unangepassten Pol vermuten. Auf ein unterprivilegiertes Milieu mit unangepassten Zügen deuten in diesem Zusammenhang auch die unkonventionellen an- und ungelernten Tätigkeiten, die Phasen von Selbstständigkeit in prekären Nischen sowie die insgesamt gelegenheitsorientierte und wenig methodisch-planerische Lebensführung.

Teilnehmende mit einer Nähe zum Eckfall Erwin

Die vier Teilnehmenden mit einer Nähe zum Eckfall *Erwin* zeigen insbesondere Homologien zum handlungsleitenden Prinzip *„Vermeidung von Ausgrenzung"*. Teilnehmer *Niklas* (35 Jahre), der Arbeiter in einer Kantine ist, bringt eine ablehnende Haltung gegenüber Lernen und (legitimer) Schriftsprache hervor, was z. B. in deutlich geäußerter Unlust im Kurs oder auch Tricksereien (z. B. bei Diktaten) zum Ausdruck kommt. Das handlungsleitende Prinzip verdeutlicht sich in der stärkeren Delegierung des Lesens und Schreibens an die Kursleiterin und in der vorwiegenden Betrachtung des Kurses als Ort für geselliges Miteinander. Auch Niklas ist von einer Behinderung betroffen. Es finden sich keine methodisch-disziplinierten Lernstrategien, sondern eher die Ablehnung von Norm und Konformität, wodurch er auch ambitionsloser als Erwin wirkt.[102]

Eine noch deutlichere Ablehnung von klassischen Lernarrangements und Autoritäten findet sich bei Teilnehmerin *Ina* (49 Jahre), die nach einem Schlaganfall in den Kurs gekommen und frühverrentet ist. Regelkonforme Schriftsprache ist betont Nebensache und steht der eigensinnigen literalen Praxis eher im Weg. Es werden Mithalte- und Anlehnungsstrategien deutlich, die zeigen, dass der Kursbesuch dem Anschlusshalten an respektable Kreise dient. Auch der Schlaganfall scheint im Interview manchmal bewusst herangezogen zu werden, um einer möglichen Stigmatisierung als Analphabetin zuvorzukommen.[103]

Ähnlich wie Ina, jedoch nicht ganz so vehement, grenzt sich *Tanja* (46 Jahre) gegen schulische Lernsettings und Leistungsstreben ab. Ihre Äußerungen deuten darauf hin, dass ihr elementare Zugänge zur Welt fehlen, was sich resignativer als bei den anderen Vergleichsfällen in Ohnmacht, Hilflosigkeit und grundlegender Orientierungslosigkeit äußert. Der Kurs ist daher ein willkommener strukturgebender Impuls im Alltag. Hier unternommene Ausflüge sind für sie ein ‚Highlight‘, da ihr sonstiger Alltag derlei Möglichkeiten nicht eröffnet. Der Kurs diszipliniert so einerseits, andererseits bietet er die Möglichkeit, den prekären Lebensverhältnissen zu entfliehen, wodurch sich auch bei der langzeitarbeitslosen Tanja das handlungsleitende Prinzip Vermeidung von Ausgrenzung zeigt.

Eine ähnlich resignative Ohnmacht und Hilflosigkeit offenbart sich bei *Carla* (56 Jahre), die arbeitsunfähig ist und gesetzlicher Betreuung unterliegt. Sie spricht wiederholt von einer Krankheit, durch die sie ihre Lese- und Schreibkompetenzen verloren habe, oftmals scheint dies aber – wie bei Ina – dem Versuch geschuldet, möglichen Stigmatisierungen zuvorzukommen. Ihr Lerninteresse wirkt vor dem Hintergrund widriger Alltagsbedingungen und wenig verinnerlichten asketischen Bildungsstrebens gebrochen. Der Kurs dient ebenfalls dem Knüpfen sozialer Kontakte, so dass zusammen mit den Täuschungsstrategien auch bei Carla das handlungsleitende Prinzip Vermeidung von Ausgrenzung deutlich wird.

Zusammenfassung zur Milieuspezifität

Insgesamt zeigen die Fälle vor allem Homologien zum Eckfall Erwin und dem hier herausgearbeiteten handlungsleitenden Prinzip „*Vermeidung von Ausgrenzung*", das für eine Position unterhalb der *Grenze der Respektabilität* spricht. Das

---

102 Niklas konnte wie Siggi (siehe Kapitel 6.2) nicht mehr für ein Folgeinterview gewonnen werden.

103 Sie hat ihrer Aussage zufolge erst durch den Schlaganfall entscheidend an Lese- und Schreibkompetenz eingebüßt. In ihrer Lebensgeschichte finden sich aber viele Ähnlichkeiten zu den anderen befragten Erwachsenen mit Lese- und Schreibschwierigkeiten.

Sample macht jedoch deutlich, dass die erlebte Marginalisierung, die für die Teilnehmenden hier insgesamt handlungsrelevant wird und Anlässe für Kursbesuche gibt, insbesondere nach horizontaler Position im sozialen Raum anders verarbeitet wird. Einerseits wird sie mit einer offenen Ablehnung gegenüber allem, was nach legitimer Kultur ‚riecht' verarbeitet (Ina, Niklas, Erwin: eher unangepasster Pol des *Traditionslosen Arbeitnehmermilieus*), andererseits mit etwas mehr Offenheit für (legitime) Bildung bewältigt (Tanja, Carla: eher resignierte Teile des *Traditionslosen Arbeitnehmermilieus*). Ein konsequentes Lernen scheint aber von der Alltagswelt der Teilnehmenden so weit entfernt, dass sie besonders ohnmächtig erscheinen. Die Ablehnungshaltung und Ohnmacht ist dabei nicht nur auf Schriftsprachkompetenz, Behinderung oder Krankheit zurückzuführen, sondern korrespondiert mit einer milieuspezifischen Orientierung, wie auch die anderen Vergleichsfälle belegen (siehe z. B. die unterschiedlichen Bewältigungsformen bei Niklas oben und Nico, Kapitel 6.2, bei denen zudem jeweils eine geistige und/oder Lernbehinderung im Raum steht).

Vor allem für diese Gruppe kann festgehalten werden, dass der Kurs Raum für das gibt, was in der Alltagswelt der Teilnehmenden kaum integriert ist. Die Gruppe unterscheidet sich in ihren prekären Lebenssituationen und vielfältigen alltagsweltlichen Problemlagen noch einmal deutlich von den Teilnehmenden der respektablen Milieus und den hier vorgefundenen relativ gesicherten Verhältnissen. Denkbar ist, dass besonders diese (unterprivilegierten) Teilnehmenden aufgrund der vorgebrachten Anlehnungsstrategien Alphabetisierungskurse aufsuchen. Es handelt sich um die anteilig zweitgrößte Gruppe im Sample. Un- und angelernte Tätigkeiten sowie schwierige Lebensverhältnisse finden sich auch oft in der repräsentativen Studie von Rosenbladt und Bilger (2011). Es sind aber auch andere Gründe vorstellbar, die dazu geführt haben können, dass eine leicht höhere Anzahl an Teilnehmenden aus dieser Milieutradition im Sample der Dissertation verzeichnet werden konnte. Diese können mitunter darin bestehen, dass das Interview gerade von diesen Teilnehmenden als willkommene Abwechslung vom Lernsetting begrüßt wurde.

6.5   Geschlechtsspezifika

Die Befunde verweisen ferner auf Geschlechtsunterschiede, die nicht tiefergehend analysiert wurden, aber in einigen zentralen Punkten an dieser Stelle benannt werden sollen.[104] Deutlich wurde bereits anhand der Eckfälle, dass Frauen offenbar stärker den Mechanismen symbolischer Gewalt und Herrschaft unterworfen bzw. dafür eher empfänglich sind. Wie gezeigt kann mit ihren tradierten gesellschaftlichen Funktionen und den damit verbundenen Rollenbildern ein größerer Repräsentationsdruck, z. B. als Ehefrau, auf ihnen lasten, aufgrund dessen sie Bourdieu zufolge

---

104 Die Ergebnisse verdeutlichen so die Notwendigkeit einer Perspektive, die verschiedene soziale Dimensionen in ihrer Verschränkung in den Blick nimmt, wie dies in der Intersektionalitätsdebatte versucht wird (Winker/Degele 2009; Walgenbach 2007).

eher dazu angehalten sind, sich ‚einzufügen‘ (Bourdieu 2005b, S. 79; Bourdieu 1990, S. 27). Milieuspezifische Vorstellungen von bildungsbetonter Kindererziehung können ebenfalls zu einem stärkeren Bildungsdruck insbesondere bei Frauen führen. Diese Befunde legen nahe, dass es Frauen daher auch schwerer möglich ist, emotionale Distanz zu ‚Schriftsprachdefiziten‘ zu gewinnen.

Dafür sprechen auch die weiteren Analysen des Samples[105]: Die Frauen verfügen zu fast der Hälfte über Hauptschul- und Berufsabschlüsse, nehmen ihre Lese- und Schreibschwierigkeiten aber stärker defizitär wahr, während die Männer trotz vergleichsweise geringeren kulturellen Kapitals eher gelassen wirken, einfacher auf körperliche Arbeit und handwerkliche Tätigkeiten ausweichen und sich so Anerkennung verschaffen können. Diese Strategie ist jedoch gleichermaßen milieuspezifisch angelegt, wie die Fälle zeigen.[106]

Die Frauen in der Stichprobe übernehmen eher Aufgaben im Haushalt, was sie auch von (Weiter-)Bildung ausschließen kann. Zudem ist die geschlechtsspezifische Benachteiligung der Frauen, die weiter unten im sozialen Raum verortet wurden, besonders groß. Die hier situierten Teilnehmerinnen werden bereits früh vom schulischen Bildungserwerb ausgeschlossen, da sie sich beispielsweise um jüngere Geschwister kümmern, den Haushalt organisieren müssen oder indem ihr Lernen aus anderen Gründen durch das Elternhaus begrenzt wird. Die in diesen Milieus vorherrschenden Notwendigkeiten sind nicht selten mit der Hoffnung auf eine gute Heirat verknüpft, die dann bei den Mädchen zu finanzieller Absicherung führen soll, sie aber letztlich in Abhängigkeitssituationen treibt. Die mit den Geschlechtsspezifika einhergehenden Benachteiligungen führen so zu dem Schluss, dass Frauen in ihrem jeweiligen Milieu, trotzdem sie zumindest in gleichem Umfang über kulturelles Kapital verfügen, eher Positionen unterhalb der Männer einnehmen (Vester/ Gardemin 2001).

---

105 Die Stichprobe der Dissertation besteht aus acht Frauen und elf Männern. Das Alpha-Panel verweist ebenfalls auf einen leicht erhöhten Anteil von Männern gegenüber Frauen (56% vs. 44%) in Alphabetisierungskursen (Rosenbladt/Bilger 2011, S. 14). Angesichts ihres Anteils unter den funktionalen Analphabetinnen und Analphabeten insgesamt (Grotlüschen/Riekmann 2012) sind Männer in Alphabetisierungskursen der Volkshochschulen jedoch unterrepräsentiert und Frauen überrepräsentiert (Bilger 2016).

106 Besonders deutlich wird dies durch den Eckfall Ulrich (siehe Kapitel 5.2 und Kapitel 6.2). Zudem kann sich auch Teilnehmerin Sabine, die eine Nähe zum Eckfall Ulrich hat (siehe Kapitel 6.2), über handwerkliche Tätigkeiten/Kompetenzen aufwerten.

7   Grundmuster der Literalität

In diesem Kapitel werden nun die habitus- und milieuspezifischen Vorlieben und Gebrauchsformen der Schriftsprache näher erläutert. Es wird komprimiert dargestellt, welche Medien die Teilnehmenden mit den unterschiedlichen *Grundmustern der Literalität* präferieren, wo Abgrenzungen bestehen und was ihre Zugänge für den Kurs bedeuten. Die Zugangsweisen der Vergleichsfälle folgen mit geringen Abweichungen denen der kontrastiven Eckfälle, wobei Janas Zugang (3) hier wie bereits erwähnt nicht wiedergefunden werden konnte:

1) Angestrengt-ambitionierte Literalität,
2) Sachbezogen-pragmatische Literalität,
3) Prätentiös-elaborierte Literalität,
4) Gelegenheitsorientierte Literalität.

Die vier Grundmuster sind in der nachfolgenden Tabelle 8 zunächst überblickshaft dargestellt, bevor diese danach im Einzelnen erläutert werden.

Tab. 8: Grundmuster der Literalität

Angestrengt-ambitionierte Literalität

Milieuschwerpunkt	Grundmuster des Habitus	Umgang mit Schriftsprachschwierigkeiten	Literale Praxis	Lernpraktiken/ Perspektiven
Traditionelles kleinbürgerliches Arbeitnehmermilieu	• Wertschätzung des äußeren Ansehens • Bescheidenheit und Konformitätsdruck • hohe Defizitorientierung bzgl. Lese- und Schreibschwierigkeiten • Hartnäckigkeit und Disziplin • Ringen um Respektabilität	• ausgeklügelte Geheimhaltungsstrategien aufgrund großer Sorge vor Gesichts- und Ansehensverlust • Lesen und Schreiben im geschützten Rahmen	• Orientierung an legitimer Literalität • Anlehnung an legitime literale Praxen (z. B. Arbeit mit Duden) • keine (offene) Abgrenzung gegen Bücher • eigenes Interesse wird hinter zwanghaften Bemühungen wenig sichtbar	• Kompensation des Defizits durch beflissenes Lernen • Fremdheit gegenüber Schriftsprache, die in Kurs verlagert wird • aufgrund großer Scham geringere Offenheit für Bildungsinvestitionen über Kurs hinaus
Traditionsloses Arbeitnehmermilieu (statusorientierter Pol)	• siehe oben • hier jedoch weniger große ‚Kompensationsbereitschaft'	• siehe oben • hier zusätzlich offensivere Täuschungsstrategien • Angst vor sozialer Ausgrenzung	• Nachahmen legitimer literaler Praxen, Ablehnung von Schriftsprache darf nicht nach außen sichtbar werden	• Anlehnung an Kurs • kaum Anwendungsgebiete für Schriftsprache im Alltag

Sachbezogen-pragmatische Literalität

Milieuschwerpunkt	Grundmuster des Habitus	Umgang mit Schriftsprachschwierigkeiten	Literale Praxis	Lernpraktiken/Perspektiven
Traditionelles Arbeitermilieu sowie Leistungsorientiertes Arbeitnehmermilieu (nahe Grenze der Respektabilität)	• gewisses Bildungs- und politisches Interesse • Bezug zu praktischen Tätigkeiten • Bescheidenheit • Disziplin und gewisse Hartnäckigkeit • Wertschätzung von Eigenständigkeit	• Offenheit und Zurückhaltung • Ausweichen auf mündliche Strategien, auch Delegierung, Vermeidung, Rückzug • Gewinn von Anerkennung über praktische Tätigkeiten	• Orientierung an Nützlichkeit und praktischem Interesse • Pragmatismus • Wertschätzung einfacher, kurzer Texte (,Bildzeitung') • Ablehnung von Komplexität (Bücher) • Literalität für den Alltag	• Spaß am Lernen und lockere Atmosphäre sind wichtig • persönliches Verhältnis zur Kursleitung • weniger große Leistungsorientierung • Genügsamkeit • Schriftsprache wird in den Kurs verlagert
Leistungsorientiertes Arbeitnehmermilieu (oberer Bereich)	• Autonomiegewinn durch Bildung und Schriftsprache • Wunsch nach Verbesserung der eigenen Lebenssituation z. B. durch Nachholen eines Schulabschlusses • höheres Problembewusstsein bzgl. geringer Schriftsprachkompetenzen	• siehe oben • Fokus liegt hier zudem auf konkreteren Bildungsinvestitionen	• siehe oben • hier zudem stärkeres ,Verwertungsinteresse', um z. B. Schulabschluss nachholen zu können	• Ehrgeiz und gewisser Perfektionsanspruch • Bereitschaft, mehr Zeit zu investieren • teils aufwändigere oder autodidaktische Aneignungsstrategien • weniger starke Bindung an den Kurs • manchmal ambivalente Haltung zum Lernen

Prätentiös-elaborierte Literalität

Milieuschwerpunkt	Grundmuster des Habitus	Umgang mit Schriftsprachschwierigkeiten	Literale Praxis	Lernpraktiken/Perspektiven
Modernes kleinbürgerliches Arbeitnehmermilieu (nahe Grenze der Distinktion)	• große Wertschätzung von Bildung und gehobener Literalität • Überblick über Formen der Literatur und gewisse Anspruchshaltung • Interesse an Hochkultur und Politik • Wertschätzung von (beruflicher) Selbstverwirklichung • Interesse an kritischer Reflexion	• Schriftsprachschwierigkeiten erscheinen als bedeutsames ‚Handicap' besondere Scham in höher gebildeten Kreisen • privilegierte Rückzugs- und Entlastungsstrategien trotzige/unbeirrte Anwendung von Lesen und Schreiben	• vielseitige Anwendung des Lesens und Schreibens • Tageszeitung und (umfangreiche) Romane • Schriftsprache ist Voraussetzung für sozialen Austausch und Teilhabe am kulturellen Leben • trotz Schwierigkeiten erscheint Lesen und Schreiben vergleichsweise mühelos	• Leistungsorientierung beim Lernen • Abgrenzung gegen weniger engagierte Teilnehmende • Bildungsnähe erleichtert Zugang zu abstrakterem Regelwissen

Gelegenheitsorientierte Literalität

Milieuschwerpunkt	Grundmuster des Habitus	Umgang mit Schriftsprachschwierigkeiten	Literale Praxis	Lernpraktiken/Perspektiven
Traditionsloses Arbeitnehmermilieu (unangepasste und resignierte Teile)	• Leben im Hier und Jetzt • Bewältigung der (prekären) Lebenssituation steht im Vordergrund • ablehnende oder ambivalente Haltung gegenüber Bildung und (legitimer) Schriftsprache • Ohnmachtsgefühle • Neigung, sich gehen zu lassen wenig bis keine Orientierung an Normen	• Offenheit, offensivere Täuschungsstrategien, offensive Selbstbehauptung • Neigung zur Delegierung des Lesens und Schreibens • Anlehnungsstrategien	• Orientierung an der Alltagswelt • Bevorzugung einfacher, kurzer Texte (‚Bildzeitung') aber: nur das Nötigste wird gelesen und geschrieben, um gesellschaftlich anschlussfähig zu bleiben	• Kurs bekommt besondere Bedeutung angesichts großer Bildungsunsicherheit • Kurs als strukturgebender Impuls im Alltag • Wertschätzung von gemeinsamen Aktivitäten im Kurs (z. B. Ausflüge)

7.1 Angestrengt-ambitionierte Literalität

Charakteristisch für die Gruppe der Teilnehmenden mit einer angestrengt-ambitionierten Literalität ist, dass Schriftsprache vordergründig dazu dient, sich an bestehende gesellschaftliche Vorgaben anzupassen. Es gibt z. B. keine (offene) Abgrenzung gegen Bücher. Vielmehr wird versucht, sich an legitime literale Praxen (z. B. Arbeit mit dem Duden) anzulehnen und diese nachzuahmen. Die Teilnehmenden mit einer angestrengt-ambitionierten Literalität, die oberhalb der *Grenze der Respektabilität* verortet werden konnten (*Traditionelles Arbeitermilieu* nahe *Traditionelles kleinbürgerliches Arbeitnehmermilieu* und *Traditionelles kleinbürgerliches Arbeitnehmermilieu*), sind der Ansicht, dass durch pflichtbewusstes Üben den geringen Lese- und Schreibkenntnissen entgegengewirkt werden kann und muss. Da der Statusbezug dabei insgesamt im Vordergrund steht, fällt die Wahl stärker auf Medien, die in Aussicht stellen, mit dem so erworbenen Wissen ‚mitreden‘ zu können (z. B. Tageszeitung, Boulevardpresse). Es besteht eine Neigung zur Überkorrektheit und wenig Gelassenheit beim Lesen und Schreiben, was einengend wirkt und wenig Spielraum für die Entwicklung sinnstiftender Interessen lässt. Dazu passt, dass Lesen und Schreiben in dieser Gruppe verhältnismäßig stark in den Familien der Teilnehmenden verortet ist. Der geschützte Rahmen bietet die Möglichkeit, sich gegenseitig zu helfen oder auch das Lesen und Schreiben zu üben.

Im Kurs kann bei diesen Teilnehmenden von einer disziplinierten Mitarbeit sowie großer Anerkennung von und Loyalität gegenüber Kursleitenden ausgegangen werden (siehe Fall Christa, Kapitel 5.1, Kursleiterin als ‚Heilsbringerin‘). Gleichzeitig kann in dieser Gruppe die Erwartung deutlich werden, dass Kursleitende Fürsorgepflichten den Teilnehmenden gegenüber einhalten. Es besteht die Vermutung, dass dies auch zu ‚Abhängigkeiten‘ im Kurs führen kann. Aufgrund der besonderen Furcht vor Ansehensverlust legen diese Teilnehmenden wohl auch besonderen Wert auf ein Vertrauensverhältnis im Kurs.

7.2 Sachbezogen-pragmatische Literalität

Die Teilnehmenden mit einer sachbezogen-pragmatischen Literalität (*Traditionelles Arbeitermilieu* und *Leistungsorientiertes Arbeitnehmermilieu*) zeigen eine Wertschätzung von kurzen und einfachen Texten, die ihrer praktischen Weltanschauung entsprechen. Bücher oder (Tages-)Zeitungen werden mit wenigen Ausnahmen abgelehnt bzw. höchstens punktuell für speziellere Informationen oder angelockt durch sensationsheischende Berichterstattung herangezogen. Als Informationsmedium wird vor allem die ‚Bildzeitung‘ genannt, da sie vorwiegend aus kurzen und einfach geschriebenen Artikeln besteht. Wenn Bücher zur Unterhaltung gelesen werden, dann wird deutlich, dass vor allem fantasieanregende Mainstreamliteratur rezipiert wird, die potenziell eine Zerstreuung und Flucht aus dem Alltag erlaubt (z. B. Joanne K. Rowlings „Harry Potter“).

Der Gebrauch von Schriftsprache folgt einem stärkeren Eigensinn und ist vergleichsweise wenig schambesetzt. Es werden mitunter literale Praxen wie das Lesen von Rezepten, das Lesen beim Einkaufen und im Straßenverkehr, das Schreiben von Postkarten, SMS, E-Mails sowie das Lesen und Ausfüllen von Formularen thematisiert, die also der Alltagsbewältigung im engeren Sinne dienen. Die sozialräumlich höher verorteten Teilnehmenden im *Leistungsorientierten Arbeitnehmermilieu* verbinden mit dem Lernen darüber hinaus ein höheres ‚Verwertungsinteresse‘, wollen sich durch erweiterte Schriftsprachkompetenz beruflich qualifizieren, einen Schulabschluss nachholen oder im Berufsleben zumindest bessere Chancen haben (Alltagsbewältigung im weiteren Sinne). Sie sind zum Teil durch den ursprünglichen Wunsch, den Hauptschulabschluss nachzuholen, in den Alphabetisierungskurs gelangt und zeichnen sich durch ein stärkeres Problembewusstsein in Bezug auf die eigene Lese- und Schreibkompetenz aus (siehe Kapitel 6.2). Während für die Teilnehmenden, die näher an der *Grenze der Respektabilität* verortet wurden, weniger Normorthografie, sondern eher der Spaß am Lernen und gemeinschaftliche Motive im Vordergrund stehen, versuchen die Teilnehmenden, die im *Leistungsorientierten Arbeitnehmermilieu* verortet wurden, durch eine höhere Lernbereitschaft und Bildungsinvestitionen offensiver etwas an ihrer Situation zu ändern. Sie wirken dadurch auch weniger an den Kurs gebunden und es kommt vor, dass einige von ihnen ihren Kurs zum Zeitpunkt der Folgebefragung verlassen haben, um in anderen (weiterführenden) Settings zu lernen.

Für die Gesamtgruppe ist anzunehmen, dass diese Teilnehmenden im Kurs relativ eigenständig methodische und disziplinierte Lernstrategien entwickeln, die stärker in die praktische Alltagswelt eingebunden sind und den Anwendungsbezug betonen. An abstrakte Normorthografie, die als neutrale Kulturtechnik vermittelt wird, kann daher weniger angeknüpft werden. Bei den Teilnehmenden aus dem *Leistungsorientierten Arbeitnehmermilieu* sind die Lernstrategien zudem auf weitere Bildungsinvestitionen ausgerichtet. Es ist aus diesem Grund besonders wichtig, dass ihnen Übergänge aus dem Alphabetisierungsbereich heraus ermöglicht werden.

7.3   Prätentiös-elaborierte Literalität

Der Zugang zu einer prätentiös-elaborierten Literalität findet sich lediglich bei einem Einzelfall in dieser Stichprobe. Da die Teilnehmerin Jana jedoch für eine Gruppe steht, die bislang kaum von Alphabetisierungskursen erreicht wird (*Modernes kleinbürgerliches Arbeitnehmermilieu*), erscheint es wichtig, an dieser Stelle noch einmal auf Differenzlinien zu den anderen Fällen einzugehen.

Auffällig ist der distinktiv anmutende (Generals-)Blick auf Schriftsprachliches und der stärker vergeistigte Zugang zum Lernen. Jana kann Literatur in ihrer Vielseitigkeit wahrnehmen (Geschichten, Gedichte, Reime etc.) und sich vergleichsweise mühelos mit abstrakter Normorthografie befassen. Ihr Zugang steht daher im Widerspruch zu den angestrengten Aneignungspraktiken vieler anderer Teilnehmender, für die Schriftsprache deutlich etwas Fremdes ist. Die aktuelle Literatur, die

Jana liest, ist nicht in gängigen Bestsellerlisten zu finden. Es handelt sich neben der Tageszeitung u. a. um umfangreichere Romane über menschliche Schicksale, teils mit gesellschaftspolitischem Hintergrund, von denen sich viele andere Teilnehmende abgrenzen würden.[107] Der Alphabetisierungskurs – Jana spricht von Schwierigkeiten in ‚Deutsch‘ – stellt eine Brücke zu ihrem literarischen Interesse dar, so dass ihre Teilnahme u. a. dadurch erklärt werden kann.

Im Vergleich zu den anderen Teilnehmenden bestehen insgesamt wesentlich mehr Ressourcen, um mit der geringen Schriftsprachkompetenz umzugehen. Von besonderer Bedeutung erscheint es da, die Bildungsnähe und die damit verbundene (höhere) Leistungsbereitschaft anzuerkennen, gleichzeitig aber auch die anderen Teilnehmenden mit ihren sozialen Voraussetzungen beim Lernen nicht aus dem Blick zu verlieren. Grundsätzlich muss die sozialräumliche Entfernung zu den anderen Teilnehmenden, die auch Konflikte nach sich ziehen kann, berücksichtigt werden.

7.4   Gelegenheitsorientierte Literalität

Die literale Praxis in dieser Gruppe (insbesondere unangepasster Pol des *Traditionslosen Arbeitnehmermilieus*) gestaltet sich deutlicher abseits von bildungsbürgerlichen Konventionen. Sie bezieht sich auf den konkreten Alltagsgebrauch, werden doch insbesondere das Schreiben von Einkaufszetteln, SMS, Postkarten sowie das Lesen von Anzeigetafeln im Hauptbahnhof, Reklame oder Berichten des Fahrgastfernsehens der Straßenbahn exemplarisch genannt. Vor allem kurze und einfache Texte werden rezipiert, wie sie auch in der ‚Bildzeitung‘ zu finden sind. (Legitime) Schriftsprache ist insgesamt aber eher notwendiges Übel und es entsteht der Eindruck, dass viele Teilnehmende ohne den Kurs so gut wie gar nicht mit Schriftsprache in Kontakt kommen würden.

Sie lehnen schulische Lernsettings, Normorthografie und Autoritäten teils deutlich ab. Ein asketisches Bildungsstreben ist kaum verinnerlicht, was auch zu Konflikten im Kurs führen kann. Insgesamt scheint dieser Gruppe aber die betont lockere Lernatmosphäre im Alphabetisierungskurs sehr entgegen zu kommen. Sie lässt Raum für die hedonistischen Motive beim Lernen und die Anlehnungsstrategien der Teilnehmenden, die Kontaktmöglichkeiten und Ansprechpartnerinnen bzw. Ansprechpartner suchen. Durch besonders asymmetrische Verhältnisse in den Beziehungen zu Kursleitenden und die oft schulische Wissensvermittlung im Kurs besteht jedoch eine besondere Gefahr, dass sich stigmatisierende Schulerfahrungen aktualisieren. Das zeigt sich z. B. daran, dass das Miteinander im Kurs stärker als Konkurrenzsituation erlebt wird. Besonders hier wirken Mechanismen symbolischer Gewalt und Herrschaft. Die ohnmächtig erscheinenden Anlehnungsstrategien der Teilnehmenden lassen zudem darauf schließen, dass in dieser Gruppe die

---

107 Dies lassen insbesondere Auswertungen zur politischen Partizipation und Interessenlage der Teilnehmenden vermuten (Pape 2011c; Bremer/Pape 2017).

Gefahr besonders groß ist, in ‚Abhängigkeiten' zu Kurs und Kursleitung zu geraten. Die Abgrenzungen gegen klassische Lernarrangements und die Ablehnung von Autoritäten sprechen dafür, dass diese Teilnehmenden im Kurs vor allem von einer partnerschaftlichen Kommunikation auf Augenhöhe profitieren.

Die so deutlich gewordene Heterogenität in den Alphabetisierungskursen veranschaulicht, wie wichtig der kompetente Umgang mit sozialen Unterschieden in der Gruppe der Teilnehmenden ist. Insgesamt verweisen die Befunde darauf, dass es Gemeinsamkeiten, aber auch deutliche Konfliktlinien zwischen den Teilnehmenden der hier beschriebenen einzelnen Gruppen gibt, die in bisherigen Studien so kaum zum Ausdruck kommen. Hier können sich Überlegungen zur Struktur eines Feldes des Alphabetisierungsbereichs anschließen, das diese Dynamiken und Kämpfe abbildet und auch die Kursleitenden dazu ins Verhältnis setzt. Da in dieser Arbeit der Fokus auf dem Habitus der Teilnehmenden lag und zudem mit eher geringen Fallzahlen gearbeitet wurde, wird an dieser Stelle jedoch auf eine solche Darstellung verzichtet.

8 Schluss

Die vorliegende Arbeit hat sich mit den leitenden Forschungsfragen befasst, aus welchen sozialen Milieus Teilnehmende an Alphabetisierungskursen kommen und über welche habitus- und milieuspezifischen Zugänge zu Schriftsprache sie verfügen. Ferner wurde danach gefragt, wie die Teilnahme an einem Alphabetisierungskurs in die milieuspezifische Alltagspraxis eingebunden ist. Mit dieser auf Bourdieu aufbauenden Perspektive wurde innerhalb der Alphabetisierungsforschung Neuland betreten. Sie öffnet den Blick für die milieuspezifische Einbettung von Grundmustern der Literalität. Dabei wird die aus der New-Literacy-Forschung im Prinzip bekannte Einsicht, dass Literalität plural zu verstehen ist und es „nicht die eine Literalität für alle" gibt (Linde 2008, S. 56), aufgenommen und entscheidend erweitert, indem Literalität an die Konfiguration sozialer Milieus angeschlossen wird. Es wird die Perspektive der Akteurinnen und Akteure eingenommen, deren Zugänge zu Schriftsprache eine biografische und soziale Geschichte haben, aus der ein bestimmtes Verhältnis zur legitimen Literalität resultiert. Auch Anlässe für einen Kursbesuch sind vor dem Hintergrund der milieuspezifischen Alltagspraxis mit Sinn besetzt. Im folgenden Kapitel 8.1 geht es nun darum, die zentralen Befunde der Arbeit noch einmal aufzugreifen und an den Diskurs der Alphabetisierungsforschung anzubinden. Abschließend werden Konsequenzen für die Praxis (Kapitel 8.2) und Forschung (Kapitel 8.3) formuliert.

8.1 Anbindung zentraler Befunde an den Diskurs der Alphabetisierungsforschung

Die sozial gerahmten Zugänge zu Schriftsprache erweisen sich für die Gruppe der Teilnehmenden an Alphabetisierungskursen differenzierter als bislang vermutet. Grotlüschen (2011b, S. 30) spricht von einer basalen Literalität der Unterschicht, einer Mainstreamliteralität der Mittelschicht sowie einer legitimen Literalität der Oberschicht in einem hierarchischen Modell von Literalität. Durch die Berücksichtigung der Alltagspraxis der Subjekte und durch die Anbindung dieser an das Konzept des sozialen Raums und der sozialen Milieus konnte diese vertikale Anordnung mehrdimensional erweitert werden. Es ließen sich Grundmuster einer angestrengt-ambitionierten Literalität, einer sachbezogen-pragmatischen Literalität, einer prätentiös-elaborierten Literalität sowie einer gelegenheitsorientierten Literalität induktiv herausarbeiten. Die Studie legt damit erstmals empirisch abgesicherte Befunde zur alltagspraktischen Eingebundenheit von Schriftsprache in verschiedenen sozialen Milieus vor. Dabei zeigt sich das Milieuspektrum unter den Teilnehmenden an Alphabetisierungskursen breiter als bisher oft vermutet (z. B. Wagner/Eulenberger 2008; Nienkemper/Bonna 2010; Rosenbladt 2012; Nienkemper 2015). Die zu Grunde gelegte Forschungsperspektive hat so *einerseits* eine Heterogenität in der Gruppe der Teilnehmenden an Alphabetisierungskursen aufgezeigt und der Individualität des Umgangs mit Schriftsprache Rechnung getragen. *Andererseits* macht das Gesamtbild deutlich, dass es sich bei den hier befragten Teilnehmenden auch um eine Gruppe mit begrenzter Vielfalt handelt und Lese- und Schreibschwierigkeiten im Erwachsenenalter mit sozialen Benachteiligungen einhergehen: Funktionaler Analphabetismus lässt sich vor allem bei den nicht privilegierten und unterprivilegierten Milieus im unteren Bereich des sozialen Raums finden, wo die Distanz zu legitimer Schriftsprache groß und deren Beherrschung vereinfacht gesagt eher als belanglose Nebensache gesehen wird. Im Herkunftsmilieu erworbene Einstellungen zu Schriftsprache sind auch im Erwachsenenalter präsent und handlungsleitend. Die Studie belegt so, dass funktionaler Analphabetismus nicht ‚vom Himmel fällt‘, sondern „nachhaltig in gesamtgesellschaftliche Ungleichheitsstrukturen eingebettet zu verstehen ist" (Sahrai et al. 2011, S. 36).

Durch die Anbindung an das Milieumodell wird deutlich, dass die Fälle im Kern für ein Milieu typische Praktiken aufweisen und daher auch über den Einzelfall hinaus Bedeutsamkeit haben. Zu diesen Praktiken zählen auch bestimmte Umgangsweisen mit ‚Schriftsprachdefiziten‘, mit denen funktionale Analphabetinnen und Analphabeten ihr Leben bewältigen (überblickshaft Nienkemper 2015, S. 73 ff.). Strategien im Umgang mit Schriftsprache wie Vermeidung, Delegierung und Täuschung, Geheimhaltung, Offenheit, Gestaltung usw., die teils auch vom sozialen Umfeld mitgetragen werden (Riekmann et al. 2016), sind in der bisherigen Forschung bereits gut bekannt. Im Gegensatz zu früheren Untersuchungen untermauert die vorliegende Studie allerdings die Notwendigkeit, diese Strategien im Umgang mit funktionalem Analphabetismus in einen milieuspezifischen Zusammenhang einzubetten und sie in ein strukturiertes Handlungsrepertoire einzuordnen.

Bewähren sich in kleinbürgerlichen Milieus Strategien der Geheimhaltung, da sie der Angst vor Gesichtsverlust zuvorkommen, so ist im Traditionellen Arbeitermilieu eine Offenheit im Umgang mit ‚Schriftsprachdefiziten‘ plausibel, da diese auch dem Aufrechterhalten von kollektiven Strategien der Lebensbewältigung dient. Wo insgesamt mehr Ressourcen und Privilegien vorhanden sind und Lesen und Schreiben zur Kultur selbstverständlich dazugehört, wird Lesen und Schreiben weniger vermieden, sondern kann trotz aller ‚Defizite‘ sinnstiftender Lebensinhalt sein. Soziale Ausschluss- und Sortierungsmechanismen sind zwar auch hier wirksam, es gibt aber weit mehr Spielräume, um Situationen selbstbestimmt auszugestalten und Herr bzw. Frau der Lage zu bleiben. Unterprivilegierte soziale Gruppen haben derlei Spielräume oft nicht. Ihr Alltag ist deutlicher von Notwendigkeiten geprägt. Sie bringen aufgrund ihrer gesellschaftlich wenig anerkannten Einstellungen, Vorlieben und Praktiken eher Täuschungs- und Selbstbehauptungsstrategien hervor, um sozialer Ausgrenzung entgegen zu wirken.

Das Beherrschen einer normkonformen Schriftsprache spielt für die Lebens- und Alltagsbewältigung längst nicht in allen Bereichen der Gesellschaft eine zentrale Rolle. Damit soll das Nichtbeherrschen von Schriftsprache, ebenso wie die damit verbundenen Lebensführungsstrategien, keineswegs idealisiert werden. Die Arbeit macht deutlich, dass die Zugänge zu Schriftsprache Produkte inkorporierter sozialer Strukturen und des Habitus sind. Die Teilnehmenden erkennen mit ihrer betonten

Abwehr gegenüber legitimer Literalität, ihren Defizitperspektiven, Geheimhaltungs- und Vermeidungsstrategien die soziale Ordnung implizit als solche an. Sie ‚wählen' also nicht einfach eine ‚andere Form von Literalität', sondern unterliegen damit Machtverhältnissen.

Rieger-Ladich (2002) erinnert daran, dass Bourdieus Arbeiten zur Aufdeckung von Mechanismen der Macht und Herrschaft stets von einem aufklärerischen Anspruch getragen waren und dazu beitragen sollten, Einsicht in den Sinn des eigenen Verhaltens zu gewinnen, das Produkt bestimmter struktureller Bedingungen ist. Es geht darum, sich den herrschenden Zwängen und Begrenzungen stärker bewusst zu werden, unter denen sich beispielsweise ein Leseverhalten entwickelt hat, um sich davon zu emanzipieren (Linde 2008, S. 180). Die Zugänge der Teilnehmenden sollen somit nicht beschönigt werden. Es kommt darin eine fundamentale soziale Benachteiligung zum Ausdruck, die nicht verkannt werden darf.

Dennoch führt eine geringe Schriftsprachkompetenz keineswegs, wie häufig behauptet, automatisch zum Ausschluss von Teilhabe oder gar zu Isolation und Rückzug. Die ‚objektiv gemessene' geringe Kompetenz oder festgelegte gesellschaftliche Mindeststandards allein werden nicht zwingend handlungsrelevant, etwa in dem Sinne, dass dies ‚subjektiv' zu der Einsicht der Teilnahme an einem Kurs führt. Vielmehr lässt sich anhand der vorliegenden Studie spezifizieren, dass *Habitus-Milieu-Diskrepanzen* zu Auslösern für Lernen und Kursteilnahme werden.

Der Habitus ist mit seinen Neigungen und Gewohnheiten auf ein bestimmtes soziales Milieu abgestimmt und relativ träge, was Veränderungsprozesse anbelangt. Kann die durch den Habitus angestrebte Alltagspraxis aufgrund der geringen Schriftsprachkompetenz nicht verwirklicht werden, wird die Zugehörigkeit zum Herkunftsmilieu bzw. zu einem antizipierten Milieu als bedroht erlebt. Es entsteht folglich eine Diskrepanz zwischen Habitus und Milieu, die Hysteresiseffekte und eine Gespaltenheit des Habitus nach sich ziehen kann (Bourdieu 2001b, S. 204 ff.; Bourdieu 1997b, S. 459). Der Habitus muss sich darauf einstellen, dass die Lese- und Schreibschwierigkeiten den von ihm antizipierten Lebensentwurf in Frage stellen, was eine Anpassungsleistung erfordert und als persönliche Tragödie erlebt werden kann (Barlösius 2001, S. 87). Genauso lässt sich mit dieser Perspektive erklären, warum manche Erwachsene ihre geringen Lese- und Schreibkenntnisse nicht als besondere Belastung empfinden, sondern damit subjektiv durchaus gut durch ihr Leben kommen – nämlich dann, wenn eine ‚schriftferne' Praxis den vom Habitus antizipierten Lebensentwurf nicht in Frage stellt.

Ein Lese- und Schreibkurs kann den ‚Makel' der geringen Schriftsprachkompetenz abschwächen. Der Kurs trägt so dazu bei, die verloren geglaubte Passung zum Herkunftsmilieu bzw. zu einem antizipierten Milieu (wieder-)herzustellen. Damit sind wichtige Mechanismen benannt, die auf im Verborgenen liegende Motive zum Kursbesuch verweisen und auch zur Erklärung der Nichtteilnahme an Alphabetisierungsveranstaltungen mit beitragen. (Potenzielle) Adressatinnen und Adressaten von Alphabetisierungskursen sind vergleichsweise selbstbewusst und fühlen sich in ihrer Handlungskompetenz im Alltag weniger eingeschränkt als (tatsächliche)

Teilnehmende an Alphabetisierungskursen (Rosenbladt 2012). Die Adressatinnen und Adressaten haben zwar ebenfalls geringe Schriftsprachkompetenzen, erleben die Zugehörigkeit zum eigenen bzw. antizipierten Milieu aber eventuell nicht in dem Maße als bedroht, als dass ein Kursbesuch für sie naheliegend wäre. Erste Erklärungsansätze dafür liefern die bereits erwähnten Umfeldstudien, die z.B. zeigen, dass Lese- und Schreibschwierigkeiten längst nicht immer vom beruflichen wie privaten Umfeld problematisiert werden, sondern dass Betroffene im Gegenteil hier auf solidarische Unterstützung treffen können (Ehmig et al. 2015; Riekmann et al. 2016). Die empfundene (Nicht-)Zugehörigkeit zum eigenen oder angestrebten Milieu erweist sich als relationale Logik, die in der bisherigen Forschung so kaum beachtet ist, wenn auch herausgestellt wird, dass es oft „einschneidende Ereignisse im Lebens- und Familienzyklus" (Egloff 2007, S. 76) sind, die zu Kursteilnahmen führen. Die vorliegende Untersuchung macht hingegen deutlich, wie wichtig es ist, solche biografischen Anlässe in eine Milieulogik und damit in ein soziales Gefüge zu stellen.

Auch verweisen die Befunde auf die hohe Relevanz von lerntheoretischen Konzepten, insbesondere solchen, die die Gruppenzugehörigkeit als Ausgangspunkt für Lernprozesse sehen. Es ergeben sich vielversprechende Anschlüsse, besonders an Laves (1997) lerntheoretisches Konzept der ‚communities of practice', in dem die Zugehörigkeit zu einer Gruppe als zentrales und tragendes Motiv für Lernprozesse markiert wird. Mit Holzkamp (1993) lässt sich von einer Handlungsproblematik sprechen, die in eine Lernproblematik übersetzt wird und durch eine Lernschleife (beispielsweise ein Kursbesuch) überbrückt werden soll. Anschlussfähig sind vor diesem Hintergrund auch die bereits an anderer Stelle diskutierten Befunde des lerntheoretisch fundierten Projekts SYLBE[108] (Ludwig 2012a; Ludwig/Müller 2011). Ludwig und Müller haben im Anschluss an Holzkamp eine Lernbegründungstypologie entwickelt, die grundlegend zwischen teilhabesicherndem und teilhabeerweiterndem Lernen in Alphabetisierungskursen unterscheidet. Hier kann durchaus der oben beschriebene Mechanismus zum Tragen kommen, Zugehörigkeit zum eigenen oder einem angestrebten Milieu herstellen zu wollen.

Die Alltags- und Lebenswelten der Teilnehmenden erweisen sich somit für Lernprozesse im Kurs als hochrelevant. Allerdings, so zeigt die vorliegende Studie auch, orientiert sich das Lernen im Kurs häufig an dem Verständnis von Lesen und Schreiben als Kulturtechnik und der legitimen Literalität. An diese Vermittlungsform können die Teilnehmenden oft nicht anknüpfen. Darauf verweisen z.B. die eher diffusen Angaben vieler Befragter, wenn es um Regeln der Schriftsprache geht oder dass oft von einer besonderen Vergesslichkeit in Bezug auf diese Lerninhalte gesprochen wird.

Die Interviews zeigen, dass symbolische Gewalt in der Alphabetisierungsarbeit eine erhebliche Bedeutung hat und dass die Kursteilnehmenden unterschiedliche

---

108 „Systematische Perspektiven auf Lernberatung und Lernbarrieren in der Erwachsenenalphabetisierung".

Voraussetzungen haben, damit umzugehen. Die Lernenden haben ihre Lese- und Schreibschwierigkeiten und die geringe Formalbildung vorwiegend als individuelles Versagen verinnerlicht (Pfahl 2011). In den Perspektiven der Teilnehmenden sind so bereits symbolische Herrschaftsverhältnisse angelegt, die dann im Kurs verstärkt werden können: Kursleitende werden zu Komplizinnen bzw. Komplizen der defizitären Selbstwahrnehmung (indem z. B. zusätzliche Übungseinheiten gewährt werden) oder des Vermeidungshandelns der Teilnehmenden (indem z. B. schriftliche Belange der Teilnehmenden übernommen werden), was zu engen bis ‚überbehütenden' Beziehungen (Jochim/Schimpf 2010) und auch langfristigen Kursteilnahmen (Rosenbladt/Bilger 2011, S. 22) führen kann, ohne dass dies intendiert sein muss. Besonders bei den Teilnehmenden aus unterprivilegierten Milieus mit komplexen Problemlagen ist die Gefahr groß, dass sich stigmatisierende Schulerfahrungen reproduzieren und eine ‚Abhängigkeit' zum Alphabetisierungskurs entsteht. Die vorliegende Untersuchung verweist so darauf, wie wichtig es ist, diese eher im Verborgenen wirksamen Mechanismen stärker zu beachten und z. B. nicht nur gesundheitliche Beeinträchtigungen, (Lern-)Behinderungen und psychische Barrieren als Ursachen für (langfristigen) Analphabetismus zu interpretieren (Rosenbladt/Bilger 2011, S. 14 ff., S. 25 f., S. 30 ff.). Pädagogische Settings mit benachteiligten Gruppen sind „häufig entgegen dem eigentlichen Ansinnen von Herrschaftsverhältnissen zwischen Lehrenden und Lernenden durchzogen" (Bremer et al. 2015a, S. 32). Hier wirken Handlungsmuster des Habitus, die i. d. R. unbewusst sind und nicht ständig reflektiert werden, aber die pädagogische Situation prägen.

8.2   Perspektiven für die Praxis

Perspektiven für die Praxis lassen sich auf mehreren Ebenen ableiten. Auf der Ebene der Träger und Einrichtungen stellt sich die Frage nach der Gewinnung von Teilnehmenden. Dazu kann an die Arbeiten der Adressaten-, Zielgruppen- und Teilnehmendenforschung, speziell zur Erreichung ‚bildungsferner' Zielgruppen, angeschlossen werden[109] (Brüning/Kuwan 2002; Zeuner/Faulstich 2009, S. 143 ff.; Bremer/Kleemann-Göhring 2012; Bremer et al. 2015a). Mit der Begrifflichkeit der ‚doppelten Distanz' (Bremer et al. 2015a, S. 17) wird hier etwa zum Ausdruck gebracht, dass Nichtbeteiligung an institutioneller Weiterbildung nicht nur auf Distanz oder Ferne der Individuen zu Bildungsinstitutionen zurückzuführen ist. Vielmehr weisen auch die Institutionen eine Distanz zu den Adressatinnen und Adressaten auf, die es zu reflektieren und zu überbrücken gilt (ebd.). Um neue Zielgruppen im Bereich der Alphabetisierung zu gewinnen, ist eine persönliche Ansprache und Beratung – im Großen und Ganzen eine ‚aufsuchende' Bildungsarbeit (Barz/Tip-

---

109 Damit sei nicht gesagt, dass funktionale Analphabetinnen und Analphabeten automatisch ‚bildungsfern' sind und ‚Bildungsferne' zwangsläufig über geringe Lese- und Schreibkenntnisse verfügen. Den Ergebnissen dieser Arbeit zufolge gibt es jedoch Schnittmengen zwischen den Gruppen.

pelt 2004a, S. 169) unter Einbezug des Umfelds (Riekmann et al. 2016) – von hoher Bedeutung, für die das Einbinden von Vertrauens- und Brückenpersonen mit ‚Milieunähe' erfolgen kann (für die Alphabetisierung D. Wagner 2011; Wagner/Haller 2011; Pfaff/Dölle 2011).

Auf der Ebene der Kursleitenden müssen Professionalisierungsstrategien entwickelt werden, die dabei helfen, Mechanismen symbolischer Gewalt und Herrschaft zu reduzieren. Dafür benötigt es „ein Gespür für lebensweltliche Selbstverständlichkeiten der Zielgruppen. Es ist zunächst wichtig, die Handlungslogiken der Adressat_innen zu kennen, zu verstehen und als solche anzuerkennen" (Bremer et al. 2015a, S. 31f.).[110] Für die Kursleitenden bedeutet dies, dass die pädagogische Beziehung und eigene Literalitätskonzepte mit Blick auf die Teilnehmenden stärker reflektiert werden müssen (Bremer 2006; Zeuner/Pabst 2011a). Diese Thematik wird gegenwärtig auch unter dem Schlagwort „Habitussensibilität" bzw. „Milieukompetenz" diskutiert (Lange-Vester/Teiwes-Kügler 2014; Drucks 2015). Kursleitende der Alphabetisierung kommen meist aus einem anderen Milieu und haben oft ein Lehramt studiert (Nienkemper/Bonna 2015, S. 199). Über ihre Literalitätskonzepte oder ihre sozialen Hintergründe ist bislang kaum etwas bekannt (Zeuner/Pabst 2011a; Bremer/Pape 2016). Vieles spricht aber dafür, dass sie über deutlich andere (eher schulbildungsnahe) Konzepte von Literalität verfügen als die Teilnehmenden.[111] Es besteht daher die Notwendigkeit, sich für plurale Literalitäten zu sensibilisieren, die einer möglicherweise fremden milieuspezifischen Alltagslogik entsprechen. Milieukonzepte können dabei helfen, die Lebenswelten der Adressatinnen und Adressaten bzw. der Teilnehmenden besser zu verstehen.

Für die Ebene der Lehrkonzepte ist entscheidend, dass ‚gemessene' Kompetenzen und Praxis auseinanderfallen können. Durch den Habitus können geringe Kompetenzen teilweise kompensiert werden, der Habitus kann aber auch trotz Lernfortschritten oder entsprechenden Kompetenzen benachteiligend/hemmend auf die literale Praxis wirken und z.B. die Gefahr einer ‚Abhängigkeit' zum Alphabetisierungskurs provozieren. Pädagogischer Handlungsbedarf sollte daher nicht allein aus Lernstandsdiagnostiken und curricularen Vorgaben abgeleitet werden. Vor dem Hintergrund der vorliegenden Arbeit lässt sich vielmehr schlussfolgern, dass die Praxis an den Alltagsbezügen der Teilnehmenden ansetzen und soziale Milieus bzw. das soziale Umfeld als Rahmen fokussieren sollte, in denen Schriftsprache relevant wird. Wichtig ist, Anknüpfungspunkte für den Habitus zu bieten und daher die subjektive Relevanzsetzung bei der Anwendung von Schriftsprache zum Aus-

---

110 Überlegungen wie diese können auf Bourdieus Konzept einer „rationalen Pädagogik" (Bourdieu 2001a, S. 152) zurückgeführt werden. Bourdieu (ebd., S. 144ff.) tritt kurz gesagt dafür ein, Ungleiches nicht gleich zu behandeln, sondern die sozialen Voraussetzungen beim Lernen miteinzubeziehen.

111 Das zeigen etwa lebensgeschichtliche Interviews, die im Rahmen von Forschungslernseminaren an der Universität Duisburg-Essen mit Leitenden und Lehrenden in der Alphabetisierungsarbeit durchgeführt wurden (siehe auch Fußnote 115).

gangspunkt zu nehmen.[112] Das Interesse an Schriftsprache kann sich an praktisch jedem Bereich der Alltagspraxis entzünden und ist dann auch immer darin kontextualisiert – in den Freundeskreis, die Ausübung von Hobbys, Kindererziehung, in politischen, kulturellen oder arbeitsbezogenen Themen. Ohne Anschlüsse an die alltagsrelevanten Themen[113] bleiben die Lerninhalte oft äußerlich, worin ebenfalls Gründe für eine dauerhafte Verweildauer in Alphabetisierungskursen gesehen werden können.

Gleichzeitig ist es wichtig, die Sinnsetzungen der Teilnehmenden nicht nur für sich zu nehmen. Eine Reflexion der strukturellen Bedingungen und biografischen Erfahrungen, die ein bestimmtes Verhalten in Bezug auf Schriftsprache hervorgebracht haben, kann dazu beitragen, sich davon zu emanzipieren (Bourdieu 2001a, S. 123). Linde sieht darin eine Herausforderung für die Alphabetisierungspraxis, wenn das Lernen im Kurs zu einer solchen Bewusstwerdung beitragen soll: „Ein schlichtes Bedienen der Interessen und Bedürfnisse der Lernenden greift zu kurz; es bedarf eines Angebots von kritischer Reflexion, um Transformation zu ermöglichen und nicht nur Integration zu fördern" (Linde 2008, S. 180; hierzu auch Arnold/Lucha 2011; Zeuner/Pabst 2011a). Mit dem Habituskonzept kommt zudem die Langfristigkeit von Einstellungen zu Schriftsprache und Lernen in den Blick (Bremer 2007). Dies ist für die Praxisebene insofern von Bedeutung, als dass Veränderungsspielräume auf Seiten der Teilnehmenden realistisch eingeschätzt werden können. Es wird also deutlich, dass mit einer Alphabetisierung im engeren Sinne längst nicht alles getan ist, sondern dass hier umfassendere Konzepte ansetzen müssen, um Teilhabe wirklich zu erhöhen.

Die Lernenden müssen ganzheitlich in den Blick genommen werden. Dazu gehört, nicht etwa allein auf die berufliche Verwertbarkeit von Schriftsprache zu setzen (BMBF 2012a; 2012b). Ein breiter angelegtes Verständnis von Grundbildung, das z. B. auch Kulturelles, Politisches, Soziales, Interkulturelles, Medien usw. mit einbezieht (Zeuner 2007; 2017; Pape 2011c; Korfkamp 2016; Bremer/Pape 2017), aber auch Übergänge in ‚reguläre' Bildungsbereiche ermöglicht, kann dabei den unterschiedlichen Zugängen der Teilnehmenden am ehesten gerecht werden und Teilhabe fördern.

---

112 Ähnliche Gedanken zur Einbettung der Lebenswelt der Lernenden in die Bildungssituation äußerte bereits Freire (1972), der mit seiner „Pädagogik der Unterdrückten" das Ziel der Emanzipation aus Machtverhältnissen verfolgte (Grotlüschen 2011a). Konzepte dieser Art sind angesichts des Diskurses um das selbstgesteuerte Lernen (Bremer 2010b) heute jedoch weitgehend in den Hintergrund gerückt (Bremer et al. 2015a, S. 27 f.).

113 Eine im Bereich der finanziellen Grundbildung angesiedelte Studie von Mania und Tröster (2015) gibt ein Beispiel für die Ausrichtung an den alltagsweltlichen Themen der Lernenden. Ansonsten liegen aber nur wenige Konzepte vor, die einen erweiterten Begriff von Grundbildung aufnehmen und über Alphabetisierung im engeren Sinne hinausgehen, was auch mit der eher offenen Verwendung des Begriffs Grundbildung (Euringer 2016) zusammenhängen kann.

Einige der hier skizzierten Überlegungen werden neuerdings im Rahmen einer Förderbekanntmachung des Bundesministeriums für Bildung und Forschung aufgegriffen.[114] Gegenstand der Förderung sind Entwicklungsvorhaben in der Alphabetisierung und Grundbildung, die so konzipiert sein sollen, dass sie die Alltagsthemen von Erwachsenen mit geringen Schriftsprach- bzw. Grundbildungskompetenzen besonders berücksichtigen. ‚Aufsuchende‘ lebensweltorientierte Konzepte der Alphabetisierung und Grundbildung und deren Umsetzung in den Lebenswelten der Betroffenen erhalten in dieser Förderbekanntmachung einen besonderen Stellenwert. Für die Entwicklung der Alphabetisierung und Grundbildung in Deutschland kann eine verstärkte Implementierung solcher Konzepte als äußerst vielversprechend eingeschätzt werden.

8.3   Perspektiven für die Forschung

Die Forschung zu funktionalem Analphabetismus bzw. zum Umgang mit Schriftsprache differenziert bisher insbesondere Schichtmerkmale und Kompetenzstufen (z. B. Stiftung Lesen 2016; Gauly et al. 2016; Nienkemper/Grotlüschen 2016). Im Rahmen von förderpolitischen Relevanzsetzungen wird damit u. a. das Ziel verfolgt, Teilnahmequoten an Alphabetisierungskursen zu erhöhen („den Blick schärfen für ‚Alpha-Level 3“, Grotlüschen 2016c, S. 20). Die vorliegende Untersuchung zeigt jedoch, dass Personen einer Schicht oder Kompetenzstufe nicht unbedingt Zielgruppen mit ähnlichen Lernvoraussetzungen und Zugängen markieren. Wo strukturelle Ähnlichkeiten zwischen den Fällen bestehen, unterscheiden sich diese mitunter stark hinsichtlich ihres Umgangs mit Schriftsprache, ihrer Bildungsaffinität sowie ihrer Selbstwahrnehmung und ihren Lebensbewältigungsstrategien. Die vorliegende Studie macht so deutlich, wie wichtig es ist, der Milieuperspektive auf dem Gebiet der Alphabetisierungsforschung mehr Gewicht einzuräumen, auch um letztlich zielgruppengerechte Praxisangebote entwickeln zu können. Umfeldstudien (Ehmig et al. 2015; Riekmann et al. 2016) können als erster Schritt in die Richtung gesehen werden, dem sozialen Umfeld/Milieu mehr Aufmerksamkeit zu widmen. Sie haben aber die alltagspraktische Einbettung von Schriftsprache nur bedingt im Blick.

Zentral ist daher die weitere Exploration der milieuspezifischen Literalitäten und des Alltagsgebrauchs von Schriftsprache (Bremer/Pape 2016). Dazu gehört, wie Schriftsprache in verschiedenen Bereichen (etwa Arbeit, Politik, Finanzen, Kultur) zur Anwendung kommt. Außerdem gibt die vorliegende Studie Anlass, die sozialen Mechanismen, die zu Exklusion (z. B. von Bildung, vom Arbeitsmarkt) führen können, näher zu erforschen. So stellen etwa Sahrai et al. (2011) fest, dass es möglich ist, trotz geringerer Schriftsprachkompetenz eine höhere Schule zu besuchen, indem die betreffende Person über eine höhere soziale Herkunft und eine damit verbundene Passung im Bildungssystem verfügt. Auch die vorliegende Studie zeigt:

---

114 Siehe https://www.bmbf.de/foerderungen/bekanntmachung-1374.html (letzter Abruf: 01.11.2017).

Habitus und Milieu sind bedeutsame Kategorien, wenn es um den Ausschluss von Teilhabe geht und weniger die geringe ‚gemessene‘ Schriftsprachkompetenz an sich. Untersuchungen, die solche sozialen Ausschluss- und Sortierungsmechanismen berücksichtigen, literale Praxen einbeziehen und sich dabei auf Teilnehmende, aber auch auf Nichtteilnehmende, also (potenzielle) Adressatinnen und Adressaten von Alphabetisierungskursen, stützen, können hier einen wichtigen Beitrag leisten (Bolder/Hendrich 2000). Gerade die große Mehrheit der Nichtteilnehmenden stellt für die Alphabetisierungsforschung noch mehr oder weniger eine ‚Blackbox‘ dar, über die es weitere Erkenntnisse zu generieren gilt. Nach wie vor ist kaum etwas darüber bekannt, wie Erwachsene mit geringen Lese- und Schreibkompetenzen ihren Alltag bewältigen und wie und inwiefern Angebote systematischen Erlernens von Schriftsprache hier ansetzen könnten. Gewinnbringend für zukünftige Untersuchungen ist aber auch der Einbezug von (gering qualifizierten) Erwachsenen, die Schriftsprache beherrschen, um Ähnlichkeiten und Unterschiede in der Alltags- bzw. literalen Praxis und z. B. der Selbstwahrnehmung der betreffenden Personen spezifizieren zu können (Zeuner/Pabst 2011a, S. 260). Bei all diesen Vorhaben sollte auch geschlechtsspezifischen Unterschieden der Schriftsprachverwendung mehr Aufmerksamkeit geschenkt werden.

Die Befunde der vorliegenden Arbeit zeigen, dass Literalität vor dem Hintergrund der habitus- und milieuspezifischen Lebensweise mit Sinn besetzt ist, was zu unterschiedlichen Vorlieben und Gebrauchsformen der Schriftsprachverwendung führt. Dies konnte für die Gruppe der Teilnehmenden an Alphabetisierungskursen herausgestellt werden. Es ist daher davon auszugehen, dass auch die Literalitätskonzepte von Kursleitenden in einen milieuspezifischen Rahmen eingebunden sind, die im Kurs zum Ausdruck kommen. „Die Lehrenden vermitteln implizit Einstellungen, Haltungen und Wertungen in Bezug auf den Lerngegenstand und die Beteiligten, die in Wechselwirkungen mit den Lernenden unter Umständen unbeabsichtigte und auch unerwartete Effekte erzeugen" (ebd., S. 273). Wie gezeigt werden konnte, orientieren sich Vermittlungsformen der Schriftsprache eng an den Vorstellungen einer legitimen Literalität. Die vorliegende Studie verweist daher auch darauf, die Literalitätskonzepte und die soziale Herkunft von Kursleitenden in der Alphabetisierung und Grundbildung in den Blick zu nehmen und sie in ihrer Bedeutung für Lehr-Lernsettings zu beleuchten (Zeuner/Pabst 2011a; Bremer/Pape 2016).[115]

Methodisch sind für die Exploration von Literalitäten neben Befragungen auch ethnografische Ansätze sinnvoll, die mithilfe dichter Beschreibungen Aufschluss über die alltagspraktische Anwendung von Schriftsprache oder über Verhältnisse symbolischer Gewalt geben können. Beobachtungen gehen über die mündlichen Schilderungen von Befragten hinaus. Durch sie lassen sich das Alltagsleben, die Schriftsprachverwendung sowie die Vermittlung von Lese- und Schreibkenntnissen

---

115 Die in Fußnote 111 bereits erwähnten lebensgeschichtlichen Interviews mit Lehrenden der Alphabetisierung und Grundbildung unterstützen die These, dass Lesen und Literatur bei Kursleitenden biografisch schon sehr früh hoch besetzt war und dass diese Erfahrungen auch bei der Tätigkeit in der Alphabetisierungsarbeit relevant sind.

im Rahmen von Lehr-Lernsettings unmittelbar in den Blick nehmen. Es geraten so mitunter auch literale Praxen in den Blick, die die Befragten selbst vielleicht gar nicht als relevant für eine Befragung erachten würden. Dies ist ein Vorteil von Beobachtungen, während sich in Befragungen auch Effekte sozialer Erwünschtheit – Bourdieu (2001a, S. 126) spricht vom „Legitimitätseffekt" gerade in Bezug auf das Lesen – zeigen können.

Mit Bourdieu lässt sich (Schrift-)Sprache als ein Macht- und Distinktionsmittel betrachten – eine Perspektive, die gerade in der Auseinandersetzung um Employability, gesellschaftliche Mindeststandards und die legitime Literalität (Grotlüschen et al. 2009; Bremer 2010a) besondere Bedeutung erlangt und für die Abwertung und Inwertsetzung bestimmter literaler Praktiken sensibilisiert. Es hat sich in dieser Untersuchung gezeigt, dass Schriftsprache eng mit dem Habitus verbunden und „milieuspezifisch gefärbt" ist (Bremer 2010a, S. 101). Der Umgang mit Schriftsprache ist mit dem Habitus auf einen bestimmten sozialen Ort ausgerichtet und vor diesem Hintergrund mit Sinn besetzt. So wird deutlich, dass (legitime) Schriftsprache nicht einfach eine neutrale Technik ist, die von jedem jederzeit und auf ‚Knopfdruck' erlernbar ist. Zum Abschluss soll daher noch einmal Bourdieu zu Wort kommen: „Nicht bemitleiden, nicht auslachen, nicht verabscheuen, sondern verstehen" (Bourdieu 1997a, S. 13). Dies ist ein zentraler Ansatzpunkt, der entscheidend sowohl zur Erforschung als auch zur Gewinnung von Kursteilnehmenden der Alphabetisierung und Grundbildung und zur Sensibilisierung der Öffentlichkeit beitragen kann.

Abbildungs- und Tabellenverzeichnis

Abbildungsverzeichnis

Tabellenverzeichnis

Literatur

Adorno, T. W. (1973): Studien zum autoritären Charakter. Frankfurt am Main: Suhrkamp.

Arnold, U.; Lucha, D. (2011): „Biographisches Arbeiten in der Grundbildung" – eine Fortbildung zur Professionalisierung von Kursleitenden. In: Egloff, B.; Grotlüschen, A. (Hrsg.): Forschen im Feld der Alphabetisierung und Grundbildung. Ein Werkstattbuch. Reihe Alphabetisierung und Grundbildung Bd. 7. Münster: Waxmann, S. 227–236.

Artelt, C.; Stanat, P.; Schneider, W.; Schiefele, U. (2001): Lesekompetenz: Testkonzeption und Ergebnisse. In: Deutsches PISA-Konsortium (Hrsg.): PISA 2000. Basiskompetenzen von Schülerinnen und Schülern im internationalen Vergleich. Opladen: Leske + Budrich, S. 69–137.

Barlösius, E. (2001): Das gesellschaftliche Verhältnis der Armen – Überlegungen zu einer theoretischen Konzeption einer Soziologie der Armut. In: Barlösius, E.; Ludwig-Mayerhofer, W. (Hrsg.): Die Armut der Gesellschaft. Opladen: Leske + Budrich, S. 69–94.

Barlösius, E. (2011): Pierre Bourdieu. 2. Aufl., Frankfurt am Main, New York: Campus.

Bartlett, L.; Holland, D. (2002): Theorizing the space of literacy practices. Verfügbar unter: http://www.academia.edu/938265/Theorizing_the_Space_of_Literacy_Practices (letzter Abruf: 01.11.2017).

Barton, D.; Hamilton, M. (1998): Local literacies. Reading and writing in one community. London, New York: Routledge.

Barz, H. (2000): Weiterbildung und soziale Milieus. Neuwied-Kriftel: Luchterhand.

Barz, H.; Tippelt, R. (Hrsg.) (2004a): Weiterbildung und soziale Milieus in Deutschland. Bd. 1: Praxishandbuch Milieumarketing. Bielefeld: Bertelsmann.

Barz, H.; Tippelt, R. (Hrsg.) (2004b): Weiterbildung und soziale Milieus in Deutschland. Bd. 2: Adressaten- und Milieuforschung zu Weiterbildungsverhalten und -interessen. Bielefeld: Bertelsmann.

Bertschi-Kaufmann, A.; Rosebrock, C. (Hrsg.) (2009): Literalität. Bildungsaufgabe und Forschungsfeld. Weinheim, München: Juventa.

Bilger, F. (2016): Kursforschung am Beispiel AlphaPanel. In: Löffler, C.; Korfkamp, J. (Hrsg.): Handbuch zur Alphabetisierung und Grundbildung Erwachsener. Münster: Waxmann/utb, S. 165–188.

Bittlingmayer, U. H. (2002): Transformation der Notwendigkeit. Prekarisierte Habitusformen als Kehrseite der „Wissensgesellschaft". In: Bittlingmayer, U. H.; Eickelpasch, R.; Kastner, J.; Rademacher, C. (Hrsg.): Theorie als Kampf? Zur politischen Soziologie Pierre Bourdieus. Opladen: Leske + Budrich, S. 225–252.

Bittlingmayer, U. H. (2016): Der funktionale Analphabetismus aus bourdieuscher Sicht. Ambivalenzen der Erwachsenenbildung. Text 2 der Dokumentation Dark Side of Literacy. Verfügbar unter: http://www.bifeb.at/fileadmin/user_upload/doc/Dokumentation-Dark_Side_Literacy_2016.pdf (letzter Abruf: 01.11.2017).

Bittlingmayer, U. H.; Bauer, U. (Hrsg.) (2006): Die „Wissensgesellschaft". Mythos, Ideologie oder Realität? Wiesbaden: VS.

Bittlingmayer, U. H.; Drucks, S.; Gerdes, J.; Bauer, U. (2010): Die Wiederkehr des funktionalen Analphabetismus in Zeiten wissensgesellschaftlichen Wandels. In: Quenzel, G.; Hurrelmann, K. (Hrsg.): Bildungsverlierer. Neue Ungleichheiten. Wiesbaden: VS, S. 341–374.

BMBF – Bundesministerium für Bildung und Forschung (2012a): Vereinbarung über eine gemeinsame nationale Strategie für Alphabetisierung und Grundbildung Erwachsener in Deutschland 2012–2016. Verfügbar unter: https://www.bmbf.de/files/NEU_strategie papier_nationale_alphabetisierung.pdf (letzter Abruf: 01.11.2017).

BMBF – Bundesministerium für Bildung und Forschung (Hrsg.) (2012b): Arbeitsplatzorientierte Alphabetisierung und Grundbildung Erwachsener. Projektübersicht zum Förderschwerpunkt. Bonn: BMBF.

BMBF – Bundesministerium für Bildung und Forschung (2015): Bericht zur Umsetzung der Vereinbarung über eine gemeinsame nationale Strategie für Alphabetisierung und Grundbildung Erwachsener in Deutschland 2012–2016. Verfügbar unter: https://www.bmbf. de/files/Bericht-zur-Umsetzung-der-Vereinbarung-Alphakampagne.pdf (letzter Abruf: 01.11.2017).

Böhnisch, L. (2004): Männliche Sozialisation. Eine Einführung. Weinheim, München: Juventa.

Bolder, A.; Hendrich, W. (2000): Fremde Bildungswelten. Alternative Strategien lebenslangen Lernens. Opladen: Leske + Budrich.

Boltzmann, M.; Aulbert-Siepelmeyer, A.; Rüsseler, J.; Warnke, R.; Menkhaus, K.; Overlander, O. (2015): AlphaPlus. Ein Alphabetisierungsprogramm zur Förderung der Schriftsprachkompetenz Erwachsener. Bielefeld: Bertelsmann.

Bonfadelli, H.; Fritz, A.; Köcher, R. (1993): Lesesozialisation. Bd. 2: Leseerfahrungen und Lesekarrieren. Gütersloh: Bertelsmann Stiftung.

Bonna, F.; Nienkemper, B. (2011): Kursleitende, die keine Lernstandsdiagnostik durchführen – gibt es die noch? Zum Professionalisierungsbedarf von Volkshochschulkursleitenden in der Alphabetisierung am Beispiel des Einsatzes von Lernstandsdiagnostik. In: Projektträger im DLR e. V. (Hrsg.): Lernprozesse in Alphabetisierung und Grundbildung Erwachsener. Diagnostik, Vermittlung, Professionalisierung. Reihe Alphabetisierung und Grundbildung Erwachsener Bd. 2. Bielefeld: Bertelsmann, S. 127–148.

Börjesson, I. (2011): Zielgruppenansätze in der Grundbildung – Potentiale und Forderungen für die Weiterentwicklung der Alphabetisierungslandschaft. In: Schneider, K.; Ernst, A.; Schneider, J. (Hrsg.) (2011): Ein Grund für Bildung?! Konzepte, Forschungsergebnisse, Praxisbeispiele. Bielefeld: Bertelsmann, S. 335–340.

Bourdieu, P. (1970): Zur Soziologie der symbolischen Formen. Frankfurt am Main: Suhrkamp.

Bourdieu, P. (1976): Entwurf einer Theorie der Praxis auf der ethnologischen Grundlage der kabylischen Gesellschaft. Frankfurt am Main: Suhrkamp.

Bourdieu, P. (1982): Die feinen Unterschiede. Kritik der gesellschaftlichen Urteilskraft. Frankfurt am Main: Suhrkamp.

Bourdieu, P. (1983): Ökonomisches Kapital, kulturelles Kapital, soziales Kapital. In: Kreckel, R. (Hrsg.): Soziale Ungleichheiten. Soziale Welt Sonderbd. 2. Göttingen: Otto Schwarz, S. 183–198.

Bourdieu, P. (1987): Sozialer Sinn. Kritik der theoretischen Vernunft. Frankfurt am Main: Suhrkamp.

Bourdieu, P. (1990): Was heißt sprechen? Die Ökonomie des sprachlichen Tausches. Wien: Braumüller.

Bourdieu, P. (1992): Rede und Antwort. Frankfurt am Main: Suhrkamp.

Bourdieu, P. (1997a): An den Leser. In: Bourdieu, P. et al. (Hrsg.): Das Elend der Welt. Zeugnisse und Diagnosen alltäglichen Leidens an der Gesellschaft. Konstanz: UVK, S. 13–14.

Bourdieu, P. (1997b): Ein verlorenes Leben. In: Bourdieu, P. et al. (Hrsg.): Das Elend der Welt. Zeugnisse und Diagnosen alltäglichen Leidens an der Gesellschaft. Konstanz: UVK, S. 457–470.

Bourdieu, P. (1997c): Verstehen. In: Bourdieu, P. et al. (Hrsg.): Das Elend der Welt. Zeugnisse und Diagnosen alltäglichen Leidens an der Gesellschaft. Konstanz: UVK, S. 779–802.

Bourdieu, P. (2001a): Wie die Kultur zum Bauern kommt. Über Bildung, Schule und Politik. Schriften zu Politik und Kultur 4. Hamburg: VSA.

Bourdieu, P. (2001b): Meditationen. Zur Kritik der scholastischen Vernunft. Frankfurt am Main: Suhrkamp.

Bourdieu, P. (2005a): Die verborgenen Mechanismen der Macht. Schriften zu Politik und Kultur 1. Unv. Nachdruck der Erstaufl. von 1992, Hamburg: VSA.

Bourdieu, P. (2005b): Die männliche Herrschaft. Frankfurt am Main: Suhrkamp.

Bourdieu, P.; Passeron, J.-C. (1971): Die Illusion der Chancengleichheit. Untersuchungen zur Soziologie des Bildungswesens am Beispiel Frankreichs. Stuttgart: Ernst Klett.

Brake, A. (2013): Bourdieu und die Photographie: Überlegungen zur Konversion des Blicks. In: Brake, A.; Bremer, H.; Lange-Vester, A. (Hrsg.): Empirisch arbeiten mit Bourdieu. Theoretische und methodische Überlegungen, Konzeptionen und Erfahrungen. Weinheim, Basel: Beltz Juventa, S. 59–92.

Bremer, H. (1999): Soziale Milieus und Bildungsurlaub. Angebote, Motivationen und Barrieren der Teilnahme am Programm von ‚Arbeit und Leben Niedersachsen e. V.‘. agis-Texte Bd. 22. Hannover: agis.

Bremer, H. (2004): Von der Gruppendiskussion zur Gruppenwerkstatt. Ein Beitrag zur Methodenentwicklung in der typenbildenden Mentalitäts-, Habitus- und Milieuanalyse. Münster: LIT.

Bremer, H. (2006): Die Notwendigkeit milieubezogener pädagogischer Reflexivität. Zum Zusammenhang von Habitus, Selbstlernen und sozialer Selektivität. In: Friebertshäuser, B.; Rieger-Ladich, M.; Wigger, L. (Hrsg.): Reflexive Erziehungswissenschaft. Forschungsperspektiven im Anschluss an Pierre Bourdieu. Wiesbaden: VS, S. 289–308.

Bremer, H. (2007): Soziale Milieus, Habitus und Lernen. Zur sozialen Selektivität des Bildungswesens am Beispiel der Weiterbildung. Weinheim, München: Juventa.

Bremer, H. (2010a): Literalität, Bildung und die Alltagskultur sozialer Milieus. In: Bundesverband Alphabetisierung und Grundbildung e. V.; Bothe, J. (Hrsg.): Das ist doch keine Kunst! Kulturelle Grundlagen und künstlerische Ansätze von Alphabetisierung und Grundbildung. Reihe Alphabetisierung und Grundbildung Bd. 5. Münster: Waxmann, S. 89–105.

Bremer, H. (2010b): Was kommt nach dem „selbstgesteuerten Lernen"? Zu Irrwegen, Gegenhorizonten und möglichen Auswegen einer verhängnisvollen Debatte. In: Bolder, A.; Epping, R.; Klein, R.; Reutter, G.; Seiverth, A. (Hrsg.): Neue Lebenslaufregimes – neue Konzepte der Bildung Erwachsener? Wiesbaden: VS, S. 215–242.

Bremer, H. (2012): Die Milieubezogenheit von Bildung. In: Bauer, U.; Bittlingmayer, U. H.; Scherr, A. (Hrsg.): Handbuch Bildungs- und Erziehungssoziologie. Wiesbaden: VS, S. 829–846.

Bremer, H.; Faulstich, P.; Teiwes-Kügler, Ch.; Vehse, J. (2015b): Gesellschaftsbild und Weiterbildung. Auswirkungen von Bildungsmoratorien auf Habitus, Lernen und Gesellschaftsvorstellungen. Baden-Baden: Nomos.

Bremer, H.; Kleemann-Göhring, M. (2012): Familienbildung, Grundschule und Milieu. Eine Expertise im Rahmen des Projekts: Familienbildung während der Grundschulzeit. Sorgsame Elternschaft „fünf bis elf". Verfügbar unter: https://familienbildung-in-nrw. de/fileadmin/user_upload/Images/Content/fachkraefte/Familienbildung_Grundschule_ Milieu.pdf (letzter Abruf: 01.11.2017).

Bremer, H.; Kleemann-Göhring, M.; Wagner, F. (2015a): Weiterbildung und Weiterbildungsberatung für „Bildungsferne". Ergebnisse, Erfahrungen und theoretische Einordnungen aus der wissenschaftlichen Begleitung von Praxisprojekten in NRW. Bielefeld: Bertelsmann.

Bremer, H.; Lange-Vester, A. (Hrsg.) (2014a): Soziale Milieus und Wandel der Sozialstruktur. Die gesellschaftlichen Herausforderungen und die Strategien der sozialen Gruppen. Wiesbaden: VS.

Bremer, H.; Lange-Vester, A. (2014b): Die Pluralität der Habitus- und Milieuformen bei Lernenden und Lehrenden. Theoretische und methodologische Überlegungen zum Verhältnis von Habitus und sozialem Raum. In: Helsper, W.; Kramer, R.-T.; Thiersch, S. (Hrsg.): Schülerhabitus. Theoretische und empirische Analysen zum Bourdieuschen Theorem der kulturellen Passung. Wiesbaden: Springer VS, S. 56–81.

Bremer, H.; Pape, N. (2016): Adressat/inn/en-, Teilnehmenden- und Zielgruppenforschung. In: Löffler, C.; Korfkamp, J. (Hrsg.): Handbuch zur Alphabetisierung und Grundbildung Erwachsener. Münster: Waxmann/utb, S. 144–164.

Bremer, H.; Pape, N. (2017): Literalität und Partizipation als milieuspezifische soziale Praxis. In: Menke, B.; Riekmann, W. (Hrsg.): Politische Grundbildung. Inhalte – Zielgruppen – Herausforderungen. Schwalbach/Ts.: Wochenschau, S. 56–73.

Bremer, H.; Teiwes-Kügler, C. (2003): Die Gruppenwerkstatt. Ein mehrstufiges Verfahren zur vertiefenden Exploration von Mentalitäten und Milieus. In: Geiling, H. (Hrsg.): Probleme sozialer Integration. agis-Forschungen zum gesellschaftlichen Strukturwandel. Münster, Hamburg, London: LIT, S. 207–236.

Bremer, H.; Teiwes-Kügler, C. (2010): Typenbildung in der Habitus- und Milieuforschung: Das soziale Spiel durchschaubarer machen. In: Ecarius, J.; Schäffer, B. (Hrsg.): Typenbildung und Theoriegenerierung. Methoden und Methodologien qualitativer Biographie- und Bildungsforschung. Opladen: Barbara Budrich, S. 251–276.

Bremer, H.; Teiwes-Kügler, C. (2013): Zur Theorie und Praxis der Habitus-Hermeneutik. In: Brake, A.; Bremer, H.; Lange-Vester, A. (Hrsg.): Empirisch arbeiten mit Bourdieu. Theoretische und methodische Überlegungen, Konzeptionen und Erfahrungen. Weinheim, Basel: Beltz/Juventa, S. 93–129.

Brödel, R.; Siefker, J. (2011): Zielgruppensteuerung und Entwicklungsperspektiven in einem doppelt gelagerten Weiterbildungssystem – Alphabetisierungsarbeit im Lichte von Ankündigungstexten. In: Projektträger im DLR e.V. (Hrsg.): Zielgruppen in Alphabetisierung und Grundbildung Erwachsener. Bestimmung, Verortung, Ansprache. Reihe Alphabetisierung und Grundbildung Erwachsener Bd. 1. Bielefeld: Bertelsmann, S. 199–222.

Bromley, R.; Göttlich, U.; Winter, C. (Hrsg.) (1999): Cultural Studies. Grundlagentexte zur Einführung. Lüneburg: Zu Klampen.

Brügelmann, H. (1984): Lesen und Schreibenlernen als Denkentwicklung. Voraussetzungen eines erfolgreichen Schriftspracherwerbs. In: Zeitschrift für Pädagogik, 30. Jg., H. 1, S. 69–91.

Brüning, G.; Kuwan, H. (2002): Benachteiligte und Bildungsferne – Empfehlungen für die Weiterbildung. Bielefeld: Bertelsmann.

Büchner, P.; Brake, A. (2006): Bildungsort Familie. Transmission von Bildung und Kultur im Alltag von Mehrgenerationenfamilien. Wiesbaden: VS.

Buddeberg, K. (2016): Hauptergebnisse der quantitativen Teilstudie. In: Riekmann, W., Buddeberg, K.; Grotlüschen, A. (Hrsg.): Das mitwissende Umfeld von Erwachsenen mit geringen Lese- und Schreibkompetenzen. Ergebnisse aus der Umfeldstudie. Reihe Alphabetisierung und Grundbildung Bd. 12. Münster: Waxmann, S. 61–78.

Deneke, S. (2006): Konstruktionen über Schriftsprache und Schriftsprachlernen. Eine qualitative Analyse bei Schülern im Förderschwerpunkt Lernen. Dissertation an der Universität Hannover, Hannover.

Deneke, S. (2007): Schriftspracherwerb. Lesen und Schreiben aus Sicht von Kindern und Jugendlichen mit Lernschwierigkeiten. Schriftenreihe Sonderpädagogik in Forschung und Praxis Bd. 18. Hamburg: Dr. Kovač.

Deneke, S.; Horch, D. (2011): Förderdiagnostische Verfahren im Bereich Schriftsprache als Reflexionsinstrumente. In: Egloff, B.; Grotlüschen, A. (Hrsg.): Forschen im Feld der Alphabetisierung und Grundbildung. Ein Werkstattbuch. Reihe Alphabetisierung und Grundbildung Bd. 7. Münster: Waxmann, S. 144–160.

Deneke, S.; Horch, D.; Pape, N.; Reese, I. (2011a): Inklusion durch Teilhabe an Literalität – Schule aus der Sicht funktionaler Analphabetinnen und Analphabeten. In: Lütje-Klose, B.; Langer, M.-T.; Serke, B.; Urban, M. (Hrsg.): Inklusion in Bildungsinstitutionen – Eine Herausforderung an die Heil- und Sonderpädagogik. Bad Heilbrunn: Klinkhardt, S. 278–285.

Deneke, S.; Horch, D.; Pape, N.; Reese, I. (2011b): Schlussbericht des Forschungsprojekts „Interdependenzen von Schriftsprachkompetenz und Aspekten der Lebensbewältigung". Verfügbar unter: http://edoko1.tib.uni-hannover.de/edoks/e01fb12/729885194.pdf (letzter Abruf: 01.11.2017).

Deneke, S.; Pape, N. (2009): Zusammenhang von Schriftsprachkompetenz und Lebensbewältigung. In: Vierteljahresschrift für Heilpädagogik und ihre Nachbargebiete – VHN, 78. Jg., H. 4, S. 347–349.

Deutsches PISA-Konsortium (Hrsg.) (2001): PISA 2000. Basiskompetenzen von Schülerinnen und Schülern im internationalen Vergleich. Opladen: Leske + Budrich.

Döbert-Nauert, M. (1985): Verursachungsfaktoren des Analphabetismus. Auswertung von Interviews mit Teilnehmern an der Volkshochschule Bielefeld. Bonn, Frankfurt am Main: Deutscher Volkshochschul-Verband e. V./PAS.

Döbert, M.; Hubertus, P. (2000): Ihr Kreuz ist die Schrift. Analphabetismus und Alphabetisierung in Deutschland. Stuttgart: Ernst Klett.

Drecoll, F. (1981): Funktionaler Analphabetismus – Begriff, Erscheinungsbild, psycho-soziale Folgen und Bildungsinteressen. In: Drecoll, F.; Müller, U. (Hrsg.): Für ein Recht auf Lesen. Analphabetismus in der Bundesrepublik Deutschland. Frankfurt am Main, Berlin, München: Diesterweg, S. 29–40.

Drucks, S. (2015): Netzwerk Alphabetisierung & Grundbildung NRW. Wissenschaftliche Begleitforschung. Kurzbericht: Evaluative Bestandaufnahme. Verfügbar unter: http://alpha netz-nrw.de/fileadmin/user_upload/Zwischenbericht_Alphanetz_Uni_Essen_11.2015. pdf (letzter Abruf: 01.11.2017).

Egloff, B. (1997): Biographische Muster „funktionaler Analphabeten": Eine biographieanalytische Studie zu Entstehungsbedingungen und Bewältigungsstrategien von „funktionalem Analphabetismus". Frankfurt am Main: Deutsches Institut für Erwachsenenbildung.

Egloff, B. (2007): Biografieforschung und Literalität. Ursachen und Bewältigung von funktionalem Analphabetismus aus erziehungswissenschaftlicher Perspektive. In: Grotlüschen, A.; Linde, A. (Hrsg.): Literalität, Grundbildung oder Lesekompetenz? Beiträge zu einer Theorie-Praxis-Diskussion. Münster: Waxmann, S. 70–80.

Egloff, B. (2011): Kurs ohne Übergang? Teilnehmerinnen und Teilnehmer an Alphabetisierungskursen. In: Egloff, B.; Grotlüschen, A. (Hrsg.): Forschen im Feld der Alphabetisierung und Grundbildung. Ein Werkstattbuch. Reihe Alphabetisierung und Grundbildung Bd. 7. Münster: Waxmann, S. 175–190.

Egloff, B. (2016): Biografisch-narrative Forschung in der Alphabetisierung und Grundbildung. In: Löffler, C.; Korfkamp, J. (Hrsg.): Handbuch zur Alphabetisierung und Grundbildung Erwachsener. Münster: Waxmann/utb, S. 189–198.

Egloff, B.; Grosche, M.; Hubertus, P.; Rüsseler, J. (2011): Funktionaler Analphabetismus im Erwachsenenalter: eine Definition. In: Projektträger im DLR e. V. (Hrsg.): Zielgruppen in Alphabetisierung und Grundbildung Erwachsener. Bestimmung, Verortung, Ansprache. Reihe Alphabetisierung und Grundbildung Erwachsener Bd. 1. Bielefeld: Bertelsmann, S. 11–31.

Egloff, B.; Grotlüschen, A. (Hrsg.) (2011): Forschen im Feld der Alphabetisierung und Grundbildung. Ein Werkstattbuch. Reihe Alphabetisierung und Grundbildung Bd. 7. Münster: Waxmann.

Egloff, B.; Jochim, D.; Schimpf, E. J. (2009): Zwischen Freiheitszugewinn, zugemuteter Emanzipation und Schaffung neuer Abhängigkeit – Kursbindung in der Alphabetisierung/ Grundbildung. In: Report. Zeitschrift für Weiterbildungsforschung, 32. Jg., H. 4, S. 11–22.

Ehmig, S. C.; Heymann, L.; Seelmann, C. (2015): Alphabetisierung und Grundbildung am Arbeitsplatz. Sichtweisen im beruflichen Umfeld und ihre Potenziale. Mainz: Stiftung Lesen.

Engel, N. (2008): Förderdiagnostik in der Alphabetisierung. Eine empirische Untersuchung zur Schreibprozessdiagnose in Alphabetisierungskursen Niedersachsens. Stuttgart: ibidem.

Engler, S. (2001): „In Einsamkeit und Freiheit“? Zur Konstruktion der wissenschaftlichen Persönlichkeit auf dem Weg zur Professur. Konstanz: UVK.

Euringer, C. (2016): Das Grundbildungsverständnis der öffentlichen Bildungsverwaltung. Definitionen, Interessen und Machtverhältnisse. Bielefeld: Bertelsmann.

Fiebig, C.; Ragg, M.; Lübs, B. (2003): Ergebnisse der LuTA-Studie. Lebenssituation und Technik-Ausstattung funktionaler Analphabeten. Verfügbar unter: http://www.forschungs netzwerk.at/downloadpub/LuTA_Studie_alphabetisierung.pdf (letzter Abruf: 01.11.2017).

Flaig, B. B.; Meyer, T.; Ueltzhöffer, J. (1997): Alltagsästhetik und politische Kultur. Zur ästhetischen Dimension politischer Bildung und politischer Kommunikation. 3. Aufl., Bonn: Dietz.

Flick, U. (1996): Psychologie des technisierten Alltags. Soziale Konstruktion und Repräsentation technischen Wandels in verschiedenen kulturellen Kontexten. Beiträge zur psychologischen Forschung Bd. 28. Opladen: Westdeutscher Verlag.

Flick, U. (2007): Qualitative Sozialforschung. Eine Einführung. Vollst. überarb. und erw. Neuausg., Reinbek: Rowohlt Taschenbuch.

Freire, P. (1972): Pädagogik der Unterdrückten. 2. Aufl., Stuttgart: Kreuz.

Fröhlich, G.; Rehbein, B. (Hrsg.) (2009): Bourdieu Handbuch. Leben – Werk – Wirkung. Stuttgart, Weimar: J. B. Metzler.

Fuchs-Heinritz, W. (2009): Biographische Forschung. Eine Einführung in Praxis und Methoden. 4. Aufl., Wiesbaden: VS.

Fuchs-Heinritz, W.; König, A. (2014): Pierre Bourdieu. Eine Einführung. 3., überarb. Aufl., Konstanz: UVK.

Füssenich, I. (2004): Diagnostik – nicht schon wieder, oder? In: Alfa-Forum. Zeitschrift für Alphabetisierung und Grundbildung, 17. Jg., H. 56, S. 10–11.

Gag, M.; Grotheer, A.; Schroeder, J.; Wagner, U.; Weber, M. (2016): Berichte aus den Randbezirken der Erwachsenenbildung. Eine empirische Analyse der Hamburger Grundbildungslandschaft. Bielefeld: Bertelsmann.

Gauly, B.; Perry, A.; Rammstedt, B. (2016): Heft 1: Lebensumstände von Personen mit niedrigen Lesekompetenzen. Analyse der grundlegenden Lesekomponenten aus PIAAC. Verfügbar unter: http://www.gesis.org/fileadmin/piaac/Brosch%C3%BCre_A4_piaac_final.pdf (letzter Abruf: 01.11.2017).

Geiling, H.; Gardemin, D.; Meise, S.; König, A. (2011): Migration – Teilhabe – Milieus. Spätaussiedler und türkeistämmige Deutsche im sozialen Raum. Wiesbaden: VS.

Glaser, B. G.; Strauss, A. L. (2010): Grounded Theory. Strategien qualitativer Forschung. 3., unv. Aufl., Bern: Hans Huber.

Goody, J.; Watt, I. (1986): Entstehung und Folgen der Schriftkultur. Frankfurt am Main: Suhrkamp.

Groeben, N. (2004): Einleitung. Funktionen des Lesens – Normen der Gesellschaft. In: Groeben, N.; Hurrelmann, B. (Hrsg.): Lesesozialisation in der Mediengesellschaft. Ein Forschungsüberblick. Weinheim, München: Juventa, S. 11–35.

Groeben, N.; Hurrelmann, B. (Hrsg.) (2004): Lesesozialisation in der Mediengesellschaft. Ein Forschungsüberblick. Weinheim, München: Juventa.

Groeben, N.; Hurrelmann, B. (Hrsg.) (2009): Lesekompetenz. Bedingungen, Dimensionen, Funktionen. 3. Aufl., Weinheim, München: Juventa.

Grotlüschen, A. (2011a): Bourdieus Konzept ‚legitimer Sprache‘ als Grundlage eines Lerngegenstands ‚legitimer Literalität‘. Eine Überschreitung der vermeintlichen Kontroverse pluraler und hierarchischer Literalitätsmodelle. In: Felden, H. v.; Hof, C.; Schmidt-Lauff, S. (Hrsg.): Erwachsenenbildung und Lernen. Dokumentation der Jahrestagung der Sektion Erwachsenenbildung der Deutschen Gesellschaft für Erziehungswissenschaft vom 22.–24. September 2011 an der Universität Hamburg. Baltmannsweiler: Schneider, S. 61–69.

Grotlüschen, A. (2011b): Zur Auflösung von Mythen. Eine theoretische Verortung des Forschungsansatzes lea. – Literalitätsentwicklung von Arbeitskräften. In: Grotlüschen, A.; Kretschmann, R.; Quante-Brandt, E.; Wolf, K. D. (Hrsg.) (2011): Literalitätsentwicklung von Arbeitskräften. Reihe Alphabetisierung und Grundbildung Bd. 6. Münster: Waxmann, S. 12–39.

Grotlüschen, A. (2012): Literalität und Erwerbstätigkeit. In: Grotlüschen, A.; Riekmann, W. (Hrsg): Funktionaler Analphabetismus in Deutschland. Ergebnisse der ersten leo. – Level-One Studie. Reihe Alphabetisierung und Grundbildung Bd. 10. Münster: Waxmann, S. 135–165.

Grotlüschen, A. (2016a): Zur Größenordnung des funktionalen Analphabetismus in Deutschland. In: Löffler, C.; Korfkamp, J. (Hrsg.): Handbuch zur Alphabetisierung und Grundbildung Erwachsener. Münster: Waxmann/utb, S. 100–111.

Grotlüschen, A. (2016b): Politische Grundbildung – Theoretische und empirische Annäherungen. In: Zeitschrift für Weiterbildungsforschung – Report, H. 2, S. 183–203. Verfügbar unter: http://www.die-bonn.de/id/34384 (letzter Abruf: 01.11.2017).

Grotlüschen, A. (2016c): Das mitwissende Umfeld funktionaler Analphabetinnen und Analphabeten: Paradigmenwechsel in der Adressatenforschung. In: Riekmann, W., Buddeberg, K.; Grotlüschen, A. (Hrsg.): Das mitwissende Umfeld von Erwachsenen mit geringen Lese- und Schreibkompetenzen. Ergebnisse aus der Umfeldstudie. Reihe Alphabetisierung und Grundbildung Bd. 12. Münster: Waxmann, S. 11–34.

Grotlüschen, A. (2017): Reproduktion von Stereotypen – Funktionaler Analphabetismus in postfaktischen Zeiten. In: Bundesministerium für Bildung; Abteilung Erwachsenenbildung (Hrsg.): Basisbildung(s)bedarf der Öffentlichkeit. Wien: Facultas, S. 25–36.

Grotlüschen, A.; Heinemann, A. M. B.; Nienkemper, B. (2009): Die unterschätzte Macht legitimer Literalität. In: Report. Zeitschrift für Weiterbildungsforschung, 32. Jg., H. 4, S. 55–67.

Grotlüschen, A.; Kretschmann, R.; Quante-Brandt, E.; Wolf, K. D. (Hrsg.) (2011): Literalitätsentwicklung von Arbeitskräften. Reihe Alphabetisierung und Grundbildung Bd. 6. Münster: Waxmann.

Grotlüschen, A.; Nienkemper, B.; Bonna, F. (2014): Reproduktion von Stereotypen zum funktionalen Analphabetismus – die Fallstricke der Teilnehmendenforschung. In: Ebner v. Eschenbach, M.; Günther, S.; Hauser, A. (Hrsg.): Gesellschaftliches Subjekt. Erwachsenenpädagogische Perspektiven und Zugänge. Baltmannsweiler: Schneider, S. 60–75.

Grotlüschen, A.; Riekmann, W. (Hrsg.) (2012): Funktionaler Analphabetismus in Deutschland. Ergebnisse der ersten leo. – Level-One Studie. Reihe Alphabetisierung und Grundbildung Bd. 10. Münster: Waxmann.

Grotlüschen, A.; Riekmann, W.; Buddeberg, K. (2012): Hauptergebnisse der leo. – Level-One Studie. In: Grotlüschen, A.; Riekmann, W. (Hrsg): Funktionaler Analphabetismus in Deutschland. Ergebnisse der ersten leo. – Level-One Studie. Reihe Alphabetisierung und Grundbildung Bd. 10. Münster: Waxmann, S. 13–53.

Grotlüschen, A.; Sondag, C. (2012): Literalität, Schulabschluss und Schulerleben. In: Grotlüschen, A.; Riekmann, W. (Hrsg): Funktionaler Analphabetismus in Deutschland. Ergebnisse der ersten leo. – Level-One Studie. Reihe Alphabetisierung und Grundbildung Bd. 10. Münster: Waxmann, S. 227–253.

Grotlüschen, A.; Zimper, D. (Hrsg.) (2015): Literalitäts- und Grundlagenforschung. Reihe Alphabetisierung und Grundbildung Bd. 11. Münster: Waxmann.

Hamilton, M.; Barton, D. (2000): The International Adult Literacy Survey: What does it really measure? In: International Review of Education, 46. Jg., H. 5, S. 377–389.

Hein, S.; Koval, A. (2014): Schriftlose Außenseiter. Zu einigen Gefahren sozialwissenschaftlicher Stereotypisierung von Analphabetismus. In: ZSE – Zeitschrift für Soziologie der Erziehung und Sozialisation, 34. Jg., H. 4, S. 389–404.

Heisig, J. P.; Solga, H. (2014): Kompetenzen, Arbeitsmarkt- und Weiterbildungschancen von gering Qualifizierten in Deutschland – Befunde aus PIAAC. In: Projektträger im DLR (Hrsg.): Kompetenzen von gering Qualifizierten. Befunde und Konzepte. Bielefeld: Bertelsmann, S. 11–31.

Helsper, W.; Kramer, R.-T.; Thiersch, S. (2014): Schülerhabitus. Theoretische und empirische Analysen zum Bourdieuschen Theorem kultureller Passung. Wiesbaden: Springer VS.

Hild, P. (2016): Aneignungspraktiken und -logiken angehender Lehrpersonen als Ausdruck sozialer Ungleichheiten im Studium. In: Lange-Vester, A.; Sander, T. (Hrsg.): Soziale Ungleichheiten, Milieus und Habitus im Hochschulstudium. Weinheim, Basel: Beltz/Juventa, S. 125–141.

Hillebrandt, F. (2011): Cultural Studies und Bourdieus Soziologie der Praxis. Versuch einer überfälligen Vermittlung. In: Suber, D.; Schäfer, H.; Prinz, S. (Hrsg.): Pierre Bourdieu und die Kulturwissenschaften. Zur Aktualität eines undisziplinierten Denkens. Konstanz: UVK, S. 133–154.

Hoggart, R. (1958): The uses of literacy. Aspects of working-class life with special reference to publications and entertainments. Harmondsworth: Pelican Books.

Hoggart, R. (1999): Die ‚wirkliche‘ Welt der Leute. Beispiele aus der populären Kunst. In: Bromley, R.; Göttlich, U.; Winter, C. (Hrsg.): Cultural Studies. Grundlagentexte zur Einführung. Lüneburg: zu Klampen, S. 43–56.

Holzkamp, K. (1993): Lernen. Subjektwissenschaftliche Grundlegung. Frankfurt am Main, New York: Campus.

Hubertus, P. (1991): Analphabetismus und Alphabetisierung: Eine Bibliographie. Bremen: Bundesverband Alphabetisierung.

Hurrelmann, B. (2009): Sozialhistorische Rahmenbedingungen von Lesekompetenz sowie soziale und personale Einflussfaktoren. In: Groeben, N.; Hurrelmann, B. (Hrsg.): Lesekompetenz. Bedingungen, Dimensionen, Funktionen. 3. Aufl., Weinheim, München: Juventa, S. 123–149.

Hurrelmann, B.; Becker, S.; Nickel-Bacon, I. (Hrsg.) (2006): Lesekindheiten. Familie und Lesesozialisation im historischen Wandel. Weinheim, München: Juventa.

Hurrelmann, B.; Hammer, M.; Nieß, F. (1993): Lesesozialisation. Bd. 1: Leseklima in der Familie. Gütersloh: Bertelsmann Stiftung.

Hüsing, S. (2011): Qualifizierung: „Lernende zu MultiplikatorInnen". Konzept und Ergebnisse der Evaluation. In: Projektträger im DLR e. V. (Hrsg.): Zielgruppen in Alphabetisierung und Grundbildung Erwachsener. Bestimmung, Verortung, Ansprache. Reihe Alphabetisierung und Grundbildung Erwachsener Bd. 1. Bielefeld: Bertelsmann, S. 261–280.

Hussain, S. (2010): Literalität und Inklusion. In: Kronauer, M. (Hrsg.): Inklusion und Weiterbildung. Reflexionen zur gesellschaftlichen Teilhabe in der Gegenwart. Bielefeld: Bertelsmann, S. 185–210.

Jochim, D. (2011): Zwischen Prominenz und Passivität. Reflexionen zur Interviewsituation. In: Egloff, B.; Grotlüschen, A. (Hrsg.): Forschen im Feld der Alphabetisierung und Grundbildung. Ein Werkstattbuch. Reihe Alphabetisierung und Grundbildung Bd. 7. Münster: Waxmann, S. 191–202.

Jochim, D.; Schimpf, E. J.(2010): Kursleitende und die Autonomie der TeilnehmerInnen. In: Hessische Blätter für Volksbildung, 60. Jg., H. 3, S. 232–239.

Jütten, S.; Mania, E. (2011): Professionalisierung der Alphabetisierung und Grundbildung. Die Evaluation der Fortbildung des Verbundprojekts „ProGrundbildung". In: Projektträger im DLR e. V. (Hrsg.): Lernprozesse in Alphabetisierung und Grundbildung Erwachsener. Diagnostik, Vermittlung, Professionalisierung. Reihe Alphabetisierung und Grundbildung Erwachsener Bd. 2. Bielefeld: Bertelsmann, S. 267–284.

Kaufmann, J.-C. (1999): Das verstehende Interview. Konstanz: UVK.

Klaus, A.; Lohr, A. T.; Vogel, C. (2011): Zusammenhänge zwischen Lernbiografie und Lernmotivation funktionaler Analphabeten und Analphabetinnen. In: Projektträger im DLR e. V. (Hrsg.): Zielgruppen in Alphabetisierung und Grundbildung Erwachsener. Bestimmung, Verortung, Ansprache. Reihe Alphabetisierung und Grundbildung Erwachsener Bd. 1. Bielefeld: Bertelsmann, S. 143–160.

Korfkamp, J. (2016): Politische Grundbildung. In: Löffler, C.; Korfkamp, J. (Hrsg.): Handbuch zur Alphabetisierung und Grundbildung Erwachsener. Münster: Waxmann/utb, S. 457–466.

Krais, B.; Gebauer, G. (2002): Habitus. Bielefeld: transcript.

Kramer, R.-T. (2013): „Habitus(-wandel)" im Spiegel von „Krise" und „Bewährung". Strukturtheoretische Überlegungen zu einer dokumentarischen Längsschnittforschung. In: ZQF – Zeitschrift für Qualitative Forschung, 14. Jg., H. 1, S. 13–32.

Kramer, R.-T.; Helsper, W.; Thiersch, S.; Ziems, C. (2013): Das 7. Schuljahr. Wandlungen des Bildungshabitus in der Schulkarriere? Wiesbaden: Springer VS.

Krenn, M. (2013): Aus dem Schatten des „Bildungsdünkels". Bildungsbenachteiligung, Bewältigungsformen und Kompetenzen von Menschen mit geringen Schriftsprachkompetenzen. Verfügbar unter: http://erwachsenenbildung.at/downloads/service/materialien-eb_2013-1_aus_dem_Schatten_des_Bildungsduenkels.pdf (letzter Abruf: 01.11.2017).

Künzel, K.; Meese, A.; Mokeeva, N.; Schwarz, S. (2011): Projektbericht (eingehende Darstellung) des Projektes „Beteiligungsförderung und Sozialraumorientierung" (PAGES) der Humanwissenschaftlichen Fakultät der Universität zu Köln. Verfügbar unter: http://edok01.tib.uni-hannover.de/edoks/e01fb12/718199812.pdf (letzter Abruf: 01.11.2017).

Küspert, P.; Schneider W. (1998): Würzburger Leise Leseprobe (WLLP). Ein Gruppenlesetest für die Grundschule. Handanweisung. Göttingen: Hogrefe.

Kutscher, S.; Reese, I. (2006): Schriftspracherwerbsforschung heute. Die Theorie der kognitiven Klarheit und Konsequenzen für die Förderung. In: MENTOR – Die Leselernhelfer Hannover e. V. (Hrsg.): Eine Idee macht Schule. Die Freiwilligen-Initiative „MENTOR – Die Leselernhelfer". Hannover: MENTOR – Die Leselernhelfer Hannover e. V., S. 111–116.

Lange-Vester, A. (2006): Leitfragen für die habitushermeneutische Auswertung lebensgeschichtlicher Interviews. In: Handout. Materialien zum Workshop „Habitushermeneutik" am 29. und 30. September 2006 an der Universität Hannover, Hannover, S. 11–22.

Lange-Vester, A.; Teiwes-Kügler, C. (2004): Soziale Ungleichheiten und Konfliktlinien im studentischen Feld. Empirische Ergebnisse zu Studierendenmilieus in den Sozialwissenschaften. In: Engler, S.; Krais, B.(Hrsg.): Das kulturelle Kapital und die Macht der Klassenstrukturen. Sozialstrukturelle Verschiebungen und Wandlungsprozesse des Habitus. Weinheim, München: Juventa, S. 159–187.

Lange-Vester, A.; Teiwes-Kügler, C. (2006): Die symbolische Gewalt der legitimen Kultur. Zur Reproduktion ungleicher Bildungschancen in Studierendenmilieus. In: Georg, W. (Hrsg.): Soziale Ungleichheit im Bildungssystem. Eine empirisch-theoretische Bestandsaufnahme. Konstanz: UVK, S. 55–92.

Lange-Vester, A.; Teiwes-Kügler, C. (2013a): Das Konzept der Habitushermeneutik in der Milieuforschung. In: Lenger, A.; Schneickert, C.; Schumacher, F. (Hrsg.): Pierre Bourdieus Konzeption des Habitus. Grundlagen, Zugänge, Forschungsperspektiven. Wiesbaden: Springer VS, S. 149–174.

Lange-Vester, A.; Teiwes-Kügler, C. (2013b): Zwischen W3 und Hartz IV. Arbeitssituation und Perspektiven wissenschaftlicher Mitarbeiterinnen und Mitarbeiter. Opladen, Berlin, Toronto: Barbara Budrich.

Lange-Vester, A.; Teiwes-Kügler, C. (2014): Habitussensibilität im schulischen Alltag als Beispiel zur Integration ungleicher sozialer Gruppen. In: Sander, T. (Hrsg.): Habitussensibilität. Eine neue Anforderung an professionelles Handeln. Wiesbaden: Springer VS, S. 177–207.

Lange-Vester, A.; Teiwes-Kügler, C.; Eversberg, D.; Heise, S.; Sidelnikov, R. in Zusammenarbeit mit Beck, S. (2003): Sozialdatenbogen, Beobachtungsbogen. In: Lesebuch mit Materialien für die Lehrveranstaltung Einführung in qualitative Verfahren der empirischen Sozialforschung: Lebensgeschichtliche Interviews zur Erforschung sozialer Milieus und Mentalitäten an der Universität Hannover, Hannover, S. 247–252.

Lave, J. (1997): On learning. Forum Kritische Psychologie, H. 38, S. 120–135.

Lave, J.; Wenger, E. (2011): Situated learning. Legitimate peripheral participation. New York: Cambridge University Press.

Lehmann, R.; Fickler-Stang, U.; Maué, E. (2012): Zur Bestimmung schriftsprachlicher Fähigkeiten von Teilnehmerinnen und Teilnehmern an Alphabetisierungskursen. In: Grotlüschen, A.; Riekmann, W. (Hrsg.): Funktionaler Analphabetismus in Deutschland. Ergebnisse der ersten leo. – Level-One Studie. Reihe Alphabetisierung und Grundbildung Bd. 10. Münster: Waxmann, S. 122–134.

Linde, A. (2007): Alphabetisierung, Grundbildung oder Literalität? In: Grotlüschen, A.; Linde, A. (Hrsg.): Literalität, Grundbildung oder Lesekompetenz? Beiträge zu einer Theorie-Praxis-Diskussion. Münster: Waxmann, S. 90–99.

Linde, A. (2008): Literalität und Lernen. Eine Studie über das Lesen- und Schreibenlernen im Erwachsenenalter. Münster: Waxmann.

Löffler, C. (2002): Analphabetismus in Wechselwirkung mit gesprochener Sprache. Aachen: Alfa Zentaurus.

Löffler, C.; Weis, S. (2016): Didaktik der Alphabetisierung. In: Löffler, C.; Korfkamp, J. (Hrsg.): Handbuch zur Alphabetisierung und Grundbildung Erwachsener. Münster: Waxmann/ utb, S. 365–382.

Ludwig, J. (Hrsg.) (2012a): Lernen und Lernberatung. Alphabetisierung als Herausforderung für die Erwachsenendidaktik. Bielefeld: Bertelsmann.

Ludwig, J. (Hrsg.) (2012b): Lernberatung und Diagnostik. Modelle und Handlungsempfehlungen für Grundbildung und Alphabetisierung. Bielefeld: Bertelsmann.

Ludwig, J.; Müller, K. (2011): Lernen und Teilhabe – Ergebnisse aus dem Projekt SYLBE. In: Projektträger im DLR e.V. (Hrsg.): Zielgruppen in Alphabetisierung und Grundbildung Erwachsener. Bestimmung, Verortung, Ansprache. Reihe Alphabetisierung und Grundbildung Erwachsener Bd. 1. Bielefeld: Bertelsmann, S. 119–141.

Ludwig, J.; Müller, K. (2012a): Lernforschung in der Alphabetisierung. In: Report. Zeitschrift für Weiterbildungsforschung, 35. Jg., H. 1, S. 33–42.

Ludwig, J.; Müller, K. (2012b): Forschungsstand zu Alphabetisierung und Grundbildung. In: Ludwig, J. (Hrsg.): Lernen und Lernberatung. Alphabetisierung als Herausforderung für die Erwachsenendidaktik. Bielefeld: Bertelsmann, S. 43–66.

Mania, E.; Tröster, M. (2015): Finanzielle Grundbildung. Programme und Angebote planen. Bielefeld: Bertelsmann.

May, P. (2002): HSP 1–9. Diagnose orthographischer Kompetenz. Zur Erfassung der grundlegenden Rechtschreibstrategien mit der Hamburger Schreibprobe. Neustandardisierung 2001. 6., aktual. u. erw. Aufl., Hamburg: vpm.

Meese, A.; Schwarz, S. (2010): Teilhabe als Lebenswelt und Ziel von Grundbildung – Ein Systematisierungsversuch. In: Hessische Blätter für Volksbildung, 60. Jg., H. 3, S. 217–225.

Menke, B.; Riekmann, W. (Hrsg.) (2017): Politische Grundbildung. Inhalte – Zielgruppen – Herausforderungen. Schwalbach/Ts.: Wochenschau.

Müller, K. (2012): Alphabetisierungsforschung in Deutschland – Eine Bilanz. In: Report. Zeitschrift für Weiterbildungsforschung, 35. Jg., H. 1, S. 55–61.

Namgalies, L. (1990): Wie entsteht Analphabetismus? Lern- und Lebensgeschichten von Analphabeten. In: Namgalies, L.; Heling, B.; Schwänke, U. (Hrsg.): Stiefkinder des Bildungssystems. Lern- und Lebensgeschichten deutscher Analphabeten. Hamburg: Bergmann + Helbig, S. 15–130.

Nickel, S. (1998): Zugriffe funktionaler Analphabeten auf Schrift. In: Alfa-Forum. Zeitschrift für Alphabetisierung und Grundbildung, 13. Jg., H. 38, S. 20–24.

Nickel, S. (2004): Schriftspracherwerb von Kindern, Jugendlichen und Erwachsenen unter massiv erschwerten Bedingungen. In: Thomé, G. (Hrsg.): Lese-Rechtschreib-Schwierigkeiten (LRS) und Legasthenie. Eine grundlegende Einführung. Weinheim, Basel: Beltz, S. 86–106.

Nickel, S. (2007): Family Literacy in Deutschland – Stand der Entwicklung und Gedanken zur konzeptionellen Weiterentwicklung. In: Elfert, M.; Rabkin, G. (Hrsg.): Gemeinsam in der Sprache baden: Family Literacy. Internationale Konzepte zur familienorientierten Schriftsprachförderung. Stuttgart: Klett Sprachen, S. 65–84.

Nickel, S. (2011): Familie und Illiteralität. Über die Transmission von schriftkultureller Praxis im familiären Alltag. In: Bundesverband Alphabetisierung und Grundbildung e. V.; Bothe, J. (Hrsg.): Funktionaler Analphabetismus im Kontext von Familie und Partnerschaft. Reihe Alphabetisierung und Grundbildung Bd. 8. Münster: Waxmann, S. 16–30.

Nickel, S. (2016): Family Literacy. In: Löffler, C.; Korfkamp, J. (Hrsg.): Handbuch zur Alphabetisierung und Grundbildung Erwachsener. Münster: Waxmann/utb, S. 201–213.

Nienkemper, B. (2015): Lernstandsdiagnostik bei funktionalem Analphabetismus. Akzeptanz und Handlungsstrategien. Bielefeld: Bertelsmann.

Nienkemper, B. (2016): Internationale Vergleichsstudien zur Literalitätskompetenz. In: Löffler, C.; Korfkamp, J. (Hrsg.): Handbuch zur Alphabetisierung und Grundbildung Erwachsener. Münster: Waxmann/utb, S. 112–126.

Nienkemper, B. (2017): Erweiterung der Perspektiven auf die Bestimmung von Basisbildungsbedarfen in der Bevölkerung um Daten zur Nutzung von Kompetenzen. In: Bundesministerium für Bildung; Abteilung Erwachsenenbildung (Hrsg.): Basisbildung(s)bedarf der Öffentlichkeit. Wien: Facultas, S. 105–121.

Nienkemper, B.; Bonna, F. (2010): Pädagogische Förderdiagnostik in der Grundbildung. Ergebnisse einer qualitativen Erhebung mit funktionalen Analphabet/-innen. In: Der Pädagogische Blick, 18. Jg., H. 4, S. 212–220.

Nienkemper, B.; Bonna, F. (2015): Akzeptanzstudie im Hinblick auf eine erwachsenengerechte Diagnostik. In: Grotlüschen, A.; Zimper, D. (Hrsg.): Literalitäts- und Grundlagenforschung. Reihe Alphabetisierung und Grundbildung Bd. 11. Münster: Waxmann, S. 197–213.

Nienkemper, B.; Grotlüschen, A. (2016): Heft 2: Erreichbarkeit und Kompetenznutzung von Erwachsenen mit niedriger Lesekompetenz. Sekundäranalysen aus PIAAC. Verfügbar unter: http://blogs.epb.uni-hamburg.de/rc/files/2016/11/PIAAC-RC-Heft02-UHH-Erreichbarkeit-und-Kompetenznutzung.pdf (letzter Abruf: 01.11.2017).

OECD (2013): Erstes ‚PISA' für Erwachsene: Deutschland und Österreich im Mittelfeld. Pressemitteilung. Verfügbar unter: http://www.oecd.org/berlin/presse/piaac.htm (letzter Abruf: 01.11.2017).

OECD; Statistics Canada (1995): Literacy, Economy and Society. Results of the first International Adult Literacy Survey. Paris: OECD.

Oevermann, U.; Allert, T.; Konau, E.; Krambeck, J. (1979): Die Methodologie einer „objektiven Hermeneutik" und ihre allgemeine forschungslogische Bedeutung in den Sozialwissenschaften. In: Soeffner, H.-G. (Hrsg.): Interpretative Verfahren in den Sozial- und Textwissenschaften. Stuttgart: J. B. Metzler, S. 352–434.

Oswald, M.-L.; Müller, H.-M. (Hrsg.) (1982): Deutschsprachige Analphabeten. Lebensgeschichte und Lerninteresse von erwachsenen Analphabeten. Schriften zur Erwachsenenbildung/Materialien zur Erwachsenenbildung. Stuttgart: Klett-Cotta.

Pabst, A.; Zeuner, C. (2016): Lesen und Schreiben – Kulturtechnik oder soziale Praxis? In: Löffler, C.; Korfkamp, J. (Hrsg.): Handbuch zur Alphabetisierung und Grundbildung Erwachsener. Münster: Waxmann/utb, S. 59–72.

Pachner, A.; John, A. (2011): Lebensweltorientierung – ein erwachsenenpädagogisches Prinzip für die Alphabetisierungs- und Grundbildungsarbeit fruchtbar gemacht: Ausgewählte Ergebnisse zu lernförderlichen Aspekten aus einer Lerntagebuchstudie mit Kursleiterinnen und Kursleitern. In: Projektträger im DLR e. V. (Hrsg.): Zielgruppen in Alphabetisierung und Grundbildung Erwachsener. Bestimmung, Verortung, Ansprache. Reihe Alphabetisierung und Grundbildung Erwachsener Bd. 1. Bielefeld: Bertelsmann, S. 223–244.

Pape, N. (2011a): Die qualitative Basisbefragung der „Interdependenzstudie" – Methode des Feldzugangs und Analyse der sozialstatistischen Daten. In: Egloff, B.; Grotlüschen, A. (Hrsg.): Forschen im Feld der Alphabetisierung und Grundbildung. Ein Werkstattbuch. Reihe Alphabetisierung und Grundbildung Bd. 7. Münster: Waxmann, S. 129–141.

Pape, N. (2011b): Lern- und Entwicklungsprozesse aus Sicht von Kursteilnehmerinnen und Kursteilnehmern im Bereich Alphabetisierung. In: Projektträger im DLR e. V. (Hrsg.): Lernprozesse in Alphabetisierung und Grundbildung Erwachsener. Diagnostik, Vermittlung, Professionalisierung. Reihe Alphabetisierung und Grundbildung Erwachsener Bd. 2. Bielefeld: Bertelsmann, S. 169–183.

Pape, N. (2011c): Politische Partizipation aus der Sicht funktionaler Analphabet/inn/en. In: Report. Zeitschrift für Weiterbildungsforschung, 34. Jg., H. 3, S. 15–23.

Pape, N. (2017): Literalität als milieuspezifische Praxis. In: Bundesministerium für Bildung; Abteilung Erwachsenenbildung (Hrsg.): Basisbildung(s)bedarf der Öffentlichkeit. Wien: Facultas, S. 89–101.

Pfaff, G.; Dölle, A. (2011): Aufsuchende Alphabetisierung zur Initiierung von Bildungsprozessen. In: Schneider, K.; Ernst, A.; Schneider, J. (Hrsg.) (2011): Ein Grund für Bildung?! Konzepte, Forschungsergebnisse, Praxisbeispiele. Bielefeld: Bertelsmann, S. 207–213.

Pfahl, L. (2011): Techniken der Behinderung. Der deutsche Lernbehinderungsdiskurs, die Sonderschule und ihre Auswirkungen auf Bildungsbiografien. Bielefeld: transcript.

Pieper, I.; Rosebrock, C.; Wirthwein, H.; Volz, S. (2004): Lesesozialisation in schriftfernen Lebenswelten. Lektüre und Mediengebrauch von Hauptschülern. Weinheim, München: Juventa.

Popp, C.; Sanders, A. (2011): Subjektbezogene Lern- und Beteiligungsbarrieren in der Alphabetisierungsarbeit: Emotion und Motivation im Kontext der Kurseinmündung. In: Projektträger im DLR e. V. (Hrsg.): Lernprozesse in Alphabetisierung und Grundbildung Erwachsener. Diagnostik, Vermittlung, Professionalisierung. Reihe Alphabetisierung und Grundbildung Erwachsener Bd. 2. Bielefeld: Bertelsmann, S. 47–64.

Projektträger im DLR e. V. (Hrsg.) (2011a): Zielgruppen in Alphabetisierung und Grundbildung Erwachsener. Bestimmung, Verortung, Ansprache. Reihe Alphabetisierung und Grundbildung Erwachsener Bd. 1. Bielefeld: Bertelsmann.

Projektträger im DLR e. V. (Hrsg.) (2011b): Lernprozesse in Alphabetisierung und Grundbildung Erwachsener. Diagnostik, Vermittlung, Professionalisierung. Reihe Alphabetisierung und Grundbildung Erwachsener Bd. 2. Bielefeld: Bertelsmann.

Projektträger im DLR e. V. (Hrsg.) (2012): Alphabetisierung und Grundbildung Erwachsener. Abschlussdokumentation des Förderschwerpunktes zur Forschung und Entwicklung 2007–2012. Bielefeld: Bertelsmann.

Projektträger im DLR (Hrsg.) (2014): Kompetenzen von gering Qualifizierten. Befunde und Konzepte. Bielefeld: Bertelsmann.

Rackwitz, R.-P. (2016): Förderdiagnostik in der Alphabetisierung. In: Löffler, C.; Korfkamp, J. (Hrsg.): Handbuch zur Alphabetisierung und Grundbildung Erwachsener. Münster: Waxmann/utb, S. 383–394.

Rammstedt, B. (Hrsg.) (2013a): Grundlegende Kompetenzen Erwachsener im internationalen Vergleich. Ergebnisse von PIAAC 2012. Münster: Waxmann.

Rammstedt, B. (2013b): PIAAC 2012: Die wichtigsten Ergebnisse im Überblick. In: Rammstedt, B. (Hrsg.): Grundlegende Kompetenzen Erwachsener im internationalen Vergleich. Ergebnisse von PIAAC 2012. Münster: Waxmann, S. 11–20.

Reese, I. (2011a): Veränderungen der Schriftsprachverwendung durch die Teilnahme an VHS-Kursen. Ein Werkstattbericht. In: Egloff, B.; Grotlüschen, A. (Hrsg.): Forschen im

Feld der Alphabetisierung und Grundbildung. Ein Werkstattbuch. Reihe Alphabetisierung und Grundbildung Bd. 7. Münster: Waxmann, S. 161–172.

Reese, I. (2011b): Pädagogene Beeinträchtigungen als Lernbarrieren? Schule aus der Sicht von Teilnehmerinnen und Teilnehmern an Alphabetisierungskursen. In: Projektträger im DLR e. V. (Hrsg.): Lernprozesse in Alphabetisierung und Grundbildung Erwachsener. Diagnostik, Vermittlung, Professionalisierung. Reihe Alphabetisierung und Grundbildung Erwachsener Bd. 2. Bielefeld: Bertelsmann, S. 65–85.

Rieger-Ladich, M. (2002): Mündigkeit als Pathosformel. Beobachtungen zur pädagogischen Semantik. Konstanz: UVK.

Rieger-Ladich, M. (2005): Weder Determinismus noch Fatalismus: Pierre Bourdieus Habitustheorie im Licht neuerer Arbeiten. In: ZSE – Zeitschrift für Soziologie der Erziehung und Sozialisation, 25. Jg., H. 3, S. 281–296.

Riekmann, W. (2012): Literalität und Lebenssituation. In: Grotlüschen, A.; Riekmann, W. (Hrsg): Funktionaler Analphabetismus in Deutschland. Ergebnisse der ersten leo. – Level-One Studie. Reihe Alphabetisierung und Grundbildung Bd. 10. Münster: Waxmann, S. 166–185.

Riekmann, W. (2016a): Mitwissende und Unterstützende von Menschen mit geringer Schriftsprachkompetenz. In: Riekmann, W., Buddeberg, K.; Grotlüschen, A. (Hrsg.): Das mitwissende Umfeld von Erwachsenen mit geringen Lese- und Schreibkompetenzen. Ergebnisse aus der Umfeldstudie. Reihe Alphabetisierung und Grundbildung Bd. 12. Münster: Waxmann, S. 35–49.

Riekmann, W. (2016b): Typen von Mitwisserschaft. In: Riekmann, W., Buddeberg, K.; Grotlüschen, A. (Hrsg.): Das mitwissende Umfeld von Erwachsenen mit geringen Lese- und Schreibkompetenzen. Ergebnisse aus der Umfeldstudie. Reihe Alphabetisierung und Grundbildung Bd. 12. Münster: Waxmann, S. 79–106.

Riekmann, W., Buddeberg, K.; Grotlüschen, A. (Hrsg.) (2016): Das mitwissende Umfeld von Erwachsenen mit geringen Lese- und Schreibkompetenzen. Ergebnisse aus der Umfeldstudie. Reihe Alphabetisierung und Grundbildung Bd. 12. Münster: Waxmann.

Riekmann, W.; Stammer, C. (2016): Einstellungen zu Literalität. In: Riekmann, W., Buddeberg, K.; Grotlüschen, A. (Hrsg.): Das mitwissende Umfeld von Erwachsenen mit geringen Lese- und Schreibkompetenzen. Ergebnisse aus der Umfeldstudie. Reihe Alphabetisierung und Grundbildung Bd. 12. Münster: Waxmann, S. 145–161.

Rosebrock, C.; Bertschi-Kaufmann, A. (Hrsg.) (2013): Literalität erfassen: bildungspolitisch, kulturell, individuell. Weinheim, Basel: Beltz/Juventa.

Rosenberg, F. v. (2011): Bildung und Habitustransformation. Empirische Rekonstruktionen und bildungstheoretische Reflexionen. Bielefeld: transcript.

Rosenbladt, B. v. (2012): Schriftschwäche als Handicap – Zur sozialen Verortung des funktionalen Analphabetismus in Deutschland. In: Report. Zeitschrift für Weiterbildungsforschung, 35. Jg., H. 2, S. 73–89.

Rosenbladt, B. v.; Bilger, F. (2011): Erwachsene in Alphabetisierungskursen der Volkshochschulen. Ergebnisse einer repräsentativen Befragung (AlphaPanel). Bonn: Deutscher Volkshochschul-Verband.

Rosenbladt, B. v.; Lehmann, R. H. (2013a): Grade der Schriftbeherrschung und subjektiver Lernerfolg bei Teilnehmenden an Alphabetisierungskursen. In: ZfE – Zeitschrift für Erziehungswissenschaft, 16. Jg., H. 1, S. 55–77.

Rosenbladt, B. v.; Lehmann, R. H. (2013b): Begrenzte Lernerfolge in Alphabetisierungskursen. Befunde aus der Forschung – Konsequenzen für die Praxis. Verfügbar unter: http://www.die-bonn.de/doks/2013-alphabetisierung-01.pdf (letzter Abruf: 01.11.2017).

Ruhe, H. G. (2009): Methoden der Biografiearbeit. Lebensspuren entdecken und verstehen. 4., aktual. Aufl., Weinheim, München: Juventa.

Rüsseler, J.; Gerth, I.; Boltzmann, M. (2011): Basale Wahrnehmungsfähigkeiten von erwachsenen funktionalen Analphabeten und Analphabetinnen. In: Projektträger im DLR e. V. (Hrsg.): Lernprozesse in Alphabetisierung und Grundbildung Erwachsener. Diagnostik, Vermittlung, Professionalisierung. Reihe Alphabetisierung und Grundbildung Erwachsener Bd. 2. Bielefeld: Bertelsmann, S. 11–27.

Rustemeyer, A. (2016): Bezugsrahmen für den Grundbildungsunterricht. In: Löffler, C.; Korfkamp, J. (Hrsg.): Handbuch zur Alphabetisierung und Grundbildung Erwachsener. Münster: Waxmann/utb, S. 351–364.

Sahrai, D.; Gerdes, J.; Drucks, S. & Tuncer, H. (2011): Eine Typologie des funktionalen Analphabetismus. In: Projektträger im DLR e. V. (Hrsg.): Zielgruppen in Alphabetisierung und Grundbildung Erwachsener. Bestimmung, Verortung, Ansprache. Bielefeld: Bertelsmann, S. 33–58.

Schladebach, A. (2007): Ein rotes Tuch: Formulare und Fragebögen! Auswertung der Teilnehmerbefragung im 2. Semester 2004 im Grundbildungszentrum der Hamburger Volkshochschule. In: Grotlüschen, A.; Linde, A. (Hrsg.): Literalität, Grundbildung oder Lesekompetenz? Beiträge zu einer Theorie-Praxis-Diskussion. Münster: Waxmann, S. 140–146.

Schneider, J.; Gintzel, U.; Wagner, H. (Hrsg.) (2008): Sozialintegrative Alphabetisierungsarbeit. Bildungs- und sozialpolitische sowie fachliche Herausforderungen. Münster: Waxmann.

Schneider, J.; Wagner, H. (2011): Sozialintegrative Alphabetisierung – Zur Weiterentwicklung eines Konzepts. In: Schneider, K.; Ernst, A.; Schneider, J. (Hrsg.) (2011): Ein Grund für Bildung?! Konzepte, Forschungsergebnisse, Praxisbeispiele. Bielefeld: Bertelsmann, S. 21–40.

Schneider, K.; Ernst, A.; Schneider, J. (Hrsg.) (2011): Ein Grund für Bildung?! Konzepte, Forschungsergebnisse, Praxisbeispiele. Bielefeld: Bertelsmann.

Schwingel, M. (2009): Pierre Bourdieu zur Einführung. 6., erg. Aufl., Hamburg: Junius.

Skipuletz, M. (2017): Lesesozialisation unter erschwerten Bedingungen – Das Leseverhalten von Schülern mit dem Förderschwerpunkt Lernen. Verfügbar unter: http://geb.uni-giessen.de/geb/volltexte/2017/12474/pdf/SkripuletzMark_2016_11_16.pdf (letzter Abruf: 01.11.2017).

Spaß am Lesen Verlag (Hrsg.) (2009): Klar & Deutlich. Deutschlands verständlichste Zeitung. Hrsg. in Zusammenarbeit mit dem Bundesverband Alphabetisierung und Grundbildung e. V., H. 1, Münster.

Speck, S. (2014): Verspannte Frauen, coole Männer. Gleichheitsvorstellungen und Arbeitsteilung in heterosexuellen Paarbeziehungen. In: Phase 2. Zeitschrift gegen die Realität, H. 49, S. 1–8. Verfügbar unter: http://phase-zwei.org/hefte/artikel/verspannte-frauen-coole-maenner-500/ (letzter Abruf: 01.11.2017).

Spiegler, T. (2008): Home Education in Deutschland. Hintergründe – Praxis – Entwicklung. Wiesbaden: VS.

Steuten, U. (2014): Literalität und Stigma. In: Hessische Blätter für Volksbildung, 64. Jg., H. 2, S. 125–135.

Steuten, U. (2016): Erwachsenenalphabetisierung in Deutschland. In: Löffler, C.; Korfkamp, J. (Hrsg.): Handbuch zur Alphabetisierung und Grundbildung Erwachsener. Münster: Waxmann/utb, S. 13–32.

Stiftung Lesen (2016): Forschungsprojekt REACH. Zugang zu jungen Analphabeten finden. Pressemitteilung. Verfügbar unter: https://www.stiftunglesen.de/pressebereich/presse mitteilungen/793 (letzter Abruf: 01.11.2017).

Street, B. (1984): Literacy in theory and practice. Cambridge, London, New York, New Rochelle, Melbourne, Sydney: Cambridge University Press.

Street, B. (1992): Sociocultural dimensions of literacy: Literacy in an international context. In: Unesco Institute for Education (Hrsg.): The future of literacy and the literacy of the future. Report of the seminar on adult literacy in industrialized countries, UIE, Hamburg, 4–7 December 1991. Hamburg: Unesco Institute for Education, S. 41–53.

Street, B. (1993): Introduction: the new literacy studies. In: Street, B. (Hrsg.): Cross-cultural approaches to literacy. Cambridge: Cambridge University Press, S. 1–21.

Street, B. (1995): Social literacies: Critical approaches to literacy in development, ethnography and education. London, New York: Longman.

Street, B. (2003): What's „new" in New Literacy Studies? Critical approaches to literacy in theory and practice. In: Current Issues in Comparative Education, 5. Jg., H. 2, S. 77–91.

Street, B. (2013): New Literacy Studies. In: Rosebrock, C.; Bertschi-Kaufmann, A. (Hrsg.): Literalität erfassen: bildungspolitisch, kulturell, individuell. Weinheim, Basel: Beltz/Juventa, S. 149–165.

Teepker, F. (2011): Methodische Vielfalt bedeutet nicht methodische Beliebigkeit. Argumente für ein lernerzentriertes Vorgehen im Alphabetisierungsunterricht. In: Projektträger im DLR e. V. (Hrsg.): Lernprozesse in Alphabetisierung und Grundbildung Erwachsener. Diagnostik, Vermittlung, Professionalisierung. Reihe Alphabetisierung und Grundbildung Erwachsener Bd. 2. Bielefeld: Bertelsmann, S. 229–252.

Tippelt, R.; Reich, J.; Hippel, A. v.; Barz, H.; Baum, D. (2008): Weiterbildung und soziale Milieus in Deutschland. Bd. 3: Milieumarketing implementieren. Bielefeld: Bertelsmann.

Tröster, M. (2000): Ungewissheiten zulassen. In: Tröster, M. (Hrsg.): Spannungsfeld Grundbildung. Bielefeld: Bertelsmann, S. 46–58.

Tröster, M.; Schrader, J. (2016): Alphabetisierung, Grundbildung, Literalität: Begriffe, Konzepte, Perspektiven. In: Löffler, C.; Korfkamp, J. (Hrsg.): Handbuch zur Alphabetisierung und Grundbildung Erwachsener. Münster: Waxmann/utb, S. 42–58.

Valtin, R.; Sasse, A. (2007): Schriftspracherwerb. In: Heimlich, U.; Wember, F. B. (Hrsg.): Didaktik des Unterrichts im Förderschwerpunkt Lernen. Ein Handbuch für Studium und Praxis. Stuttgart: Kohlhammer, S. 179–190.

Vester, M. (2015): Die Grundmuster der alltäglichen Lebensführung und der Alltagskultur der sozialen Milieus. In: Freericks, R.; Brinkmann, D. (Hrsg.): Handbuch Freizeitsoziologie. Wiesbaden: Springer VS, S. 143–187.

Vester, M.; Gardemin, D. (2001): Milieu, Klasse und Geschlecht. Das Feld der Geschlechterungleichheit und die „protestantische Alltagsethik". In: Heintz, B. (Hrsg.): Geschlechtersoziologie. Sonderheft 41 der Kölner Zeitschrift für Soziologie und Sozialpsychologie. Wiesbaden: Springer VS, S. 454–486.

Vester, M.; Oertzen, P. v.; Geiling, H.; Hermann, T.; Müller, D. (2001): Soziale Milieus im gesellschaftlichen Strukturwandel. Zwischen Integration und Ausgrenzung. Frankfurt am Main: Suhrkamp.

Vögele, W.; Bremer, H.; Vester, M. (Hrsg.) (2002): Soziale Milieus und Kirche. Würzburg: Ergon.

Walgenbach, K. (2007): Gender als interdependente Kategorie. In: Walgenbach, K.; Dietze, G.; Hornscheidt, A.; Palm, K. (Hrsg.): Gender als interdependente Kategorie. Neue Perspektiven auf Intersektionalität, Diversität und Heterogenität. Opladen, Farmington Hills: Barbara Budrich, S. 23–64.

Wagner, D. (2011): Schlüsselpersonen in der Alphabetisierungs- und Grundbildungsarbeit. In: Projektträger im DLR e. V. (Hrsg.): Zielgruppen in Alphabetisierung und Grundbildung Erwachsener. Bestimmung, Verortung, Ansprache. Reihe Alphabetisierung und Grundbildung Erwachsener Bd. 1. Bielefeld: Bertelsmann, S. 245–259.

Wagner, D.; Haller, E. (2011): Erwachsene funktionale Analphabeten erkennen, ansprechen, vermitteln und begleiten. Informationen zur Planung und Durchführung von Vorträgen, Infoveranstaltungen und Fortbildungen. Verfügbar unter: http://kursportal.info/files/rlp/DW_EH_11_Erwachsene_funktionale_Analphabeten.pdf (letzter Abruf: 01.11.2017).

Wagner, H. (2011): Heterogenität und Motivationsdilemmata in der Alphabetisierungspraxis – eine kritische Stellungnahme. In: Schneider, K.; Ernst, A.; Schneider, J. (Hrsg.): Ein Grund für Bildung?! Konzepte, Forschungsergebnisse, Praxisbeispiele. Bielefeld: Bertelsmann, S. 85–107.

Wagner, H.; Eulenberger, J. (2008): Analphabetenzahlen – Probleme, Forschungsstrategien und Ergebnisse. In: Schneider, J.; Gintzel, U.; Wagner, H. (Hrsg.): Sozialintegrative Alphabetisierungsarbeit. Bildungs- und sozialpolitische sowie fachliche Herausforderungen. Münster: Waxmann, S. 31–45.

Welzer, H.; Moller, S.; Tschuggnall, K. (2005): „Opa war kein Nazi". Nationalsozialismus und Holocaust im Familiengedächtnis. 5. Aufl., Frankfurt am Main: Fischer Taschenbuch.

Winker, G.; Degele, N. (2009): Intersektionalität. Zur Analyse sozialer Ungleichheiten. Bielefeld: transcript.

Wist, T. (2009): Grundbildung zwischen Kompetenz- und Defizitorientierung. Ergebnisse einer Kursleitendenbefragung im Projekt „Alphabit". Verfügbar unter: http://www.die-bonn.de/doks/wist0901.pdf (letzter Abruf: 01.11.2017).

Zabal, A.; Martin, S.; Klaukien, A.; Rammstedt, B.; Baumert, J.; Klieme, E. (2013): Grundlegende Kompetenzen der erwachsenen Bevölkerung in Deutschland im internationalen Vergleich. In: Rammstedt, B. (Hrsg.): Grundlegende Kompetenzen Erwachsener im internationalen Vergleich. Ergebnisse von PIAAC 2012. Münster: Waxmann, S. 31–76.

Zeuner, C. (2007): Gerechtigkeit und Gerechtigkeitskompetenz: Diskurs und Praxis für eine kritische politische Bildung. In: Report. Zeitschrift für Weiterbildungsforschung, 30. Jg., H. 3, S. 39–48.

Zeuner, C. (2017): Was ist/was gehört zur politischen Grundbildung? In: Menke, B.; Riekmann, W. (Hrsg.): Politische Grundbildung. Inhalte – Zielgruppen – Herausforderungen. Schwalbach/Ts.: Wochenschau, S. 34–55.

Zeuner, C.; Faulstich, P. (2009): Erwachsenenbildung – Resultate der Forschung. Entwicklung, Situation und Perspektiven. Weinheim, Basel: Beltz.

Zeuner, C.; Pabst, A. (2011a): „Lesen und Schreiben eröffnen eine neue Welt!" Literalität als soziale Praxis – Eine ethnographische Studie. Bielefeld: Bertelsmann.

Zeuner, C.; Pabst, A. (2011b): Begründungen und Anwendungen literaler Praktiken – Ein Beitrag zur Perspektiverweiterung der Alphabetisierungsarbeit mit Erwachsenen. In: Projektträger im DLR e. V. (Hrsg.): Zielgruppen in Alphabetisierung und Grundbildung Erwachsener. Bestimmung, Verortung, Ansprache. Reihe Alphabetisierung und Grundbildung Erwachsener Bd. 1. Bielefeld: Bertelsmann, S. 97–117.

Anhang

Beispiel einer Lebenskurve (Basis- und Folgebefragung)

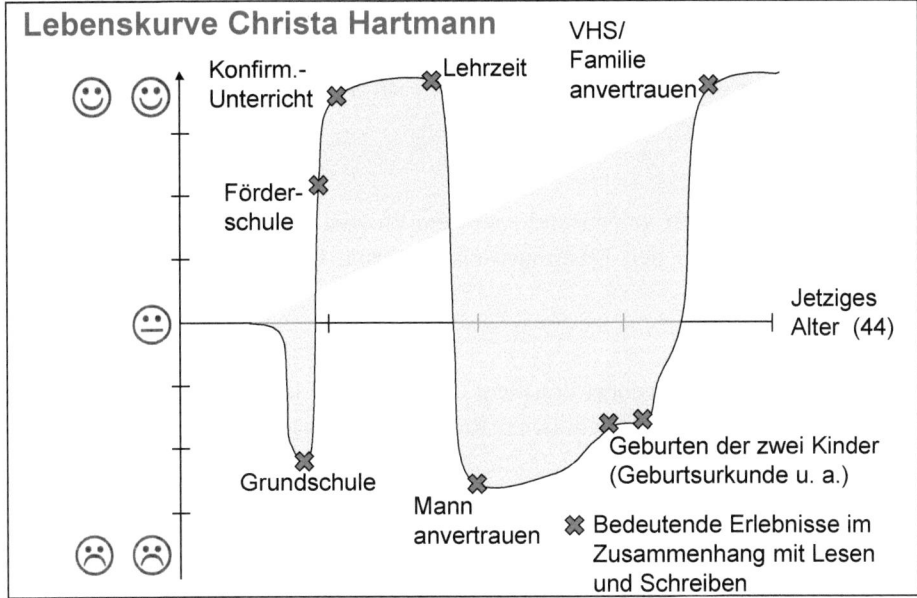

Eckfall Christa (Befragungszeitpunkt: Basisbefragung)

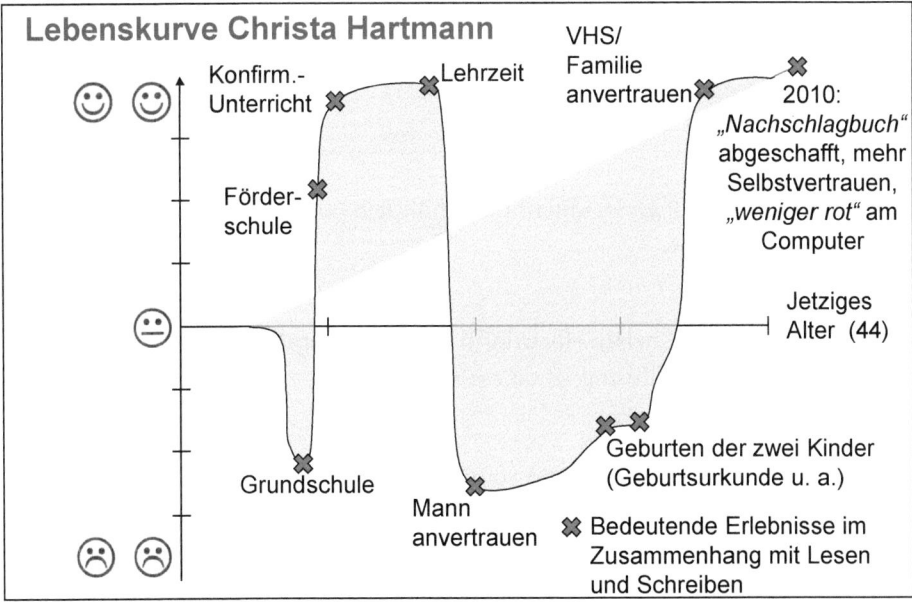

Eckfall Christa (Befragungszeitpunkt: Folgebefragung)

Lernstandsporträt Christa Hartmann (Basisbefragung)

Datum der Testdurchführung: 24.06.2009

Freie Schreibprobe:

Es wurde Folgendes verfasst:

Heute habe ich Fpümf Stunden gearbeitet. Ich habe meine Kinder angerufen. Gestern habe ich Blumen gegossen. Gestern Abend habe ich gekocht. Heute Mogen war ich sehr müde.

WLLP:

Es wurde ein Rohwert von 72 und somit ein Prozentrang von 3 erreicht. Das entspricht, gemessen an den Leistungen einer vierten Grundschulklasse, einer sehr schwachen Leistung.

Freie Leseprobe:

Frage 1: Welcher Partei gehört Präsident Obama an? Richtig beantwortet.

Frage 2: Der wievielte Präsident ist er? Richtig beantwortet.

HSP 4/5:

Typ	Rohwert	Prozentrang	T-Wert
alphabetische Strategie (A)	17	7	35
orthografische Strategie (O)	13	18	41
morphematische Strategie (M)	10	23	42
wortübergreifende Strategie (WÜ)	13	25	43
überflüssige orthogr. Elemente (ÜO)	6	7	36
richtig geschriebene Wörter (W)	18	9	37
Graphemtreffer (GT)	235	10	37

Das Ergebnis der HSP 4/5 ist unterdurchschnittlich im Vergleich zum Ende der vierten Grundschulklasse.

Lernstandsporträt Christa Hartmann (Folgebefragung)

Datum der Testdurchführung: 07.06.2010

WLLP:

Es wurde ein Rohwert von 81 und somit ein Prozentrang von 6 erreicht. Das entspricht, gemessen an den Leistungen einer vierten Grundschulklasse, einer schwachen Leistung (Prozentrangband 6–10).

HSP 4/5:

Typ	Rohwert	Prozentrang	T-Wert
alphabetische Strategie (A)	19	11	38
orthografische Strategie (O)	17	48	50
morphematische Strategie (M)	12	40	48
wortübergreifende Strategie (WÜ)	14	44	48
überflüssige orthogr. Elemente (ÜO)	6	7	36
richtig geschriebene Wörter (W)	23	17	40
Graphemtreffer (GT)	245	16	40

Das Ergebnis der HSP 4/5 ist durchschnittlich im Vergleich zum Ende der vierten Grundschulklasse.

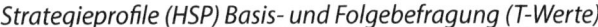

Strategieprofile (HSP) Basis- und Folgebefragung (T-Werte)

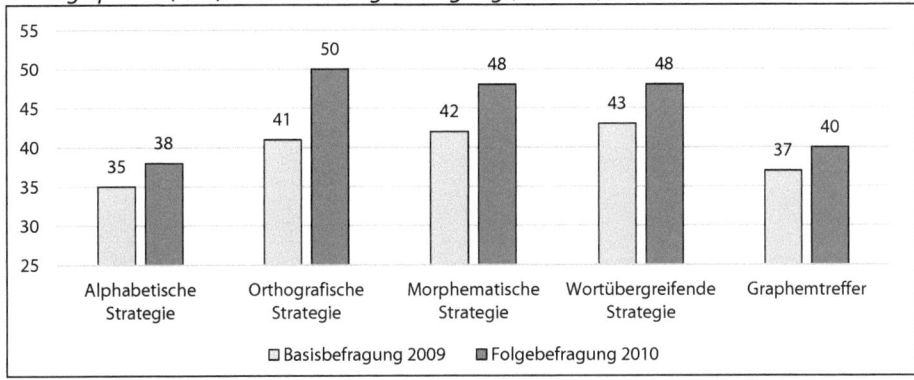

Insgesamt ergeben die Lernstandsdiagnosen eine nicht signifikante Verbesserung im Schreiben sowie eine Verbesserung im Lesen.

Lernstandsporträt Ulrich Müller (Basisbefragung)

Datum der Testdurchführung: 13.05.2009

Freie Schreibprobe:
Es wurde Folgendes verfasst:
Mähn, Auto

WLLP:
Es wurde ein Rohwert von 54 und somit ein Prozentrang von 0 erreicht. Das Ergebnis kann nicht mit den Werten einer vierten Grundschulklasse verglichen werden. Ein Prozentrang von 1–5 entspräche einer sehr schwachen Leistung, der Prozentrang 0 ist nicht aufgeführt und somit nicht auswertbar.

Freie Leseprobe:

Frage 1: Welcher Partei gehört Präsident Obama an? Nicht beantwortet.
Frage 2: Der wievielte Präsident ist er? Richtig beantwortet.

HSP 4/5:

Typ	Rohwert	Prozentrang	T-Wert
alphabetische Strategie (A)	4	≤0,8	≤26
orthografische Strategie (O)	7	6,0	34
morphematische Strategie (M)	6	6,0	34
wortübergreifende Strategie (WÜ)	10	5,0	34
überflüssige orthogr. Elemente (ÜO)	0	86,0	61
richtig geschriebene Wörter (W)	5	≤0,5	≤24
Graphemtreffer (GT)	172	≤0,8	≤26

Das Ergebnis der HSP 4/5 ist unterdurchschnittlich im Vergleich zum Ende der vierten Grundschulklasse.

Lernstandsporträt Ulrich Müller (Folgebefragung)

Datum der Testdurchführung: 11.08.2010

WLLP:

Es wurde ein Rohwert von 56 und somit ein Prozentrang von 0 erreicht. Das entspricht, gemessen an den Leistungen einer vierten Grundschulklasse, einer nicht messbaren Leistung (Prozentrangband 1–5 = sehr schwache Leistung).

HSP 4/5:

Typ	Rohwert	Prozentrang	T-Wert
alphabetische Strategie (A)	3	≤0,8	≤26
orthografische Strategie (O)	8	7,0	35
morphematische Strategie (M)	5	3,8	32
wortübergreifende Strategie (WÜ)	7	1,1	27
überflüssige orthogr. Elemente (ÜO)	5	11,0	38
richtig geschriebene Wörter (W)	10	1,9	29
Graphemtreffer (GT)	167	≤0,8	≤26

Das Ergebnis der HSP 4/5 ist unterdurchschnittlich im Vergleich zum Ende der vierten Grundschulklasse.

Strategieprofile (HSP) Basis- und Folgebefragung (T-Werte)

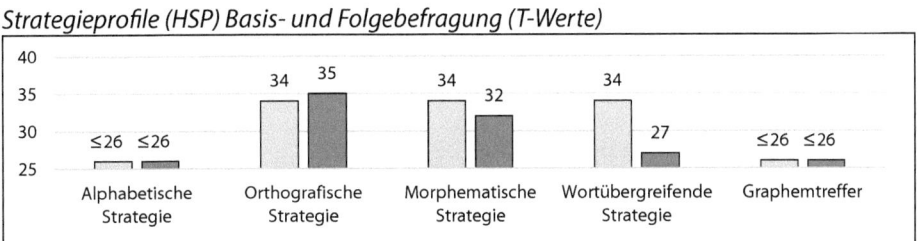

Insgesamt ergeben die Lernstandsdiagnosen keine Veränderungen/qualitativen Sprünge.

Lernstandsporträt Jana Bauer (Basisbefragung)

Datum der Testdurchführung: 16.11.2009

Freie Schreibprobe:

Es wurde Folgendes verfasst:

Um 11.00 habe ich mir mit meinem Mann die Tauerfeier von [berühmte Person X] angesehen. Anschließend haben wir noch darüber gesprochen,
Gemeinsam sind wir zum Schwimmen gefahren und dann zum Essen. Wir haben türkisch gegessen.
Erst um 15.30 wurde eim Mittagsschlaf gehalten.

WLLP:

Es wurde ein Rohwert von 105 und somit ein Prozentrang von 29 erreicht. Das entspricht, gemessen an den Leistungen einer vierten Grundschulklasse, einer durchschnittlichen Leistung (Prozentrangband 25–74).

Freie Leseprobe:

Frage 1: Welcher Partei gehört Präsident Obama an? Richtig beantwortet.
Frage 2: Der wievielte Präsident ist er? Richtig beantwortet.

HSP 4/5:

Typ	Rohwert	Prozentrang	T-Wert
alphabetische Strategie (A)	25	84	60
orthografische Strategie (O)	20	92	64
morphematische Strategie (M)	15	91	63
wortübergreifende Strategie (WÜ)	10	5	34
überflüssige orthogr. Elemente (ÜO)	1	60	53
richtig geschriebene Wörter (W)	41	96	67
Graphemtreffer (GT)	276	96	67

Das Ergebnis der HSP 4/5 ist überdurchschnittlich im Vergleich zum Ende der vierten Grundschulklasse.

Lernstandsporträt Jana Bauer (Folgebefragung)
Datum der Testdurchführung: 12.07.2010

WLLP:
Es wurde ein Rohwert von 116 und somit ein Prozentrang von 53 erreicht. Das entspricht, gemessen an den Leistungen einer vierten Grundschulklasse, einer durchschnittlichen Leistung (Prozentrangband 25–74).

HSP 4/5:

Typ	Rohwert	Prozentrang	T-Wert
alphabetische Strategie (A)	25	84	60
orthografische Strategie (O)	20	92	64
morphematische Strategie (M)	15	91	63
wortübergreifende Strategie (WÜ)	14	44	48
überflüssige orthogr. Elemente (ÜO)	1	60	53
richtig geschriebene Wörter (W)	40	91	63
Graphemtreffer (GT)	275	91	64

Das Ergebnis der HSP 4/5 ist überdurchschnittlich im Vergleich zum Ende der vierten Grundschulklasse.

Strategieprofile (HSP) Basis- und Folgebefragung (T-Werte)

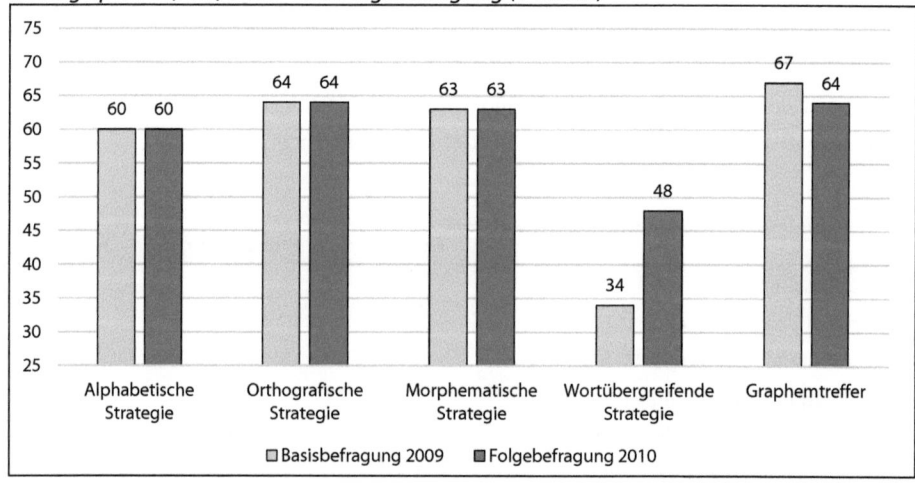

Insgesamt ergeben die Lernstandsdiagnosen keine Veränderungen/qualitativen Sprünge.

Lernstandsporträt Erwin Berger (Basisbefragung)

Datum der Testdurchführung: 25.05.2009

Freie Schreibprobe:

Es wurde Folgendes verfasst:

Gestern war Sonntag da gehe ich immer morgens um 11 Uhr ins Fitnissstudio. Ich trai-niere eine 1Std. Fexibar. Das ist ein Stab der wingt in der Minute ca 120mal und starkt dadurch die innen Muskel mit. Anschließend gehen wir dann noch in die Sauna. Am Nachmittag habe ich, meine Nachbarin und ihre Freundin Karten gespielt. Die kommt ca. alle 4 Wochen. Mit dem Kartengeld machen wir dann eine Reise mit dem Bus.

WLLP:

Es wurde ein Rohwert von 112 und somit ein Prozentrang von 60 erreicht. Das ent-spricht, gemessen an den Leistungen einer vierten Grundschulklasse, einer durch-schnittlichen Leistung.

Freie Leseprobe:

Frage 1: Welcher Partei gehört Präsident Obama an? Richtig beantwortet.
Frage 2: Der wievielte Präsident ist er? Richtig beantwortet.

HSP 4/5:

Typ	Rohwert	Prozentrang	T-Wert
alphabetische Strategie (A)	25	84	60
orthografische Strategie (O)	20	92	64
morphematische Strategie (M)	15	91	63
wortübergreifende Strategie (WÜ)	15	78	58
überflüssige orthogr. Elemente (ÜO)	0	86	61
richtig geschriebene Wörter (W)	42	99	72
Graphemtreffer (GT)	277	99	72

Das Ergebnis der HSP 4/5 ist überdurchschnittlich im Vergleich zum Ende der vier-ten Grundschulklasse.

Lernstandsporträt Erwin Berger (Folgebefragung)

Datum der Testdurchführung: 09.08.2010

WLLP:

Es wurde ein Rohwert von 104 und somit ein Prozentrang von 38 erreicht. Das ent-spricht, gemessen an den Leistungen einer vierten Grundschulklasse, einer durch-schnittlichen Leistung (Prozentrangband 25–74).

HSP 4/5:

Typ	Rohwert	Prozentrang	T-Wert
alphabetische Strategie (A)	24	54	51
orthografische Strategie (O)	19	76	57
morphematische Strategie (M)	13	54	51
wortübergreifende Strategie (WÜ)	10	5	34
überflüssige orthogr. Elemente (ÜO)	1	60	53
richtig geschriebene Wörter (W)	38	78	58
Graphemtreffer (GT)	270	63	53

Das Ergebnis der HSP 4/5 ist durchschnittlich im Vergleich zum Ende der vierten Grundschulklasse.

Strategieprofile (HSP) Basis- und Folgebefragung (T-Werte)

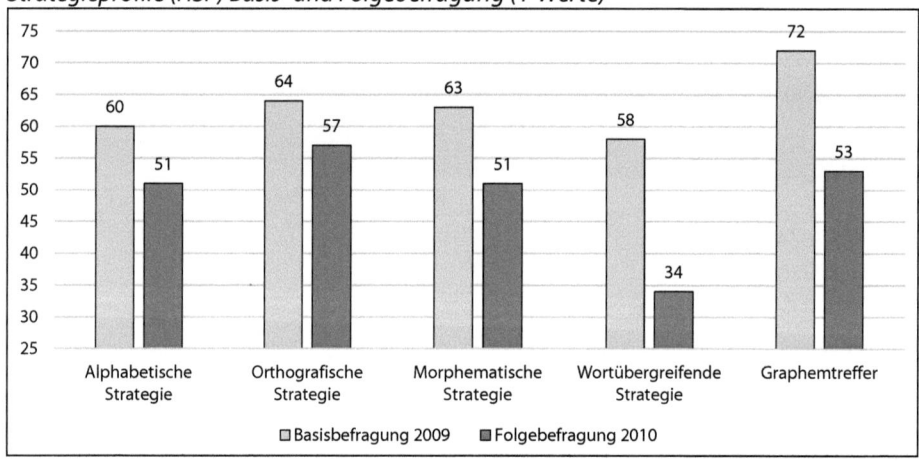

Insgesamt ergeben die Lernstandsdiagnosen eine signifikante Verschlechterung im Schreiben sowie keine Veränderungen/qualitativen Sprünge im Lesen.

Ergänzende Übersicht zu Tabelle 1 mit quantitativen Lernstandsdaten[116]

Teilnehmer/in	Kursbesuch seit 2009	Ergebnisse der Hamburger Schreib-Probe (HSP) (Vergleich Ende 4. bzw. 2. Klasse)	Ergebnisse der Würzburger Leise Leseprobe (WLLP) (Vergleich 4. bzw. 2. Klasse)
Christa Hartmann	gleicher Kurs, regelmäßig	2009: HSP 4/5, unterdurchschnittlich 2010: HSP 4/5, durchschnittlich → nicht signifikante Verbesserung im Schreiben	2009: sehr schwach 2010: schwach → Verbesserung im Lesen
Ulrich Müller	gleicher Kurs, regelmäßig	2009: HSP 4/5, unterdurchschnittlich 2010: HSP 4/5, unterdurchschnittlich	2009: sehr schwach, nicht auswertbar 2010: sehr schwach, nicht auswertbar
Jana Bauer	gleicher Kurs, regelmäßig	2009: HSP 4/5, überdurchschnittlich 2010: HSP 4/5, überdurchschnittlich	2009: durchschnittlich 2010: durchschnittlich
Erwin Berger	war ein Vierteljahr aufgrund seiner Wohnungsrenovierung nicht im Kurs	2009: HSP 4/5, überdurchschnittlich 2010: HSP 4/5, durchschnittlich → signifikante Verschlechterung im Schreiben	2009: durchschnittlich 2010: durchschnittlich
Sabine Schulz	gleicher Kurs, regelmäßig	2009: HSP 4/5, durchschnittlich 2010: HSP 4/5, durchschnittlich	2009: schwach 2010: unterdurchschnittlich → Verbesserung im Lesen
Tanja Kestner	gleicher Kurs, regelmäßig	2009: HSP 4/5, unterdurchschnittlich 2010: HSP 4/5, unterdurchschnittlich	2009: sehr schwach, nicht auswertbar 2010: unterdurchschnittlich → Verbesserung im Lesen

116 Die Darstellung hier berücksichtigt nur Veränderungen im Lernstand, bei denen es sich bereits um qualitative Sprünge handelt. Gegenüber dieser quantitativen Auswertung konnten im Rahmen der qualitativen Auswertung der Lernstandsdiagnosen auch Veränderungen z. B. innerhalb einzelner Rechtschreibstrategien sichtbar gemacht werden, die hier so nicht im Detail ausgewiesen werden können.

Teilnehmer/in	Kursbesuch seit 2009	Ergebnisse der Hamburger Schreib-Probe (HSP) (Vergleich Ende 4. bzw. 2. Klasse)	Ergebnisse der Würzburger Leise Leseprobe (WLLP) (Vergleich 4. bzw. 2. Klasse)
Norbert Kraus	gleicher Kurs, regelmäßig	2009: HSP 4/5, durchschnittlich 2010: HSP 4/5, durchschnittlich	2009: durchschnittlich 2010: sehr schwach → Verschlechterung im Lesen
Norman Klein	Wechsel in zeitintensiveren Alphabeti-sierungskurs, diesen hat er regelmäßig besucht	2009: HSP 4/5, durchschnittlich 2010: HSP 4/5, durchschnittlich	2009: durchschnittlich 2010: durchschnittlich
Edgar Liebner	Wechsel zunächst in zeitintensiveren Alpha-betisierungskurs, dann in Tageshauptschul-kurs, regelmäßiger Besuch	2009: HSP 4/5, unterdurchschnittlich 2010: HSP 4/5, unterdurchschnittlich	2009: durchschnittlich 2010: durchschnittlich
Frauke Kuhn	gleicher Kurs, regelmäßig	2009: HSP 4/5, unterdurchschnittlich 2010: HSP 4/5, unterdurchschnittlich	2009: sehr schwach, nicht auswertbar 2010: sehr schwach, nicht auswertbar
Gero Blum	Fehlzeiten, kurzzeitiger Besuch des Compu-terkurses des Alphabetisierungsbereichs, plant Wechsel in zeitintensiveren Alphabe-tisierungskurs	2009: HSP 4/5, unterdurchschnittlich 2010: HSP 4/5, unterdurchschnittlich	2009: unterdurchschnittlich 2010: durchschnittlich → Verbesserung im Lesen
Ina Stein	hat ihren Kurs aufgrund eines Umzugs der VHS in eine Grundschule verlassen	2009: HSP 4/5, durchschnittlich 2010: HSP 4/5, überdurchschnittlich → nicht signifikante Verbesserung im Schreiben	2009: unterdurchschnittlich 2010: sehr schwach → Verschlechterung im Lesen
Katrin Waldmann	hat den Kurs seit etwa einem Jahr nicht besucht	2009: HSP 4/5, durchschnittlich 2010: HSP 4/5, durchschnittlich	2009: durchschnittlich 2010: sehr gut → Verbesserung im Lesen
Nico Schiller	gleicher Kurs, regelmäßig, Fehlzeit durch Arbeit	2009: HSP 2, durchschnittlich 2010: HSP 2, durchschnittlich	2009: noch unterdurchschnittlich 2010: durchschnittlich → Verbesserung im Lesen

Teilnehmer/in	Kursbesuch seit 2009	Ergebnisse der Hamburger Schreib-Probe (HSP) (Vergleich Ende 4. bzw. 2. Klasse)	Ergebnisse der Würzburger Leise Leseprobe (WLLP) (Vergleich 4. bzw. 2. Klasse)
Niklas Meier	unklar, war für Folgebefragung nicht erreichbar	2009: HSP 2, unterdurchschnittlich 2010: keine Teilnahme an Folgebefragung	2009: noch unterdurchschnittlich 2010: keine Teilnahme an Folgebefragung
Ralf Kaufmann	gleicher Kurs, regelmäßig, Fehlzeit durch Arbeit	2009: HSP 2, unterdurchschnittlich 2010: HSP 2, unterdurchschnittlich	2009: unterdurchschnittlich 2010: unterdurchschnittlich
Carla Schneider	gleicher Kurs, regelmäßig, Fehlzeit durch Krankheit, offenbar auch kurzzeitige Teilnahme am Computerkurs des Alphabetisierungsbereichs	2009: HSP 2, unterdurchschnittlich 2010: HSP 2, unterdurchschnittlich	2009: sehr schwach 2010: sehr schwach
Karsten Hoffmann	Wechsel des Alphabetisierungskurses aufgrund Arbeitsaufnahme, Fehlzeit durch Arbeit	2009: HSP 2, unterdurchschnittlich 2010: HSP 2, unterdurchschnittlich	2009: sehr schwach, nicht auswertbar 2010: sehr schwach, nicht auswertbar
Siggi Lange	Kursabbruch	keine weiteren Angaben	